MINDER
DIE ENTDECKUNG DEUTSCHER MENTALITÄT

RECLAM
Bibliothek

KUNSTWISSENSCHAFTEN

Robert Minder

DIE ENTDECKUNG DEUTSCHER MENTALITÄT

Essays

Reclam-Verlag Leipzig

Herausgegeben und mit einem Nachwort von
Manfred Beyer

ISBN 3-379-01438-9

Reclam-Bibliothek Band 1438
1. Auflage, 1992
Umschlaggestaltung: Friederike Pondelik unter Verwendung einer Graphik von Gerhard Altenbourg. „Darüber Pappeln", Lithographie 1976.
Printed in Germany
Satz: Mitterweger Werksatz GmbH, Limbach-Oberfrohna
Reproduktion: Grafische Kunstanstalt Helmut Schneider, Leipzig
Druck und Binden: Ebner Ulm
Gesetzt aus Garamond-Antiqua

Deutschland und die Deutschen

Tage auf Schloß Pontigny

3 Stunden von Paris, 3 Stunden von Dijon, auf der Scheidelinie zwischen Burgund und Champagne gelegen – ältestem Kulturboden also, und selbst ein Denkmal glorreicher Vergangenheit: Zisterzienser-Abtei aus dem 12. Jahrhundert, ist Pontigny in seinen schönsten romanischen Teilen unversehrt erhalten, in andern schloßartig weiter ausgebaut, und umrahmt von einem endlosen Park mit Blumen, Rasenplätzen, Obsthecken, tiefen Alleen, einem Fluß und ringsum dem Blick auf sanfte Hügel. 1905 oder 1906 von Paul Desjardins angekauft. Im Krieg als Spital benützt, wurde Pontigny seit 1919 wieder der Bestimmung zugeführt, die es schon zwischen 1910 und 1914 erfüllt hatte: eine Oase des Geistes zu werden, ein Treffpunkt von Europäern, Bindeglied zwischen dem Kommendem und dem Vergangenen, der Tradition und dem Umsturz, allem Neuen und Fremden weit geöffnet, aber ebenso herzlich das Alte – Vertraute bewahrend.
Desjardins und sein Kreis existierten schon vor Pontigny: Sie schlossen sich in der Zeit der Dreyfus-Affäre unter dem Namen „Union pour la Vérité" zum Kampf gegen die Reaktion zusammen, und diesen Kampf setzen sie auch heute noch auf allen Gebieten fort, mit Umsicht, Zähheit und Mäßigung, als „sanfte Verschwörer zum Guten", wie Thomas Mann sie sehr hübsch nennt. Und allerdings bleibt ihre Haltung letzten Endes eine typisch intellektuelle:

mehr wägend als wagend, und oft genug wurde ihnen dies von stürmischen Extremisten zum Vorwurf gemacht; aber anderseits bilden sie doch wieder eine ganz besondere, überaus seltene und unentbehrliche Kategorie von Intellektuellen: humanistisch tief Geschulte und dabei doch sozialpolitisch Interessierte, Liebhaber der Antike und Kenner der modernsten Welt, Bewunderer von Racine, Kleist und Shakespeare, aber auch von Whitman, Fichte und Jaurès, treffliche französische Stilisten und zugleich wahre Weltbürger. Es genügt, die Namen Gide und Valéry zu nennen, die mit dem Geschick von Pontigny eng verbunden sind, um die Art der dortigen Geistigkeit zu kennzeichnen.

Die Tagungen, die die „Union pour la Vérité“ während des Winterhalbjahres in der Rue Visconti in Paris allwöchentlich veranstaltet, hat Th. Mann in seiner „Pariser Rechenschaft“ beschrieben; die großen Zusammenkünfte aber vollziehen sich während der Monate Juli und August in Pontigny.

Nicht als ob Pontigny im Winter geschlossen wäre. Zwar früher fand man dort um diese Jahreszeit nur wenig Gäste, persönliche Freunde des Hausherrn, und ihnen wird immer die Erinnerung bleiben an zugefrorene Wasserhähne, eine taube Magd, die unentwegt gesottene Eier auftrug, und an Rokokosäle, rötlich überspielt von hellen Kaminfeuern, in die das Weiß des Schnees blendend kalt hereinschimmerte. Im wärmeren Stall murrten wohlig Kühe, Schafe.

Inzwischen ist das ganz anders geworden; Pontigny hat sich während der einen Hälfte des Jahres in ein „Foyer international d’études et de repos“ verwandelt, vom 1. Oktober bis zum 15. November und vom 1. März bis zum 15. Juli geöffnet; Wochenpreis 350, ev. 250 francs; 30 Personen auf 30 Zimmer verteilt, die Auswahl der Gäste nach den Empfehlungen getroffen, die sie aufweisen können; Wechsel von Ruhe und Ausflügen, geselliger Unterhaltung und stiller Lektüre in der riesigen Bibliothek; ab und zu das Auftauchen von großen Kanonen, wie Jacques Copeau, der ein Schloß in der Nähe bewohnt, oder sonst einem Lumen aus Paris oder der Provinz.

Der Glanzpunkt von Pontigny aber bleibt die kurze Sommerperiode; von ihr soll hier die Rede sein. Die Zahl der

Gäste steigt auf 80, die jeweilige Dauer ihres Aufenthaltes ist auf 10 Tage festgelegt, dreimal erneuert sich der Zuzug, und jedem neuen Gästewandel entspricht ein Wandel des zur Diskussion stehenden Themas. Dieses Thema wird in den Nachmittagsstunden gemeinsam diskutiert, während der Rest der Zeit zur freien Verfügung steht.
Zu genau festgesetzter Stunde trifft der Zug ein – nach Verlassen der Hauptbahnstrecke in Laroches-Migennes eine Art Vicinalbahn, wie man deren sonst nur noch in alten Nummern der „Fliegenden Blätter" abgebildet finden kann. Selten sieht man in einem solch halbdunkeln, sich vorwärts bewegenden Bretterverschlag eine ähnliche Gesellschaft zusammengepfercht. Bei jedem Wagenruck muß man fürchten, über einen sozialistischen Nordamerikaner, über den Entdecker einer paramandäischen Sprache oder über einen Schriftsteller zu stolpern, der nie zur Académie française gehören wird. Völlig verwirrt vor lauter Respektgefühl, ist man gewillt, in dem schmierigen Gegenüber mit dem Stoppelgesicht zumindest einen slawischen Romancier zu sehen, bis er sich plötzlich als einen autochthonen Handlungsreisenden zu erkennen gibt. Auch andere entpuppen sich als viel harmloser, als es zuerst den Anschein hatte, Berühmtes mischt sich mit Unberühmtem, und die Atmosphäre ist eine einfach-gesellige.
Am Bahnhof wartet Paul Desjardins, er hat zweifellos etwas Tolstoihaftes an sich mit seinem Stock, seiner braunen Pelerine und mancher Gebärde des Gesichtes, aber der Blick leuchtet heiter, das Lächeln ist weise und mäßig, und am Morgen trägt der Hausherr ein blaues Samtbarett so kunstvoll wie nur je R. Wagner. Er ist einer der tiefsten Kenner seines Landes und auch der fremden Kulturkreise, ohne große schriftstellerischer Produktion, dafür aber desto emsiger und sagenvoller im stillen wirkend. Über Charles du Bos, den andern Leiter der Sommertagungen, hat Th. Mann eingehend geschrieben, während ihm der nicht weniger bedeutende Bernhard Grœtthuyssen unbekannt geblieben zu sein scheint – Grœtthuyssen, Privatdozent an der Universität Berlin, aber dabei ebenso oft in Paris anzutreffen, Verfasser eines großen französischen Werkes über die Bourgeoisie, Marx-Kenner, Soziologe und

humanes Wesen, das einem sofort das restloseste Vertrauen inspiriert, wie es sonst nur Sam Hawkens bei Karl May vermag. Eindringlich und endlos in seiner Rede, nachlässig in der Gebärde und dabei doch ein witziger Beobachter, ist er durch nichts aus der Ruhe zu bringen, selbst nicht, wenn er im Gespräch in das große Wasserbassin stolpert, aus dem er triefend und vergnügt wieder heraussteigt, um gleich weiter zu diskutieren – den Rock stets voller Zigarrenasche und überhaupt sehr negligent in seinem Äußern, bis auf die zierlichen kleinen Seidenpantoffeln, in denen stets seine Füße stecken, und bis auf das Stöckchen mit dem Goldknopf, das er oft hoffnungslos hinter einer unvermutet davoneilenden Trambahn einherschwingt – letzten Endes regsam, elastisch bei aller sympathischen Korpulenz.

Auch Frauen kommen nach Pontigny, junge wie alte Schriftstellerinnen und Nicht-Schriftstellerinnen, schöne und weniger schöne – und immer noch sieht man in entzückter Erinnerung die zarte englische Lady im großen schattigen Saal ... hellblaues Wesen auf gelbseidenem Mahagonikanapee inmitten von leichtem Zigarrenduft, claude-monethaft von den beweglichen Schattenlichtern der alten Bäume draußen überhuscht: Sag, wer gab dir diese tiefen Blicke? Sie saß lächelnd und hörte zu, wie etwa ein großer russischer Philosoph und Emigrant in schlechtem Französisch in eine endlose Litanei verstrickt war über Mystik, Religion, Poesie, aus der man nur ab und zu explosiv Worte wie: Tolstoi, Pascal in seltsamer Betonung vernahm; es mußte schon ein Mitglied des Völkerbundes da sein (ein Spanier obendrein, schwarz, schlank und lächelnd), um mit listiger Höflichkeit ein paar Widersprüche dieser Flüsterrede festzunageln. Aber nur scheinbar war der Triumph, denn jetzt auf einmal sprudelte und stob es mystisch von den Lippen des Philosophen, ein wahrer Wunderflimmerregen ging nieder, ebenso rasch als dicht, und hinter der beschwingten Rede erschaute man wie die goldenen Kuppeln Moskaus einen Augenblick lang die Zinnen der ewigen Wahrheit.

Der schlanke Diplomat schlug begeisterte Purzelbäume von spanischen Dankesworten, über welchen man fast die Teestunde vergessen hätte; sie kam trotzdem heran, gefolgt von Einzelgesprächen oder für einige von stillem Bad im grünrauschenden Fluß, bis die Abendtafel wieder alle vereinigte und aufs neue entließ zu ruhigen Gängen im abendlich lauen Park, in dem der Schimmer der letzten weißen Blüten am Ufer der Nacht zerschellte. Im entfernten, rotflammenden Salon war es ein diabolisches Hauptvergnügen Gides, die vertracktesten Gesellschaftsspiele auszuhecken – für Schlaflose gewiß nicht rätlich, denn klosterhaft früh erscholl am nächsten Morgen schon die Glocke zum ersten Imbiß, und die Tage kamen und schwanden mit einer solchen Unsumme von Anregungen, daß bei dem Gedenken daran dem allerdings hypersensiblen rumänischen Schriftsteller auf der Rückreise noch der Angstschweiß auf der Stirn ausbrach. Kräftigere Geister freilich fühlten sich wie die Fische im Wasser, und unter ihnen besonders die Deutschen, die nicht sehr zahlreich, aber um so erlesener hier anzutreffen waren. Ihnen vermittelte Pontigny einen Begriff von französischer Geistigkeit, die in ihrer dortigen Mischung von provinzhaft Verwurzeltem und pariserisch Regsamem, von lateinisch Gewichtigem und gallisch Graziösem, glitzernd Analytischem und streng Konstruktivem ebenso reizvoll wie einmalig ist. Gerade von Pontigny aus haben sich die wichtigsten Fäden angeknüpft für eine Verständigung, die über primitiv-theoretische Forderungen hinaus das Heimlichste, Unwägbarste einer jeden Einzelkultur mit in den neuen europäischen Kreis hineinbeziehen will. Ein verlockendes, ein gefährliches Unterfangen, das vielleicht in vielem mehr sprengen als binden, mehr hemmen als befreien wird, das aber als Gesamtversuch eine der unabweisbarsten Forderungen der Zeit bildet.

Mythen und Aggressionskomplexe im modernen Deutschland

Es handelt sich hier um eine massenpsychologische Studie, durchsetzt mit einigen psychoanalytischen Komponenten, eine Studie, die von der *Literatur* ausgeht und handelt, aber nicht nur von der Literatur an sich, eingeschlossen in ihren eigenständigen ästhetischen Problemkreis, und auch nicht nur von ihrer Verbindung zu den anderen Künsten, sondern vor allem in ihrer Wirkung auf die tiefgreifende Sensibilisierung eines Volkes, welches ihr offensichtlichster, direktester und vielfältigster Ausdruck ist.

Selbst die unbefangensten Leser wissen, daß jede Nationalliteratur eigene aufschlußreiche Mythen offeriert, so zum Beispiel Faust für Deutschland, Don Quichotte für Spanien. Die Personen und Episoden dieser Mythen sind bei weitem nicht nur Phantasiegebilde, erfunden von den Dichtern und Künstlern. Oft werden sogar diese Künstler selbst, zumindest die repräsentativsten unter ihnen, mythenbildend und zu nationalen Symbolen erhoben. So in dem Ausdruck: „Frankreich, das Land von Descartes" oder „Frankreich, das Land von Pascal und Montaigne". Pascal, Montaigne, Descartes sind zu mythischen Größen geworden, die man zu wichtigen Gelegenheiten anruft, so wie den heiligen Antonius, wenn man etwas verloren hat.

„Das Land von Descartes kann nicht untergehen", sagt man gemeinhin bei uns, um sich Mut zu machen, wie man in Deutschland sagt: „Das Land von Beethoven und Goethe kann nicht untergehen", – so als ob Beethoven, Goethe, Descartes und alle anderen großen Genies eines Volkes eine unveränderliche Substanz wären, die sich gänzlich von einer Generation auf die nächste überträgt, während es in Wirklichkeit eine äußerst delikate Übertragung ist, die sich sehr oft eher verflüchtigt, als daß sie sich erhielte.

Ebenso selbstverständlich, und mehr noch als die großen Künstler und Denker eines Volkes, werden die politisch Mächtigen der entscheidenden historischen Stunden mythenbildend. Denken Sie zum Beispiel für Deutschland nur an Arminius, den Sieger über die Römer im Teutoburger Wald, nicht an den historischen Arminius, der vielleicht ganz unbedeutend war, nicht nur an den Arminius der Geschichtsschreibung, sondern an den Arminius, wie ihn die Dichter sahen, dessen Bild von zehn, zwanzig Theaterschriftstellern verbreitet wurde, dessen Haltung unzählige Lyriker festgeschrieben und unauslöschlich in das Gedächtnis von Millionen von Schülern eingegraben haben, so daß auf diese Weise, durch die Zeitläufe hindurch, ein *literarischer Kitsch* entstand, der sich endlich in Kitsch schlechthin materialisiert hat, vom winzigen Arminius-Bild im Federhalter des Schülers bis zum farbigen Arminius-Halstuch, ja bis zur Pfeife mit Arminiuskopf.

Diesen literarischen *Mythen* entsprechen im Leben einer Nation die kollektiven *Komplexe* – abgeleitet vom Sprachgebrauch der Psychoanalytiker, die von individuellen Komplexen im Leben eines Individuums sprechen.
Von nationalen literarischen Mythen kommen wir so zu nationalen Komplexen. In den meisten Fällen scheint tatsächlich die Entwicklung eines Mythos partiell die Existenz eines Komplexes zur Vorbedingung zu haben. So betrachtet, würde der Mythos also einen ersten Versuch darstellen, sich mit Hilfe der Kunst von der Morbidität zu befreien, die diesen Komplex begleitet. Denken Sie an Don Quichotte.
Im übrigen ist es ein Irrtum anzunehmen, daß es in jedem Volk eine bestimmte, gleichförmige und unveränderliche Anzahl von Mythen gäbe, denen sich im Laufe der Jahrhunderte einfach automatisch einige neue Elemente hinzufügen. Dieser statischen Konzeption muß eine dynamische Konzeption gegenübergestellt werden. Die Mythen bilden ein bewegliches Ganzes, von dem sich nur ein Teil ins Licht setzt, während andere ins Dunkel eintauchen. Der Lichteinfall wechselt seinen Standort mit den Generationen und Umständen; ein Gesamtaspekt gewinnt plötzlich an Relief, während ein anderer sich in den Schatten zurückzieht.
Wie entsteht diese wechselseitige Be- und Entwertung der Mythen? In vielen Fällen wird sie nur verständlich durch

die äußeren Umstände, gemeinhin neue ökonomische, soziale, politische Zusammenhänge, die unterschwellig oder auch offensichtlich das Leben einer Nation modifizieren und sie einen neuen passenden Mythos suchen läßt, den neuen Bedürfnissen angepaßte Leitbilder. So gesehen, erscheint die Geschichte als ein unerschöpfliches Reservoir der Vergangenheit, aus dem die aufeinanderfolgenden Generationen die geeigneten zukunftsweisenden Bilder schöpfen, die sie unterstützen, anregen und vor allem rechtfertigen.

Jedoch ist diese projektive Geschichtstheorie, die annimmt, daß die Gegenwart ihre eigenen Bestrebungen auf die Vergangenheit projiziert, nicht vollständig überzeugend. Wenn man sich mit einem Volk befaßt, erkennt man, daß es bei ihm auch *Konstanten* gibt, und falls man in einer groben Metapher die Mythen und Komplexe mit Mikroben vergleichen will, so fallen diese Mikroben auf einen schon vorhandenen Boden. Boden, zunächst im ursprünglichen Sinne des Wortes, als physikalische Beschaffenheit, die zum Teil den Lebensstil, die soziale Organisation eines Volkes bestimmt. Aber auch, im übertragenen Sinn, Boden als spezifisch historische Sensibilisierung jeder Nation – eine Sensibilisierung, die sehr tief und sehr weit in die Vergangenheit zurückreicht und die im Rahmen der jeweiligen Gegenwart den instinktiven Reaktionen einer Nation, wenn auch nicht in fataler Weise, so doch a priori die Richtung weist oder verwehrt und eine originäre Bildung von Komplexen und Mythen hervorruft.

Die deutsche Geschichte bietet uns einige besonders schlagende Beispiele für diese Phänomene. Hier werde ich vor allem die Aufwertung des Mythos vom Germanentum behandeln, die mit einer außergewöhnlichen Belebung sadistischer Aggressionslust bei den zeitgenössischen Deutschen einhergeht. Wenn ich den germanischen Mythos und Komplex besonders herausstelle, dann nicht aus der Manie eines Historikers heraus, der bis auf die Sintflut zurückgehen will. In der Realität selbst ist dieser Germanenmythos für jeden von uns furchtbar *aktuell* geworden. Selbst hier in Frankreich stellte man zwischen 1940 und 1944 die Frage auf Leben oder Tod: Sind Sie germanischer Abstammung oder nicht? Ein Unglück für den, der es nicht war, der, wie man sagte, kein reinrassiger Arier war. Man weiß, welches Schicksal ihn erwartete.

Die erste Feststellung, die sich uns aufdrängt, wenn wir die Entstehung dieses Komplexes untersuchen, ist die, daß er bei weitem nicht immer in der deutschen Seele grassierte. Bach und Beethoven, Kant und Goethe, alle großen Dichter, Denker und Musiker des goldenen Zeitalters haben sich gemeinhin auf die Bibel berufen: Sie wußten fast nichts von der Walhalla. Sicherlich hatte schon im 18. Jahrhundert ein von Ossian und Rousseau beeinflußter Herder, ein Klopstock, in einem spezifisch *nordischen* Sinn das Ideal des guten Wilden ausgemalt, des Primitiven, der sich dem dekadenten Kulturmenschen überlegen erwies. Aber Herder und Klopstock selbst wurden noch weitgehend vom humanistischen und humanitären Ideal des europäischen 18. Jahrhunderts geprägt. Erst die junge romantische Generation zu Beginn des 19. Jahrhunderts brachte das Thema des *nordischen Menschen* richtig auf. Und es bedurfte der napoleonischen Besetzung Deutschlands, um dieser Rückkehr in die Vergangenheit einen anderen Sinn als nur den einer sentimentalen Reise zu geben, um ihr eine politische Bedeutung zu verleihen, sie als einen Akt des Widerstandes gegen den Eindringling zu preisen und als einen Jungbrunnen für die Rasse.

Lenken wir unsere Aufmerksamkeit auf ein literarisches Dokument, an dem wir die Etappen dieser außergewöhnlichen Aufwertung ablesen können: Studieren wir das Nibelungenlied, welches in unseren Tagen wirklich zum deutschen Nationalepos geworden ist. Dieses im 13. Jahrhundert geschriebene Epos verarbeitet alte Berichte aus dem 5. Jahrhundert und macht deshalb für uns die Zeit lebendig, in der die germanischen Stämme auf ihrer Völkerwanderung ganz Europa überfluteten, in der die Westgoten die Vorläufer der späteren Hitlerarmeen in der Ukraine und die Vandalen die Vorläufer Rommels in Afrika waren.

Friedrich II. fand dieses Lied barbarisch; Goethe wurde von ihm eher überrascht als überzeugt. Die erste vollständige Ausgabe erschien im Jahre 1810. Aber sofort fand es den Zuspruch der jungen Generation. Sogleich nahmen die Dichter dieser Generation, die romantischen Dichter, dieses alte Lied in Balladen, Erzählungen, Dramen auf, die sehr schnell in die Schulbücher gelangten und sich dadurch im kollektiven Gedächtnis festsetzten. Fünfzig Jahre später erhob sich dann auf diesem vorbereiteten Boden als Krönung „Der Ring der Nibelungen“ von Richard Wagner, sozusagen die Nationaloper der Deutschen. Mit dem Triumph des gigantischen Wagnerschen Zyklus um 1880 im Bayreuther Allerheiligsten hatte sich der alte Mythos siegreich durchgesetzt. Unmittelbar danach sehen wir, wie er sich von der Literatur auf Sitten, Sprache und Lebensstil des Volkes ausdehnt. Seit 1914/1918 sprach man zum Beispiel von der „Siegfried-Linie“. Schiller hätte natürlich nicht zu sagen gewußt, was die Siegfried-Linie wohl sein könne: Wahrscheinlich hätte er sogar gefragt, wer denn eigentlich Siegfried sei. Hingegen wußte 1918 selbst ein sehr ungehobelter Deutscher, wer Siegfried war; er mußte sich unter anderem nur an Uhlands allen Schülern bekanntes Gedicht erinnern: „Jung Siegfried war ein stolzer Knab' / Ging von des Vaters Burg herab ...“ Er mußte sich nur auf die vielen Erzählungen über Siegfried besinnen, die ihm so geläufig waren wie uns die Märchen von Perrault. Sein Wissen war kein Bücherwissen, sondern ein affektives, emotionales.

Aufschlußreich ist es, die Akzentverschiebung innerhalb des Nibelungenliedes selbst durch jede neue Generation festzustellen. Andächtig hörte der deutsche Bürger in der wilhelminischen Zeit in den Gartenrestaurants und Bierlokalen bei Würstchen und Bier Wagners „Siegfried-Idyll“, in dem die Vögel des Waldes dem Helden die Geheimnisse der Natur ins Ohr singen. Unleugbar war für die Deutschen dieser Zeit Siegfried die Hauptperson des Liedes, ein blonder und naiver Siegfried, redlich, tapfer und sentimental, ein meuchlings auf blumiger Wiese ermordeter Siegfried. Nach 1918 reichte den Deutschen dieses schlichte und recht idyllische Bild nicht mehr: Sie brauchten die Apokalypse. Nun sehen wir aus dem Schatten eine andere Figur des Liedes hervortreten, den schrecklichen Hagen, der Siegfried tötet.

Hagen ist ein universeller Töter: Er tötet Siegfried, weil dieser ein Geheimnis des Königs verraten hat; er wird später auch den König töten aus der Befürchtung, daß dieser ein anderes Geheimnis verrate, das Geheimnis des im Rhein verborgenen Nibelungenschatzes. Er mordet oder läßt viele andere Menschen morden; aber er bewahrt die Eigenheit, sich dabei immer gleichermaßen *schuldig und rein* zu fühlen. Nicht unschuldig: Er hält nichts von der Unschuld; er weiß sich schuldig! Aber schuldig nur im metaphysischen Sinn, nicht vor den Menschen, denn in seinen verheerendsten Zerstörungsakten hat er sich immer von einem höheren Prinzip leiten lassen: Vom alten und grausamen Gesetz des Stammes, der Rasse. Mit einer wilden Disziplin hat er den Vorschriften der Sippe gehorcht.
Bei ihm entdecken wir, wie bei den Deutschen seiner Art, eine grundlegende Ambivalenz. Einen Sadismus; oder genauer, einen gigantischen Sadomasochismus, der sich mit gleicher Heftigkeit zu entfesseln oder bezwingen weiß. Hintergründig erklärt das einen gewissen tragischen Nihilismus, – oder das, was die deutschen Philosophen im Zusammenhang mit Hagen eine „deutsche Schicksalsverschworenheit" genannt haben. Den Greueln, die man zum Teil selbst hervorgebracht hat, wagt man kalt ins Angesicht zu schauen.
Aber ob es sich um Hagen oder Siegfried handelt, das Phänomen bleibt das gleiche: Diese literarischen Helden sind seit langer Zeit aus dem rein literarischen Bereich herausgetreten, haben sich eng mit dem Alltag verquickt und in dem erweckten kollektiven Traum den Rang von Leitbildern gewonnen.

Eine wahre Kristallisierung umgibt sie, umgibt den germanischen Kern. Siegfried, Hagen, alle Figuren des Nibelungenliedes treffen auf andere Figuren, auf andere literarische Werke, die von derselben Zeit erzählen, zum Beispiel auf Hildebrand aus dem Hildebrandlied, oder auf die Helden des „Heliand". „Der Heliand" ist ein Epos aus dem 9. Jahrhundert, in dem ein anonymer Dichter aus Norddeutschland auf seine Weise das Leben Christi aufschreibt, das heißt, er beläßt eine gewisse Zahl germanischer und

heidnischer Elemente, insbesondere kriegerische Szenen. In seiner Gesamtheit ist es aber christianisiert und geht auf die Bibel zurück; deshalb ist es um so aufschlußreicher festzustellen, daß die zeitgenössischen Deutschen diesem alten Lied eine besondere Bestimmung gaben: Sie haben es absichtlich *wieder paganisiert* und, wie sie sagen, die christliche Tünche abgekratzt, um darunter den wahren, den germanischen Kern zu entdecken.
Noch weitere Beispiele könnten die extrem intensive Aufwertung vom Germanentum bei den modernen Deutschen bestätigen.

Wenn wir nun untersuchen, welcher Motivation, welchem Komplex eine solche Aufwertung entspringt, können wir leicht verschiedene Ursachen unterscheiden.
Die erste ist der plötzliche unbeugsame Patriotismus der deutschen Romantiker nach der napoleonischen Invasion. Zunächst, um 1795, sind alle diese Romantiker kosmopolitische Humanisten in der Nachfolge Goethes gewesen, offen, kühn, kritisch, selbst einigermaßen revolutionär. Nach 1806, nach der Niederlage Preußens, verschließen sich die meisten von ihnen: Die deutsche Intelligenz geht in den Widerstand, da sie sich durch Napoleon in ihrer Substanz selbst, in ihrer Sprache, ihrer Art zu denken und zu leben bedroht fühlt. Die alten deutschen Mythen – die Mär von Grund und Boden – werden so zum hauptsächlichen Schild im Kampf gegen die welschen Ansprüche. Nach Jahren eines ästhetischen Egotismus die Rückkehr zur Erde und zu den Toten, wie wir es später in genau gleicher Weise (und zwar mehr oder weniger unter deutschem Einfluß) bei Barrès beobachten können, als er sich der Gefahr für das Vaterland bewußt wurde. Anfangs eine legitime Verteidigung – die aber im allgemeinen nur zu schnell Sperre, Hemmnis, Tendenz zur Selbstverstümmelung wird.
Ein zweites äußeres Phänomen liegt dem zugrunde: Nach dem *politischen* Fakt der Invasion Napoleons, der *ökonomische* der preußischen Vorherrschaft im Ruhr- und Saargebiet seit 1815 und der sensationellen Entdeckung der Kohle in diesen Regionen, ein Vorkommen, das den kaum weniger großen Kohlereichtum Schlesiens ergänzte. Der Abbau

dieser Reichtümer erfolgt nach einem äußerst rationellen Plan, der die Tradition der preußischen Militärdisziplin wie die starre soziale Hierarchie auf den industriellen Bereich überträgt. Dank dieser Kohle und dieses Eisens, aus dem Schoße seines Bodens gewonnen, in einem rigiden und altherkömmlichen feudalistischen Rahmen, ist Deutschland, materiell so arm und benachteiligt im 17. und 18. Jahrhundert, im Zeitraum von einigen Generationen zum gigantischsten, fieberhaftesten Industriestaat Europas geworden. Mit einem Schlag erwachen seine bisher betäubten und geschwächten Herrscherinstinkte und suchen jetzt Mythen, maßstabgerechte Leitbilder. Vor allem ein Mythos wird das tiefe Minderwertigkeitsgefühl der Deutschen kompensieren, das zum einen ein materielles ist, da sich – vor allem seit dem Dreißigjährigen Krieg – die Deutschen von ihren Nachbarn, ihren Feinden unterdrückt, eingeschlossen fühlen; andererseits ist es ein moralisches Minderwertigkeitsgefühl, weil sie sich von ihnen verachtet fühlen. Erscheinen die Deutschen aber nicht auch, verglichen mit der Kultur des Mittelmeeres, als die zu spät Gekommenen, die niemals einen vollen Zugang zur Kultur haben werden?
Der nordische und germanische Mythos erlaubt ihnen die Verkehrung dieses Problems, die Überkompensation ihres Minderwertigkeitsgefühls. Es sind nun die anderen, die zu Bastarden werden. Die Deutschen sind es nicht mehr: Sie werden zu Vorläufern, zu Schöpfern. Die Germanen haben nicht etwa Europa überfallen, sondern es mit verschwenderischem Samen befruchtet. Selbst die Griechen, die Römer sind nicht mehr die Mittelmeerbevölkerung, sondern die Nordischen, die Arier, wie auch die besten unter den Franzosen, Engländern, Italienern: Am Anfang steht nicht mehr der Parthenon, sondern die Walhalla.
Hier werden wir feststellen, daß in unserer Zeit, in der eine bestehende Religion nicht mehr beherrschend ist, ein Mythos, um sich aufzuwerten, die einzig universelle „Religion“ unserer Zeit braucht: die Wissenschaft, insbesondere die Biologie. Die biologische oder pseudo-biologische Grundlage des nordischen und arischen Mythos bestärkte den rationalen Menschen, der, wie in jedem Europäer, auch

in jedem Deutschen steckt. Sie versorgte ihn mit Garantien, mit unverzichtbaren „wissenschaftlichen Beweisen“. Siegfried der Germane war nicht länger eine Abstraktion: Er wurde zu einem Wesen aus Fleisch und Blut. Der nordische Blutstropfen, den man bei jedem Deutschen, bei jedem neuzeitlichen Menschen vorgab durchs Mikroskop nachweisen zu können, stammte von Siegfried, der so zu einem nahen Verwandten, zu einer Art soeben verstorbenen älteren Bruder wurde.
Natürlich ist diese Pseudobiologie nur eine rationale Überstruktur. Hinter ihr, und das ist entscheidend, verbirgt sich der Instinkt, den sie legitimieren soll, ein in dem modernen Deutschen heftiger Instinkt der Eroberung und der Genußsucht, erweckt durch die immensen materiellen Möglichkeiten, die ihm seit dem 19. Jahrhundert zur Verfügung standen. In tieferen Seelenschichten verband sich dieser Instinkt mit sehr alten Impulsen: Nostalgie nach der alten Migration durch weite Räume; Wunsch nach freiem Kriegerleben in den Wäldern – in diesen Wäldern, deren Dikkicht und Rauschen in der deutschen Kunst so kraftvoll wiedergegeben wurde.
Der latente Sadismus bahnte sich mit um so größerer Brutalität einen Weg, als er so lange gezügelt und verdrängt worden war, verdrängt über Jahrhunderte, in denen die Deutschen in einem äußerst zerstückelten und aufgeteilten Land auf ein oft armseliges Familienleben beschränkt waren, mit der einzigen Ausflucht in Träumerei, lyrische oder philosophische Meditation und in die Hausmusik. Luther übrigens hatte durch seine Unterwürfigkeit gegenüber der Obrigkeit diesen tiefgründigen Masochismus der Deutschen (den er gleichzeitig in positive Bahnen lenkte) maßlos verstärkt, diese übertriebene Tendenz zur Introvertiertheit, zur alleinigen Suche nach der „inneren Freiheit“, die die äußere Freiheit mißachtet und den Menschen ihrer nicht für würdig hält, da er in seiner Wesensart verdorben ist. Eine Verdrängung, die es noch in unseren Tagen gibt, war doch das Leben dieser im Grunde so instinktiv gebliebenen Wesen zwangsläufig erstarrt in der rigiden Disziplin eines arbeitsamen Lebens, inmitten dieses hochindustrialisierten und überbevölkerten, kurz gesagt bis zur Maßlosig-

keit mechanisierten Landes. So wie die Kinder ihren strengen Familien entfliehen, um Indianer zu spielen, entflohen die Deutschen den Kasernen und Büros, wo man sie in Reih und Glied hielt, um frei, grausam Germane zu spielen. Jedoch, wie bei den Kindern, bleibt im Innern dieser Entfesselung der Gewalt eine Grundbefindlichkeit bestehen, die des schlechten Gewissens. Deshalb entdecken wir, glaube ich, wenn wir den Inhalt der germanischen Mythen in ihrer modernen Aktualisierung studieren, hauptsächlich zwei Aspekte: Einerseits die messianische Inspiration hin zum Universellen, einen außergewöhnlich dynamischen Schwung – und daneben den Sinn für die Katastrophe. Hildebrand tötet seinen Sohn, Siegfried wird getötet, Hagen tötet und wird vernichtet, alle Nibelungen werden vernichtet; selbst die Götter werden unter einer Walhalla begraben, die über ihnen zusammenbricht. Solch eine Stetigkeit der Katastrophen kann nicht nur Zufall sein. Der Mythos übersetzt, wie alle Mythen, reale historische Wahnvorstellungen, gelebte Traumata, die immer wieder erneuerten tiefen Verwundungen der Rasse. Und hier sollte man sich nicht nur auf den ethnischen Charakter und die psychologischen Besonderheiten der Nation berufen, sondern auch auf den besonderen Boden, auf dem sie sich entwickelt, auf dem sie ihre großen historischen Krisen durchlebt hat. Man muß erwähnen, wie sehr die Deutschen ihr Land immer ganz instinktiv als ein ungeschütztes Land empfinden, als ein Land der Mitte ohne natürliche Grenzen, Invasionen und Zerstörungen ausgesetzt. Die gegenwärtige Wende der Ereignisse kann sie nur noch in dieser grundlegenden Idee bestätigen. Plötzlich werden in ihren Augen die eigenen Aggressionsakte als Repliken legitimiert, als *Ausbrüche* aus einer belagerten Festung. Noch heute sieht die Mehrheit der Deutschen den Verlauf ihrer Nationalgeschichte unter diesem Aspekt.

Der Sinn für die Katastrophe ist gleichermaßen in den Mythos des Heiligen Römischen Reiches deutscher Nation eingeschrieben, der in Verbindung mit dem Germanenmythos eine außergewöhnliche Aufwertung in unserer Zeit erfahren hat.

Auch hier muß man bis zur Romantik zurückgehen, um die Entstehung dieser Aufwertung zu verfolgen; und auch hier wird man feststellen, daß auf einer ersten Stufe dieser Mythos einzig Literatur ist, sich begnügt, poetisch die halb vergessenen Legenden der Vergangenheit zu aktualisieren. Im Mittelpunkt dieser Legenden steht Barbarossa, Kaiser am Ende des 12. Jahrhunderts, der Deutschland und Italien regierte und der den Anspruch erhob, als Nachfolger Karls des Großen über das Abendland zu herrschen. Nicht Saint-Louis (von dem sie fast nichts wissen) ist in den Augen der Deutschen der große Kaiser des Mittelalters: Es ist Barbarossa. Barbarossa ertrank während eines Kreuzzugs nach Palästina; aber das Volk wollte seinen Tod nicht wahrhaben und glaubte endlich (unter dem Einfluß von alten orientalischen Legenden), daß sich der Kaiser ins Innere eines deutschen Berges zurückgezogen habe, wo er darauf warte, daß ihm seine treuen Raben die Stunde des Erwachens ankündigen. Das zerfallene Kaiserreich würde dann glorreich unter der Führung seines alten Oberhauptes wieder auferstehen.
Man sollte die Seiten von Novalis lesen, auf denen der Held seines Romans „Heinrich von Ofterdingen" in einer geheimnisumwitterten Grotte einem Greis begegnet, dem Grafen Friedrich von Hohenzollern, der dort schon seit Jahrhunderten wacht. Bei Novalis ist es noch ein rein poetisches Symbol. Etwas später wird es politisch bei Justinus Kerner, einem Romantiker der zweiten Generation; und sofort nach den napoleonischen Kriegen wird sein noch heute berühmtes Gedicht „Der alte Barbarossa" weit verbreitet, es belebt die großen Zukunftshoffnungen und gibt ihnen eine Richtung. Weitere, immer bündigere Gedichte kommen hinzu, vor allem jenes von Geibel nach 1870, das heißt nach Bismarcks Triumph und dem der Hohenzollern. Wilhelm I. mit seinem ehrwürdigen weißen Bart identifizierte sich dann mit dem ehrwürdigen mittelalterlichen Barbarossa, und er ließ in gewisser Weise seinem eigenen Doppel ein kolossales Monument am Kyffhäuser im Harz errichten, drei Stunden entfernt von Berlin. Ein vergänglicher Sieg; die Hohenzollern wurden geschlagen; das Zweite Reich ging unter. Aber dann ging aus der anony-

men Masse der Führer hervor, der sie nach so viel Verdruß zu ihrem endgültigen Sieg führen sollte, zu den Rufen „Deutschland, erwache", ein Kriegsschrei, der, wie man sieht, von den Nationalsozialisten direkt der Barbarossa-Legende entlehnt wurde.

Auch bei uns hat Bucard, oder war es Doriot, versucht, die Franzosen nach dem Kriegsschrei „Frankreich, erwache" marschieren zu lassen. Aber dieser Schrei konnte selbstverständlich kein Echo in der Masse finden, da es den entsprechenden Mythos nicht gab. Bei uns gibt es andere Mythen: Als Daladier seine Gesetzesdekrete herausgab, genügte es zu sagen, daß es Dekrete der „Wohlfahrt" seien und der Präsident handele als Erbe der „Jakobiner", um bei den Einfaltspinseln Glauben zu finden. Parallel übrigens zum Mythos des Heiligen Römischen Reiches, der sich mit dem älteren Mythos „Germanen, Erneuerer der Welt" verbindet, könnte man bei uns eine ganze Mythenkette nachweisen, die sich von den Jakobinern, den Erneuerern Europas, bis zu den römischen Republikanern, den Vorbildern der Rousseauanhänger, zurückverfolgen läßt. Aber man fürchtet, durch solche Bemerkungen zu brutal ein kollektives Tabu zu berühren, an das man gleichfalls rühren würde – und das wäre nicht weniger furchterregend – nähme man die nachhaltige Wirkung unter die Lupe, die der Mythos vom Zeitalter Louis XIV. auf eine gewisse Anzahl von Franzosen noch heute hat.

Fügen wir zwei Bemerkungen hinzu: Als erstes, daß es sich in unserem Sinn nicht um eine qualitative Übereinstimmung zu den oben behandelten deutschen Mythen handelt, sondern um eine formale, die für eine abschließende Bewertung eine äußerst subtile Darlegung erfordern würde, die noch nie jemand unternommen hat. Die zweite Anmerkung Mythen sind an sich weder künstlich noch gefährlich. Sie sind die unersetzbare Stütze des Lebens, bewegen sich aber zu gefährlichen Trugbildern hin, wenn eine zu große Kluft zwischen Leben und Traum entsteht und wenn der Mythos, anstatt ein fruchtbares Handeln zu orientieren, zum Fluchtweg in einen sterilen Traum oder zu einem Alibi für Verbrechen wird. Unsere Mythen des 18. Jahrhunderts sind heilsame und universelle Mythen.

Aber diese Tugend ist ihnen nicht ein für allemal gegeben. Den ererbten Mythos muß sich jede Generation verdienen, bei Strafe ihrer sofortigen Entehrung – eine Entehrung, die sich zum Beispiel bei einem Homais so äußert: Indem er sich zum Schüler Voltaires erklärt, ist er dümmlich und bedauernswert, nur Homais und weiter nichts. Wie bei den Individuen, so bei den Nationen. Ein Deutscher, der sich im 20. Jahrhundert auf die Germanen, oder ein Franzose, der sich zu gleicher Zeit auf Louis XIV. beruft, verschuldet tödliche Widersprüche für eine Nation.

Anhand einer Untersuchung des deutschen Mittelalters wird man sehen, wie sich über eine breitausladende Verzweigung das Erwachen aller aggressiven Instinkte vollzieht, die sich immer mehr beleben, je mehr man sich der heutigen Zeit nähert, und die weite Bereiche der Geschichte in einem neuen Licht erscheinen lassen.

Hier muß man besonders hervorheben, daß mit dem Zeitpunkt, da sich das Zentrum des politischen Schwergewichts im modernen Deutschland nach 1870 nördlich, nach Berlin, verlagerte, die Deutschen begonnen haben, neben der Dynastie der Staufer (Barbarossa war ein Hohenstaufe, also ein Süddeutscher, der eine Politik des Südens, eine deutsch-italienische Politik praktizierte) auch die Dynastie der Führer oder Eroberer des Ostens aufzuwerten, von Widukind und Heinrich dem Vogeler bis zu Heinrich dem Löwen, die Vorläufer Bismarcks. Ihre östliche Eroberungspolitik wurde als „realistisch“ eingestuft im Vergleich zu der „chimärischen“ Politik der Hohenstaufen.

Daran anschließend müßte gezeigt werden, daß seit der Machtergreifung der Nationalsozialisten dem Volk, der Masse der „anonymen Kämpfer“, an der Seite der Eroberer ein wichtiger Platz eingeräumt wurde. Drei ergänzende Mythen wurden so ins Leben gerufen. Als erster der Mythos der *Ostlandreiter*. Die Ostlandreiter befanden sich seit dem 13. Jahrhundert in Ostpreußen an der Spitze im Kampf gegen die Slawen. Noch zur Goethezeit sahen die Deutschen in ihnen das, was sie wirklich gewesen waren: Abscheuliche Haudegen, Mörder und Plünderer. Dagegen haben sie sich in unserer Zeit in der Vorstellung des Volkes mit den kaltblütigen und wilden Helden des Germanentums verbunden, mit einem Hagen, einem Hildebrand! Moeller van den Bruck ging sogar so weit und führte einen neuen Terminus ein, den des „preußischen Stils", um einen kulturellen Zusammenhang zu bezeichnen, an dessen Anfang die teutonischen Reiter stehen und der später einen vielseitigen und hervorragenden Ausdruck gefunden habe in der Marienburg an der Weichsel, in Kleists Dramen, Kants Philosophie und in der Strategie von Clausewitz und Schlieffen.

In ihrem Kampf gegen die Slawen auf dem östlichen Territorium stützten sich die Ostlandreiter zum Teil auf die aus Niedersachsen oder Westfalen kommenden Bauern. Und von hier kommt der zweite aufgewertete Mythos, der westfälische Mythos der *heiligen Feme*. Die heilige Feme war eine Art Volksgericht, das während des Mittelalters einige Gewohnheiten des alten germanischen Stammesrechts fortsetzte, das in diesem Teil des Landes von Karl dem Großen toleriert, aber von den Kaisern des 15. und 16. Jahrhunderts ob der schrecklich gewordenen Auswüchse aufgehoben wurde. Jedoch beschrieb im 19. Jahrhundert einer der ersten Bauernromane des modernen Deutschland, der noch in unserer Zeit vielgelesene Roman *Der Oberhof* von Immermann, mit Sympathie die heilige Feme und den ganzen gesellschaftlichen Bau, der sich in ihr ausdrückt (das übrigens zur gleichen Zeit, da George Sand in Frankreich ihre ersten Bauernromane mit einem völlig anderen sozialen Hintergrund veröffentlichte). Im Zeitraum von einigen Generationen sehen wir, wie das Femegericht von der poetischen Fiktion zur politischen Realität wird: Man denke nur an die Einrichtung der „Erbhöfe" (unteilbar zu vererbende Bauernhöfe) im besetzten Elsaß nach 1940 oder an die Einsetzung des Beils an Stelle der Guillotine bei der Ausführung der Todesstrafe.

Das dritte Element in der deutschen Eroberung des Ostens sind endlich die *Hansestädte*, die machtvoll den Rittern und Bauern in ihrem Kampf zur Seite standen. Die Hanse war eine Art wirtschaftlicher und politischer Trust, der um das 13. Jahrhundert von den großen Hafenstädten Norddeutschlands gegründet und von einigen Inlandstädten unterstützt wurde. An Stelle des Adels regierte dort ein bürgerliches Patriarchat. Der Schriftsteller Thomas Mann, einer der wenigen deutschen Demokraten, entstammt diesem Patriarchat. Aber anstatt die zahlreichen materiellen und geistigen Bindungen der Hanse an den Westen anzuerkennen, wurde sie von den Nationalsozialisten in einem monströs irrealen Germanentum isoliert, indem sie dekretierten, daß die hanseatischen Republiken das Modell einer „nordischen und soldatischen Demokratie" seien, also das Gegenteil von „westlichen Stadtdemokratien", und indem sie die Seefahrer von Hamburg, Lübeck und Bremen mit den kriegerischen Wikingern gleichstellten, die einst diese Gewässer durchzogen.

Wenn aber auch die Nationalsozialisten das germanische Motiv bis zum Extrem gesteigert haben und in gewisser Weise die ganze deutsche Geschichte nachträglich *nordifizierten*, so haben wir doch genau gesehen, daß es diese Tendenzen zur Nordifikation seit längerem gibt und daß sie sich mit der Annäherung an das 20. Jahrhundert verfestigen. Wir haben auch gesehen, daß die Aufwertung des nordischen Mythos einherging mit dem Auftauchen eines Machtinstinktes, dem die äußeren Umstände die unerläßlichen Waffen liefern sollten, die materiellen Möglichkeiten einer Expansion. Diese Waffen sind heute zerstört. Der nordische Mythos hat also zweifelsohne seine Effizienz, seine Ansteckungsgefahr, seine Zaubermacht verloren. Aber ist er wirklich ins Dunkel zurückgetreten?

Gefährlich ist, glaube ich, nicht nur, daß in diesen Mythos die Katastrophe eingeschrieben ist und daß sie ihm einen prophetischen und ahnungsvollen Charakter verleiht, sondern auch, daß es neben der Katastrophe noch die messianische Hoffnung eines Erwachens gibt. Als eine subtil noch gefährlichere Seite erscheint mir, wie ich schon sagte, daß in diesem Mythos nicht für nichtschuldig plädiert wird. Man weiß sich schuldig, aber schuldig und gleichzeitig rein: Schuldig vor dem Schicksal, nicht vor den Menschen, metaphysisch schuldig. Immerwährende deutsche Flucht ins Kosmische, ins Jenseits der gesellschaftlich-menschlichen Beziehungen. Zwischen dem begrenzten familiären Kreis einerseits und dem unendlichen Universum gibt es für sie diese *Leere*, die weder Franzosen noch Engländer verstehen, die Leere des Untertanen an Stelle der Fülle des *citoyens*. Gibt es eine Hoffnung, daß sich ein anderer Mythos an die Stelle des so furchtbar ausufernden germanischen Mythos setzt? Theoretisch ja.

Das in den deutschen Köpfen grundlegend eingeschriebene Bild vom „Land der Mitte", allen Stürmen ausgesetzt, kann sicherlich einerseits zu einer feindlichen, widerborstigen Haltung, zu einem heftigen Rückzug auf sich selbst führen, zu einem narzistischen Begehren, reines Ich zu sein – nichts als Ich – und obendrein dazu, aus dem Ich die Welt hervorzubringen. Aber dieses Bild könnte auch zu einer vollkommen entgegengesetzten Haltung führen, zu dem Wunsch, ein wirkliches Einwanderungsland, ein Land der Versöhnung, der Synthese zu werden. Das ist nicht nur ein Geistesblitz; die Geschichte selbst liefert uns Tausende von konkreten und ruhmreichen Beispielen für eine solche Haltung. Bedenken Sie nur, daß Deutschland, gleichzeitig da es die Welt durch Krieg terrorisierte und durch eine unmenschliche Mischung aus Wüten und Disziplin, der Welt diesen Trost bot, der doch auch aus ihr hervorgegangen ist und der auf sublimste Art ein menschliches Gleichgewicht zwischen Dynamik und Beachtung der Regeln hervorbringt: Die Musik von Bach.

Das legendäre Deutschland von Madame de Staël und Jean-Christophe hat in gewisser Weise nicht nur existiert, sondern existiert noch täglich durch die Werke, in denen es sich konkretisierte, für uns, in unserem Umkreis, in unseren Heimen. Nur existiert es nicht als effektive und aktuelle Kraft im kollektiven deutschen Verhalten. Dort ist es untergründig zugegen, zum Beispiel in Form einer gewissen Sentimentalität, in der Liebe zu Blumen, zur Musik, aber eingehüllt und eingeschlossen in einen mächtigen imperialistischen Instinkt, der sich selbst mit den imperialistischen Mythen verbunden hat.

In einer weiteren Studie werde ich den Mythos der deutschen Unterlegenheit untersuchen – auch er ist sehr real und sehr verzweigt –, der in gewisser Weise den Mythos vom extravertierten und aggressiven Deutschen vervollständigt und korrigiert. Der entscheidende Fehler der Deutschen war (und ist es zweifellos noch) zu glauben, es

wäre ihnen gelungen, diese beiden Mythen wirklich zu vereinen und so einen Typus des universellen Menschen geschaffen zu haben, gleichzeitig handelnd und denkend und von daher bestimmt, die Welt zu erneuern.
Der Irrtum von einigen Besatzern besteht darin zu glauben, daß man künstlich die beiden Mythen trennen und schlicht und einfach zum Mythos der deutschen Dichter und Denker vom introvertierten und politisch masochistischen Deutschen zurückkehren kann. Als könnte man die Maschine in Europa wieder durch das Spinnrad ersetzen!
Man darf übrigens nicht in erster Linie auf die Propaganda der Alliierten zählen, um die unerläßliche Angleichung zu bewirken. Um so weniger, als der deutsche Boden zum Schlachtfeld von feindlichen Ideologien wurde, die zumeist selbst gewissen Mythen im Dienste aggressiver Instinkte Tribut zollen. Auch glaube ich, die immer noch am weitest verbreitete deutsche Haltung in bezug auf den Themenbereich, den wir hier analysiert haben, ist ein provisorisches Opferverhalten, das sein Unglück durch die Erklärung verherrlicht, es sei schon immer die Bestimmung Deutschlands gewesen, *gekreuzigt* zu werden, und das mit dieser Metapher natürlich unterstellt, der Gekreuzigte hätte nicht verstanden, *Henker* zu sein.

Aus dem Französischen von Ulla Biesenkamp

„Herrlichkeit"* bei Hegel oder Die Welt der schwäbischen Väter

Unser Ausgangspunkt ist ein Satz Hegels, oder genauer ein Wort: Herrlichkeit*. Hinter diesem Wort wird eine Welt auftauchen, die der „schwäbischen Väter": Eine ebenso umfassende, einzigartige und bedeutende Welt, wie die der „Messieurs" von Port-Royal. Indem wir sie aus der dreifachen Sicht der Soziologie, Psychoanalyse und Ideologie behandeln, werden wir sehen, wie sich eine Art zu leben, handeln und zu denken erkennen läßt, die nicht nur Hegel, Schiller, Schelling und Hölderlin und ihren unmittelbaren Vorgängern, den großen schwäbischen Theologen, eigen ist, sondern die auch in gewisser Weise dem heutigen Württemberg seine ganz besondere Physiognomie gibt und ihm die Bestandteile seines moralischen „Dialekts" liefert.

Hegel schreibt in der Einleitung zur *Philosophie der Geschichte*: „Der einzige Gedanke, den [die Philosophie] mitbringt, ist aber der *einfache Gedanke der Vernunft*, dass die Vernunft die Welt beherrscht, dass es also auch in der Weltgeschichte vernünftig zugegangen ist ... Dass nun solche Idee das Wahre, das Ewige, das schlechthin Mächtige* ist, dass sich in der Welt offenbart und nichts in ihr sich *offenbart* als sie, *ihre Herrlichkeit und Ehre*, dies ist es, was, wie gesagt, in der Philosophie bewiesen und hier so als bewiesen *vorausgesetzt* wird."[1]

Als erstes fällt an dieser mit Sicherheit zentralen Textstelle das unbedingte und naive Vertrauen in die Vernunft auf, die Welt und Geschichte regiert, und weiter die Feierlichkeit der Formulierungen, die biblische Emphase, die eines Bossuets würdig wäre. Warum dieses Feuer und diese Erregtheit bei Hegel, der normalerweise nicht leicht erregbar ist? Wo liegen die Quellen dieses theologischen Lyrismus und dieser schneidenden Gewißheit?

Bevor der Übersetzer den Text des Philosophen ins Französische überträgt, muß er zweimal hinschauen. *„La seule*

* deutsch im Original (A. d. Ü.)

idée qu'apporte la philosophie est simplement celle de la raison"[2], so „der einfache Gedanke" zu übersetzen, heißt Hegels Denken soweit abzuschwächen, daß man es fast ein wenig komisch macht: Die Vernunft beherrscht die Welt, ganz einfach; wie leicht und wie selbstverständlich ist es, dieses Prinzip auch auf die Geschichte anzuwenden! Man weiß nicht, ob man die Einfalt oder eher die Keckheit dieses schwäbischen Candide bewundern sollte. Die Sonne in Eimern herbeizutragen, um in ein dunkles Haus Licht zu bringen – ist das nicht ein typischer Schwabenstreich*? Aber vielleicht will „einfach"* nicht so sehr das Leichte und Selbstverständliche, sondern eher das Elementare, Mächtige und Grundlegende bezeichnen: Die einfache, kräftige und starke Wurzel der Dinge. „Einfach"* in diesem Sinn ist ein Schlüsselwort nicht nur für Hegel, sondern ganz allgemein für die schwäbischen Denker: Mehr als eine Bezeichnung ist es ein Lebensideal: Das Wesentliche, frei von allem Künstlichen – Ursprung, Unschuld, Stärke.
Bevor wir zu diesem Wort in dieser Bedeutung zurückkehren, prüfen wir den zweiten Satz, der nur eine Paraphrase des ersten zu sein scheint: Das Recht der Vernunft behauptet sich hier kraftvoll in drei Blöcken: Das Wahre*, das Ewige*, das Mächtige*, und der dritte Block hat Anrecht auf ein Podest: schlechthin*, „das schlechthin Mächtige"*: Eine konkrete, massive Macht, die nicht diskutiert wird. Eine Macht, die sich unaufhörlich und gänzlich in der Welt offenbart. Sie, nichts als sie. Die Wiederholung von „offenbaren"* gibt diesem Wort einen bevorzugten Stellenwert, der mit *manifestation* oder *révélation* kaum vermittelt werden kann. Zweifellos behält in Hegels Denken die Wurzel des deutschen Wortes „Offenbarung"* ihren eigentlichen Sinn, drückt sie eine erhellende Kundgebung aus, eine Entfaltung und Zurschaustellung der ursprünglichen Kraft, der Vernunft im Lichte ihrer „Ehre und Herrlichkeit"*. Diese Kraft wird von einem übernatürlichen Glorienschein umgeben. An der Spitze die „Herrlichkeit"*, ein weiteres Problem für den Übersetzer, *gloire* und *majesté* enthalten nur eine schwache Erinnerung an Herr und Herrschaft, die im Vordergrund der deutschen „Herrlichkeit"* steht.
Ich dachte über dieses Wort nach, über diesen ganzen gegenstandslosen Teil eines Satzes, der aus logischer Sicht überflüs-

sig erscheint. Aber geht es hier um Logik? Wir befinden uns mitten in der Liturgie. Die Satzdiktion wird sogleich jeden, der deutsche Predigten kennt, an diese denken lassen. Und schon findet sich das letzte Wort „Herrlichkeit“* an seinem ursprünglichen Ort wieder, am Ende des Vaterunsers*, mit dem der Pastor die Gläubigen verabschiedet: „Denn dein ist das Reich und die Kraft und die Herrlichkeit in Ewigkeit, Amen.“* Zuerst nur eine formale und rein rhythmische Erinnerung, brachte uns „Herrlichkeit“* auf eine Fährte, die gemeinhin unbeachtet bleibt. Die Hegelsche Erinnerung* wird eine Er-innerung* gewesen sein, eine Verinnerlichung, die uns hoffentlich in das Zentrum einer wichtigen Problematik führen wird.

Nicht einmal mit Hilfe des Grimmschen Wörterbuches sind alle sprachlichen Schwierigkeiten in Hegels Werken zu klären. Zusätzlich muß man sich auf das umfangreiche Schwäbische Wörterbuch in sechs Bänden von H. Fischer und W. Pfleiderer (1904–1936) beziehen. Nur hier findet sich der Schlüssel für gewisse dialektale Ausdrücke wie „verhausen“*, eine schwäbische Variante des Wortes „aufheben“*, im Sinne von „durch Hausen ersparen“*, „etwas bewahren“ – für Hegel ein so teures Wort und so charakteristisch für die Schwaben, diese Schotten Deutschlands, die vorsichtig, rechnerisch und sparsam sind.

Selbst das Grundvokabular der deutschen Sprache kann sich durch schwäbische Nuancen einfärben. Natürlich bedeutete „Herrlichkeit“* im Deutschland des 18. Jahrhunderts nicht nur Magnifizenz, sondern bezeichnete in vielen Fällen die göttliche Majestät. Als Beispiel zitiert Grimm in der Luther-Übersetzung diese Textpassage aus dem Neuen Testament: „Des Menschen Sohn wird sitzen auf dem Stuhle seiner *Herrlichkeit*“* (Mt. 19,28), oder auch die andere Stelle des Alten Testaments, die noch eindeutiger ist durch den Bezug von „Herrlichkeit“* auf seine Wurzel „Herr“*: „Des Morgens werdet Ihr des *Herrn Herrlichkeit* sehen.“* (Moses 16,7) Natürlich zitiert Grimm auch das Ende des Vaterunsers*, immer in der Luther-Übersetzung. Aber Fischer notiert hier eine schwäbische sprichwörtliche Wendung (und man weiß, wie sehr sich Hegel aus den Quellen der Umgangssprache bereicherte):

„Das hat keine Kraft und keine Macht und keine *Herrlichkeit* wie das katholische Vaterunser."* Das ist langweilig, ohne Gehalt und Würze wie das katholische Vaterunser – in dem wirklich, wie auch bei einigen Reformierten, der letzte Abschnitt über die Herrlichkeit* fehlt. Ein Detail? Jahrhundertelang schlug man sich um solche Details. Gegen das päpstliche Rom, das zwinglische Zürich und das calvinistische Genf haben die Schwaben mit Eigensinn (Eigen-Sinn* ist Hegels Wort) und Originalität ein „konkretes" und „festes" Luthertum verteidigt, das die Auslegung* (ein anderes Lieblingswort Hegels) des Göttlichen in seiner wirklichen Herrlichkeit* erlauben sollte. Jean Wahl schreibt, für Hegel muß der Geist wirklich sein, muß er Ding sein und sich mit den Dingen identifizieren. Vom Subjektiven zum Objektiven überzugehen, eine Welt des Klassizismus zu begründen, dies ist das Ziel seiner Philosophie – Herrlichkeit* scheint genau die Formel für diesen Klassizismus zu sein.
Sicher konnte dieses Wort, auf die Erde zurückgeholt, für den Schwaben des 18. Jahrhunderts auch ganz allgemein „Großartigkeit" bedeuten. Im übrigen behielt es aber einen Sinn, der sich heute verloren hat: den der Lehensherrschaft, die, versehen mit allen Attributen der Gerichtsbarkeit, gesetzlich als Herrschaft* durch das Herrschaftsrecht* definiert und bestätigt war. In diesem Sinne sagte auch die Dienstmagd von ihren Herren: „Ich kann meine Herrlichkeit rühmen."* Und „Herrlichkeit"* konnte auch (wir werden sehen, daß dies nicht unwesentlich ist) die Begriffsnuance des Männlichen annehmen: „Der Mann muß die Herrlichkeit im Hause haben."* Herrscher im Himmel, Herrscher auf Erden, Herrscher im Haus – eine virile, konkret eingesetzte Macht, die göttliche Macht, die sich immer stärker und offensichtlicher auf die Gegebenheiten überträgt. Dies sind die verschiedenen Bedeutungen, die sich mit „Herrlichkeit"* verknüpfen und die dem Wort sein ganzes Gewicht geben, das in einem ersten Zugang unbedeutend bei Hegel scheint, welches aber in Wirklichkeit seine Geschichtsauffassung in ganz besonderer Weise kennzeichnet und ihr einen unverkennbaren Akzent verleiht.
Allerdings ist mir nicht nur dieser Absatz aus der *Philosophie der Geschichte* allein und als solcher aufgefallen.
Seine Übereinstimmung mit einem Textabschnitt bei Oetin-

ger, dem großen mystischen Theologen Württembergs (1702 bis 1782), lenkte meine Aufmerksamkeit und flüsterte mir gewissermaßen die „Herrlichkeit"* ins Ohr. Oetinger schreibt: „Die Alten haben sich Gott ... als eine unendliche Gebärung seiner selbst aus sich selbst zu sich selbst konzipiert; und dies ist die wahre Idee von Gott und von der Offenbarung seiner Herrlichkeit nach der Kraft des unauflöslichen Lebens, welche der heiligen Dreiheit entgegenkommt."[3] Mir schien, daß sich in diesem Satz mehr als nur eine Analogie in Vokabular und Rhythmus, sondern auch eine Gleichheit des Denkens erkennen läßt: Die Idee eines Werdens, eine progressive Offenbarung Gottes in seiner Kraft, seinem Glanz und seiner Wahrheit. H. O. Burger, der diese Textpassage in seinem Buch *Schwabentum in der Geistesgeschichte* zitiert, bezeichnet sie als „eine Etappe zwischen dem Denken des Paracelsus und demjenigen" Hegels; und in seinem kurzen, aber dichten Kapitel, das er Oetinger widmet, bestätigt er diesen Hinweis. Einige Werke des schwäbischen Theosophen ließ ich aus Straßburg kommen, und andere zog ich in der württembergischen Bibliothek zu Rate. Am besten wird Oetingers Doktrin in einer Art umfangreicher und präziser Anthologie resümiert, in C. A. Auberlens „Die Theosophie F. C. Oetingers", die der ehemalige Stiftler aus Tübingen 1847 veröffentlicht hat. Das Werk ist mit einem sehr brauchbaren Sachregister aller für Oetinger typischen Ausdrücke versehen, und das Wort „Herrlichkeit"* ist hier breit vertreten.

Auf der Seite 333 steht: „Die *Herrlichkeit* macht nicht nur den Hauptinhalt, sondern auch den formellen Grundcharakter der Schrift aus."[4] *Herrlichkeit*, ein Schlüsselwort der Bibel. Um diesen Gedanken zu stützen, zitiert Oetinger (unter anderem) eine Textpassage aus dem Johannes-Evangelium 6,63–64: „Die Worte des Herrn sind Geist und Leben, sind Worte des ewigen Lebens."* „Geist"*, ein zentrales Wort für Hegel, aber Geist* ist nichts ohne Leben*, nichts ohne Herrlichkeit*. Oetingers Definition: „*Herrlichkeit* ist die körperliche oder leibliche Manifestation dessen, was im Geist verborgen ist."*[5] Hegels Echos: „Die Bestimmtheit des Geistes ist daher die Manifestation ... Seine Möglichkeit ist ... unmittelbar unendliche absolute Wirklichkeit."*[6] Eine subtile, eine dialektische Beziehung stellt sich für Oetinger zwischen Geist* und Herrlichkeit* her: „Beide sind zwar unterschieden, aber doch eins."*[6] Identität und Nicht-Identität: Ein für Hegel entscheidendes Phänomen; es war es schon für Oetinger. Hier ein Text, der für viele andere steht:

„*Herrlichkeit* heißt der äußere Glanz und Alles, was an der Majestät schön ist; es wird aber in verschiedenem Sinn genommen und begreift auch das Inwendige der Kraft Gottes. Diese *Herrlichkeit* ist nicht Gott selbst, aber von Gott unzertrennlich. Gott hat keine elementarische Eigenschaften, des Windes, des Feuers, des Wassers, er ist ein unsichtbarer Geist; aber in der *Herrlichkeit* gibt er sich selbst aus unumschränkter Freiheit solche der Creatur näher kommende Eigenschaften, damit er sich mit seiner Güte der Creatur mitheilen könne im Geist und Leben. Daher ist er als Gott der *Herrlichkeit* den Vätern erschienen (Act. 7,2). Sie ist ein wahrhaftiges Licht mit geistlich leiblichen Eigenschaften (Act. 22,11). Daher ist ihr Sitz die himmlische Erde oder das allerreinste Salz, davon Jesus sagt, und sie corporificirt sich wieder in Salz und gläsern Meer, mit Feuer gemengt. Alles ist in heiliger Offenbarung die himmlische Erde, und darin offenbart sich die *Herrlichkeit* ... Sie ist alles in allem und in Gott ist sie alles in einem."*[7]

Und eine andere Ausführung des gleichen Themas endet mit diesem „doppelten Schluß"*: „Dass 1. die *Herrlichkeit* Gottes von Gott unterschieden sei, und 2. dass dennoch Gott nicht sein könne ohne seine *Herrlichkeit*."*[8] Hegels Definition (die Karl Barth als den Eckpfeiler des hegelschen Systems bezeichnet): „Gott ist dies: sich von sich selbst unterscheiden, sich Gegenstand zu sein, aber in diesem Unterschiede schlechthin mit sich identisch zu sein."*[9] Eine lapidare und allerorts bekannte Zusammenfassung derselben Idee: „Das Absolute ist die Identität der Identität und Nicht-Identität."*[10] Nicht weniger bekannt ist der folgende Text, nur weiß man gemeinhin nicht, daß er in dem Boden der schwäbischen Theosophie verwurzelt ist:

„Die Erscheinung ist das Entstehen und Vergehen, das selbst nicht entsteht und vergeht, sondern an sich ist und die Wirklichkeit und Bewegung des Lebens der Wahrheit ausmacht. Das Wahre ist so der bacchantische Taumel, an dem kein Glied nicht trunken ist; und weil er jedes, indem er sich absondert, ebenso unmittelbar auflöst – ist es ebenso durchsichtige und einfache Ruhe."*[11]

Das Absolute offenbart sich in seiner Einheit und grundlegenden Einfachheit, aber es offenbart sich nur durch Existenz, Leben und Bewegung – wirklich und wahrhaftig jedoch nur in dem Maße, in dem sie auf das Absolute, das entstehen und vergehen läßt, einwirken. Das ist also Hegels Leitidee. Und es war auch schon die Oetingers, bis in terminologische Einzelheiten hinein. „Weil die Wahrheit einer Sache nur darin besteht, dass etwas existiert aus dem Leben und Bewegen Gottes, so ist die Wahrheit der Begriffe nur da vorhanden, wo ich die Sachen aus dem Leben und Bewegen Gottes begreife."*[12] Dieses tiefgründige Verstehen der Sache offenbart uns die Sache selbst. Hier korrigiert und ersetzt die „Sache selbst" (linguistisch gesehen ein schwäbischer Provinzialismus) das „Ding an sich" von Kant. Das eine undurchlässig und unzugänglich, das andere offenbar und mitteilsam. „Die freie, einfache, abstrakte Sache"* Hegels identifiziert sich mit dem Wesen* selbst. Genau wie für Oetinger, der erklärt: „Wahrheit ist im Begriff, wenn unsere Begriffe der Sache selbst gleich seien."*[13]

„Der Geist ist die Bewegung seiner selbst zu sich selbst." Wir kennen diese bewundernswerte Definition des jungen Hegel. Und Jean Wahl charakterisiert das ganze Werk des Philosophen als Reflexion über „eine Transsubstantiation, eine Studie über den arbeitenden, sich selbst gebärenden Geist".[14] „Selbstgebärung"* hatte Oetinger gesagt: „Der Mensch ist wesentlich Offenbarung seiner selbst, Manifestation ... Der Seele erste Wirkung ist nicht denken, sondern sich selbst offenbaren. Alle Kräfte wollen sich offenbaren. Denn es ist nichts verborgen, was nicht offenbar werde" (Matth. 10,26).[15] Diese Textstelle aus dem Evangelium, an die Oetinger so oft erinnert und die wie mit einer Feuerschrift in seinem Denken eingraviert bleibt, ist sie es nicht auch in Hegels Denken, der immer wieder beteuert: „Gott ist schlechthin offenbar."* „Gott ist nicht eifersüchtig; was er ist, teilt er mit, offenbart es vor allem durch die Natur und in ihr."[16] Eine Position, die Platon nahesteht? Genau wie Oetinger wirft auch Hegel Platon einen abstrakten Idealismus vor, der seine Substanz dem Wirklichen entzieht. Noch im Jahre 1826 erklärt er sich entsetzt über die

Vertreter eines platonischen Einflusses auf das christliche Dogma der Dreifaltigkeit.
So stellt auch Oetinger gegen Platon den Gedanken der „Geistleiblichkeit"*, der immateriellen „Körperlichkeit"*: anders gesagt, der „Herrlichkeit"*. Diese Herrlichkeit* nennt er manchmal Intensum: „Wenn wir das Innere der Natur besser kennen würden, so würden ... [wir] Himmel und Erde, wo ja das Ganze überall im Ganzen und wiederum auch in jedem Teile wohnt, voller Intensa finden."*[17] Wie sind diese „Intensa" zu erfassen und wiederzuerkennen, diese natürlichen und übernatürlichen Kräfte? Durch den *sensus communis.* Aber Oetinger geht es sowenig um den „gesunden Menschenverstand" wie es Hegel um das „Verständnis" geht, wenn er von Vernunft spricht. Wie sein Vorläufer, will Hegel durch diesen Terminus die konkrete Erfassung des Wirklichen in seiner Gesamtheit bezeichnen. „*Sensus communis*", präzisiert Oetinger, ist eine stille Vorempfindung des Göttlichen, das Verborgene im Menschen: *sensus tacitus seternitatis* ... Der Begriff des Lebens ist dem Verstand der dunkelste, dem allgemeinen Gefühl der offenbarste ..."*[18] Selbst der Mann auf der Straße erkennt dank des *sensus communis* intuitiv die grundlegende Wahrheit der „differenten Identität": „Intensum ist in seiner Verschiedenheit unterschiedlich, ja zuweilen gegensätzlich, und dennoch immer ganz identisch."* Man denke an die „Wurzeln der Endivie, die schon Endivie ist und es dennoch noch nicht ist": Ein gleiches ländliches Bild wird Hegel dazu dienen, seine Sichtweise zu rechtfertigen, das Bild der drei Äste, die nicht der Baum sind und es dennoch sind.[19]
Der Widerspruch als Quelle allen Lebens. Dieses Hegelsche Axiom ist auch Oetingers, der notiert: „Die zehn Abglänze Gottes entspringen auseinander so, dass stets zwei in einer dritten vereinigt werden: siehe, mein Leser, es stehen allezeit zwei Kräfte gegeneinander und vereinigen sich in der dritten."*[20] Hegels Definition: „Geist offenbart sich, wenn widerstrebende Kräfte zur Einheit zusammengefasst und durchdrungen werden – darum ist die Natur auch schon Geist."*[21] Oetinger: „So ist also das Leben Beides, ein Streit und ein Band der Kräfte, Zwiespalt und Versöhnung, Vielheit und Einheit, innerlich Myrias und äusserlich Monas, kurz Bewegung durch Gegensatz zu Einheit."*[22] Hegel: „Das ewige Leben ist dieses,

den Gegensatz ewig zu produzieren und ewig zu versöhnen."[23] Was heißt für Hegel „versöhnen"*? Oetinger lehrt es uns: „Von Anfang der Creatur bis ans Ende ist Gottes Werk, alles Widrige zu überwinden und in's Leben zu versetzen. Das heisst eigentlich und unverblühmt versöhnen, transmutieren."*[24] „Versöhnung"* und „Liebe"*, „Wiedergeburt"* durch „Reue"* und „Buße"*: Man kennt die Bedeutung dieser Worte für Hegel. Er selbst insistiert auf dem „realen" und „konkreten" Sinn, die sie in seinen Augen haben: „In der Wiedergeburt bleibt der unendlich reale Schmerz dem Subjekt nicht erspart."*[25] Und die Erklärung, die er wenige Jahre vor seinem Tode Tholuck gab, ist wörtlich zu verstehen: „Ich bin Lutheraner."*[26] Auch auf der dem Philosophen von seinen Schülern zum sechzigsten Geburtstag übergebenen Medaille ist auf einer Seite Hegel und auf der Rückseite das Kreuz zu sehen – eine Verbindung von Philosophie und Religion, die Goethes Ärger auslöste, denn hier handelt es sich nicht um eine unbestimmte und allgemeingültige Religion in Goethes Sinne, sondern um einen ganz bestimmten Glauben, das alte Luthertum.[27] Dieses alte schwäbische Luthertum, das Hegel bereits in seiner Einleitung zur *Philosophie des Rechts* den eigenartigen Satz diktiert hatte: „Die Vernunft ist die Rose im Kreuz der Gegenwart."* Ein Satz, undenkbar bei Goethe, der aber gleichermaßen in der Tradition des Reformators selbst (auf dessen Wappen genau unter dem Kreuz eine Rose dargestellt war) und in der des größten Theologen des 17. Jahrhunderts J. V. Andreä steht, dem Verfasser eines allegorischen Romans über die Rosenkreuzler, eines Werkes, aus dem Geheimgesellschaften entstehen sollten, die übrigens einer ganz anderen Inspiration folgten als der Lutheraner Andreä selbst.

„Was sich als Ursprüngliches tief in Hegels Seele befand, war eine christliche Vision des Kreuzes und eine Vision Böhmes vom Zorn Gottes." Diese treffende Bemerkung von Jean Wahl bedarf jedoch der Präzision. Bei Hegel handelt es sich um ein Luthertum schwäbischer Prägung.[28] Wir haben es bereits anhand des Rosenkreuzes gesehen, genau so könnte man es für die Vorstellung vom „Feuer" aufzeigen. Mit Sicherheit eine Vorstellung Böhmes, aber Böhme war bereits lange vor Hegel in Schwaben assimiliert und interpretiert worden von vielen mystischen Theologen und vor allen anderen von Oetinger, für den Feuer* gemeinsam mit Salz*, Wasser*, Licht*, und Blut* die fünf Schlüsselworte der Bibel darstellten. Und auch hier die „Herrlichkeit"*: „Wir sollten uns an der leiblichen *Herrlichkeit* dieser Hauptwörter orientieren."*[29]

Oetinger bleibt übrigens nicht bei Böhme stehen, sondern geht auf Böhmes Quellen zurück, besonders auf die Kabbala, denn sie steht nach seinen Worten am Anfang der Doktrin von der „Herrlichkeit"*:

„Aus der Lehre von dem Sephirot ist die *manifestatio sui* oder *Herrlichkeit* Gottes genommen, welche in den sieben brennenden Fackeln der sieben Geister Gottes besteht ... In den sieben Geistern oder Primordialkräften Gottes ist ein ewiger Umlauf nach Ezechiel, der sich in einen Blitz zertheilt und doch wieder in den räderhaften Umlauf begibt, da Alles, was passiv ist, nämlich die Verzehrung des Feuers, in einen süssen und ruhigen Gang der Heiligkeit Gottes übergeht."*[30]

Oetinger kannte nicht nur gründlich die Texte der Kabbala, sondern hatte auch das Geheimnis der Initiation von dem bedeutendsten Talmudisten seiner Zeit, Cappel Hecht aus Frankfurt, erfahren, zu dessen begeistertem Schüler er sich während seiner Lehr- und Wanderjahre gemacht hatte. Das bedeutet, daß ihm der Weg von seinen schwäbischen Vorläufern vorbereitet wurde, von dem genialen Abenteurer des Geistes Paracelsus ebenso wie von dem großen und methodischen Gelehrten Reuchlin, dem Haupt des deutschen Humanismus und Bahnbrecher der hebräischen und kabbalistischen Studien seines Landes. Die durch die großen jüdischen Bücher genährte und durch einen „wirklichen", „konkreten" und „umfassenden" Messianismus getragene Ideenwelt Oetingers und anderer schwäbischer Philosophen, insbesondere Bengels, wird an Hegel weitergeleitet, der sehr weite Bereiche davon säkularisiert, indem er von der himmlischen zur weltlichen Herrschaft, zur Herrschaft der Institutionen, übergeht, der aber im Innern seiner Selbst an der Vorstellung von der allumfassenden „Verpflichtung" des Menschen festhält, an der unumstößlichen Entschlossenheit, sich dem harten Kampf zu stellen, und auch an der Gewißheit, das Göttliche im vollen Glanze seiner „Herrlichkeit*" triumphieren zu sehen. Doch wird Hegels Doktrin, die durch Marx vollständig säkularisiert wurde, da sie nur auf das Studium der einzig als wichtig erklär-

ten ökonomischen Phänomene angewandt wurde, wird sie nicht bei dem jüdischen Denker einen ursprünglichen Messianismus erhärten, der sich bei den Neuhegelianern von strikter Observanz so kläglich verflüchtigt hatte?
Oetingers Stärke und die der anderen „schwäbischen Väter" im 18. Jahrhundert beruhte auf der einzigartigen Verbindung von Zeitanalyse und Chiliasmus, wie einer von ihnen, Bengel, sagte. Diese Verbindung von wissenschaftlicher Strenge (oder was sich als solche verstand) und visionärer Hoffnung. Ist sie nicht auch das Geheimnis für den Erfolg Hegels und Marx' in den kommenden Jahrhunderten? – Weitreichende Ausblicke, die wir hier nur andeuten können, denn unsere Aufgabe beschränkt sich auf die Untersuchung eines Konzeptes, das der „Herrlichkeit".*
Unvermeidlich ist es jedoch, hier zu unterstreichen, daß die Welt der „Herrlichkeit" eine *virile Welt* ist, wie die Welt der schwäbischen Väter im allgemeinen. Das führt uns dazu, diese Welt im Lichte der Theorien von Gaston Bachelard zu untersuchen, der sich selbst auf Freud und Jung beruft.
„Die *Herrlichkeit* ist von Kräften durchquollen."* In Tausenden von Formulierungen variiert Oetinger diese Idee, die Urkraft quillt empor, fließt, breitet sich aus, durchdringt.[31] Universelles Fließen, Penetration, Befruchtung. „Der Geist ist eine Expansum und geht aus von Gott; sofern die Weisheit ausgegossen ist, ist sie lauter Licht; dies ist lauter flüssiger, nachgebender und durchdringender Raum."[32] Setzt man „Vernunft"* an die Stelle von „Weisheit"*, findet man die Erklärung zu Hegels befremdenden Satz: „Die Vernunft ist als die flüssige allgemeine Substanz, als die unwandelbare einfache Dingheit vorhanden ..."* Diese Substanz ist eine Inkarnation des Geistes, eine erste und unmittelbare Gegebenheit: „Der Geist ist das sittliche Leben eines Volkes, insofern er die unmittelbare Wahrheit ist ..."*[33] Mit dieser Auffassung vom Volksgeist*, die sich genau so aus der Genesis ableitet wie auch von Montesquieu oder Herder, und ebenfalls mit seiner Auffassung des Raumes (Raum = reiner Geist) steht Hegel den Gnostikern näher als Newton. R. Schneider hat hierzu ausgezeichnete Anmerkungen gemacht, die die Aufwertung des Wortes „durchdringen" bei Hegel und den schwäbischen Theosophen betonen.[34] Die „durchdringende Ganzheit"* ist für sie alle

identisch mit dem „Geist“*, sie ist das Kriterium jeder höheren Struktur, sie bezeichnet einen komplexen Organismus, der gleichermaßen einfach und kompliziert ist und radikal unterschiedlich zu der „bloss äußeren Vielheit“* der Materialisten.

Gaston Bachelard ist in seinen hervorragenden Studien „La Formation de l'Esprit scientifique“ und „La Psychoanalyse des Eléments“ bis zu den Wurzeln dieser zentralen Metaphern vorgedrungen, die sich auf dem Gipfel zu subtilen Konzepten und oft trockenen Abstraktionen entfalten.[35] Hinter dem Bild, das zur richtungweisenden Idee eines Systems geworden ist, hat Gaston Bachelard die ersten elementaren und instinktiven Impulse aufzuspüren gewußt. Die deutschen Geisteswissenschaftler*, die oft den psychologischen Fakten genauso verschlossen gegenüberstehen wie den ökonomischen, haben kaum in dieser Richtung geforscht. Ein doppelter Irrtum, wenn es sich um Hegel oder Oetinger handelt, diese verbissenen Verfechter einer „Geistleiblichkeit“*, die ihre Theorie aus der „unverstellten und kraftvollen Sprache der Bibel“* geschöpft haben. Diese Sprache, die man um nichts in der Welt versüßen darf, wie es zum Beispiel die Bruderschaft der mährischen Pietisten wollte. Bengel, der Freund Oetingers, entgegnete ihnen: „Die Bibel ist eine ordentliche Mahlzeit von Suppe, Gemüs und Fleisch ... Zinzendorf aber wählt darin aus, wie wenn man lauter Mark kochen und aufstellen wollte.“* Oder auch „Zinzendorf will den Kern ohne Butzen, Stiel, Hülsen und Schale haben.“*[36]

Oetinger befragt auch die Bibel nach der Definition des Wortes „Aufwachsung“*, für ihn ein Synonym von „Intensum“. „Aufwachsung“* heißt in der Schrift die Selbstbewegung, die jeder Art von Gott eingesenkt ist, sich bis zum Samen zu treiben.“*[37] Die sexuelle Wurzel der Metapher wird hier offensichtlich, und das ist beileibe nicht das einzige Beispiel. Den leiblichen Akt beschreibt Oetinger und mit der Freimütigkeit eines Patriarchen in einer rüden Sprache, die gemeinhin sehr charakteristisch für die „groben Schwaben“* ist: „Die dünne Geistmaterie dringt in den Leib der Maria ein und nimmt eine schattige, finstere Art im Fleisch an, wie Hiob sagt, die Milch des himmlischen Samens gerinnt zu Käs.“*[38]

Aber hier geht es nicht nur um die Vergangenheit. Die Gegenwart, die Haltung des Mannes im täglichen Leben wird durch die gleiche grundsätzliche Reaktion bestimmt. Genau wie Bengel wütet Oetinger gegen den Grafen Zinzendorf, das Haupt der mährischen Bruderschaft, von dem Zeitpunkt an, als dieser Freund und ehemalige Lehrer des jungen Schwaben geltend machen will, daß die Dreifaltigkeit im Grunde das Bild der Familie darstellt: Vater, Mutter und Sohn. An der Spitze Gottvater und seine Gemahlin, der heilige Geist (das Mutteramt des heiligen Geistes*); Jesus, der Sohn des göttlichen Paares, ist gleichzeitig der Vater der Christenheit und der zärtliche Gemahl der menschlichen Seele: Oetinger schreit Skandal. „Zinzendorf hat Jesum darum zum Schöpfer und Mann der Gemeinde gemacht, damit die hochgesetzten Weiber bei Begehung des Zeugungswerkes recht familiär mit ihrem Mann, dem Herrn, sein können."*[39] Für ihn ist der Akt des Fleisches ein heiliger und ausschließlich viriler Akt. Der Frau Gleichheit einräumen zu wollen, hieße der „Unzucht Tür und Tor" zu öffnen. Oetinger und die anderen schwäbischen Theologen sind sich vollkommen einig darüber. Bengel, zum Beispiel, klagt über die „Perversion eines Zeitalters", die selbst einen Christen wie Zinzendorf in krimineller Weise dazu treibt, die „einfachen und ewigen Gegebenheiten" ändern zu wollen. „Er hat nicht genug Misstrauen gegen das Herz"*, und so verfällt er der Bestialität – ein Wort, das Hegel wiederum einem Landsmann Zinzendorfs, dem sensiblen Schleiermacher, mehr als einmal an den Kopf wirft. Der ist ganz bestürzt über „die unsägliche Grobheit des Schwaben". Die Dreifaltigkeit ist für die Schwaben eine Männersache, während bei Zinzendorf Christus sich in einem Grade feminisiert, daß er die Gestalt eines sentimentalen Troubadours der menschlichen Seele annimmt. Für die Schwaben ist er der von seinem Vater auf eine harte Probe gestellte Sohn, mit der Aufgabe in die Welt geworfen, über sie zu triumphieren, um den Menschen den Weg der Freiheit zu weisen, sie der Sklaverei zu entreißen und aus ihnen mit der Ehre Gottes verbundene Meister ihres Geschicks zu machen.

„Die *Herrlichkeit* Gottes bricht aus dem Tode Jesu hervor."* So beschreibt Oetinger die göttliche Botschaft, die durch das Opfer Jesu Christi in die Welt kommt.[40] Und in eigenartig Hegelscher Terminologie beschwört eine andere Textpassage Tod und Auferstehung: „So ist selbst der Tod Christi aus der

Idee des Lebens deducirt, der Lebensbewegung als Überwindung der Gegensätze."*[41] Wie kann der Mensch an der Erlösung teilhaben? „Wir aber mangeln der *Herrlichkeit* Gottes, darum sind wir Sünder, Römer 3,23 … Aus der *Herrlichkeit* der Gnade muss die verlorne Herrlichkeit wieder in uns kommen, aber mitteilbar durch das Wort: das Wort ist ein Spiegel der *Herrlichkeit* Gottes, welche auf das Evangelium fällt, so dass wir vermittels dieses Gesetzes des Geistes der Herrlichkeit die Gerechtigkeit Gottes empfangen können, indem das Wort den göttlichen Glanz in unser Herz zurückstrahlt."[42] Wie schon bei Reuchlin, nimmt das Wort hier eine magische Bedeutung an, die über den strikten Lutherschen Begriff des Wortes hinausgeht. Der Geist wird als ein über das Universum ausgegossenes Fluidum begriffen, das Wort, Ausdruck dieses Geistes, kann und muß einverleibt werden. Schon lange bevor sie Novalis kannten, konnten Hegel und Schelling bei den schwäbischen Theosophen lesen: „Man muß die Metaphysik der heiligen Schrift mit der Chemie lernen ... Darum lasset uns zur Chemie schreiten, durch sie werden wir ins wahre Wesen der Bibel eingeführt."*[43]

„Das Wort der Wahrheit ist ein Werkzeug Gottes, die Seele zu gestalten"*, schreibt Oetinger auch; und dieser dem Wort zugesprochene zentrale Ort, findet er sich nicht bei Hegel wieder, für den von Jugend an „der entscheidende Moment durch die Bildung der Sprache gekennzeichnet ist, als eine dem Wort verliehene Macht".[44] Wie sehr sein Denken dem Oetingers nahe ist, selbst in zweitrangigen Werken und Gelegenheitsschriften, beweist das eigenartige Pudelgedicht.[45] Dieses von Hegel in Frankfurt zu einer Zeit geschriebene Gedicht, als er sich in besonders schlechten und schwerfälligen Versen auszudrücken versuchte, die dennoch psychologisch sehr aufschlußreich sind, handelt von einem Pudel, der von seinem Herrn für eine Weile freigelassen wird: „Er rennt in weiten Kreisen in die Ebene hinein."* Dann ist er es leid und bekommt Angst. „Seine Rückkehr sind wir. Der jetzt jagte, ist nun Flüchtling."* Das Wort des Herrn holt ihn zurück: „Hierher! Das Wort reißt ihn los vom Instinkt."* Aber eine Hündin ist aufgetaucht, und schon ist er wieder der Sklave seiner Sinne; der Herr droht: „Der Stock wartet Deiner."* Schon läßt das schlechte Gewissen den Ausreißer umkehren: „Er muß."*

Und das Gedicht endet mit der heilsamen Züchtigung: „Du schreist der Schläge: gehorche dem rufenden Wort des Herrn."*

Nichts könnte dem Geist Goethes gegensätzlicher sein als dieses Gedicht von Hegel. Die äußerliche Ähnlichkeit mit der Pudelszene im „Faust" unterstreicht nur die gegensätzliche Haltung beider Verfasser. Hegels Geisteshaltung ist bei weitem nicht nur die seine, sondern auch die eines Oetinger und eines Schiller. Ich glaube, ohne zu zögern kann man sagen, daß die innere Struktur von „Die Räuber" mit der vom „Pudelgedicht" identisch ist. Karl Moor, der sich eine Zeitlang von den menschlichen und göttlichen Gesetzen frei gemacht hat, kehrt am Ende wie ein begossener Pudel zu seinem Herrn und Meister zurück und bittet selbst um die verdiente Strafe. Grundlegend für die Schwaben ist immer das als Kampf dargestellte Vater–Sohn-Verhältnis. Der Sohn muß den Kampf mit dem gleichermaßen furchterregenden und liebenden Vater aufnehmen, der seine Liebe in der Bestrafung ausdrückt: Das einzige Mittel, den Sohn der irdischen Sklaverei zu entreißen, ist, ihn in den Kampf gegen die Natur zu treiben und ihn an seiner eigenen Herrschaft teilhaben zu lassen. Diese Thematik des Vaters hat Hegel, stärker als Schiller, vorwiegend gesellschaftlich behandelt. Aber hinter der Verbindung Herr–Knecht bleibt die Verbindung Gott–Mensch ersichtlich bestehen, und sie bleibt auch so grundlegend bei Hölderlin, für den die „Herrlichkeit"* des Vaters und die Kämpfe des Sohnes, um an ihr teilzuhaben, die Basis des ideologischen Konfliktes bilden. Die schwäbischen Theologen lehrten nichts anderes. Wahrscheinlich hatte Hegel nicht einen Moment lang beim Schreiben seines Gedichts an Oetinger gedacht, aber dennoch ist es ganz und gar vom Denken des Theosophen geprägt, der nicht nur die Macht des Wortes hervorhob, sondern der die Erlösung mit der Herrschaft des Tieres als solchem verknüpfte: „Der Herr wird einen Bund machen mit den Tieren des Feldes, den Vögeln des Himmels und mit dem Gewürm ... Die Lebenskraft, die unten gelegen, wird sich emporschwingen bis zur Veränderung der Natur der Löwen, Tiger und Schlangen."*[46] „Herrlichkeit"* ist zugleich Mittel und Zweck dieser progressiven und universellen Transsubstantiation: „Die *Herrlichkeit* ist Gottes immediates Werkzeug zu den

Geburten der Dinge." „Alle Lande sollen der *Herrlichkeit* des Herrn voll werden."*[47]

Oetingers System zielt demnach auf die Totalität, auf die gesamte Schöpfung, die mit Hilfe eines umfassenden und lebendigen Wissens erfaßt wird, das uns erlaubt, die Kräfteverhältnisse im Universum als das Obwalten einer dialektischen Ordnung zu begreifen. Oetinger stellt seine Doktrin gleichermaßen dem Idealismus wie dem Materialismus gegenüber und bezeichnet sie als eine *phänomenologische Denkungsart.**[48] Hegel wird keine bessere Bezeichnung finden, um sein eigenes System zu definieren; und dieses System, so subtil und kompliziert es auch anfangs erscheinen mag, ist in seinen Augen „einfach und konkret". Das größte Lob, das er einer Denkungsart spenden kann – der Luthers, ganz allgemein der der Deutschen und endlich seiner eigenen – wird immer in diesen Worten zusammengefaßt – einfach, schlicht, innig*. Schon Luther forderte von dem Leser der Bibel, sich der Heiligen Schrift „mit einfältigem Herzen"* zu nähern: Oetinger seinerseits insistierte immer wieder auf der Kardinaltugend des Theologen, Mystikers und Philosophen, „sich an das Nächste und Einfachste (zu) halten."*[49] So wird man diese „phänomenologische Denkungsart"* erreichen, die wiederum selbst dazu bestimmt ist, dem Menschen die übernatürliche „Herrlichkeit"* Gottes anhand der konkreten und allgegenwärtigen „Herrlichkeit"* der Schöpfung zu offenbaren.

Schon nach einem kurzen Aufenthalt im heutigen Württemberg erkennt man die noch immer bedeutende Rolle der religiösen Sekten. Zum Beispiel die der „Michaelianer", der Anhänger des Bauern Michael Hahn (1758–1819), des Vertrauten der Gemahlin von Herzog Karl-Eugen, Franziska, die auch vom jungen Schiller bewundert und bedichtet wurde.** Das Denken Michael Hahns (den man nicht mit dem durch Schelling berühmt gewordenen Philipp-Matthäus Hahn verwechseln darf) ist Oetingers Denken sehr verwandt, dessen eigene Schriften übrigens immer noch in Württemberg unter den „kleinen Leuten" wie auch unter den Gebildeten verbreitet

** Vgl. Schiller, F.: Sämtliche Werke. Berliner Ausgabe, Bd. 1, Gedichte; 1980, S. 17 (A. d. Ü.)

sind.[50] Selbst der herausragendste moderne schwäbische Dichter, Hermann Hesse, zeugt von der erstaunlichen Beständigkeit der „Welt der schwäbischen Väter". Wie seine Romanhelden, bricht Hesse in seiner Jugend aus dieser Welt der Seminare aus. Er sagt sich von den Häuptern seiner Familie los, die alle Pastoren oder Missionare und als solche Nachfolger von Bengel und Oetinger sind, und macht sich auf die Suche nach der Frau, der Mutter. Eine vergebliche Suche, denn das große Schuldbewußtsein angesichts der männlichen Welt bleibt bestehen, und groß bleibt auf diesen Schwachen auch die geheime Anziehung durch die Starken und Unerbittlichen, daher bei Hesse – wie schon bei seinen Vorgängern Hölderlin und Mörike – eine homosexuelle Komponente. In seinem berühmten Alterswerk „Das Glasperlenspiel", in diesem Roman ohne Frauen, kehrt Hesse von sich selbst in die Welt der Väter zurück, der „schwäbischen Väter", wie er präzisiert. Der Roman steht formal der christlichen Utopie von J. V. Andreaes „Christianopolis" näher als den üblichen „Bildungsromanen"*. In seinem Denken ist er durchdrungen von der traditionellen und so eigenständigen schwäbischen Religiosität. Nach Hesses eigenem Eingeständnis steckt er voller Erinnerunen an Oetinger und Bengel.[51]
Wie mächtig muß sie gewesen sein, die Welt der schwäbischen Väter, um bis in unsere Tage eine so ausstrahlende Kraft zu bewahren und im Herzen des letzten Erben die brennende Sehnsucht nach der untergegangenen „Herrlichkeit"* zu erhalten![52]

Aus dem Französischen von Ulla Biesenkamp

Zitate im Text und bibliographische Nachweise, wie sie R. M. in seinen nachstehenden Anmerkungen gibt, wurden von uns, soweit die Quellen zugänglich waren, verglichen. Irrtümer des Autors sind stillschweigend korrigiert oder aber angemerkt worden, die Titelangaben folgen der Vorlage.

1 Einleitung zu G. W. F. Hegel: Die Vernunft in der Geschichte. Hrsg. von G. Lasson. Leipzig 1917. S. 4 f.
2 A. Cresson: Hegel, sa vie et son œuvre, 1949. Übers. R. Serreau, S. 110

3 Oetinger: Theosophie. Hrsg. Auberlen. 1847, S. 162, u. H. O. Burger: Schwabentum in der Geistesgeschichte. 1933, S. 124 f.
4 Oetinger, a. a. O., S. 133
5 Ibid. S. 176
6 Hegel: Enzyklopädie. § 383
7 Oetinger, a. a. O., S. 172 u. 288
8 Oetinger: Werke. Hrsg. Ehmann, 1855. II, 2, S. 334
9 Hegel Philosophie der Religion
10 Zit. n. Burger, a. a. O., S. 191
11 Phänomenologie. S. 31
12 Oetinger, a. a. O., S. 121
13 Vgl. R. Schneider: Schellings und Hegels schwäb. Geistesahnen. 1938, S. 55 f.
14 Jean Wahl: Le malheur de la conscience dans la philosophie de Hegel. Paris 1929
15 Oetinger: Philos. d. Alten. 1762 II, S. 39
16 Hegel: Werke. III, S. 6, u. Cresson, a. a. O., S. 105 „Geistleiblichkeit": Oetinger, a. a. O., S. 30 u. 134
17 Burger, Schwabentum. S. 126
18 Oetinger, a. a. O., S. 69
19 Oetinger: Die Theol. aus d. Idee d. Lebens. Hrsg. Hamburger. 1852, S. 56, u. Nohl: Hegels theol. Jugendschriften. 1907, S. 308
20 Oetinger: Werke Hrsg. Ehmann, S. 21
21 Schneider, a. a. O., S. 123. Die Definition stammt nach Schneider von Oetinger, nicht von Hegel (A. d. H.).
22 Oetinger, a. a. O., S. 270
23 Hegel: Werke XV, S. 622
24 Oetinger, a. a. O., S. 270
25 Hegel: Phänomenologie. Hrsg. von G. Lasson. S. 2
26 In: H. Hermelink: Gesch. d. ev. Kirche in Württbg. 1951, S. 328
27 Vgl. d. Kapitel zu d. Thema in Löwith: Von Hegel zu Nietzsche 2. A., 1950, S. 28 f.
28 Jean Wahl, a. a. O., S. 145
29 Oetinger in: Müller, E., Stiftsköpfe. 1942, S. 183
30 Oetinger: Theosophie, S. 172 f.
31 Oetinger, a. a. O., S. 310
32 Oetinger. Hrsg. Ehmann I, S. 194
33 Hegel. Hrsg. Lasson, S. 232 bzw. S. 286
34 R. Schneider, a. a. O., S. 94, 100, 117, 143, 151 f.
35 G. Bachelard: La Formation de l'esprit scientif. 1938 (dt.: Die Bildung des wiss. Geistes. 1978), Psychoanalyse du feu. (dt.: Psychoanalyse des Feuers. 1985), L'air et les songes. L'eau et les rêves. 1938 (dt.: Das Wasser und die Träume. 1991)

36 J. A. Wachter: Bengel. 1865 S. 160
37 Oetinger: Wörterbuch. 1776, S. 447
38 Oetinger in E. Müller: Stiftsköpfe, 1942, S. 186
39 Oetinger: Werke. Hrsg. Ehmann, S, 242 – Bengel, a. a. O.
40 Oetinger: Theosophie S. 256
41 Wahr ist, daß Auberlen in dieser Form das Denken Oetingers resümiert, a. a. O., S. 271
42 Oetinger, a. a. O., S. 310 u. 333
43 Oetinger, a. a. O., S. 142, 149
44 Oetinger, a. a. O., S. 338. Über Hegel vgl. A. Koyré: Hegel à léna. Revue philos. 1934, S. 274 f.
45 In: H. Glockner: Hegel: 1929, I, S. 242
46 Oetinger, a. a. O., S. 511, 616
47 Oetinger, a. a. O., S. 202
48 Oetinger, a. a. O., S. 47
49 Oetinger, a. a. O., S. 51
50 Über M. Hahn vgl. Burger, a. a. O.; Hermelink a. a. O.
51 H. Hesse über seinen Roman in O. Engel: H. Hesse: Dichtung und Gedanke. 1947, S. 55, vgl. auch Gundert, H.: Die pietistische Tradition in der Familie Hesse. 1936
52 Eine kurze, aber klare und inhaltsreiche Studie des verstorbenen H. Gumbel in: DVj. 1931, S. 509 f. Die erste Gesamtübersicht: H. O. Burger: Schwabentum in der Geistesgeschichte. 1933 (S. 198 f. Bibliographie früherer Werke. Neuaufl. des Buches unter dem Titel: Die Gedankenwelt der großen Schwaben, 1951, aber ohne Literaturangaben). Die reichhaltigsten Angaben sind bei R. Schneider: Schellings und Hegels schwäbische Geistesahnen, 1938, zu finden. Dieses Werk ist aber keineswegs umfangreich und würde eine erweiterte Bearbeitung verdienen. Über den schwäbischen Protestantismus ein neues und grundlegendes Werk von H. Hermelink: Gesch. d. ev. Kirche in Württbg., 1951, mit dem charakteristischen Untertitel: Das Reich Gottes in Württemberg.
Wie hat sich die schwäbische Theosophie auf die jungen Philosophen des Stifts übertragen? Aus Platzgründen wurde diese Frage hier nicht entwickelt. Erinnern wir an folgendes: 1. Alt-Württemberg, die uneinnehmbare Luther-Bastion Süddeutschlands, existierte länger als drei Jahrhunderte in einem abgeschlossenen Raum, und alle Kinder wurden in den berühmten Schulen gleich erzogen. 2. Die Pietisten – an der Spitze Bengel und Oetinger – wurden nicht etwa durch die Orthodoxie auf den Index gesetzt, sondern konnten ihre Bewegung in die Kirche integrieren (Pietistenedikt, 1743). Ehemals Schüler des Stifts, haben sie die künftigen Erzieher nach ihrer Art gebildet:

Bengel, Direktor der Klosterschule von Denkendorf, bildete in 40 Jahren mehr als 300 Lehrer aus. 3. Bei Hegel und seinen Freunden handelt es sich also nicht nur um eine reine Buchkenntnis der schwäbischen Theosophie (Kenntnis, die man insbesondere Schelling nachsagt), sondern um den direkten Kontakt mit den großen Eingeweihten in einer allgemein angereicherten Atmosphäre der mystischen Spekulation, in der selbst die Bauern auf das baldige Kommen des „Reiches Gottes" warteten, so auch der Losungsschrei von Hegel, Schelling und Hölderlin in ihrer Jugend. 4. In bezug auf Hegel muß man die Bedeutung des Katechismus betonen, so wie er ihn im Stuttgarter Gymnasium kennengelernt hat. Von J. W. Jaeger redigiert, ließ sich der Katechismus von einem mystischen Gelehrten, Coccejus von Leyde (auf den sich schon Bengel berief), inspirieren, Verfasser einer „Föderaltheologie", die anhand der Bibel die Weltgeschichte als eine progressive Verwirklichung eines göttlichen Plans interpretiert, deren verschiedene Stufen sich der Vernunft klar zu erkennen geben: Konzeption und Terminologie, die vollkommen analog zu der Hegels in dem Satz sind, der der Ausgangspunkt unserer Darlegung gewesen ist. 5. Es stellt sich also nicht die Frage, ob die schwäbischen Theosophen Hegel und seine Freunde beeinflußt haben, sondern, wie dieser gesicherte und tiefgründige Einfluß so lange den Wissenschaftlern entgehen konnte.

Johann Peter Hebel, der erasmische Geist oder Nützliche Anleitung zu seiner Lektüre

Für Wilhelm Lehmann

Nochmals Hebel.
Der Verfasser hat schon zweimal über ihn geschrieben.
Aber das eine Mal war es, um Heideggers dumpf hinterwäldlerischen Hebel aus dem Weg zu räumen. Das andere Mal, um Hebels Dörfler, Handwerker und gemeines Volk in die eben einsetzende große europäische Volksliteratur einzureihen. Hebels eignes Werk war dabei zu kurz gekommen. Diesmal steht es im Mittelpunkt.
Antiquiert, verstaubt?
So wenig wie Lessing; wie Schopenhauer, aus dessen „Parerga und Paralipomena“ man noch immer bündiges, erfrischend die Nägel auf den Kopf treffendes Deutsch lernen kann. Wer hat bei Hebel gelernt? Kafka und Brecht. Wer über ihn geschrieben? Walter Benjamin und Ernst Bloch, und vor ihnen Hofmannsthal. Einige andere noch, von Carl J. Burckhardt bis Gerhard Hess. Die paar Namen zeigen allein schon die Spannweite seines sprachlichen, dichterischen Genius. Auf kleinem Gebiet, gewiß; doch eine Welt komplett in der Nußschale.
Populäre Klassik – und als solche seit anderthalb Jahrhunderten weiterwirkend auf zahllose Einzelne, Unbekannte. Der Fall ist selten in Deutschland. Und wie immer und wo es auch sei, ist Klassik undenkbar ohne Aufklärung. Damit ist nicht ein neues Schlagwort in Umlauf gesetzt, einer eben aufkommenden Mode die Verbeugung gemacht. Eine historisch genau festlegbare Tatsache ist fixiert.
Hebel: Dichter, Aufklärer und herzlich, darum geht es hier.
Daraus soll der wahre, zumindest unser Hebel erstehen.

I

Jean Paul und Goethe haben unangemeldet und begeistert die „Alemannischen Gedichte“ 1803/04 aus der Taufe gehoben. Es ist bei dem einmaligen lyrischen Herzenserguß des Vierzigjährigen geblieben, dem Ertrag von knapp zwei Jahren mit wenig Nachzüglern bis 1810. Hebel war inzwischen zu Prosa und Schriftdeutsch hinübergewechselt und unter der Hand aus einem Kalendermacher zum Meister der Kurzgeschichte geworden, der ebenso unvermutet aufhörte, wie er begonnen hatte.

Das Talent zu forcieren, lag ihm nicht; er besaß den Sinn für Proportionen; Augenmaß; Instinkt für das, was nötig und möglich ist und was nicht.

Das Vorhandene genügte, um seinen Namen bis tief hinein in jenes Rußland zu tragen, wo ein paar seiner schönsten Geschichten spielen, der „Schneider von Pensa" und der „Herr Charles", und wo nun Tolstoi ihn verehrte und noch Tschechow ihn bewunderte und wo die Menge, unbekümmert um Herkunft und Verfasser, Gedichte wie „Morgenstern" und „Sommerabend" dem eigenen Repertoire als Volkslieder einverleibte und das Epos von „Habermus" auf russisch auswendig lernte samt dem „Kannitverstan" in Hexametern.

Erstaunlich, daß der Name zur selben Zeit auch durchs Getöse von Paris hindurchdrang und von George Sand, Victor Hugo, ja sogar Baudelaire, dem ersten Großstadtdichter Europas, mit Achtung genannt wurde. An anderer Stelle habe ich zu zeigen versucht, welche Rolle Hebel zusammen mit Auerbach und Gotthelf beim Entstehen der französischen Dorfgeschichte um 1850 gespielt hat und wie der erste Anlaß dazu von einem jener Handwerksburschen ausgegangen ist, die sein ganzes Werk durchziehen und wovon einer im welschen Jura als Tischlermeister hängengeblieben war, sich als Hobel- und Hebelfreund seßhaft gemacht hatte und den Landsmann in allen Tönen rühmte. Dann trat der Verfasser des „Habermus" wieder in den Schatten zurück, wurde vergessen über einem Dichter, der nicht aus der Fremde vom Rhein kam, sondern aus dem Süden, von der Rhône, Mistral – dem alemannischen Vorgänger ebenbürtig, wenn nicht gar überlegen an Genie, Frische der Auffassung, Kunstverstand, innerer Lauterkeit; ein Gewächs seines Bodens als Wiedererwecker der provenzalischen Dichtung und zugleich ein dankbarer Schüler der größeren Antike, wie Hebel. Vergil ist ihr Stammvater. Ein

Zitat aus Vergils „Eklogen“ prangt in der ersten, anonymen Ausgabe der „Alemannischen Gedichte“ anstelle des Verfassernamens, und ein scheinbar so grunddeutscher Text wie der „Kannitverstan“ ist, einer französischen Anekdote nacherzählt, von Hebel zunächst als Stilübung in geraffter Form lateinisch niedergeschrieben worden.
Latein hat er nach alter Basler Tradition schon auf der Elementarschule gelernt und es bis an sein Lebensende praktiziert. In einer seiner alemannischen Freundesepisteln, die mit lateinisch geschriebenen abwechseln, spricht er „vom Herr Erasmus seelig“, als wäre das ein Basler Patrizier mit jenem besonderen Umgangston, der dem Knaben schon von früh her vertraut und anerzogen war, der ihm später in Karlsruhe den Weg nach oben als Kammerherr und Prälat geebnet hat und der auch eins der Merkmale seines Stils bleibt: der Sinn für das Schickliche, das genaue, geheime Abwägen und Zurechtrücken der Dinge in ihrer besonderen Perspektive, Würde mit Leutseligkeit, Verschwiegenheit mit Kraft.
Ganz hebelisch und zugleich baslerisch ist der Satz aus einem Brief des Karlsruher Gymnasiallehrers: „Ich bekomme Herodot, den ich liebe, Theokrit, auf den ich mich freue, den Plutarch, den der Teufel holen soll, Ovids Metamorphosen und den lateinischen Stil, behalte das Hebräische und Rhetorik, dann noch Xenophon und Anakreon in Prima und Naturgeschichte an der Realschule, zusammen 18 Stunden, die ich aber durch eine feine Operation auf 15 herabzusetzen weiß.“
Ohne solch feine Operationen, ohne die Kunst des Zusammenziehens, ohne den ständig wachen, kritischen Sinn und die subtile Anwendung der alten Gesetze der Rhetorik ist auch Hebels Werk nicht zu denken.
Etwas anderes freilich und geradezu Gegenläufiges mußte hinzukommen und sich im Widerstreit mit dem urban Verbindlichen paaren, um seinem Stil den Schimmer, den Zauber des Spontanen, die jugendliche Schnellkraft und innere Anmut zu geben: eine dichterische Erlebnisfähigkeit, die seit der Kindheit auf dem Land draußen Natur in vollen Zügen in sich eingesogen hatte.
Die Besonderheit Hebels – auch sein Werk spiegelt sie wi-

der – ist, daß er halb Stadtbub und halb Landjunge war und nach eigenem Zeugnis „die Hälfte der Kindheit bald in einem Dorf, bald in den vornehmen Häusern einer berühmten Stadt verbracht hat“. Basel leuchtet immer an seinem Horizont, und silberschimmernd leuchtet es weiter in seinem Huldigungsgedicht an die Stadt:

„Z’Basel an mym Rhii,
jo, dört möcht i sii.“

Über Basels Gassen, Gäßchen und Schlupfwinkel wußte der alternde Hebel in Karlsruhe besser Bescheid als ein Basler Besucher; in Basel wieder das Geburtshaus zu bewohnen und nachmittags aufs Land ins Badische hinauszufahren, war noch sein Traum kurz vor dem Tod.

Das Hin und Her hatten schon die Eltern eingeführt. Im „Lebensbild“ von Eberhard Meckel kann man mit den nötigen Einzelheiten nachlesen, wie der Vater weder Bauer noch Alemanne war, sondern angeworbener kurpfälzischer Soldat, der unter einem Basler Major jahrelang in fremden, meist französischen Heeren gekämpft hat, ehe er eine Magd vom Gut des Herrn heiratete, eine Bauerntochter aus dem badischen Markgräflerland, dem Dienstbotenreservoir der Basler Bürgerfamilien vor den Toren der Stadt. Die eine Hälfte des Jahres verbrachte das Paar nun im Dorf mit Spinnen und Weben, einer staatlich geförderten und beinahe aufgezwungenen Hausindustrie; die andere Hälfte bei der Herrschaft in Basel, wo auch der einzige Junge geboren ist. Nach dem frühen Tod des Mannes hielt die Frau es auf die alte Art weiter, so daß Hebel einmal als Schüler des Basler Gymnasiums erscheint, dann wieder als solcher der Hausener Dorfschule mit ihrem jean-paulisch gutmütigen Schulmeister, bis der Boden wankte und sich dem Knaben unter den Füßen entzog, als die Mutter plötzlich gestorben war und der Dreizehnjährige den schweren Weg der Internate und den noch schwereren vom heitern Oberland in die steife Residenz Karlsruhe antreten mußte, ein Exil zwischen Sand und Hardt.

Es kommt das kurze Zwischenspiel der Studentenjahre, die bedenkliche Abgangsnote, das stirnrunzelnde Abschieben des etwas mißratenen Kandidaten an eine kleine Lehrstelle im Oberland, wo er zum letzten Male Natur voll genoß, abenteuerliche Bergbesteigungen mit gleichgestimmten Freunden unternahm und innerlich tief verletzt blieb, so in die Ecke gestellt zu sein: Die unerwartete Berufung nach Karlsruhe nahm er blindlings an und blieb dann fünfundzwanzig Jahre lang ein Städter, der von der Dorfheimat schwärmte, imaginäre Antrittsreden als Landpfarrer entwarf und keinen Schritt tat, um zurückzukehren. Ist der Mensch ein wunderliches Geschöpf! So heißt eine reizende Geschichte Hebels, lustspielartig angelegt, in einer tieferen Schicht aber versteckte, nie beachtete Konfession: Die Geschichte eines alten Mannes, der sein Lebtag Paris nie verlassen hat. Der König erfährt es, wendet die List an, ihm strengstes Ausgehverbot zu erteilen, weckt so den unbändigen Wunsch, hinauszukommen aus dem Gefängnis – aber kaum steht, nach einem bitteren Jahr, ein Kaleschlein als königliches Geschenk zur Ausfahrt da, so wendet sich das Blatt, und der Text schließt mit dem meisterhaft inszenierten Zwiegespräch zwischen Frau und Mann: „Ma foi", erwiderte der Mann mit besänftigter Miene, „der König ist gerecht." – „Aber, nicht wahr", fuhr die Gattin fort, „morgen fahren wir spazieren aufs Land?" – „Ei nun", erwiderte der Mann kalt und ruhig, „wir wollen sehn. Wenns auch morgen nicht ist, so kanns ein ander Mal sein, und am Ende, was tun wir draußen? Paris ist doch am schönsten inwendig."

Dieses heiter Schwebende! Molières Grazie und Menschenkenntnis! Dahinter aber die heimliche Selbstverspottung, niemand weiß, daß ich Hebel heiß. Über alles rein Anekdotische hinaus ein kleines Meisterstück der Prosa neben so vielen andern aus den „Kalendergeschichten". Klassisch und volkstümlich – ein Glücksfall in Deutschland.

II

Zunächst haben wir es mit den „Alemannischen Gedichten" zu tun, denn mit ihnen trat endlich und unerwartet, in später Reife, der Dichter ans Licht.

Vorher hatte er nur herumgebosselt.

Ein Trümmerfeld mit schönen, rührend ungefügen Blökken ist das Epos des Dreiunddreißigjährigen auf seine Belchenbesteigung im Schwarzwald geblieben. Ganz von fern rauscht hier etwas vom Sturm und Drang herein, grollt leise der Donner Klopstocks, wallen Ossians Schattengeister in Nebeldämpfen auf, thront über dem Belchen Proteus, der wandelbare Gott des Nichts, unter dessen Schutz Hebel und drei oder vier oberländische Freunde sich gegen Ende 1780 zusammentaten. Innerlich hatten die Proteusjünger ihr Sach auf Nichts gestellt, äußerlich waren sie angehende brave, zum Teil schon bestallte, wenngleich schlecht bezahlte Pfarrer und Lehrer; ein Aktuar gehörte mit dazu. Das „Proteische" entspricht dem, was Hebel später gern das „Vagabundische" nennt, von dem ein guter Schuß nun einmal zur Poesie gehöre, und was Eichendorff – ebenfalls ein guter Beamter, aber mit einer ganz anderen lyrischen Ader – dann im wanderseligen Taugenichts den ängstlich Seßhaften gegenübergestellt hat. Zu einer solch romantisch ausschweifenden Figur fehlte freilich Hebel die Lust wie die Gabe. Auch an die Orplid-Phantasien Mörikes und seines Pfarrfreundes Bauer im Brunnenstübchen oberhalb Tübingens darf man nicht denken, die geheimen Gänge führen da von Anfang an viel tiefer hinab ins Dichterische, finden wie von selbst den Weg zum großen melodischen Strom Klopstocks, Goethes, Hölderlins. Eher denkt man an das humanistisch-satirische Schulschmäcklein, das auch zu Mörikes Spielereien mit gehört, wenn er den „Wispel" und den „Sicheren Mann" hinstellt. Unter die „proteischen Geister" versetzten Hebel und seine Freunde auf die gleiche Weise neben Vergil, Diogenes und Parmenides den Grafen Cagliostro, den Ewigen Juden und einen kauzigen Basler Buchbinder. Erasmus hatte sich einst in derselben halb verzweifelten, halb ironischen Laune einen ähnlichen Schutzgeist erkoren: Terminus, den Gott der Grenze und des Endes, das allem Menschlichen gesetzt ist.

In den Briefen Hebels werden die paar oberländischen Freundesjahre später erinnernd verklärt. Von sich aus schrumpfen sie auf wenig zusammen. Denkwürdig bleibt die Episode, weil etwas in Hebel zum Ausdruck zu kommen versuchte und nicht kam, über seine Kräfte ging, den

ganz besonderen und in gewissem Sinn einmaligen Weg noch nicht gefunden hatte. Damals blieb nur der desillusionierte Blick auf sich und die Welt, er löste das All in steter Verwandlung auf und ließ es im großen Schweigen enden: Galgenhumor mit leicht visionären Anflügen, aber auch tieferem Sinn – das Verschweigen gehört zu Hebels Grundeigenschaften, und in vorzeitigem Schweigen hat er auch als Dichter geendet.
Die seltsame Beschränkung seines literarischen Horizonts zeigt, wie ausgesprochen er ein Mann des 18. Jahrhunderts geblieben war. Von der Sturzwelle der Genies, die damals über Deutschland in immer neuem Anprall hinbrandete, dringt nur sehr gedämpft ein Echo herüber. Das „Proteische" war Sturm und Drang im Lörracher Wasserglas. Die Uhr ist beim Göttinger Hain stehengeblieben – bei Hölty, Claudius, Bürger und vor allem bei Voß, dem redlich polternden Aufklärer, dem Verfasser der „Luise" und plattdeutscher Idyllen. Sein Urteil über die „Alemannischen Gedichte" wäre Hebel nach eigenem Zeugnis lieber gewesen als dasjenige Goethes ... Und was er unter Klassik versteht, war schon in der „Luise", war im „Phädon" von Moses Mendelssohn, in den „Paramythieen" Herders voll enthalten. Wenn der Zeiger zuletzt von „Nathan dem Weisen" auf „Wilhelm Tell" vorrückt, so bleibt auch dieses Werk als „Volksdrama" im selben Umkreis. Nirgends eine Andeutung über Schillers übriges Schaffen oder gar seine theoretischen Schriften; kein Wort über das klassische Weimarer Programm, kein einziger Hinweis auf Goethes „Iphigenie", „Tasso", „Wilhelm Meister", nicht einmal auf „Hermann und Dorothea". Nur die „Xenien" finden Gnade mit ihrer verklausulierten Spitzfindigkeit. Im selben scholastischen Geist hat Hebel seine gereimten hochdeutschen „Rätsel" geschrieben, kurzweilige Gesellschaftsscharaden in der etwas kahlen Pracht der Badener Empire-Salons. Die Romantik aber reduziert sich für ihn auf Grimms „Märchen", das „Wunderhorn", ein paar Lieder Kerners und Uhlands. Tiecks Besuch ehrte Hebel, sein Werk verwirrte ihn; er hielt es lieber mit Tiedge, dem Verfasser einer restlos verschollenen „Urania".
In dieser seltsam kargen Landschaft bleibt Jean Paul die

große Ausnahme, die tropisch quellende Zauberinsel, und man versteht, warum. Auch Jean Paul war Aufklärer und herzlich, als Rousseau-Schüler geradezu überschwenglich menschenumarmend. Vor allem aber begegnete Hebel beim Verfasser des "Schulmeisterleins Maria Wuz in Auenthal" jener Kinderseligkeit wieder, die in ihm selber mit unverwüstlicher Frische weiterlebte als heimlicher Nährboden der „Alemannischen Gedichte". Der Hagestolz in der streng abgezirkelten Hofbeamtenstadt Karlsruhe brauchte nur in sich hineinzuhorchen, und schon war er wieder das „Wälderbüblein", das sich einst durchs Farrenkraut einen Weg bahnte und Vogelnester aushob, während unten die Erdbeeren blühten, der oben auf dem Erntewagen den Heugeruch einatmete und dem Hasen nachblickte, wie er durch die leeren Furchen flitzte, und der nachts gespenstisch den Tannenhag aufragen sah, „nur bisweilen schimmerte der abnehmende Mond ein wenig durch die Wolken, wo sie am brüchigsten waren".
So hat schon in den mondänen Salons unter Ludwig XIV. der große Lafontaine keinen Augenblick die Kindheit in der Champagne vergessen, die Hecke am Wegrand, die Rohrdommel am Fluß, den Igel, der nachts durchs Gras schnaubt, das reine Blau der Wolken. Lafontaines „Fabeln" freilich, von liebevoll scharfer Naturbeobachtung gespeist und von Volkssprache durchrieselt, lassen die lyrische Stimmung meist zu kurz kommen über dem Komödiantischen im besten, naturhaften Sinn: Das lag am leichtblütigeren Temperament und an der heroisch stilisierenden Zeit. Daß aber Natur und gemeines Volk und allerorten Rehe und Füchse, Ochsen, Wölfe, Forellen und Frösche, Raben, Wachteln und Zeisige überhaupt Zugang finden konnten, war für die Epoche eine Kühnheit, ein genial gelungenes Wagnis. Der französischen Klassik ist damit trotz des stirnrunzelnden Königs etwas von jener kreatürlichen Dimension zurückgegeben worden, die die Literatur unter Rabelais noch in strotzender Fülle besessen hatte.
Kühn in seiner Weise ist auch Hebel gewesen, als er im Dialekt zu dichten wagte. Wie immer, ging er – der nun Vierzigjährige – auch hier zugleich spontan und überlegen vor. Den Grammatiker in ihm reizte die Wiederherstellung der

„Ruinen einer einst machtvollen Sprache", deren Zeugnisse eben in den romantischen Neuausgaben der mittelalterlichen Gedichte vorlagen. In Hebel selber drängte etwas anderes, ganz Persönliches, Ungesagtes und sonst nicht Sagbares nach oben, und jetzt war der Augenblick der Entscheidung gekommen: Entweder fand er die Form, seine Form, oder der Dichter in ihm war für immer erstickt; es blieb ein dilettierender Kauz, Hofrat mit Kommandeurkreuz nach außen, innen armer alter Bettelspielmann, der sich in der Einsamkeit auf schrillen Saiten eine Melodie vorfiedelte, die kein anderer verstand. Das Genie bäumte sich auf, es brauchte Luft und schaffte sich Raum gerade jetzt in der doppelten Abgeschnittenheit von Kindheit und Frauenliebe, eingeschlossen in den Formelkram der Residenz und die leere Behaglichkeit des Junggesellendaseins.
Was bei ihm eine Zwangslage war – der Rückgriff auf den Dialekt im Gedicht – wurde später als Vorbild gepriesen, als wegweisende „Rückkehr zum Ahnenerbe, zum alterlos raunenden Mund des Volkes, zur fort und fort fruchtenden Tiefe des Lebens" – so noch Paul Alverdes in seiner Hebel-Ausgabe 1949, so Heidegger in seiner Hebel-Rede 1957. Genug des Schollenzaubers! Man lese lieber, was Adam Müller in einem schmiegsam eindringlichen und dabei kaum bekannten Prosastück, einem der schönsten der deutschen Romantik, unter besonderem Bezug auf Hebel über die Rolle der Mundart in ihrem Verhältnis zur Schriftsprache schreibt. Die Sprachschönheit besteht für diesen souveränen Kenner „im ständigen Austausch zwischen Geselligem und Individuellem", zwischen Hochdeutsch und Mundarten; der Geist des Lebens liegt für ihn „in dem Verhältnis, in dem Bunde, in der gemeinsamen rhythmischen Bewegung zwischen der Sonne und ihren Planeten" („Von der Idee der Schönheit").
Nicht anders hat Goethe als Lobredner von Hebels „Alemannischen Gedichten", nicht anders hat Hebel selber gedacht. Der Lyriker schrieb im Dialekt, der Epiker in einer Schriftsprache, die zwar vom Saft des „Populären" – wie er sagt – genährt ist, aber nicht stärker als die Erzählungen Gottfried Kellers, die Märchen Mörikes oder Manzonis lombardischer Bauernroman „I promessi sposi" in der glei-

chen Zeit, und viel weniger als Gotthelfs Berner Dorfgeschichten. Ebenbürtige Nachfolger im Dialekt hat Hebel seit anderthalb Jahrhunderten nicht gefunden, obwohl Lokaldichter – liebenswürdig oder selbstdurchdrungen – in Schwärmen auftreten: Es muß also am Genie, nicht an der Mundart liegen. Die eigentlichen Gegenspieler sitzen im Norden, Klaus Groth und Fritz Reuter, jeder mit ganz besonderen Kennzeichen. Unübertrefflich hat Rilke schon im Pariser Gespräch mit Carl Burckhardt und Lucien Herr formuliert: „Nicht daß Hebel im Dialekt gedichtet hat, sondern daß der Dialekt in ihm dichterisch geworden ist, das ist das Entscheidende."

Muttersprache war für Hebel kein generelles Postulat mit kulturpolitischem Akzent, sondern ganz naiv, ganz individuell die Sprache der Mutter, deren Gestalt sich für ihn nur in dieser besonderen Form heraufbeschwören ließ. „Mit der schwäbischen Kindheit entzöge man Hebel seine halbe Kindlichkeit und Anmut", schreibt Jean Paul und bewundert den Reichtum dieses Dialekts an klingenden Diminutiven, das Eintauschen des ewigen deutschen „e" und die Verwandlung der harten Verkleinerung „chen" in das süße „li". Das alles bilde aber nur ein Vehikel für etwas Tieferes, das Hebel in seltenem Maß besitze: „Das offene Herz für alles Leben und alles Sein, die offnen Arme der Liebe ... Die Dichtkunst ist nur ein anderes Wort für die höhere, weitere Liebe; sie scheidet und erlöset die Natur vom dienstbaren Tode und beseelt wie ein Gott, um nur zu lieben, und schmückt wie eine Mutter, um noch mehr zu lieben." Und abschließend: „Hebel ist naiv – er ist von alter Kunst erhellt und von neuer erwärmt – er ist meistens christlich-elegisch – zuweilen romantisch-schauerlich – er ist ohne Phrasen-Triller – er ist zu lesen, wenn nicht einmal, doch zehnmal, wie alles Einfache."

III

Wie kann der heutige Leser, der von Buch zu Buch eilende und von immer neuen Büchern umstellte, noch zu Hebels Gedichten kommen? Indem er die Zeit herabschraubt,

Muße findet, sich Geduld läßt. Geduld braucht auch mein Verleger, Siegfried Unseld, der einen Hebel „für heute" wollte, aber kurz: Nun ist er lang aus dem Sack gesprungen, kräftig ausgewachsen – es mußte wohl so sein. Kann man Klassiker unters Publikum bringen, ohne dem Leser einen Wink auf den Weg zu geben, Ermunterungen, Belichtung von ein paar jener Details, in denen bekanntlich der liebe Gott steckt? Sonst zahlt die Menge, rauscht reichen Bildersaal entlang und leer hinaus.

Hebels Gedichte sind zunächst vielleicht als musikalische Partitur zu lesen, anzuhören wie Haydns Trios, Quartette, frühe Symphonien, die von Dorfkantoren, Schulmeistern, Bedienten der fürstlichen Herrschaft in abgelegenen Landschlössern aufgeführt wurden. Die Instrumentierung ist von der gleichen impulsiven Herzlichkeit, sprudelnd von Einfällen, dabei gelenkt von einem natürlichen Kunstverstand, der sich kühne Modulationen, überraschende Übergänge leisten kann, ohne den melodischen Fluß im geringsten zu stören, und das Klangbild im Gegenteil bereichert. So „Die Feldhüter" Hebels: Wie die beiden jungen Burschen da unter dem Sommernachthimmel singen und musizieren, im Gras am Waldrand stehend und selbst im Saft der Jugend – das klingt anmutvoll-innig, „rein quillend aus unerschöpflichen Röhren", wie bei Hölderlin, zugleich aber ist es durchblitzt von Mutwillen, aufgelegt zu frohem Schabernack wie Duette Haydns, ja Mozarts. Und wie bei ihnen und den deutsch-österreichischen Barock-Künstlern – Feichtmayrs „Honigschlecker", I. Günthers „Tobias" – die italienische Formsprache sich kräftig mit dem Nationellen, dem Eigenen verbindet, mühelos mit ihm zurechtkommt, so auch Hebels beflügelte, antikisch-moderne Hexameter:

„............ Es wäiht e lustige Nachtluft,
gvätterlet mit em Laub un exerziert mit de Halme:
Rechtsum kehrt euch! Linksher stellt euch!
Nonemool rechtsum!"

Der Wind tändelt väterlich mit dem Laub, er gvätterlet; die Halme kommandiert er auf hochdeutsch. Als sarkastisch näselndes und nachpolterndes Fagott macht das „Nonemool rechtsum" die ganze Exerziererei lächerlich, Natur imitiert zum Spaß den Drill der Menschen. „Das schönste deutsche Gedicht über eine Nacht im hohen Waldtal", urteilt Carl J. Burckhardt. Vielleicht ist er dabei etwas voreingenommen als Basler Alemanne und Enkel des großen Renaissance-Forschers Jakob Burckhardt, der nebenbei mit seinem Band „E Hämpfeli Lieder" den Dialekt um eine der feinsten Schöpfungen bereichert hat. Ein schönes, unbekanntes Gedicht ist „Die Feldhüter". Man prüfe nach, genieße.

Ins Hochdeutsche übertragen, werden die Strophen Hebels fast immer zu blinden Spiegeln; ihr Ton ist dünn und zag. Robert Reinicks deutscher Hebel, einst Gemeingut aller Lesebücher, ist Sirup wie das Ave Maria, das Gounod aus einem Präludium Bachs destilliert hat. Mistrals „Calendau" und „Mirèio" werden ähnlich grausam beraubt durch die französische Hochsprache.

„Hörsch nit, wie 's Wasser ruuscht", heißt es im Dialekt. „Rauscht" wirkt als lauter Schwall neben dem „ruuscht", Uhuruf in dunkler Nacht, zugleich aber blinkt es überall bei Hebel silbern auf, wispert und knistert an allen Ecken und Enden, „un risle die lustige Bächli". Eigentümlich der aspirierte H- und K-Laut, dem schottischen Dialekt in Robert Burns Volksliedern verwandt: „der Chopf", „er chummt". Es sind die kräftig rauhen Kontrabässe in dieser Partitur.

Warum Goethe das Gedicht „Gespenst an der Kanderer Straße" unter „das Beste der Art" gerechnet und mit Vorliebe rezitiert haben mag? Das Thema war poetisch kaum zu bewältigen, und es wurde bewältigt: das Kind einer Witwe, von einem Betrunkenen nachts tödlich zu Fall gebracht; die Mutter stirbt ihm nach und wehrt seither als Geist alle Herantorkelnden ab, nur die Nüchternen dürfen vorbeigehen. Erlkönig-Stimmung, geisterhaft Schwebendes, aber ganz in bäuerlichen Alltag gestellt: Das ist die Leistung. Balladesk Gerafftes: „E Hüüsli gsi; e Frau, e Chind, e Chatz henn g'otmet drin" – wechselt mit weitläufiger Erzähltem. Ausgleich schließlich zwischen der Erzählung und der rein aus ihr quillenden Moral, die am Schluß in einem einzigen Sätzchen, in einem einzigen Wort fast herausspringt: „Verstöhnt der mi“ – ernst gelispelt und nur um so eindringlicher.

Im Hintergrund der Gedichte steht liebend und abwehrend, erzürnt und milde der Geist der Mutter. Nicht ohne Grund kreist schon das erste Gedicht, das Hebel niedergeschrieben, um den Begriff der Schuld, die ein Junge im Tannenhag auf sich nimmt, als er ungebärdig einem feinen freundlichen Knaben eine Erdbeere verweigert und zu spät merkt, daß er mit ihm einen Engel und mit dem Engel den Segen verloren hat. So muß immer wieder die Mutter, der Engel aus dem Jenseits, eingreifen, um den Mann auf den rechten Weg zu bringen: im „Stadthalter von Schopfheim“, s’Vreneli voll Verstand; in „Riedligers Tochter“, s’Eveli, das gegen alle Widerstände mit ihrem Fritz glücklich wird. Im „Karfunkel“ aber, in den fahle Blitze aus Webers Wolfsschlucht hineinfallen, wird das arme Kätterle vom wüsten Mann niedergestochen, der sich dem Trunk, den Karten und dem Teufel ergeben hat – eine noch ganz bäuerliche Teufelsverschreibung in der Heimatgegend der Faustsage, zu Staufen am Rand des Markgräflerlands. Die „Häfnet-Jungfrau“ als weibliches Gegenstück dazu, geziertes Schloßfräulein mit Basler Manieren und Hochmut, zuletzt Melusine im Waldbrunnen, von der Rechtschaffene sich fernhalten, der Bibel und den frommen Lehren treu. Der Dieterle hingegen, der Waldfrevler am heiligen Sonntag, wird zur Strafe für immer als Reisigleser in den eisigen Mond verbannt.

Der plötzliche Tod der Mutter – sie war unter seinen Augen auf dem Ochsenfuhrwerk gestorben, das die Schwerkranke von Basel ins Heimatdorf zurückbringen sollte – hatte für den Dreizehnjährigen nicht nur den äußeren Einschnitt bedeutet. Innen blieb die heimliche Wunde, das frühe Erlebnis des Sterbens, die Verwaistheit der Welt.

Die ergreifende Wirkung von Hebels „Habermus“ beruht nicht zuletzt darauf, daß er sich mit dem Kornhalm identifiziert, wie er langsam und lebensgierig von der mütterlichen Hülle der Erde sich ablöst und dem Sommer entgegenreift nach einer bitteren Zeit des Alleinseins und der völligen Verzweiflung im Winter. Tolstoi hat das sehr genau gespürt, und vieles, was er Natascha, dem Prinzen Andrejew, dem Grafen Peter Besuchow in „Krieg und Frieden“ während ihrer Spaziergänge im winterlichen Park in den Mund legt, deckt sich in den Grundlinien, wenn auch unter dem unendlich viel weiteren russischen Horizont und Raum des Romans, mit dem, was schon bei Hebel empfunden ist.

Immer wieder erscheint in den „Traumaufzeichnungen“ des Tagebuchs die Mutter als Doppelgestalt: segnend oder strafend. Lieblich sind die Markgräflerinnen anzusehen, aber die schwarze Schlupfkappe der lutherischen Dörfer sticht bewußt von der farbigen Pracht der katholischen ab, fügt sich hingegen mit ihren strengen Flügelkappen „wie von selbst in die feierlichen weißen und grauen Patrizierhäuser Basels“. Manche Rüge wird es gesetzt haben, bis der barfußlaufende Waldbub sich zum manierlichen Stadtbuben entwickelte, dann kam der Tod, kamen Druck und Zwang von außen und als Gegendruck die innere Revolte, jene seltsam verschleierte Periode der studentischen Jugendtorheiten in Erlangen, deren Spuren Hebel in den Personalakten getilgt, in den Aufzeichnungen ausradiert hat. Im Ausradieren war er stark.

Der Muttergeist blieb nach diesem letzten Aufbäumen als oberste Lebensinstanz anerkannt. Das wirkt sich bis auf die Ästhetik aus. Hebel griff nach eigenem Zeugnis auf „eine scheinbar rohe und regellose Mundart“ zurück und wollte „das Gemeine“ bewußt davon ausschalten, „rein und klassisch“ sein.

Im Leben hieß das: Haltung wahren, Distanz, vor allem der Frau und den Verführungen der Liebe gegenüber. Was Hebel von orthodoxen Freudianern gehalten hätte, liegt auf der Hand: so wenig wie von allen Doktrinären. Freud aber hätte er vielleicht unter jene „Hebräer“ gerechnet, deren tiefe Menschenkenntnis und einfallsreiche List in den „Kalendergeschichten“ immer wieder hervorgehoben wird. Unter vier Augen hätte der Hofrat und Dichter vielleicht zugegeben, daß der Abkömmling solcher handeltreibenden Juden auch ihm zwischen die Finger geguckt und in die Karten geschaut haben könnte. Andererseits gehörte es zu seinen Maximen, Geheimnisse zu schonen, das zarte Ge-

spinst des Lebens nicht zu zerreißen. Moses Mendelssohn war sein Mann, ehrenfest in sich geschlossen, nicht die romantisch entflammte Tochter Dorothea oder gar die genialisch ihr Inneres preisgebende Rahel Levin.
So lassen wir es mit dem Ausspruch des „Hausfreunds" bewenden: „Es ist ein Beispiel, bei dem man Gedanken haben kann", und notieren nur, scheinbar beiläufig, daß Hebel seine Neigung lebenslänglich auf eine Pfarrerstochter geworfen hat, von deren kühler Herbe wenig genug zu erwarten war und die ihm schon 1791 nach seiner Berufung in die Residenz die Absage erteilte, ohne daß der ewige Junggeselle die verspielte und verständige Korrespondenz mit ihr nicht bis zum Tod fortgesetzt hätte, das Scharmutzieren mit einer Karlsruher Schauspielerin seinem Straßburger Erzengel mit dem Sauerampfergesicht klüglich verschweigend. Zwischen Pfarrerstöchtern in Straßburg und deutschen Dichtern besteht ein seltsam inadäquates Verhältnis: nach Goethe, Lenz und vor Büchner – Hebel und Gustave Fecht.
Instinktiv assoziiert Goethe in „Dichtung und Wahrheit" den Namen des „unschätzbaren Hebel" mit dem Friederike Brions. Elsaß und Markgräflerland werden zusammen gesehen als südliche Landschaften – „milder Atem, Himmelsluft, weich, warm, feuchtlich, man wird auch wie die Trauben, reif und süß in der Seele": Das ist das eine. Mit gleichen Pastellfarben haben in unserer Zeit Franz Schneller und René Schickele dieselben Landstriche rechts und links vom Rhein unübertrefflich im Wort nachgezeichnet. Das Tiefere hinter dem naiv Behaglichen, heiter Neckischen, munter Geselligen blieb auch Goethe nicht verborgen, aber wie Hebel, der große Verschweiger, deutet er es nur leise an: der Geist der Mutter und der Frau, der das Ganze wie ein feiner Äther durchdringt und trägt, ihm die seelische Aura gibt – zart, genau und bisweilen von einer Reinheit, die in die melodische Klage von Mörikes Äolsharfe, der luftgeborenen Muse geheimnisvolles Saitenspiel, als mindere Schwester einklingt.
Was Hebel im hochdeutschen Gedicht nur in rohem Umriß gelungen war: Hier ist es wie von selbst zur Klassik hinaufgehoben. Weltuntergang beschwört die berühmte „Ver-

gänglichkeit", wo der Ätti, der Vater, auf dem Ochsenwagen nachts vor der schwarzen Wand des Gebirgs dem staunend erschrockenen Buben die Zukunft entrollt, die einmal vom Heimatdorf nichts übriglassen und – kaum glaublich – selbst Basels Türme nicht verschonen wird. Das alles ruhig, ohne Aufwand, im parlando-Stil und homerisch groß.

Die Mutter scheint diesmal zu fehlen, und doch schwebt ihr Geist ums Ganze. Der Ort, wo das Gedicht spielt, ist heiliger Boden. Hier, unterhalb des Schlosses von Rötteln, war sie dem Knaben hinweggestorben.

IV

Mit den „Kalendergeschichten" treten wir in die Welt des Vaters. Persönliche Erinnerungen an ihn, der am Typhus starb, als das Kind noch in der Wiege lag, besaß Hebel nicht. Etwas aber war geblieben – ein Buch: das saubergehaltene Notiz- oder Tagebuch, in das der Soldat während seiner Kriegsfahrten von Flandern bis nach Korsika hinunter allerlei Wissenswertes verzeichnet, neben deutschen Volksliedern auch hundert französische Liebeslieder aufgeschrieben, ebenso beflissen französische Liebesschriftsteller exzerpiert und dann wieder Statistiken eingetragen hatte – ein aufgeweckter, weltläufiger Rheinfranke und auf seine Weise ein privater Kalendermacher, der unmittelbare Vorgänger des Sohns. Daß er selber sich zu heben und zu bilden bestrebt war, ist unverkennbar. Im selben Geist will Hebel in den Kalendergeschichten „den Ton der Popularität und Natur veredeln und durch Laune würzen". „Schöne Sinnlichkeit ist die einzig mögliche Blüte der populären Schreibart."

Der Sinn für das Schickliche, das bei aller Einfachheit Edle, war ihm durch die Mutter noch entschiedener angelernt und eingeschärft worden: Auswahl und Gestaltung der „Kalendergeschichten" erhalten von hier aus die ersten Richtlinien, ihr inneres Gesetz.

Weder Jean Paul noch Goethe haben sie besprochen. Gekannt und bewundert haben beide sie. Jean Paul las ihre

Zusammenstellung im „Schatzkästlein“ gleich fünfmal. Goethe war schon früher hinter den Kalendergeschichten her und trug die schönsten Stücke daraus auch später noch seinen Besuchern vor.
Zeremoniell vermerken die „Tages- und Jahreshefte“ über seine einzige Begegnung mit dem Verfasser in Karlsruhe, Anfang Oktober 1815, über die Hebel selber sich wieder einmal ausschweigt: „Noch mit Ehrfurcht und Dankbarkeit zu nennen: Graf von Hochberg, Weinbrenner und Hebel.“ Den Grafen Hochberg überlassen wir dem Weimarer Minister und der Lokalhistorie. Hebel und der Architekt Weinbrenner aber, der Schöpfer des antikisch-monumentalen Karlsruhe im frühen 19. Jahrhundert, gehören zusammen nicht nur als Freunde, sondern auch als Künstler, die der gleiche sicher in sich ruhende Stilwille, derselbe untrügliche Sinn für Proportionen und Perspektiven beseelte. In Mailand, Bologna und Rom an der Antike herangebildet, hatte Weinbrenner sie auf lebendige Weise weiter entwickelt, und was Adolf von Grolmann von seiner Formgestaltung sagt, trifft auch auf Hebels Kalendergeschichten zu; den Giebel des alemannischen Bauernhauses verbinden sie mit dem Tympanon der Alten. „Weinbrenners Haus als Ganzes genommen und als einheitlicher Körper beschaut, ist gar nicht groß. Seine Fassade gliedert sich, wohlig gelagert, aus einzelnen Baumassen, und *diese*, nur *diese* sprechen zu dem Beschauer des Gebäudes in der Wechselwirkung ihrer Eigenmassen, in deren Harmonie, aufeinander bezogen wie sie sind. Daher strahlen Weinbrenners Gebäude, seine Paläste, Bürgerhäuser und Kirchen, einen stillen Glanz aus, weil sie *so* sind. Es ist die vollendete Kraft der Statik, welche da wirkt.“
Etwas anderes kommt bei Hebel dazu. Dilthey hat es darin gesehen, daß er mit Jean Paul und Pestalozzi als erster seiner Zeit „das Herz des einfachen Menschen und die Schönheit, Kraft und Tiefe des niederen Lebens entdeckt hat“. Adam Müller dringt noch tiefer ein und zeigt das Revolutionäre am Vorgang: daß überhaupt „Provinzialleute, Kleinstädter, Grenadiers und Dorfteufel“ – kurz das ganze Hebelsche Personal – so ausschließlich in den Vordergrund rücken und die erste Geige spielen konnten, setzt

nicht nur einen literarischen, sondern einen politisch-sozialen Klimawechsel voraus. Die „steifen Absonderungen der Gesellschaft halten einmal ein Jahrhundert aus, endlich werden die Barrieren durchbrochen“. Hebels Kalendergeschichten sind in der Mehrzahl zwischen 1805 und 1815 geschrieben, also in der Zeit, wo auch in Deutschland die Barrieren durchbrochen waren, ehe die Restauration sie prompt wieder aufrichtete und Hebel aufhörte zu schreiben, still von der Bühne abtrat. Die „Exzesse“ der französischen Revolution hat er, ihr Zeitgenosse, zwar entsetzt abgelehnt, die Erklärung der Menschenrechte aber wie Klopstock, wie Jean Paul gebilligt – nicht öffentlich, aber im Herzen, und auch das vorangegangene Manifest Jeffersons der amerikanischen Bürger- und Menschenrechte hätte er unterzeichnet, wie seinerzeit Benjamin Franklin.

Eine bestimmte demokratische Haltung empfand er seit der Kindheit als natürlich. In Basel war der Umgangston selbstbewußter, freier als in deutschen Städten, es sei denn in den Hansestädten. Im Markgräflerland aber hatte Karl-Friedrich von Baden-Durlach (1738–1811), ein begeisterter Anhänger der französischen Physiokraten, der gern auch in seinem Basler Palast abstieg, die Landwirtschaft modernisiert, die Bauern von der Fron befreit, Spinnerei und Weberei begünstigt und sogar eine Seidenfabrik errichtet, der auch die Markgräfler Tracht mit einer neuen, seidenen Haube sich anpassen mußte – heute gilt dies aufgezwungene Produkt staatlicher Industrie als Ahnenerbe aus uralter Zeit, als heiliges Zeugnis des Volksgeistes ... Hebels Gedichte wären auch einmal auf dieser sozialen Folie zu betrachten. Der Alltag unten, wie er ihn schildert, war durch solche Maßnahmen von oben entscheidend mitbestimmt, in diesem Fall auf eine förderliche Weise und bei zunehmendem Wohlstand.

Ein so reformfreudiger Mann auf dem Thron Frankreichs an Stelle des gutmütig-haltlosen Ludwig XVI. hätte die Revolution in andere Bahnen gelenkt und ihr vielleicht den Umweg Napoleon erspart. Karl-Friedrich fand sich auch mit ihm ab und brachte es obendrein vom simplen Markgrafen zum Großherzog des geeinten Baden. Seine Minister – voran der Freiherr von Reitzenstein, ein Talleyrand ohne das Odium eines abtrünnigen Priesters, der auch politisch seine Herren nach Bedarf auswechselte – hatten in Paris Witz und Geld genug springen lassen, um den fürstlichen deutschen Rivalen den Rang abzulaufen und die Adoptivtochter des Kaisers, die reizende Stéphanie de Beauharnais, 1806 als Gemahlin ins Bett des Erbprinzen zu lotsen. Hebel erwartete „viel Gutes davon, wenn auch wieder einmal gemeineres Blut sich in das edlere mischt und eine gute Melange des Deutschen mit dem Französischen". Der demokratische Unterton ist spürbar.

Eine entschieden bessere Melange hat der Jurist Brauer, ein Freund Hebels, mit seiner großartigen Überführung des alten badischen Landrechts in den „Code Napoléon" zustande gebracht, der in dieser Form bis gegen 1900 rechtskräftig blieb. Das klassische römische Gerüst ist bis in einzelne Sprachwendungen hinein von einem „populären Geist" belebt. Hebel hat sicher nicht jeden Morgen im Gesetzbuch gelesen, wie Stendhal es seinen romantischen Zeitgenossen anriet, damit sie sich den Kopf reinbadeten; er brauchte das gar nicht, ein solches Gesetzbuch war Geist von seinem Geist, obendrein praktizierte er es als Mitglied der Ersten Kammer der badischen Landstände und hat mit dem gleichen Fortschrittseifer an der Einigung der lutherischen und der reformierten Kirchen Badens in der Evangelischen Union mitgewirkt.

In öffentlichem Auftrag und in volkserzieherischer Absicht sind auch seine Kalenderbeiträge entstanden. Wie bei den deutschen Klassikern – von Herder und Lessing bis Goethe und Schiller – ging ein Programm, ein Idealentwurf der Verwirklichung voraus: das „Gutachten", das Hebel 1806 über den ziemlich herabgekommenen „badisch-lutherischen Kalender" einreichte. Seit 1804 war er selber darin mit ein paar kleinen Stücken vertreten; im Januar 1807 kam die ungewollte Berufung zum alleinigen Herausgeber des nunmehrigen „Rheinländischen Hausfreunds". Cotta, der Verleger Wielands, Goethes, Schillers vereinigte schon 1811 die besten Beiträge Hebels unter dem Titel „Schatzkästlein", den der Verfasser billigte, an dem er aber den vorgeschlagenen „deutschen Hausfreund" in „rheinischen Hausfreund" umkorrigierte.

Tatsächlich bildet trotz mancher Abstecher nach Rußland und England, nach Spanien und bis hinunter in die Türkei oder hinüber nach Algerien der Rhein die Achse, die uralte Völkerstraße, die von der Schweiz zwischen Deutschland und Frankreich bis zum Meer nach Amsterdam führt. Handwerksburschen, Soldaten, jüdische Hausierer, Bettler und Strolche, Landläufer jeder Art (sie waren zahlreich geworden in der Zeit der Kontinentalsperre mit den vielen lahmgelegten Betrieben) ziehen da in nicht abreißender Folge ihres Wegs. Ihr natürlicher Treffpunkt ist das Wirtshaus, und Hebel – wie Gottfried Keller einem guten Trunk nie abgeneigt, wenn auch kein strammer Säufer wie der Zürcher Stadtschreiber – setzt sich als Gevatter unter sie und die Seßhaften, die Honoratioren des Ortes und die bedächtigen Bauersleute; ein Edelmann, vorbeireisende Offiziere gesellen sich dazu, man hört Schwänke, kuriose Berichte, Diebsaffären, Gruselgeschichten und gibt sie weiter, es ist ein stetes Kommen und Gehen, der Grundton heiter gelassen mit ernsten Durchblicken, ein Allegro con moto, gefühlvoll, nicht staccatospitz wie bei J. J. Engel und Nicolai, den Berliner Aufklärern, deren klarer, kluger Prosa Hebel maches verdankt und die er doch weit hinter sich läßt kraft jener Herzlichkeit, die aus der inneren Fülle eines liebenden Herzens schöpft und unvermutet einen Vorhang wegtut, tief in die verborgenen Gänge des menschlichen Herzens blicken läßt und dann ebenso sacht wieder beiseite tritt.

V

Die sichere Linienführung bewundert man selbst dort, wo es sich um pure Unterhaltung handelt oder wo das Didaktische vorwiegt: Lafontaine hat Äsops Geschichte vom „Müller und seinem Sohn", die einen Esel zum Markt bringen und unterwegs mit den widersprüchlichsten Ratschlägen traktiert werden, unüberbietbar anschaulich gestaltet und Hodler damit die Anregung zu seinem berühmten, in der Form aber ausgesprochen alemannisch-schweizerischen Bauerngemälde gegeben. Hebel instrumentiert die uralte

Fabel viel dürftiger, doch sorgfältig. In reizendem kontrapunktischem Widerspiel wird die eilig herbeiziehende Satzgruppe „Kommt ein Wanderer", „Kommt wieder ein Wandersmann", „Kommt ein dritter Wandersmann" jeweils abgelöst von der andern, bedächtig breiten Gruppe: „Da stieg der Vater herab", „Da saßen beide", „Da stiegen beide ab" bis zum Ausklang „Da band der Vater dem Esel ... und der Sohn band ..." Die Lösung ist gefunden, damit basta.
Ähnlich angelegt die Geschichte von Jakob Humbel, der trotz aller Widerstände aus einem einfachen Bauern ein großer Tierarzt wurde. Die rhetorische Finesse besteht wiederum im Hin und Her zwischen der einen Gruppe von schlichten, entschiedenen Hauptsätzen, die jeweils mit „Jakob Humbel" beginnen, und der anderen Gruppe, die augenzwinkernd anfängt mit „Ich weiß einen, der hätts jetzt bleiben lassen", „Ich weiß einen, der hätte die Güte eines solchen Herrn mißbraucht" und in Steigerung weiter bis zum Schluß „Jetzt weiß ich vier, die denken"... Man sieht das dunkle, scharfblitzende Auge des Professors vom rechten zu den schlechten Schülern hin- und hergehen; fest hält er die Fäden in der Hand, zum Guten will er sie lenken.
Das alles führt freilich noch viel weiter über die biederen, bisweilen seltsam derben Traktate und kurzweiligen Geschichten von Benjamin Franklins „Poor Richards Almanac" hinaus, der 1732 als einer der frühesten jener aufklärerischen Kalender erschienen war, wovon der „Rheinländische Hausfreund, neuer Calender mit lehrreichen Nachrichten und lustigen Erzählungen" ein später Nachzügler ist.
Auch die naturgeschichtlichen Betrachtungen Hebels verweisen ganz aufs 18. Jahrhundert. Es sind aufklärerische Stücke, erhellend und selber lichtvoll. Wenn ein Titel wie „Der Ackerbau, eine vorzügliche Schule der Religiosität" heute etwas läppisch und geradezu suspekt wirkt, so bleiben die meisten Texte lebendig durch den genauen Realismus, die humoristischen Schlaglichter, die Prägnanz des Ausdrucks. Was Hebel über die „Krokodile" zu sagen weiß, wie er im „Blutregen" den bäurischen Aberglauben ad absurdum führt, und im „Hutregen" sich über die Sol-

dateska amüsiert, der beim Exerzieren oben ein Windstoß plötzlich die Federhüte vom Kopf den Abgrund hinunterwirbelt, dem verdutzten Bauersmann zu Füßen – das besitzt geheime Verwandtschaft mit Voltaires „Dictionnaire philosophique" und den „Contes" von Anatole France, wenn auch durch Liebenswürdigkeit entschärft und gelegentlich um versonnene romantische Einsprengsel bereichert, wie in der schönen Stelle über die Wasserechse: „Solch ein Tierlein in seiner verschlossenen Brunnenstube hat ein geheimliches Leben und Wesen, sie sieht die Sonne auf- und untergehen, erfährt nichts davon, daß der Prinz von Brasilien nach Amerika ausgewandert ist und daß die englischen Waren auf dem festen Lande verboten sind, weiß nicht, obs noch mehr solche Brunnenstuben in der Welt gibt oder ob die seinige die einzige ist, und ist doch in seinem nassen Elemente des Lebens froh und hat keine Klage und keine Langeweile."

Das Ganze fein phrasiert, liebevoll und präzis gestochen wie die Rosengravüren Redoutés aus jener Zeit.

Zierlichkeit des Kleinmeisters auch in den historischen Rückblicken und den erdkundlichen Aufsätzen. Hinter ihrer Didaktik, die leicht abschrecken kann, wie auch Lessings Didaktik den Normalverbraucher von Literatur nicht eben verführt, hat Walter Benjamin – er ist nicht der einzige – das Tiefere gesehen, so in der Stelle über den Mond, die er geradezu als ein Vorspiel zum Mond über russischem Dorf auf Chagalls Bildern empfindet: „Der Tag dauert dort an einem Orte so lange als ungefähr zwei von unseren Wochen, und ebensolang die Nacht, und ein Nachtwächter muß sich schon sehr in acht nehmen, daß er in den Stunden nicht irre wird, wenn es einmal anfängt, zweihundertunddreiundzwanzig zu schlagen oder dreihundertundneun."

Und wenn diese „Allgemeine Betrachtung über das Weltgebäude" bei einem Schöpplein im „Adler" beginnt, und der Adjunkt sich zwischendurch ein Pfeiflein Tabak einfüllt, so weitet unversehens der vertraute dörfliche Raum sich immer wieder zum Weltenraum mit Mond und Sternen aus, schauend aufgerissen, zugleich aber ist der erasmisch oder voltairisch trockene Witz bei der Hand: „Denn die gelehrten Leute wissen auch nicht alles und reiten manchmal

auf einem fahlen Pferd." – Oder: „Ist nicht der englische Seekapitän Cook in einem Leben zweimal um die Erde herumgereist und von der anderen Seite her wieder heimgekommen, aber das dritte Mal haben ihn die Wilden auf der Insel Owai ein wenig totgeschlagen und gegessen ."
Man verfolge die Kunst der Perspektive, mit der Hebel, um den Abstand von der Erde zur Sonne zu messen, von dieser herab „einen langen roten Faden am 21. März mittags um zwölf Uhr an einem Kirschbaum oder an einem Kruzifix auf dem Felde anknüpft", und wie der rote Faden sich dann unter wechselnder Beleuchtung weiter durch die ganze Meditation zieht. Zuletzt ist es Winter geworden, „wenn am 20. Dezember der Faden am weitesten jenseits von uns entfernt ist. Der geneigte Leser verschläft alsdann die längste Nacht, und die Sonne steht so tief, daß sie ihm noch früh um neun durch des Nachbarn Kaminhut in das Stüblein schauen kann, wenn die Fenster eingefroren sind."

VI

Weltgeschichte auf ein so akkurat durchgeführtes Stilleben reduziert kann allerdings auch peinlich werden und ist von vorneherein pathetischen Gemütern ein Greuel. „Gang, richt em ais sy Päppli a", Süpplein kochen, Feuerlein zünden, Hausvaterweisheit dozieren, wo ganz andere Akzente am Ort sind: Zu stark wirkt in Hebel die Ermahnung der gottergebenen Mutter nach, ja vor dem gnädigen Herrn Landvogt das Käpplein zu ziehen. Kein Wunder, daß in deutschen Lesebüchern so oft das „Seltsame Rezept" abgedruckt wurde: Der gute Kaiser Josef II. erscheint darin ebenso liebevoll selbstlos gegenüber der Witwe und der Waise, wie in einem anderen Stück Friedrich II. gerecht gegenüber seinem lärmerzeugenden Windmühlennachbar, und Napoleon I. edelmütig dankbar gegenüber der früheren Obstfrau in Brienne, in deren Zimmer er eines Tages unerwartet wieder eintritt – das Zimmer ist nach bewährtem Schema „klein, aber reinlich", und der Kaiser ein Halbgott, aber gerührt. Überzeugender die Schilderung Suwarows, des russischen Feldmarschalls, der im Äußeren so wenig den Marschall hervorkehrte, einfach, ja salopp herumlief, ein Bauer dem Auftreten und dem Instinkt nach, wie auch Tolstoi ihn liebte und ihn so unübertrefflich geschildert hat.

Vom Kriegerischen hält Hebel, dieser Sohn eines Soldaten, wenig genug und vermerkt mit Genugtuung nach dem französischen Rückzug aus Moskau: „Gegen den Winter ist mit Bajonett und Sturmmarsch nicht viel auszurichten, ein warmer Pelz und ein Kalbsschlegel leisten da ganz andere Dienste als eine Brust voll Heldenmut."

Sein besonderer Zorn gilt Andreas Hofer. Den „Aufrührer" verklärt er nicht wie das berühmte Volkslied; kurz und gut wird er „nach Mantua ins Gefängnis gebracht und daselbst erschossen. In solchen Wassern fangt man solche Fische." Die Erregung zittert nach, und nochmals wird Moral dick aufgetragen: „Vorgetan und nachbedacht, hat manchen in groß Leid gebracht."

1809 mußte Hebel selber auf höheren Befehl ein „Grenadierlied" für die badischen Truppen schreiben, die mit Napoleon ausrückten. Er gehorchte als guter Untertan, zog aber diesmal den Kopf aus der Schlinge, indem er den Blick gleich wieder aufs Häusliche lenkte: „Im Schlachtfeld er den Feind zerhaut, die Bratwurst im Quartier." Mörike, ein Mutterkind, für Freudianer auf oraler Stufe fixiert, beginnt ähnlich seinen „Tambour": „Die Trommel müßt eine Schüssel sein, ein warmes Sauerkraut darein, die Schlegel Messer und Gabel, eine lange Wurst mein Sabel."

Robert Burns, der Rebell vom schottischen Hochland, hieb da ganz anders drein, und ebenso Ludwig Uhland, den Reinhold Schneider als Typ des härteren Schwaben Hebel als dem Typ des weichherzigen Badeners entgegensetzt.

Januar 1814 kam ein neuer, heikler Auftrag von oben: das „Patriotische Mahnwort" an den badischen Landsturm zu schreiben, diesmal aber gegen Napoleon. Hebel nimmt hier den Mund voll wie nirgendwo sonst, verteidigt nicht nur das gute Recht seines Landes gegen die Fremden, sondern zitiert nach Prälatenart das Alte und Neue Testament herbei, um den Krieg als *heiligen* zu rechtfertigen, und bestätigt sogar – er, Hebel aus Basel – den Fürsten, sie seien von Gottes Gnaden und nicht von eines Menschen Gnade:

„Es kann einem Land und einem Volk kein größeres Unglück und keine tiefere Schmach und Schande widerfahren, als wenn seine Fürsten und Väter von eines Menschen Gnade sein müssen.“ Devoter hat er den Hut nicht gezogen, und wie wurde das einmalige Dokument 1870, 1914, 1939 ausgeschlachtet! Auf seine Weise ist es freilich auch wieder eine Tarnkappe gewesen, die Hebel nach außen hin als feurigen Patrioten kennzeichnete und so selbst unter der Diktatur die weltoffene, menschenversöhnende Ware seiner Kalendergeschichten einschmuggeln ließ.
Man hütete sich, den Kommentar mitzuliefern, den die Briefe an den Proteusfreund Hitzig geben. So schon am 3. Mai 1814: „Dieser *heilige* Krieg, wie man ihn nennt, nun fange ich an zu zweifeln, ob er so heilig war.“ Am 13. Mai: „Oh Zenoïdes, erkennt Dein erleuchtetes Auge nicht, daß ein großes Trauerspiel aufgehört (wenn anders aufgehört) hat und eine Posse an seine Stelle getreten ist? Ist um Wahrheit und Freiheit, um Recht, um Rache, um Ehre gekämpft worden, oder war es eine große Schachpartie?“
Hebels Briefe ergänzen und berichtigen so in machem – wenn auch zu wenig, denn er mißtraute der Zensur – seine politischen Aussagen im Kalender, über die er selber verblüffend offen zugibt: „Auf einen Kalendermacher schauen viele Augen, deswegen muß er sich immer gleichbleiben, das heißt er muß es immer mit der siegenden Partei halten.“
So bürstet er selber nach der napoleonischen Niederlage wieder an seiner „guten alten deutschen Pelzkappe“, setzt aber „das leichte fremde Hütlein noch einmal auf und ein lustiges Federlein drauf, weil alles so gut gegangen ist. Eine Kokarde hat er nie getragen, trägt auch keine, sie sei denn deutsch. Denn auch das Hütlein trägt er nicht von Herzen, sondern bald aus Mutwillen, bald aus Unmut, bald aus Klugheit, oder weils Mode ist und nobel aussieht. Diesmal hauptsächlich, weil er mit seinen geneigten Lesern und den Alliierten eine Reise nach Paris anstellen will.“ Etwas weiter im gleichen Sinn: „Wer kein Federlein auf dem Hut hätte, könnte sich deutlicher ausdrücken.“
Eine Einladung, zwischen den Zeilen zu lesen! Scheinbar sachgetreu, aber diskret anzüglich notiert der Chronist: „In Paris aber nahmen unterdessen die Freudenfeste und Got-

tesdienste und spitzigen Mißverständnisse unter den Truppen, die sich bisher immer nur mit Feindesaugen angesehen hatten, fast kein Ende. Am 7. also war der Grüne Donnerstag, ging mitten in Paris der König von Preußen zum deutschen Nachtmahl. Am 10. veranstaltete der Kaiser Alexander einen großen griechischen Kirchgang." Den offenen sarkastischen Kommentar liefert wieder ein Brief an Hitzig: „Womit hat sich dieser Krieg als den *heiligen*, wofür ihn eine Partie ausgab, charakterisiert? Mit dem deutschen Nachtmahl, das in Sodom gehalten worden?"

Ebenso doppelbödig und hintergründig, was er über die Abdankung Napoleons und das Aufkommen der Heiligen Allianz verlautbart. Im Eroberer mit den blutigen Händen hatte er stets auch den Ersten Bürger des Staats gesehen, dessen Gesetzbuch in Deutschland mit dem Feudalismus aufzuräumen begonnen hatte und dessen Truppen Baden „in zehn Jahren nicht so hart angemutet haben und nicht so arm gemacht haben als der Freund (die Alliierten) in zwei Monaten." Mit dem Korsen verband ihn obendrein die Erinnerung an den Vater, der als „Dragonerjobbi" Korsika gegen die Genuesen mitverteidigt hatte.

Feine politische Prosa, die unter der Hand beibringt, was sie nicht mit offenem Visier sagen kann oder will, sind Stellen wie die folgenden aus dem Kalender aufs Jahr 1815: „Der Hausfreund hat fast ein wenig wollen erschrecken, daß der Zeiger der großen Weltuhr wieder so auf einmal auf das Jahr 1789 zurückschnellte ... Ein oder der andere Leser hätte auch nicht nötig gehabt, sich auf das Morgenrot des Goldenen Zeitalters zu freuen, wiewohl das Zeitalter war unterdessen rot genug."

Hier liegt der Schlüssel zu Hebels frühem Verstummen. Eine neue Zeit war angebrochen: „Der Hausfreund denkt etwas dabei, aber er sagt nichts." Zuletzt schrieb er auch nichts mehr. Das war seine Art: der wissende erasmische Verzicht.

Starker kritischer Sinn und Scheu vor dem Zuschlagen; Festigkeit mit Kompromißbereitschaft – ohne sie kann man wohl kein hoher kirchlicher Würdenträger im Obrigkeitsstaat werden. Den Hebelepigonen ist nicht nur der kritische Sinn zusehends abhanden gekommen, der Kompromiß wurde zur Abdankung, falsch biedermännischer Zungenschlag verfälschte die fein abgewogene, ausgewogene, in ihrer Verschwiegenheit reine Sprache. So schon bei Berthold Auerbach, der nicht nur als Stilist in seinen Dorfgeschichten – wenig Ausnahmen abgerechnet – weit unter Hebel steht, sondern auch als Kalender-Gevatter der siebziger Jahre mit vollen Backen und patriotischen Scheuklappen bieder-dumm einherredete, von den politischen Ergüssen eines Wilhelm Schäfer, Emil Strauß, Hermann Burte ganz abgesehen.

Hermann Burte ist dabei mit seiner alemannischen Gedichtsammlung „Madlee“, 1923, der bedeutendste Markgräfler Dichter nach Hebel gewesen, wenn auch herber, aufgewühlt, was an sich nur eine Bereicherung wäre. Daß er aber zugleich in seinen Dramen und im Roman „Wiltfeber“ Edelkitsch in Reinform und Modell des kommenden nazistischen Wortbombastes von Zarathustrischer Falschprägung geliefert hat, zeigt den unheilbaren Riß in dieser angeblich heilen Welt an, die mit Hebels Welt in radikalem Widerspruch steht, weil für Hebel, den *Aufklärer*, der Geist nie als Widersacher der Seele denkbar ist, sondern Geist und Herz ein Ganzes bilden, das Gefühl im Denkprozeß sich läutert und klärt und selber von der Herzlichkeit genährt, angestrahlt, erwärmt wird. Wilhelm Lehmann hat noch diese hohe Tradition. Hebel läßt sich nicht aufs Volkstum reduzieren, in dessen mottenzerfressener Garderobe die Heimatbesessenen des 20. Jahrhunderts strammen Schritts und geschlossen paradierten, Heil Hitler schon vor Hitler auf der Zunge. Daß Volkstum aber auch damals nicht stur zu sein brauchte, zeigt das Beispiel Oskar Maria Grafs, der als Dorfbäcker, Münchner Metzgergeselle und Prolet vom Volk herkam, die Politik mit den Augen der Unterdrückten und Gemetzelten maß und als fast Einziger seiner Art 1933 die Konsequenz zog, das total verrottete Land hinter sich ließ, dessen „kämpferische Erneuerung“ tausend andere mit bourgeois-säuselnden Phrasen begrüßten.

O. M. Grafs „Offener Brief“ an Goebbels, in dem er sich über die Nicht-Verbrennung seiner Bücher beschwert, sollte in jeder Anthologie stehen und steht fast nirgends. Bäu-

risch-bajuwarische Grobheit wirkt hier erfrischend gegenüber den verklausulierten, feinen Operationen badisch-baslerischer Observanz bei Hebel. Nicht ohne Grund ist er ein Klassiker, das heißt urban und gedämpft. Aufklärer trotzdem bis aufs Mark, und das scheidet ihn von aller Gips- und Neoklassik der späteren Zeit.
Hebel ist alles andere gewesen als ein Oskar Matzerath. Er war kein Trommler und kein Tambour, der Réveille schlägt; in seiner behutsam vorgehenden, freundlich zurückhaltenden, stets scharf beobachtenden Art ist er eher ein Vorläufer von Hans Castorp, und in seiner Vorliebe für die Zukurzgekommenen, ja die Gesetzesübertreter, die den Herren ein Schnippchen schlagen, ein geheimer Bruder des Felix Krull, Hermes und nicht Mars zugehörig. Besser noch kann man von einer Schweijkmoral bei ihm sprechen: Da vieles oben nicht stimmt, muß man nach unten ein Auge zudrücken, und Hebel reibt sich die Hände vor Vergnügen, wenn ein badischer Rekrut einen – ausgerechnet – preußischen Offizier prellt, sich von ihm unter falschem Vorwand in der Kalesche mitnehmen läßt und dann im Wald verschwindet. Der gute Kommandant in Hersfeld, der eine fremde Stadt verschont, ist ein Badener; der böse Husar, der in der Champagne französische Bauern ausraubt, kann nur ein Preuße sein: eine sehr subjektive Stellungnahme, umgekehrt wäre es aber aus rein politischen Gründen nicht gegangen, die Obrigkeit wäre dazwischengefahren, und Hebel hatte schon genug mit dem Konsistorium zu tun, um seine erstaunliche Apologie auf die honetten Falschmünzer durchzusetzen, die dem gefangenen und freigelassenen Edelmann zum Dank kostbare Geschenke nachschicken, weil er sein Wort gehalten und sie nicht verraten hat, obwohl ein Zufall ihn hinter ihr dunkles Tun hatte kommen lassen. Hebel bekämpft in dieser heiteren Geschichte voll Untertönen den Aberglauben der Bauern (die Betrüger hatten sie als „Gespenster“ abgeschreckt), und zugleich bekämpft er das soziale Vorurteil: Der beherzte „fremde Herr“, das edlere Blut, versteht das gemeine Volk in seiner Not und läßt es gewähren.
„Wer unser Metier treiben will ... der muß sein Geschäft mit List anfangen und mit Vorsicht zu Ende bringen“, rä-

sonniert an anderer Stelle eine Lieblingsfigur Hebels, der Zundelfrieder. Das gilt für den losen Typ des Betrügers. Es gilt wohl auch für Prälaten. Befriedigt meldet Hebel 1812, ein Anhänger der Schädellehre Galls habe an seinem Kopf als Grundeigenschaften abgelesen: „Scharfsinn, Schlauheit, Bedächtigkeit, Religion, Poesie" und notiert: „Es scheint mir, daß es mit seiner Kunst nicht leer sei."
Stets aufs neue wundert er sich in den Briefen darüber, daß er, der Dienstbotensohn, nun oben in Prunkmöbeln sitze und aus goldenen Schüsseln esse. Die Unteren vergißt er aber nie, und die Kraft seiner Geschichten besteht im ständigen Hin und Her, im Auswiegen der Gegensätze. „Die Abende verbrachte ich in Bierhäusern unter Kutschern und Lakaien der Grafen und Barone zu, mit welchen ich zu Mittag speiste."
Ein Doppelleben, aber unauffällig: das Vagabundische des Vaters gezügelt durchs mahnende Bild der Mutter.

VII

Die Architektur der Erzählungen muß genauer betrachtet werden.
Am berühmtesten: „Kannitverstan", Simplizius in Amsterdam. Erlebt und weitererzählt hatte das Abenteuer ein junger französischer Graf, Custine, der dann 1792 das Revolutionsheer befehligte und wegen seiner Mißerfolge den Kopf unter der Guillotine ließ; das war auch nicht zu ahnen. Bei Hebel wird aus ihm ein deutscher Handwerksbursche von „Emmendingen, Gundelfingen oder Tuttlingen". Mit den Augen des Dörflers sieht er staunend die menschenwimmelnde, fremde Stadt und darin das reiche Haus des vermeintlichen Herrn Kannitverstan. Sein Blick bleibt nicht am städtischen Prunk und Zierat hängen, die schönen Blumen am Fenster bewundert er, „Tulipanen, Sternenblumen und Levkojen." Am Hafen unten schweift sein Blick bis nach Ostindien hinüber, wo die großen Schiffe des Herrn Kannitverstan herkommen, und wieder holt er das Fremde ins Vertraute heim, wenn da Fässer ausgeladen werden „voll Zucker und Kaffee, voll Reis und Pfeffer und salveni

Mausdreck darunter". Zuletzt, nachdem er schweren Herzens dem vermeinten Leichenbegängnis Kannitverstans beigewohnt und an das Hinfällige alles Menschenwesens gedacht hat, kehrt er getröstet in die Herberge zurück, verzehrt mit gutem Gewissen und Appetit ein Stück Limburger Käse. Lapidar wie ein römisches Epitaph mündet die Geschichte vom fremden Herrn in Amsterdam in den Gedanken „an sein großes Haus, an sein reiches Schiff und an sein enges Grab". Das fordert geradezu die Übersetzung ins gemeißelte Latein heraus: opulenta domus, magna navis, angustum sepulcrum. Und doch findet auch hier wie von selbst der Alltag seinen Platz, handfester Käse und – mit Verlaub – Mausdreck, wenn auch anmutig verpackt ins italienisierende „salveni". Sogar das romantische Kränzlein fehlt nicht: „Einen Rosmarin auf die kalte Brust oder eine Raute". Von den stolzen Tulipanen und Levkojen am Anfang zu Raute und Rosmarin am Schluß: feine Fäden sind gesponnen, und was zunächst nur ein Schnörkel schien, wird durch die differenzierte Wiederholung zum Funktionsträger in einer wohlüberlegten Architektur.

Kein größerer Gegensatz zu diesem gedrungen in sich ruhenden Bau als die romantische gelockerte Art, in der Achim von Arnim die gleiche Anekdote (sie war durch Übersetzung des französischen Urtextes überall bekannt) an den Anfang seiner Novelle „Die drei liebreichen Schwestern und der glückliche Färber" stellt. Eine schöne Novelle, kraftvoll niederländisch und märkisch in einigen Teilen, dann wieder seltsam und anziehend verschlungen in widersprüchlichen Liebesgespinsten. Kannitverstan ist längst untergegangen, vergessen im Knäuel der Ereignisse.

Vergessen wir nicht ganz sein Urbild! Armer, guter Custine, auf dem Schafott hast Du nach froher Jugend und mutigem Kampf Dein letztes „Kann nit verstan" ausgehaucht, bevor blutig der Kopf in die Sägspäne rollte.

„Holländische Stadt durch zufällige Expolosion eines Pulverschiffs zerstört": eine Zeitungsnotiz für Kleist, der solche Katastrophen im furioso aufeinandertürmte. Was macht Hebel daraus?

Ein fein gepinseltes Stilleben, in das aber plötzlich Gottes Zorn wetterleuchtet, Gottes Zeit hereinbricht, bis zum

Schluß irdische und göttliche Zeit wieder ineinander eingependelt sind und die Welt in ihrem vorläufigen Trott weitergeht.
Mit einem Wortspiel beginnt der erste Satz und nimmt das Faktum andeutend vorweg: „Diese Stadt heißt schon seit undenklichen Zeiten Leiden und hat doch nie gewußt, warum, bis am 12. Jänner des Jahres 1807." Die Spannung ist geschaffen; Hebel dämpft aber gleich, holt gemächlich weiter aus, läßt aus der Ferne als zweitgrößte Stadt im Königreich Holland Leiden auftauchen, rückt näher heran, macht das Alltagsleben der Menschen sichtbar, das Unglück wartet verborgen im zweimal pochenden Nebensatz: „obgleich ein Schiff mit siebenzig Fässern voll Pulver in der Stadt war", „obgleich das Schiff noch immer da war" – und jetzt ist der Untergang da. Er vollzieht sich unter unsern Augen in elf Zeilen, die genauso angelegt und genauso bewundernswert sind wie die berühmten zwanzig Zeilen aus dem „Unverhofften Wiedersehen".
Mit einem seltsam feierlichen Klang hat der Satz begonnen: „Aber als nachmittags der Zeiger auf dem großen Turm auf halb fünf stand." Er endet mit: „und plötzlich geschah ein Knall". Die Grammatik ist dabei aus den Fugen geraten – nicht weil die Mittelpartie bis zum Bersten voll bepackt war mit dem Krimskrams des Lebens, sondern weil das Leben selbst ins Wanken geraten ist. Noch einmal hatte Hebel sein übliches Personal versammelt, Friedliche und weniger Friedliche; Winkelglück, aber auch das Schwärzere, Trübe, Zwielichtige dahinter; Weltbild in der Nußschale eines holländischen Kleinmeisters und zutiefst Konkavbild Hebels selber und seines vielkammerigen Innern: „fleißige Leute saßen daheim und arbeiteten, fromme Mütter wiegten ihre Kleinen, Kaufleute gingen ihren Geschäften nach, Kinder waren beisammen in der Abendschule, müßige Leute hatten Langeweile und saßen im Wirtshaus beim Kartenspiel und Weinkrug, ein Bekümmerter sorgte für den andern Morgen, was er essen, was er trinken, womit er sich kleiden werde, und ein Dieb steckte vielleicht gerade einen falschen Schlüssel in eine fremde Tür ..." Das alles jäh ausgelöscht, hineingerissen in den Abgrund und vor die Ewigkeit – aber schon ist Hebel wieder beim

Dämpfen, gibt Auskunft über die weiteren Vorgänge – Einsturz, Tote, Gerettete. Helfer von allen Seiten; selbst London, obwohl mit Holland im Krieg, schickt Schiffe voll Hilfsmittel – „und das ist schön – denn der Krieg soll nie ins Herz der Menschen kommen. Es ist schlimm genug, wenn er außen vor allen Toren und vor allen Seehäfen donnert."

Damit nimmt der letzte Satz den ersten auf und führt ihn weiter. Die Explosion war nicht nur hier und einmal. In der Welt explodiert es immer weiter, bis Gottes Zeit der Zeit der Welt ein Ende gesetzt haben wird. Ganz leise der Hinweis für den, der hören will, unauffällig unter die andern Sätze gemischt: „Da sah man denn auch, wie es am Abend leicht anders werden kann, als es am frühen Morgen war, nicht nur mit einem schwachen Menschen, sondern auch mit einer großen und volkreichen Stadt."

Kafka hat Hebels Geschichten immer wieder studiert. Man nehme einen seiner Texte vor, „Kaiserliche Botschaft" etwa, und verfolge ihre Tektonik, den musikalischen Aufbau. Dieselbe Linienführung, souverän in der Einfachheit, genau und geschmeidig: die Botschaft des sterbenden Kaisers; der Bote, der sich mit ihr durch die Säle, Höfe und immer wieder Türen, über Treppen und durch die Menge nicht hindurchfinden kann; dem stets neue Strichpunkte den Weg sperren; der erschöpft am Ende eines Satzgewindes von lauter verschränkenden Semikolons mit unverrichteter Botschaft zusammenbricht. Groß im Rahmen zuletzt der Einsame, dunkler Celloton, schon verschwebt: „Du aber sitzt an Deinem Fenster und erträumst sie Dir, wenn der Abend kommt."

Klassischer Duktus bei aufgewühltem Innern und einer Verzweiflung, wie Kleist sie gekannt hat, aber nicht Hebel. Gemeinsam das Bewußtsein von zwei Zeiten, der hiesigen und einer andern. Hebel ist nicht, schrieb Kafka, wie die Modernen, „vom wahren Worte abgesperrt". Wort, Satz, Sinn decken sich bei ihm.

Dublonen und Goldstücke wird man nicht überall in den Erzählungen finden; manches ist leichtere Ware; aber selbst an Kupfer und abgegriffener Scheidemünze entzückt oft die feine Prägung. Die Einsätze schon, erstaunlich variiert, dem Stoff jeweils genau angepaßt, verraten: Hier geigt ein Meister. Man lese – unter den späteren Stücken – den Beginn von „Franziska“, eine ganz in sich und ihren Traum versponnene Kantilene; von „Andreas Hertzeg“, wo das jäh Aufgeschreckte bald in mineralische Starre übergeht; von „Einer Edelfrau schlaflose Nacht“ – weitausholend zur Betrachtung über den Weltlauf und dann realistisch kraftvoll auf eine Szene beschränkt, einen Ausschnitt aus der Welt: die Edelfrau am Guckloch in der Küche, dahinter das Gesinde, Mann, Frau und ihr verheimlichtes, neugeborenes Kind – Hebels ganze Jugend steigt auf und weckt zuletzt das Herz der strengen Dame. Blutige Moritat kündet sich im Titel an: „Wie eine greuliche Geschichte durch einen gemeinen Metzgerhund ist an das Tageslicht gebracht worden.“ Der Stil ist kurz, knapp, rauh abgehackt, wie sichs für eine Metzgergeschichte ziemt; Volksliederton hineinvermischt, ohne Spur von Sentimentalität. „Zwei Metzger gehen miteinander aufs Gäu, kommen in ein Dorf, teilen sich, einer links an der Schwanen vorbei, einer rechts, sagen: ‚In der Schwanen kommen wir wieder zusammen.‘ Sind nimmer zusammenkommen.“

Brecht hat hier für seine Kalendergeschichten gelernt, auch vom Schluß mit dem grimmigen Humor, als die Mörder des Metzgers dingfest gemacht sind: „Sechs Wochen darauf wurden sie gerädert und ihre verruchten Leichname auf das Rad geflochten, und die Raben sagen jetzt: Das Fleisch schmeckt gut.“ Vom Ochsenfleisch für Menschen zum Menschenfleisch für Raben – es ist mehr als eine Schnurre: Bauelement eines Ganzen.

Ein anderes Nachtstück: ungleiches Ehepaar, Vergeuder und Knickerin; einmal kommt er stracks aus der Wirtschaft, wirft die Bestie in die Donau – „ging heim und henkte sich noch in der nämlichen Nacht an einen Pfosten“. Grotesk-makaber, wie die Ertrinkende noch mit dem Mann disputiert und das letzte Wort behält – das Komödiantische in Hebel, meist diskret, findet an solchen Stellen den vollen Audruck. Martin Walser, ein Landsmann vom Bodensee, hat es in der Geschichte vom jähen Mord an einer pflaumigen Stuttgarterin mit heutigen Sprachmitteln und doch einem alemannischen Unterton weitergeführt.

Ein letztes Nocturno, aber diesmal zurückgehoben ins Licht, denn sein Held ist ein Simplizius wie im „Kannitverstan“: ein junger Engländer, bei stockfinsterer Nacht allein im unbekannten, ungeheuren London vom Postillion abgesetzt; weiß nicht, wie seine Verwandten finden; erhält beim gutmütigen Kondukteur Unterkunft, die ihn an den Galgen bringen wird, denn in der Nacht „kommt eine Notdurft ihn an“, er muß hinaus zum Ort („Geht nur dem Gehör nach, Ihr hört ja die Themse rauschen“), irrt umher, stößt sich an einem Balken blutig; sein Schlafkamerad ist verschwunden, verschleppt worden auf der Gasse, als er angstvoll draußen nach ihm spähte; er selber ahnt nichts davon, schläft ein, und am Morgen fand man „einen Mann mit blutigem Gewand im Bett liegen, auf dem Gang ein großes offenes Messer, Blut bis auf den Abtritt, und unten rauschte die Themse“. Er wird gehängt, seine Verwandten spazieren zufällig vorbei, lassen ihn noch lebend herunterholen, überm Meer trifft er den verschleppten Kondukteur wieder, sie schließen Brüderschaft. „Er selbst wurde in Amerika ein reicher Kaufmann und wohnt jetzt in der Stadt Washington, in der verlängerten neuen Herrengasse Nr. 46.“ Genau berechnet wie die dramatische Steigerung ist das Zurückschwingen des Pendels zum Ausgleich, von der Nacht zum Tag. Noch vor der Mordgeschichte fühlt der Leser sich bei der Hand genommen, sein Blick wird auf das Bekannte zurückgelenkt, und was als philiströses, deutschkleinstädtisches Detail erscheinen mochte, legitimiert sich wiederum als sichere Kunst im Wechsel der Perspektiven: „Sie tranken bei der Frau Base noch einen Krug englisches Bier, das noch besser sein soll als das Donaueschinger oder Säkinger, so doch auch nicht schlecht ist, aßen eine Knackwurst dazu und legten sich dann schlafen.“ Der Blick kehrt einen Augenblick zurück zum Alltäglichen, mit dem die Geschichte begonnen und mit dem sie enden wird. Graviert wie auf einer Visitenkarte steht am Schluß die Adresse in Washington, aber zugleich mischt sich etwas Tuttlingen oder Emmendingen hinein, wenn es weiter heißt: „Verlängerte neue Herrengasse Nr. 46“. Scherz oder Ernst? Es bleibt in der Schwebe. Ambivalenz ist ein Kunstmittel Hebels, des selber so schwer Durchschaubaren.

Ganze Kapitel Interpretation seiner Erzählungen ließen sich noch schreiben – wenn nicht Siegfried Unseld mich schon lang fixierte, selber bedrängt von der harten irdischen Verlegerzeit. So muß der Leser sich auf eigne Faust umtun, und am „Husar in Neiße“ nicht nur die Moral ablesen, sondern zunächst einmal die ebenso genaue als grandiose Behandlung des Tonvolumens studieren, jenen unerhört schwierigen Übergang vom fortissimo des vollen Orchesters am Höhepunkt, wo der Plünderer und Mörder entlarvt ist, zum unerwarteten piano und pianissimo des Schlußteils, wo sein Opfer zurücktritt, Lust zur Rache nicht mehr findet, der Gedanke daran ist von ihm abgefallen, ein Anderer soll richten: „‚Daß du mich mißhandelt hast, das verzeihe ich dir. Daß du meine Eltern mißhandelt und zu armen Leuten gemacht hast, das werden dir meine Eltern verzeihen. Daß du meine Schwester in den Brunnen geworfen hast und ist nimmer davongekommen, das verzeihe dir Gott!‘ Mit diesen Worten ging er fort, ohne dem Husaren das geringste zuleide zu tun, und es ward ihm in seinem Herzen wieder wohl. Dem Husaren aber war es nachher zumut, als wenn er vor dem Jüngsten Gericht gestanden wäre und hätte keinen guten Bescheid bekommen. Denn er hatte von dieser Zeit an keine ruhige Stunde mehr und soll nach einem Vierteljahr gestorben sein.“
Toscanini war ein Meister in solchen Tonabstufungen – semplice und von höchster Raffinesse. Ohne moralische Qualität ist dieses ästhetische Fingerspitzengefühl nicht denkbar. Hebel hat Mitleid mit dem Überführten, tritt beiseite, läßt den armen, verlornen Teufel in der Ferne entschwinden. Guter Bescheid war ihm nicht geworden.

VIII

Hebels Traumaufzeichnungen. Es kommt vor, daß er lateinisch träumt: So lebendig arbeitete diese Sprache in ihm weiter. Dreißig oder vierzig Seiten Träume statt der bis jetzt zugänglichen zwölf Seiten – welcher Schlüssel zu seinem Wesen wären sie! Auch so überrascht die Vielfalt der Aspekte.

Spontane Komik: der sprechende Löwe, als „Professor der tierischen Psychologie oder der Geographie von Afrika empfehlenswert". Freilich war es dem Träumer „nicht wohl zumute, als er sich mit den Vorderfüßen mir auf die Achseln legte, zumal da ich bemerkte, daß er an denselben einen Ausschlag hatte". Erscheinung von Mumien; Angst vor Toten, die er auf die Brust küssen soll; das Bild der Mutter „sehr oft ... und ich bekomme sie immer nur unter einer von zwei Gestalten. Entweder ist sie erzürnt und will nichts von mir wissen, oder ... sie hat Vergnügen an meinen Liebkosungen".
Surrealistisch belichtet: „Einem wurde der Kopf abgehauen. Kopf und Rumpf lebten fort. Wenn aber der Rumpf einen Brief schreiben wollte, mußte er zum Kopf sitzen, wie zu einer Laterne." Auswendig lernen kann man die zehn Zeilen von „Ich ward in Paris als Spion ertappt ..." Vollkommenste Prosa; jedes Wort sitzt. Es ist der Tonfall – leise, eindringlich nahe –, in dem Kafka über Joseph K. berichtet. Noch erstaunlicher: Kafkas Gregor aus der „Verwandlung" bei Hebel: „Ich sah etwas von der Hölle. Die Verdammten lagen in der Gestalt heißer Fische und anderer Seetiere in einem warmen Zimmer zwischen Buchenblättern. Ich hauchte einen an, das tat ihm wohl. Er sagte: ‚Die Luft, die du wieder ausatmen mußt, weil sie dir schon zu warm geworden ist in der Brust, die kühlt mich. So heiß ist es mir.' Ich wollte ihm noch mehr Kühlung zuhauchen. Aber er streckte mir den Kopf mit einem so entsetzlichen Ausdruck des Wohlbehagens entgegen, daß ich vor Grauen nimmer länger in der Nähe bleiben konnte."
Solche Fische schwimmen da unten in Hebel, kommen herauf, werden gesotten, gebraten und noch lebendig schnappend zum Gastmahl gebracht: „Mein Mitleiden war sehr groß. Damit sie nicht verschmachteten, ehe sie zur Tafel kamen, wurden sie mit weichgesottenen Eiern erquickt." Es soll nichts forciert und Hebel nicht auf Kafka umfrisiert werden. Geheime, wenn auch schmale, durch Ritzen erblickte Querverbindungen bestehen dennoch. Und Hebel würde es als einen Akt ausgleichender Gerechtigkeit verstanden haben, daß ein armer, kranker, frühverstorbener Jude aus Prag, dessen Werk ausradiert und

dessen Familie ausgelöscht wurde, als die Heimatkünstler oben saßen und ihr breites Gesäß alles andre darunter total plattgedrückt hatte – daß von diesem verkannten und in Glorie wiedererstandenen Sephirot, der selber sein Leben lang so ängstlich das eigene Licht unter den Scheffel gestellt hatte, einmal ein Leuchten ausgehen sollte, das auch Hebels Geschichten überglänzen und ihm neue Leser in der Welt zuführen würde.

Der andere Brennpunkt bleibt Brecht. Seine Kalendergeschichten nehmen nicht nur bewußt den Titel von Hebels Erzählungen auf. Ihre eignen dialektischen Schliche und Pfiffe sind an Hebel geschult, wenn auch mit augsburgischer Scharfzüngigkeit versetzt, und hinter Hebel steht für ihn der rauhere Kalendermann vom Oberrhein im 17. Jahrhundert: Grimmelshausen. Darüber schrieb ich an anderer Stelle.

Hebel und die Juden – ein Kapitel für sich. Als Generalbaß: Bewunderung und Mitempfinden, derselbe Einklang wie bei Lessing, Herder, Kant und der Weimarer Klassik, die den deutschen Juden die Magna Charta des geistigen Bürgerrechts gegeben haben. Die politischen Rechte hatten sie durch die Napoleonische Gesetzgebung erhalten, eine Frucht der Revolution, auch und gerade in Baden; die Restauration nahm sie zurück.

Der jüdische Hausierer gehört zu den ständigen Figuren Hebels. Er war es ja auch in Wirklichkeit, zog unermüdet den Rhein hinauf, hinab. Hans Trog war es vorbehalten, eine Auswahl der Anekdoten 1925 unter dem sehr dubiosen Titel „Schelmen-, Scherz- und Judengeschichten“ herauszugeben. Und gewiß machen sich manche Geschichten im Klarinetten- oder Piccoloflöten-Spitzton über die Zudringlichkeit, den Geschäftssinn des Handelsjuden lustig. Aber harmlos gutmütig; er wird gehänselt, öfter balbiert er die anmaßlichen Christen über den Löffel. In keiner Hebelausgabe des Dritten Reichs standen *diese* Geschichten, und noch weniger der Aufsatz über Moses Mendelssohn oder gar das „Sendschreiben über die Juden“.

Wenn Hebel darin zu stark das „Morgenländische“ betont, den „Aberglauben“ gewisser Riten hervorhebt, so handelt er darin nicht anders als die ganze Aufklärung, Voltaire

und die Enzyklopädisten an der Spitze, die den Aberglauben in jeder Konfession zu bekämpfen auf ihr Programm geschrieben hatten. Die religiöse Einstellung Hebels sieht dennoch tiefer. Die Juden blieben für ihn das Volk des Alten Testaments und als solches verehrenswert.
Den betroffensten verehrungsvollsten Judensatz, der über die Lippen eines Prälaten gekommen ist, nennt Ernst Bloch die Stelle aus dem „Sendschreiben", wo es heißt: „Was aber den Jesaias betrifft, so behaupte ich nur so viel, daß, wer ihn vom 40sten Kapitel an lesen kann und nie die Anwandlung des Wunsches fühlte, ein Jude zu sein, sei es auch mit der Einquartierung alles europäischen Ungeziefers, ein Betteljude, der versteht ihn nicht, und solange der Mond noch an einen Israeliten scheint, der dieses Kapitel liest, so lange stirbt auch der Glaube an den Messias nicht aus."
Eine andere Stelle verdient herausgehoben zu werden: „Sie konnten aus ihrer Heimat vertrieben werden, das war Gottes Gewalt. Aber ihre Heimat und die Würde und Freiheit des Volkes Gottes an einem Sägbock oder hinter einem Schubkarren verleugnen, das können sie nicht. Sie können hungern, sie können verschmachten, wenns sein soll, aber ihr edles Blut, einst in den Adern der Väter an einer bessern Sonne gebraut, in knechtischer Arbeit verdampfen, das können Abrahams Kinder nicht, und sind und bleiben zu dem Ausspruch: ‚Sorget nicht für den andern Morgen', die lebendige Exegese ... Sie säen nicht und ernten nicht, sammeln nicht in die Scheuren, und ihr himmlischer Vater nährt sie doch, selbst in Deutschland, was viel heißt."
Bibelsprache Hebels, durchaus kraftvoll eigen, mit dem schnippisch blitzenden, haarscharf treffenden Schluß – sechs Wörtchen, federleicht, aber sie wiegen viel, streifen im Vorbeigehn einen Abgrund.
„Grüße mir den Thumringer Juden, und, wenn er noch lebt, den Scheitele in Lörrach, und den Nausel!" endet das „Sendschreiben über die Juden an den Sekretär der theologischen Gesellschaft zu Lörrach (die wenig bekannt ist)". „Grüß mir den Mauschel", kann man dazusetzen. In der Anekdote „Glimpf geht über Schimpf" zieht er, der Handelsjude aus dem Sundgau, jede Woche einmal in seinen

Geschäften durch ein gewisses Dorf, wird von den Dorfbuben mit dem Ruf: „Jud! Jud! Judenmauschel!" verfolgt, bezwingt durch eine Mischung von List und Gutherzigkeit die Kinder, „und von der Stund an ließen sie ihn ruhig durch das Dorf gehen". Derselbe Mausche zieht – unverhofftes Wiedersehen – unter denselben Spottrufen der Buben achtzig Jahre später durchs elsässische Heimatdorf Albert Schweitzers. Man schlage den seither in alle Sprachen übersetzten Text der „Kindheitserinnerungen" nach: „So verfolgten wir ihn vors Dorf hinaus bis an die Brücke. Mausche aber, mit seinen Sommersprossen und dem grauen Bart, ging so gelassen fürbaß wie sein Esel. Nur manchmal drehte er sich um und lächelte verlegen und gütig zu uns zurück. Dieses Lächeln überwältigte mich. Von Mausche habe ich zum erstenmal gelernt, was es heißt, in der Verfolgung stillzuschweigen. Er ist ein großer Erzieher für mich geworden. Von da an grüßte ich ihn ehrerbietig. Später, als Gymnasiast, nahm ich die Gewohnheit an, ihm die Hand zu geben und ein Stückchen Wegs mit ihm zu gehen. Aber nie hat er erfahren, was er für mich bedeutete. Es ging das Gerücht, er sei ein Wucherer und Güterzerstückler. Ich habe es nie nachgeprüft. Für mich ist er der Mausch mit dem verzeihenden Lächeln geblieben."
Das ist Geist vom Geist Hebels, spontan, ohne die geringste Pose, weil es Geist des 18. Jahrhunderts ist: Aufklärung, Toleranz, aktives Wirken für die Menschheit, eine bessere Menschheit. Aus derselben Quelle floß dann bei Schweitzer die Idee der „geheimen Brüderschaft der vom Schmerz Gezeichneten", deren oberstes Gebot schon Hebel so formuliert hat: „Daß wer einmal unter fremden Leuten in der Not und Betrübnis eine Liebe oder Wohltat erfahren hat, sieht sie als ein empfangenes Darlehen an und zahlt sie, wenn er daheim ist, wieder an einen andern Fremdling heim, der in gleicher Not und Betrübnis zu ihm kommt, als eine Schuldigkeit, ob er gleich keine Handschrift darüber ausgestellt hat."
Alemannische Stammesverwandtschaft? Im Lokalkolorit sicher; auch zu Basel ist Verwandtschaft da. Ein Verbrechen oder Unsinn aber, ihr den braunen Stern des arischen Bluts anzuheften, wie Hermann Burte es tat, als er von

Hebel, dem „arischen Bauern“ her, die noch in der Fremde schmachtenden Brüder grüßte, und als Heidegger in ihm, wie zuvor in Schlageter aus dem Markgräflerland, den urigen Waldgänger hochlobte.
Aufklärer und herzlich: Das war Hebel und ganz bewußt hierin ein Sohn des 18. Jahrhunderts. Was über dieses große, von Obskurantisten verdunkelte Jahrhundert, seinen Fortschrittswillen, sein Vernunftdenken, seine Ethik, und damit über Hebels eigne Weltanschauung zu sagen ist, hat Albert Schweitzer im 8. Kapitel seiner „Kulturphilosophie“ gesagt. Hier ist der tiefste Kommentar zu Hebels Weltanschauung. Hier liegen die Wurzeln bloß. Von Erasmus in Basel bis Grotius in Rotterdam, von Montesquieu in Bordeaux bis Kant in Königsberg und Lomonossow in St. Petersburg war und ist hier Europa.
Hier trennt sich auch der Weg von Kafka.
Denn das Zusammenleben der Menschen, dem er verzweifelt zustrebte und an das er nicht mehr glauben konnte, ist, wie Altwegg schreibt, die Triebfeder von Hebels Denken und der Kern seiner Geschichten. Ähnlich formulierte Adam Müller schon 1809, als er von „kraftvoller, geselliger Schönheit“ sprach, von Geschichten, die „dem Ohr und Gemüt vaterländisch, heimlich, kraftvoll, treuherzig und doch anmutig zusagten“, wobei „vaterländisch“ nicht im Sinn des Radau schlagenden Patriotismus gemeint ist, sondern im Sinn des Vertrauten, Heimischen. Sozialer Realismus könnte man auch sagen, wäre das Wort nicht längst als Schlagwort völlig ausgelaugt.
Mensch im Krieg und Triumph des Menschlichen über den Krieg: So heißt das Generalthema von Hebels schönsten Geschichten, auf die wir anfangs hinwiesen und auf die wir am Schluß zurückkommen: „Der Schneider in Pensa“ und „Herr Charles“. Ein paar andere treten dazu: nochmals Pensa in den „Die lachenden Jungfrauen“, und nochmals ein russischer Wohltäter in „Zwei Kriegsgefangene in Bobruisk“. Diesmal mit einer besonderen, Hebelschen Nuance: Die zwei polnischen Offiziere, die der Edelmann freigekauft und mit Geld für die Rückreise versehen hat, verspielen es prompt im ersten großen Wirtshaus beim Pharao-Spiel, „das man nicht Pharao nennen sollte, sondern das

Rote Meer, weil viele, die hineingehen, drin ertrinken, ausgenommen die Kinder Israel". Der Geber kommt zufällig vorbei und sieht, wie seine Polen die letzte Kopeke verspielen – man muß nachlesen, mit welcher Feinheit, welchem Takt ein neuer Wechsel von ihm ausgestellt wird und ganz beiläufig eingeflochten die Ermahnung zu besserem Gebrauch, dabei ohne Illusion: „Sie konnten noch weniger als vorher sprechen, sondern küßten ihm mit Tränen des Dankes und der Rührung die Hände. Hernach aber hat er nichts mehr von ihnen erfahren. Diese Erzählung ist unversehrt aus Rußland herausgekommen und hat ihre Wahrheit."

Die Wahrheit des Guten bleibt, und wer weiß, wieviel unauslöschliche Spuren Hebels unauffällige Geschichten im Herzen der Menschen hinterlassen und sich still in Tat umgesetzt haben? Altwegg schreibt in seiner großen Hebel-Biographie, daß neben „Faust" und „Zarathustra" deutsche Soldaten 1914 das „Schatzkästlein" im Tornister getragen hätten. Eine sehr problematische Behauptung! Hebel hatten sie eher vom Schulbuch her im Gedächtnis. Und für das Verhalten im feindlichen Land war er entschieden nützlicher als Faust oder gar Nietzsches kompakt orchestrierter und ausschweifend delirierender Übermensch.

Eine Kalamität bleibt, daß seit der Ausgabe von 1872 Hebel immer wieder über den glatten sächsischen Kamm Ludwig Richters geschoren wurde und ein reiner, rührend treuherziger, aber verniedlichter, verharmloster Lockenkopf dabei herauskam.

Hebel selbst hatte, unterstützt vom Freund Weinbrenner, seinem knickrigen Karlsruher Verleger für die „Alemannischen Gedichte" einen ganz andern Illustrator vorgeschlagen und auf eigne Kosten aufgezwungen: Benjamin Zix aus Straßburg. Nicht weil er ein „Stammesbruder" war, sondern weil Hebel sehr genau etwas bei ihm herausspürte, was den eignen Landsleuten fehlte: das vagabundisch der Welt Zugewandte, das selbst den Genrebildern von Zix die besondere Note gab, die gesammelte Kraft eines Mannes, der sich draußen den Wind um die Ohren hatte blasen lassen, mit kaum zwanzig Jahren als Freiwilliger im französischen Revolutionsheer mitgekämpft hatte und dann als

Zeichner dem Hauptquartier Napoleons zugeteilt worden war. Benjamin Zix starb, kaum vierzigjährig, als eben das „Schatzkästlein“ erschienen war – ohne ihn. Die Rechnung Hebel – Zix geht freilich nicht ganz auf. Dazu fehlt viel. Aber etwas von seinem Atem lebt in den großen Geschichten. Das Hintergründige hat Dambacher am schärfsten erfaßt: latente Dämonie in der Biedermeierenge, mit merkwürdig kurzstämmigen, oft geradezu grotesken Gestalten – der ganze Hebel ist das freilich nicht, es fehlt das Zartere, die Anmut. Die Lieblichkeit der Wiese.

IX

Im Herbst 1814 hörte Hebel mit dem Kalendermachen auf. Der Anlaß dazu scheint winzig. Über den Generalvikar des Bistums Konstanz war eine Beschwerde an den päpstlichen Legaten in Luzern und von da nach Rom und wieder zurück an den Karlsruher Hof gelaufen. Eine Seite aus dem Kalender aufs Jahr 1815 mußte entfernt werden, die Geschichte „Der fromme Rat“, wo ein gut katholischer Jüngling, der sich auf einer Brücke plötzlich zwischen zwei Priestern sieht, einer rechts, der andere links, beide tragen das Sakrament: Vor welchem soll er niederknien? Einer der Pater „hob die Hand und den Zeigefinger gegen den hohen und sonnenreichen Himmel hinauf. Nämlich vor dem dort oben soll er niederknien und ihn anbeten.“
Das war ganz im Sinn von Hebels katholischem Freund Ignaz von Wessenberg, einem der letzten großen Vertreter des Aufklärungsgeistes in der rechtsrheinischen Kirche. Auch seine große Zeit war in der Rheinbundzeit unter Dalberg gewesen; nach 1815 wurde er vom Bistum abgedrängt, saß nun zusammen mit Hebel in der Ersten Kammer zu Karlsruhe und holte sich zwischendurch Rat bei ihm für seine eigenen poetischen oder volksaufklärenden Schriften.
Das lutherische Konsistorium hatte in der Konstanzer Kontroverse keine Hand für den Kirchenrat Hebel gerührt.
Wie gern er als Erzähler weitergemacht hätte, geht schon daraus hervor, daß der sich 1818 von Justinus Kerner und

dessen Bruder Georg, damals Innenminister der Stuttgarter Regierung, dazu bewegen ließ, einen Kalender für Württemberg herauszugeben – nicht ohne Zögern, denn als Badener kenne er den dortigen „Nationalcharakter“ nicht genug. Der Vorbehalt war richtig gewesen. Das Projekt zerschlug sich prompt. Schon früher hatte Hebel, im Bund mit dem badischen „Lahrer Kalendermann“, dem schwäbischen Konkurrenten, dem „Reutlinger“ ins Gesicht gesagt, wenn er ihm „zwischen Licht auf einem Feldweg“ begegne, würde er nicht sehr grüßen, sondern sagen: „Bleib du in deinem Land, wenn man nicht nach dir schickt, und komm nicht selber.“ So halten wir es heute mit dem Meßkircher auf dem Feldweg.

Geschlossen und gewissermaßen unfreiwillig gingen Hebels letzte Beiträge statt in den württembergischen, in den „badischen Kalender aufs Jahr 1819“ ein.

Dunkle Zeiten waren für den Liberalismus in Baden angebrochen.

Auf die 65jährige Regierungszeit des aufklärerisch aktiven Karl-Friedrich war 1811 die siebenjährige seines Enkels Karl, eines trägen Liederjahns, gefolgt, den sein Onkel 1818–1830 ablöste. Dann erst hatte die von Ehrgeiz zerfressene, morganatisch angetraute zweite Gattin des alten Großherzogs, Karoline Geyer von Geyersberg, ihr Ziel erreicht und die eigne Brut auf den Thron gebracht. Auf Grund welch düsterer Intrigen, welch mysteriöser Todesfälle in der natürlichen Erbfolgeordnung und welch mutmaßlicher Verbrechen, darunter die Sequestrierung Kaspar Hausers, der 1812 vielleicht als Sohn Karls und Erbprinz geboren war: Das wissen die Lokalhistoriker, und auch die Badener wissen es noch. Hebel war es nicht unbekannt, dafür saß er ja an der Quelle, und darüber wollte er sich ausschweigen. Den Kalendermann harmlos weiter zu spielen, war unmöglich.

Ebenso unmöglich aber war es für Hebel, sich der Opposition anzuschließen, die Badens Parlament unter der Führung hervorragender Politiker zur Tribüne der Demokratie im Deutschland des Vormärz machte. Es war nicht Hebels Gabe, sich wie der männliche Uhland suspendieren zu lassen und an der Spitze von Abgeordneten gegen die Bajonette der Truppen zu marschieren (ein Akt bürgerlicher Zivilcourage, der keinem deutschen Schüler mehr bekannt ist, es sei denn in Schwaben). Selbst der liberale Rotteck schien Hebel noch zu radikal. Viel näher steht er einem Spätergeborenen: Jakob Burckhardt, für den Demokratie mit dem Begriff der civitas basiliensis zusammenfiel, nicht mit der Demokratie der „Masse". Für sie beide blieb der große Georg Forster ein „Verirrter". Und Georg Büchners „Hessischer Landbote" hätte weder vom ordnungsliebenden Basel noch von Hebel rezipiert werden können.

Er wußte, wo in Baden der Wind jetzt herblies und wollte sein Werk der Kircheneinigung nicht gefährden, diese letzte Umsetzung seiner aufklärerischen Toleranz in die Praxis. Die Union zwischen Lutheranern und Reformierten kam 1821 unter Dach und Fach. Die Erinnerung an Vater und Mutter stand mit im Hintergrund: Nur durch besondere markgräfliche Erlaubnis hatten seinerzeit der reformierte Kurpfälzer Handwerkersohn und die lutherische Bauerntochter kopuliert werden können. In Basel aber war Hebel während der eigenen Jugend dem Wirken eines andern Reformators auf Schritt und Tritt begegnet: Zwingli. Von seinem hellen, nüchternen, bürgerlich bewußten Geist ist, wie Adolf von Grolman schreibt, mehr in ihn eingegangen, als man es meist wahrhaben will.

Die „Biblischen Erzählungen", sein letztes Werk, 1824 von Cotta verlegt, verdrängen in diesem Sinn das Wunderbare zu stark. Isaaks Opferung fällt weg, sogar Daniel in der Löwengrube muß verschwinden. Ein praktisches Ziel war erstrebt und für kurze Zeit erreicht. Bei Altwegg oder W. Zentner kann man nachlesen, wie das aufklärerisch vermittelnde Erbauungsbuch 1825 schon in katholischer Bearbeitung erschien, 1834 allerdings revidiert wurde und 1855 der orthodoxen kirchlichen Strömung in der badischen Lutherischen Kirche zum Opfer fiel, die mit der politischen Reaktion Hand in Hand ging. In den Graubündner Tälern und für die evangelischen Schulen des Puschlav und des Bergell waren italienische und romanische Übersetzungen zwischen 1830 und 1840 erschienen. Sie sind noch kein Beweis für die Güte des Werks. Zu viel dürres Laub raschelt darin. Die Herbstblätter waren für Hebel gefallen. Es bleiben ein paar schöne, reine Bilder. Man findet sie schon in den früheren Reden zum Neujahr, „wenn die zwei großen Schildwachen sich ablösen in der Mitternacht und geben einander Parole, die niemand versteht".

Vieles bleibt von den Briefen.

An die großen philosophisch-poetologischen Briefwechsel von Schiller und Goethe, von Hegel und Hölderlin darf man dabei nicht denken, noch weniger an die atmosphärisch durchzuckten, seelisch aufgewühlten der Romantik. Hebel steht einer Madame de Sévigné viel näher. In ihrem Tonfall erzählt er humoristisch verzweifelt von der Antrittspredigt vor dem Markgrafen, die in die Brüche ging, weil der neugebackene Prediger just ein paar Stunden zuvor sich mit einer Kolik hinlegen mußte. In derselben Laune, im selben Stil werden Episoden aus dem Alltagsleben berichtet so gut wie dramatischere Ereignisse: Einzug der Franzosen, Durchmarsch der Alliierten, hie und da kleine Scharmützel oder Beschießungen.

Der Knasterseligkeit ist manchmal zu viel. Der Junggeselle windet den Altjungfernkranz für seine ewige Jugendliebe oder macht Kratzfüße vor seinem „Minister", der Gattin des Straßburger Freundes Haufe. Man lechzt nach Rahels Lava und Glut. Zwischendurch aber stets aufs neue geistvoll genaue Porträts, mit sicherem Griffel hingesetzt, kein Wort läßt sich daran verrücken: „Er [Ewald] verzehrt eine Gansleberpastete zu viel Burgunder mit der nämlichen Innigkeit und Liebe und Wahrheit, mit der er auf das selige Reich Gottes wartet; ein durchschaulicher Mensch ohne Falsch und Mißtrauen, dem heiterer Umgang und Freundschaft überall Bedürfnis ist, er geizt darnach und kargt damit, ein Kind an Unbefangenheit, an Leichtsinn, an Rechthaben und Nachgeben, an Glauben und Hingeben, und Eßlust." Das ist Chodowiecki und vielleicht mehr als Chodowiecki: Chardin.

Im gleichen Brief von 1809 an den Erzfreund Hitzig legt Hebel ein Glaubensbekenntnis ab, das dem Spürsinn der römischen Kirche für das Ketzerische in ihm und seinem „Frommen Rat" ein glänzendes Zeugnis ausstellt. Pfaffe mit Sakrament rechts, Pfaffe links, das Weltkind in der Mitte, fromm – schlau zum Himmel aufblickend und heidnisch mehr als erlaubt. Fundament seiner religiösen Überzeugung und Antrieb seines sittlichen Verhaltens blieb die Bergpredigt. Daran ist nicht zu rütteln, und das bildet den Kern seines Christentums. Von Zeremonien hielt er wenig. Über Seelenwanderung hat der Karlsruher Hofprediger viel interessierter und überzeugter diskurriert als über die Auferstehung oder gar den Sündenfall. Unter vier Augen stellt er sogar den Einzigen Gott diskret in Frage:

„Ich möchte mich gerne mit einem oder einigen Göttern dieser Erde begnügen, die um uns sind, die uns lieben und beobachten, die unsre Blütenknospen auftun, unsre Trauben reifen, denen wir trauen können, und die sich lediglich nichts darum zu bekümmern haben, wer für die andern Sterne sorgt, so wenig als wir. Sie sollen nicht allmächtig, nicht allweise, nur mächtig und weise genug für uns sein, nicht souverän, sondern untergeordnet einem noch mächtigeren und weisern, um den sie, nicht wir uns zu bekümmern haben. Sie sind vielleicht schon so oft erschienen, den Juden und Griechen, beiden in der Gestalt und Form, in der sie ihnen erfaßbar waren, dort Engel, hier Dämonen; sie würden vielleicht auch uns noch ebenso wie jenen wahrnehmbar sein, wenn wir nicht durch den Unglauben an sie die Empfänglichkeit ihrer Wahrnehmung verloren hätten. Das Organ dazu ist in uns zerstört ..."

Schillers und André Chéniers Klagelied auf die entschwundenen Götter wird hier ins populär Klassische transponiert. Und ganz nah dahinter: Erasmus, der Nichtkämpfer, der schweigsam wirkende Mann des Ausgleichs – kälter, härter, universaler als Hebel, aber aus demselben geistigen Geblüt.

Im Kunstwerk hat Hebel das Organ für die Mitteilung seiner Empfänglichkeit gefunden. Auf den paar Planken seiner Geschichten und Gedichte wird er noch weiter durch Jahrhunderte rudern, wenn andere, viel höher gespannte und viel weiter ausholende Werke längst verschlungen und auch seine Kommentatoren, proteisch sich ablösend, im großen Schweigen verschwunden sein werden.

Hebel: Dichter, Aufklärer und herzlich.

„Und unten rauschte die Themse."

Deutsche und französische Kultur

Alemannisches, in europäischem Rahmen gesehen

Gedanken über das Werden des Geschichtsbewußtseins

Am Wort „alemannisch“ läßt sich sehr gut dartun, wie ein lange verschollener Begriff auferstehen, wachsen und gedeihen, dann in bösartiges Geschwülst ausarten und erneut in Verruf geraten kann.

Hebel brachte durch seine *„Alemannischen Gedichte“* (1803) das Wort wieder in Umlauf. In dieser ersten Phase blieb es vorwiegend auf das literarische Gebiet beschränkt, und zwar im badisch-oberrheinischen Raum. Eine zweite Phase beginnt nach dem Krieg 1870/71. Unter Berufung auf die Gemeinsamkeit der Sprache und der Sitten wurde die Eingliederung des Elsasses in den Hohenzollernstaat ideell unterbaut. „Alemannisch“ war zu einem Schlagwort im politischen Kampf geworden. Die Briefe von D. F. Strauß an E. Renan stellen auf dieser Grundlage die Wiedergewinnung des „Reichslandes“ als einen geschichtlich sinnvollen, ethisch gerechtfertigten Vorgang hin, das Ausheilen eines zugefügten Schadens, einen Genesungsprozeß im Rahmen des neuerstandenen Reiches.

Eine dritte Phase setzt 1918 ein. Sie tritt in ihr akutes Stadium nach 1933. Zu den sprachlichen und historischen Argumenten gesellen sich biologisch-rassische; vom Geist kommt man zum Blut, und über das Elsaß hinaus wird die Schweiz in den Traum von einem „Gesamtalemannentum“ mit einbezogen. Trotz aller Reden über europäische „Verbundenheit“ war die ganze Bewegung eindeutig klar „ausgerichtet". Nur dumm-dreiste Sturheit konnte oder kann es abstreiten und feine Unterschiede da machen wollen, wo von vornherein alles auf grobschlächtige Verwirrung der Begriffe und eine sehr reale Gewaltpolitik angelegt war. Lassen wir Hermann Hesse das Wort:

„Schon vor der Hitlerzeit war die Schweiz besonders empfindlich gegen Ansprüche, die einen Zusammenschluß auf Grund sprachlicher Gemeinschaft forderten. Es begann mit der Beschwörung gemeinsamer Leistungen kultureller Art, man wurde dringlich an Goethes Liebe zur Schweiz erinnert, und es endete mit dem Druck von Propagandalandkarten, auf denen die Schweiz als südlicher Gau von Großdeutschland zu sehen war."

Gerade so wurzelechte, führende Alemannen wie der Deutsch-Schweizer Hermann Hesse, der Schwabe Theodor Heuss, die Elsässer Albert Schweitzer und René Schickele, der Badener Wilhelm Hausenstein (um nur einige unter vielen zu nennen) waren aus ihrer Bodenständigkeit heraus sehr feinhörig für das Unsolide, Aufgedonnerte an diesen germanisch-alemannischen Spekulationen und verwechselten keinen Augenblick den hergelaufenen Gaukler und zigeunernden Bauernfänger, der das Reich an sich und in den Abgrund reißen sollte, mit dem richtigen, besorgt auf Pfennig und Tradition schauenden Bauersmann.
In jenen Jahren wurde auf Grund einer romantisch mythologisierenden Geschichtsauffassung, die sich der Härte der Tatsachen verschloß, das Wort alemannisch wahllos vergeudet. Wie jede Inflation endete auch diese mit einem Zusammenbruch. „Alemannisch" war nach 1945 ganz außer Kurs geraten.
Und doch bleibt das Alemannische bestehen, und in ihrem Rahmen sind die eben angeführten großen Alemannen lebendige Zeugen dafür. Ebenso bleiben Basel, Freiburg, Straßburg in gewissem Sinne alemannische Städte – nur muß das Wort auf sein richtiges Maß zurückgeschraubt, muß es in entsprechenden Proportionen abgewertet werden. Statt der ungedeckten Wechsel auf die Luftschlösser politischer Faselhänse haben wir dann einen soliden Pfen-

nig, eine ernüchternd kleine Einheit, die aber reelle Bedeutung besitzt, einen echten Sparpfennig, den wir in die geistige Bausparkasse des kommenden Europas tun können.

Was ist dazu vor allem nötig? Neben gesundem Menschenverstand die Rechtlichkeit, jene „aequitas", die der Karlsruher Adolf von Grolman in seinem tiefen und schönen Buch über *„Wort und Wesen am Oberrhein"* dem alemannischen Menschenschlag zuschrieb und wofür er in erster Linie den Wiedererwecker des Begriffes „alemannisch", Johann Peter Hebel, als Exempel anführte. Ein neuer Hebel lebt unter uns, der auch nur aus dem Geist des kosmopolitischen, für Menschenwürde, Fortschritt und Kultur begeisterten 18. Jahrhunderts verstanden werden kann, Albert Schweitzer. Was er Ethik nennt, ist nichts anderes als jene besonnene „Rechtlichkeit", der Ausgleich zwischen Bejahung und Verneinung, Behauptung und Hintansetzung seiner selbst.

Eine Episode aus Schweitzers Jugenderinnerungen steht hier als Beispiel für die Feinfühligkeit seines Gewissens, die Ansprechbarkeit seines Rechtsempfindens. Schweitzer erinnert sich, wie er als ganz kleines Kind über einen erlittenen Schmerz in heftiges Weinen ausbrach, dafür mit Tröstungen überhäuft wurde, und wie er nun, um noch weiter gehätschelt zu werden, weiter weinte, obwohl der Schmerz verschwunden war. Ein solches Weiterspielen des Schmerzes, wo keiner mehr da ist, eine solche Wehklage über erlittenes Unrecht, die immer nur auf sich, nie auf die andern blickt, eine solche Dauerhaltung des ewig Gekränkten, Geschädigten, Verfolgten, das ist die Rolle, in die sich mit erschütternder Selbstbelügung in jedem Lande die Verfechter nationalistischer Wahnideen hineingespielt haben. Man wird feststellen, daß bei ihnen mit einer Sklerose der Begriffe immer auch eine eigentümliche Erstarrung des Rechtsempfindens Hand in Hand geht.

*

Die ganz verschiedene Rolle, die das Straßburger Münster im deutschen und im französischen Nationalbewußtsein spielt, ist ein Musterbeispiel für das Auseinanderwachsen

der Völker. Für den Deutschen ist das Münster verbunden mit dem Namen Erwin von Steinbach, der seit dem Prosahymnus des jungen Goethe seinen festen Platz in der Reihe der „deutschen Meister“ hat, auf einer Art symbolischen Festwiese, zusammen mit Jakob Böhme und Hans Sachs, Dürer und Bach, Grünewald und Grimmelshausen. Die Besteigung des Münsters, seine kongeniale künstlerische Erfassung durch Goethe und Herder, ist jedem Gebildeten vertraut als eine kopernikanische Tat, als ein erster Vorstoß zu den Wurzelgründen deutschen Wesens, so wie die Flugschrift „*Von deutscher Art und Kunst*“ es alsbald definierte: der Natur, dem Volk, Gott unmittelbar verbunden, ohne den „welschen Firnis“, den Goethe gerade damals schambewußt abzustreifen gelernt habe – und zwar eben im Elsaß, „dem offiziell französierten, tatsächlich aber tief und echt deutschen Lande“, mit seinen staufischen Burgen am Hang und seinen Volksliedern im Dorf, seiner Pfarrhausidylle, seiner Reichsstadtpracht, der „germanischen“ Gotik seines Münsters.
Nun hat zwar Goethe selber die kulturelle Verwandtschaft der beiden Rheinufer betont, etwa in seinem berühmten Aufsatz über Hebels „*Alemannische Gedichte*“; er hat aber niemals die politischen Forderungen daraus gezogen, die Arndt, Jahn, Görres, Grimm zur Zeit des Wiener Kongresses laut werden ließen. Er dachte eben in einer für uns unvorstellbaren Weise noch ganz im Rahmen eines übernational-föderativ gesehenen, romanisch-germanischen Abendlandes. Paradoxerweise wurde dennoch gerade Goethe im späteren Kampf um das Elsaß deutscherseits als Kronzeuge aufgeführt, der mit seiner Umarmung der Friederike Brion gewissermaßen das Land selber aus seinem Dornröschenschlaf aufgeweckt und zur germanischen Jungfrau wachgeküßt habe – eine Metapher, die sich in unzähligen Abwandlungen durch die ganze deutsche Literatur über das Elsaß hindurchzieht.
Ein ähnlich affektgeladenes Bild beherrschte die französische Auffassung: nur trat an die Stelle der Braut, die dem Räuber entrissen und in ihr Reich heimgeführt wurde, die Tochter, die fern der „mère-patrie“ unter despotischem Joch nach der Mutterbrust schmachtete. Farbdrucke aller

Art, Gips- oder Bronzestatuetten auf Konsolen und Kaminen, das große umflorte Denkmal einer trauernden Frau auf der „Place de la Concorde“ in Paris, gruben unauslöschlich dieses Bild in die Herzen und die Hirne ein. Das gegenseitige Abschlachten 1914–18 wurde so beiderseits auf dem Operndekor chevaleresker Verpflichtung verklärt, die Massengräber auf den Vogesenhöhen vor dem Gewissen gerechtfertigt. Wer dieser Kollektivlähmung des Denkens und Willens widerstand und dahinter die Brutalität, die primitivsten Haßinstinkte, den Mangel an Einsicht, an Mut und Phantasie zur Meisterung des deutsch-französischen und damit europäischen Problems aufdeckte, galt als Schänder des Heiligen. Man lese das Kriegstagebuch von Romain Rolland nach, einem der wenigen Europäer, die noch abendländisch im Sinne von Goethe, Hebel und des ganzen 18. Jahrhunderts dachten, in einem Sinne, der als antiquiert-mystisch verhöhnt und verfolgt wurde, während er im Grunde viel tiefer ging als alle „Realpolitik“ mit ihrem Endeffekt des gegenseitigen Ruins und gesamteuropäischen Bankrotts.

Wie kam eine solche „nationale Optik“ im Geschichtsbewußtsein zustande? Ist der Geschichtslehrer der Hauptverantwortliche dafür? Keineswegs. Längst bevor er noch das Wort ergreift, besitzt das Kind schon eine zwar sehr diffuse, aber seelisch äußerst stark verankerte Geschichtsvorstellung, und zwar zunächst innerhalb von Familien- und Lokalüberlieferungen, die den ersten Rahmen schaffen und meist die Wertakzente fürs ganze Leben setzen. Die Vermittlerrolle der Alltagsgegenstände kann nicht genug betont werden. „Was bleibet aber, stiften die Dichter“ – auf der untersten Stufe die „Schmücke-dein-Heim“-Fabrikanten und Spezialisten für Kundenwerbung: von illustrierten Postkarten, Briefmarken, Gedenkmünzen bis zu Bahnhofplakaten, Reklameeinlagen. Es sei an die Rolle erinnert, die im französischen Elsaßbild bemalte Teller, gestickte Sofakissen oder Briefbeschwerer mit Ansichten von Straßburg und Colmar, Puppen in Bauerntracht gespielt haben: das Ganze befestigt und vertieft durch rührende oper pathetische Gedichte im Unterricht, durch Erzählungen wie A. Daudets „Die letzte Schulklasse im fran-

zösischen Elsaß" oder jene „Frankreichreise zweier elsässer Kinder", die – wie Erckmann-Chatrians Volksromane – eine Millionenauflage erlebten.
Während der Deutsche aus den unendlich vielen geschichtlichen Ereignissen, die sich im Elsaß im Verlauf des 18. Jahrhunderts abgespielt haben, spontan nur eines im Gedächtnis hat: eben jenes Zusammentreffen von Goethe und Herder in Straßburg, so der Durchschnittsfranzose nur jenes andere: die Nacht, in der Rouget de l'Isle beim Bürgermeister Dietrich im Schatten der Kathedrale zum erstenmal die „Marseillaise" sang. In zahllosen Familien sah man den Öldruck, in dem Pils, ein bekannter Genremaler, diese Szene mit patriotischem Schwung verklärt hat – ein Gegenstück zu den gleichzeitigen patriotischen Gemälden Anton von Werners. Andere französische Bilder zeigen die „Bataillone der Freiheit", die mit wehendem Banner zur Verteidigung des angegriffenen Vaterlandes und der bedrohten Menschenwürde über den Rhein hin aufbrachen, die „Marseillaise" auf den Lippen – eine Darstellung von unausschöpflichem nationalem Symbolwert, die ihren künstlerisch höchsten Rang in Rudes Skulptur am „Arc de Triomphe" und in Delacroix' Gemälde „Die Freiheit auf den Barrikaden" erreicht hat.
Aber Frankreich sieht sich selber nicht nur als das Land des stürmischen Aufbruchs, sondern ebensosehr als das Land des treuen Bewahrens an, und seine Geschichte erscheint ihm als ein harmonisches Wechselspiel zwischen revolutionär vorantreibenden und konservativ verarbeitenden Kräften. So profiliert sich das Straßburger Münster organisch auf dem Hintergrund der großen französischen Kathedralen als Erzeugnis der Gotik, deren Heimat die Ile de France, die Heimat der französischen Könige ist; nicht an den Reiter von Bamberg und an die deutschen Kaiserdome denkt man hier, sondern an den Engel von Reims und die Portale von Chartres oder Paris, und an Stelle Barbarossas tritt der heilige Ludwig. Ein geschlossenes Geschichtsbild wird so französischer- wie deutscherseits erzielt, ein scheinbar lückenloses, ungeheuer zukunftsträchtiges Schema, das wie der Keim die ganze Frucht enthält.
Nun bergen solche Bilder immer einen absolut authen-

tischen und unzerstörbaren Kern. Aus der Vergangenheit greifen sie Entscheidungsstunden heraus, in denen ein Volk sich so verhielt, wie es in ähnlichen Fällen auch heute noch sich zu verhalten geneigt ist. Aber nicht alle Bilder sind gleichzeitig lebendiger Besitz. Instinktiv wählt ein Volk jeweils die heraus, die seiner aktuellen Lage und seinen vitalen Möglichkeiten am ehesten zu entsprechen scheinen. Die übrigen treten in Dämmer und Dunkel zurück, wo sie auf die Stunde ihrer Auferstehung harren. Man denke nur im deutschen Bereich an die Gestalt Barbarossas oder an diejenige Siegfrieds: Ihn kannten weder Goethe noch Schiller, und die Romantiker hatten ihn nur als unverbindliche poetische Figur erfaßt. Wenn Siegfried im neuen Deutschland eine immer markanter hervortretende Symbolgestalt werden konnte, so ist das nicht Willkür und Zufall. Siegfried der Schmied war eine mythische Parallelerscheinung zum Schmiede Bismarck, der auf Grund von Eisen und Kohle das industrielle Reich hatte schaffen können. Der Mythos entsprach der Wirklichkeit. Er verzerrte und verzehrte aber die Wirklichkeit, fraß sie von innen her an, höhlte sie aus, wenn er die Übermacht gewann, den Blick benebelte und wenn zum Beispiel ganz Europa auf das „arische" Siegfried-Bild ausgerichtet werden sollte. Der Mythos fällt in solchen Fällen wie ein Golem in sich zusammen; es tritt eine Art Selbstkorrektur durch die Geschichte ein. Eine Selbstkorrektur, deren wahre Tragweite zunächst schwer abzuschätzen ist, woraus eine neue Gefahr im Zusammenleben der Völker entsteht. Das Mißtrauen hindert sie, an die Entwicklung eines Nachbarn zu glauben, als dessen vergangenes und zukünftiges Opfer sie sich noch immer fühlen. Die Beweise ließen sich häufen, auch was das englisch-französische oder das deutsch-englische Verhältnis betrifft. Doch bleiben wir beim Straßburger Münster, das ja im Schnittpunkt eines Mißverständnisses von europäischem Ausmaße steht.

Goethes und Herders Durchbruch zum „Sturm und Drang" im Elsaß bedeutete tatsächlich eine Wiedererweckung seit langem verschütteter seelisch-geistiger Kräfte, die nicht nur Deutschland, sondern Europa und die Menschheit mit unerhörten Offenbarungen aus der dreifachen Wurzel der

Dichtung, Philosophie und Musik beschenken sollten. An diesem Beitrag die typisch deutschen Merkmale hervorzuheben, ist berechtigter Stolz. Ihn aber nur als deutsch hinzustellen und gar an deutschem Wesen, deutscher Kultur die ganze Welt genesen lassen zu wollen, ist Wahnwitz. An solch zunehmendem nationalem Wahn erkrankten im Laufe des 19. Jahrhunderts alle europäischen Völker. Auf französischer Seite ist es die Vorstellung, links vom Rhein beginne tatsächlich das „Land der Freiheit", und Frankreich habe die völkerbeglückende Mission, diese „demokratische Freiheit" auch über die Grenzen zu tragen. „Stuttgart vous attend", verkündete ein französischer General in der Proklamation an seine Truppen beim Rheinübergang 1944. Aber Stuttgart „wartete" angstvoll in Kellern oder hinter geschlossenen Fensterläden, und die „Freiheit", die kam, wurde auf der Spitze der Bajonette hereingebracht – ein immer sehr mißliches Geschenk. „Kultur" wurde wieder einmal ein ausgezeichnetes Alibi für alle möglichen Übergriffe, Mißbräuche, Ausschreitungen. So hatte schon Wilhelm II. das Theater in Lille mit einer Aufführung von Goethes „Iphigenie" neu eröffnen lassen – als ob dieses Mäntelchen der Humanität die Plünderungen, Verheerungen, Verschleppungen im nordfranzösischen Kriegsgebiet hätte bedecken können. Aber wie im Märchen hatte der Kaiser doch keine Kleider an, und im selben Sinne waren gerade die Rabiaten unter den nachjakobinischen Beglükkern auch wirkliche „Ohnehosen".

*

Blicken wir etwas schärfer nach dem badischen Ufer hin. Turenne ist bei Sasbach gefallen; der französische Schüler erfährt es in der Geschichtsstunde, vergißt es wohl auch gleich wieder; Turenne selbst lebt in seinem Gedächtnis weiter als großer Feldherr und achtunggebietende, gerechte Figur. So erscheint es dem Franzosen durchaus billig, daß dem französischen Gymnasium in Freiburg, der Hauptstadt der von Frankreich besetzten badischen Zone, der Name „Turenne" zugelegt wurde. Ebenso billigt er die Umbenennung der alten Kirchgasse in „Vaubanstraße". Es kommt ihm keinen Augenblick zu Bewußtsein, daß Vauban, der

geniale Festungsbaumeister, den Freiburgern als der Feind erschien, der im Auftrag des fremden Königs die Bürger erpreßte und brandschatzte und rücksichtslos den alten Friedhof zuschütten ließ, als seine Pläne und Anlagen es forderten.
Es wäre grundlegend, einmal herauszuarbeiten, wie die Völker sich gegenseitig immer als Opfer eines Angreifers fühlen, der durch die Jahrhunderte seinen Plan erbarmungslos verfolgt, und wie zu diesem Zweck die ganze Geschichte auf einige Grundtatsachen reduziert wird, auf ein paar „lebende Bilder", deren plastische Anschaulichkeit und drastische Überzeugungskraft im Unterbewußten oder im Halbbewußtsein einer Nation gerade in Zeiten der Spannungen und Gefahren dynamisch weiterwirken. Zusammen liefern sie eine geschlossene Reihe geschichtlichen Beweismaterials gegen den Nachbarn: ein Beweismaterial, das dem Nachbarn überhaupt nicht zum Bewußtsein kommt, weil von vorneherein seine Geschichtsoptik die Fakten ganz anders ausgewählt und gruppiert hat.
Wer unter den Franzosen, die Baden besetzten, wußte etwas vom Türkenlouis, dem größen Feldherrn der badischen Geschichte? Wer vollends konnte sich in die Optik hineindenken, in welcher der badische Fürst als ein Glied in der langen Kette von Verteidigern des „deutschen Rheins" gegen die welschen Übergriffe erschien? Es klingt wie ein Märchen: Im Herzen der feindlichen Hauptstadt, in einem Palast zu Paris, wurden im Abstand von wenigen Jahren zwei Knaben geboren, über die sich der Sonnenkönig selber als Pate beugte und die ihm später die tiefsten Wunden schlagen sollten – Prinz Eugen von Savoyen und Markgraf Ludwig von Baden, Vettern durch ihre Mütter, zwei Nichten Mazarins.
Beide Feldherren erwarben sich, bevor sie am Rhein kämpften, ihren Ruhm auf den Schlachtfeldern des Balkans als Sieger über die Türken, die wieder einmal gegen Wien im Vormarsch waren. Hier taucht ein anderes, den Franzosen fremdes Motiv auf: Deutschland als Land der Mitte, zu stetem Abwehrkampf gegen Osten wie gegen Westen gezwungen; Deutschland als Hüterin des europäischen Gedankens, den es gegen die Türken einst, gegen die Russen

heute verteidigen müsse – während Frankreich in verblendetem Egoismus mit diesen Feinden des Abendlandes paktiere und so seine eigene europäische Aufgabe verrate. Die französische Antwort darauf, die auch in unseren Tagen nicht an Schlagkraft verloren hat, heißt: Tauroggen-Rapallo-Ribbentrop-Pakt. Die Geschichte ist unerschöpflich an „Beweismaterial" jeder Art.

Der Bruch des Türkenlouis mit Frankreich und den Bourbonen, sein Anschluß an das Wien der Habsburger enthält auch einen kulturgeschichtlich wichtigen Hinweis. Eine Grundüberzeugung der Franzosen besteht darin, ihr Land sei zugleich die wahre Erbin der griechisch-römischen Antike und die „älteste Tochter" der Kirche, der Weg zur Romanität führe also unbedingt über Paris. Er kann aber auch direkt über Rom führen. Die Deutschen haben ihn oft genug eingeschlagen. Im Barockstil der badischen Paläste und Kirchen läßt sich besonders gut nachweisen, wie von Rom-Madrid-Wien her die französischen Einflüsse korrigiert oder verdrängt wurden. Es wäre gut gewesen, dies zur Kenntnis zu nehmen und in Selbstbescheidung etwas hinzuzulernen, statt die anderen als die ewig unreifen Zöglinge zu behandeln, deren Kultur einzig unter der Sonne französischer Kultur erblühen könne.

Als der badische Großherzog im Spiegelsaal von Versailles (Anton von Werner hat die Szene dargestellt) das erste Hoch auf seinen Schwager, den neugewählten deutschen Kaiser Wilhelm I., ausbrachte, da fühlte er sich selbst als der Vollstrecker eines unausgesprochenen Vermächtnisses, das der Markgraf Ludwig seinen Nachkommen hinterlassen hatte (wie Richelieu ein ebenso geheimes, nur anders gewendetes Testament seinen Nachfolgern): die endgültige Abriegelung Badens gegen den „Angreifer aus dem Westen". Der Türkenlouis wird jetzt eine Hauptfigur in der offiziellen Geschichtsoptik, von den Gedichten Heinrich Vierordts an bis zu dem Drama Friedrich Roths. Zwei feindliche Heerscharen brausen gewissermaßen als wildes Heer rechts und links vom Rhein durch die Lüfte dahin: die französischen Bataillone des „pays de la liberté" und der deutsche Heerbann der Nachkommen Barbarossas und Heinrichs des Löwen, die Verfechter der „germanischen

Zucht und Treue“, wie schon Grimmelshausen und Moscherosch sie hier am Oberrhein verteidigten. Beiderseits „lückenlos geschlossene“ Geschichtsreihen, pompöse historische Gemälde, in denen auch fern Abglegenes wiederum lebendig wird, vom zerstörten Heidelberger Schloß an bis zum schuldlos enthaupteten Konradin von Hohenstaufen. Zum Wesen solch primitiver Geschichtsbilder gehört ja der Begriff einer „Kollektivschuld“, welche die Zeitgenossen der Nachbarnation noch für jahrhundertelang zurückliegende Verbrechen moralisch haftbar macht oder zumindest aus ihnen die Bestätigung abliest dafür, daß das andere Volk auch heute noch der gleichen Unmenschlichkeit fähig sei: Konradin als Beweisstück für die Permanenz des französischen „Sadismus“.

Allerdings ist nun eine wichtige Einschränkung zu machen. In normalen Zeiten verlieren die starr geschlossenen Geschichtsreihen, mögen sie auch weiterhin propagiert werden, ganz bedeutend an Einfluß. Die Momente der Zusammenarbeit und des Austausches treten in den Vordergrund. Die Geschichte in ihrer Breite und Fülle macht sich geltend. Das Trennende wird neutralisiert durch die Erinnerung an das Verbindliche. Die Lehren des Christentums und des Humanismus tragen ihre Früchte, die Bilder und Parabeln des Evangeliums werden wirksam.

Um nur bei Baden zu bleiben, so hat auch das Volk heute noch nicht ganz vergessen, daß das Großherzogtum erst durch Napoleon geschaffen wurde; es weiß vor allem noch, daß in diesem neuen Staat dem Bürgertum erst durch das napoleonische Gesetzbuch sein wahrer Platz gesichert wurde und daß noch in der ganzen ersten Hälfte des 19. Jahrhunderts ein enger Zusammenhang zwischen diesem Bürgertum und demjenigen Frankreichs bestand. Für die Badener, die damals nach dem Elsaß blickten, war nicht das wichtig, daß Goethe und Herder dort einst aus dem zittrigen Munde alter Mütterchen Volkslieder gesammelt hatten: Wichtig und wegweisend für sie war, daß dort inzwischen ein Volkslied für Männer erklungen war, die Hymne der neuen Zeit, die „Marseillaise“. Auch Georg Büchner, der 1830 als politischer Flüchtling im französischen Straßburg ein Asyl suchte und fand, bevor er nach dem ebenso demokratischen Zürich ging, dachte nicht anders: Die „volkskundlich" verwurzelten Bestrebungen seiner Freunde Stöber schienen ihm hingegen gefährlich antiquiert und erstarrt, in vollem Gegensatz zu den echten „Volksbewegungen". Als das fortschrittlichste Parlament im damaligen Deutschland war das badische Parlament durchaus keine „Schwatzbude": Es war die Tribüne des deutschen Bürgertums schlechthin, genau so wie das „Staatslexikon" des Freiburgers Rotteck das Hausbuch des gesamten Liberalismus. In Überschätzung der eigenen Kräfte nahm Baden dann an der Revolution von 1848 aktivsten Anteil. Sie endete mit einer Niederlage des Volkes – nicht nur in Baden und Deutschland, sondern in Europa. Die Stunde Napoleons III. und Bismarcks war gekommen und damit die Stunde der Reaktivierung der französischen Richelieu-Rheinbilder und des deutschen Türkenlouis-Komplexes.

Aufschlußreich für diese Zuspitzung der Gegensätze ist die jeweilige Besetzung des Lehrstuhls für Geschichte in Heidelberg. Zu Beginn des 19. Jahrhunderts dozierte dort F. Ch. Schlosser, ein kosmopolitischer Gelehrter im Sinne des großen elsässisch-badischen Europäers Schöpflin. Ihm folgte der schon national gestimmte, aber immer noch liberale Ludwig Häusser, und diesem wiederum der kleindeutsch großpreußische Treitschke, der in seine Taubheit und seinen Chauvinismus eingemauert war wie später in Frankreich der Nationalistenführer Charles Maurras. Der Graben zwischen den Nationen wurde immer breiter.

Erst heute ist es gelungen, diese ganze Epoche auch in den Schulbüchern beider Völker nicht mehr in Schwarz-Weiß-Darstellung, sondern unter möglichst gerechter Licht- und Schattenverteilung zu beurteilen. Es darf als verheißungsvolles Symbol vermerkt werden, daß gerade ein badischer Historiker von europäischem Rang, Franz Schnabel, an diesem „Abkommen zwischen deutschen und französischen Geschichtslehrern" (1952) hervorragend mitgewirkt hat.

Es genügt, die Geschichte der „Schwabenväter" zu kennen – die Geschichte jener großen Führer des schwäbischen Luthertums, die nicht nur die Philosophie von Hegel und Schelling, sondern überhaupt die ganze Ausprägung des

Schwabentums zutiefst beeinflußt haben – um zu wissen, wie sehr in Württemberg die Vorstellung vom angreifenden, eindringenden Franzosen auf jahrhundertelang wiederholtem Wirklichkeitserleben beruht. Was Valentin Andreae in Calw im Dreißigjährigen Krieg, Bengel und Oetinger in den Kriegen Ludwigs XIV., Michael Hahn und seine Zeitgenossen in den Kriegen der Französischen Revolution und des napoleonischen Kaiserreiches am eigenen Leibe durchgemacht und erfahren hatten, wirkte noch 1848 so stark nach, daß auf ganz vage Gerüchte hin überall im Lande der „Franzosenlärm" entstehen konnte und aus Angst vor dem Einrücken der feindlichen Truppen die Bewohner vieler Orte sich Hals über Kopf mit ihrer Habe in den Wald retteten. Die Franzosen kamen erst hundert Jahre danach, doch genügte es, um jenen Satz wieder aktuell zu machen, mit dem einer der historischen Romane von Wilhelm Raabe beginnt:

„Es war schlechtes Wetter, und die Franzosen waren wieder einmal im Lande."

Reaktiviert wurden auch alle jene Geschichten und Legenden, die im schwäbischen Volk nie ganz vergessen worden sind: die Geschichte vom „Eßlinger Mädchen", das durch seinen Mordanschlag auf Mélac in einem Weinberghäuschen das eigene Leben verlor, aber die Stadt rettete, oder die Geschichte von den „Schorndorfer Weibern", deren Entschlossenheit die Männer vor der Kapitulation bewahrte.

Schorndorf besitzt obendrein einen „Blutzeugen" der napoleonischen Diktatur und darüber hinaus des „französischen Sadismus", den Buchhändler Palm, der in der schönen alten Schorndorfer Apotheke geboren und ausgerechnet in Braunau erschossen worden ist – eine Hinrichtung, aus der eine Drachensaat hervorging, ähnlich wie aus der des ebenso widerrechtlich vom badischen Ettenheim nach Vincennes verschleppten und dort ermordeten jungen Duc d'Enghien. Es dürfte nicht unwichtig sein, hierbei zu bemerken, daß schon damals der größte französische Schriftsteller seiner Zeit, Chateaubriand, gegen ein solches Verbrechen protestiert hat in einem flammenden Text, der zu den klassischen, auch in den Schulen verwendeten Dokumenten der Literatur gehört und worin neben dem Duc d'Enghien auch andere Opfer des „Korsen" beklagt und gepriesen werden, vorab Andreas Hofer. Fügt man hinzu, daß die unmenschliche Zerstörung der Pfalz durch den schon genannten Mélac durch die Jahrhunderte hinduch – von Fénelon bis Voltaire und Victor Hugo, um nur größte Namen zu nennen – angeprangert wurde, so sieht man, wie wenig es mit der postumen „Kollektivschuld" eines Volkes auf sich hat, das sich wenigstens durch den Mund einiger großer Zeitgenossen bereits vom Verbrechen distanzierte. Genau das gleiche kann in ähnlichen Fällen für Deutschland nachgewiesen werden: man denke nur an die „reine Humanität" der Klassiker.

Palm ist nicht der einzige berühmte Schorndorfer, und hier zeigt sich noch etwas: das Janus-Antlitz der Geschichte. Es zeigt sich, daß Geschichte meist mit gefälschten Karten gespielt wird. Bald spielt man nur einen Palm, das Opfer Frankreichs, aus; in anderen Zeiten – so nach 1945 – hält man diese Karte zurück und weist nur die andere vor: den Schorndorfer Reinhard, der es vom Tübinger Stiftler zum zeitweiligen Außenminister Napoleons, später zum Pair de France und Mitglied der Französischen Akademie gebracht hat und dabei in engen freundschaftlichen Beziehungen zu Schiller wie zu Goethe geblieben ist, ein Musterbeispiel also für eine alemannisch-europäische Synthese. Aber hat dieser Fall normative Bedeutung? Ist er nicht einmalig? Vielen Deutschen von heute ist es jedenfalls geläufiger, eine Linie von Palm zu Andreas Hofer und den Schillschen Offizieren bis zu Schlageter, dem engeren Landsmann Hebels, einem gebürtigen Wiesentäler, zu ziehen, als Reinhard in die schwäbisch-französischen Beziehungen zu stellen.

Und doch bestehen diese Beziehungen, und zwar gerade bei den Zeitgenossen Reinhards, den größten unter den großen Schwaben. Wie schon der Gatte der „Schwabenmutter" Regina Bardili aus Montbéliard (Mömpelgard), der württembergischen Enklave in Frankreich, gekommen war, so auch einige der vertrautesten Jugendfreunde Schillers und Hölderlins, Hegels und Schellings. Darüber hinaus ist noch wichtiger der ständige Zustrom französischen Gedankenguts und nicht zuletzt jene leidenschaftlich miterlebte, mitdurchdachte französische Revolution, die selbst Hölderlin und gar erst bei Hegel keineswegs nur nach ihren negativen Auswirkungen beurteilt, sondern auch als positives Element in der Menschheitsentwicklung angesehen wurde: Einer der tiefsten Unterschiede zwischen Hegel und den eigentlichen Theoretikern eines „preußischen Staates von Gottes Gnaden", dem Berner Patrizier Haller und dem Münchner Konvertiten Stahl, wird gerade an diesem Punkte sichtbar. Die meisten späteren Interpreten des schwäbischen Geisteslebens haben nicht mehr den Blick für diese weitverzweigten Zusammenhänge gehabt. Und doch hat der Menschheitsbegriff Wielands und mehr noch derjenige Schillers einen sehr engen Konnex sowohl mit dem Reich-Gottes-Gedanken der Schwabenväter als mit dem Humanitätsevangelium Rousseaus und Voltaires und so gut wie keinen mit der Realpolitik der heiliggesprochenen modernen Nationalstaaten, die sich auf Kasernen und Kanonen stützten.

Auch Uhlands staatsbürgerliche Haltung 1818 wie 1830 und 1848 weist viel echtere Beziehungen zur Ideenwelt eines Montesquieu und Locke als zu jener des starr egozentrischen modernen „Vaterlandes" auf. Wenn der frühere Theologe David Friedrich Strauß in unbewußter, verheerender Profanierung auf ein solches Vaterland die Reich-Gottes-Funktionen übertrug, so war das schon bei ihm ein Einsatz für den verlorenen Glauben. Im Zuge der weiteren Entwicklung, die immer tiefer in das Neu-Heidentum hineinführte, wurden die politischen Auffassungen Uhlands wie auch die der Schweizer Bürger und Dichter Jeremias Gotthelf und G. Keller im Licht einer angeblichen „gemeingermanischen Volksdemokratie" gesehen und gepriesen – als wurzelten sie in den Sippenverbänden aus Urgermaniens Wäldern und nicht im Ethos der Bibel und im Menschheitsglauben des 18. Jahrhunderts; in Idealen also, für die der Rheinländer Karl Schurz zusammen mit badischen und schwäbischen Achtundvierzigern im Amerika Lincolns und der Puritaner dann sein Bestes eingesetzt hat. Karl Reinhard gehört durchaus in diese Linie, deren Be-

deutung sich das heutige Deutschland – im Anschluß an jene schon erwähnte „Selbstkorrektur" der Geschichte – wieder voll bewußt wird. Gerade hier auch bedarf es einer Korrektur des französischen Geschichtsbildes, das oft allzu simpel die europäisch-amerikanischen Beziehungen auf die Generalformel „Französische Revolution – Lafayette – Washington" bringt und dabei die wichtigen Stränge übersieht, die Amerika an Deutschland binden: sei es durch Deutsch-Amerikaner vom Range eines Friedrich List, Schöllkopf, Roebling, Mergenthaler und zahlreicher anderer Männer der Wirtschaft und des Journalismus, sei es durch eine Ähnlichkeit im Lebensstil und der Geisteshaltung, wie die Amerikaner selber sie in ihrer württembergischen Zone mit Erstaunen feststellten. Ein dritter großer Schorndorfer mag als Typus dieses weltoffenen, energiegeladenen, erfinderischen Schwaben genannt werden: Daimler, dessen Stern heute über Stuttgart leuchtet und der zur gleichen Zeit wie der Badener Carl Benz das Automobil erfunden hat – eine „alemannische" Erfindung, mit R. Diesel als Drittem im Bunde.
Heute, wo Heimatverbände überall neu aufleben und das Volkstum wiederum Gegenstand zahlreicher Zeitschriften ist, wird es doppelt nötig, über die Grundbegriffe im klaren zu sein. Als erstes muß betont werden, daß die literarische Entdeckung der „Heimat" durchaus kein deutsches Phänomen ist, sondern daß seit Ende des 18. Jahrhunderts in ganz Europa die bisher von den Dichtern übersehenen Lande des größeren Vaterlandes erschaut und gestaltet worden sind. Chateaubriand, später Michelet, Renan und viele andere, sehen und zeigen so die Bretagne, George Sand das Berry und die Auvergne, so wie Immermann, Annette von Droste-Hülshoff und Freiligrath Westfalen. Für alle einzelnen Provinzen ließen sich ähnliche Parallelen aufweisen, in erster Linie auch für die englischen. Eigenartig an der weiteren Entwicklung der Heimatliteratur in Deutschland ist aber, daß sie immer heftiger das Land gegen die Stadt, das „innere" gegen das „äußere" Reich ausspielt – eine Reaktion gegen jene unerhört rasche und tiefgreifende Wandlung, die innerhalb weniger Generationen aus einem vergleichsweise rückständigen, altmodischen Agrarland den

größten, modernsten, betriebsamsten Industriestaat des Kontinents gemacht hatte. Kaum erblüht, wurde Berlin, die helle, mutige, geistesoffene Großstadt, schon verdammt auf Grund von Jörn Uhl und der Lüneburger Heide: ein Regenerationsprozeß vom total platten Lande her, dem sich weder für London noch für Paris etwas Ähnliches an die Seite setzen läßt. Der Begriff „Volkskunde" selbst verengte sich zusehends auf das Studium weltfernen „Brauchtums", abseitige Trachtenforschung, Aufstöbern verschollener Sagen: eine seltsame Verbindung von Hans-Sachs-Stüblein und Barbarossa-Traum, Herddämmerglück und Waberlohe.

Der Ruf „Los von Berlin", der im Norden bei Adolf Bartels und Gustav Frenssen erklungen war, tönte auch im schwäbisch-alemannischen Bereich weiter bei sturen Schwärmern, die schon Brentano unübertrefflich in seiner Satire „Des deutschen Spießers Wunderhorn" bloßgestellt hat: gute Leute, aber schlechte Musikanten, die verdutzt und betreten aufblickten wie die Sieben Schwaben, als sie endlich merkten, was schon längst alle Vögel vom Dach pfiffen, daß sie vor lauter Heimatduselei in die tiefsten Morastgründe des Gauleitertums geraten waren und daß der von ihnen bejammerte Einbruch der „entarteten Kunst" und Negermusik wenig bedeutete im Vergleich zu dem von ihnen begünstigten Einbruch des germanischen Urwaldes und der primitiv-heidnischen Riten in das deutsche Kulturleben. Es war schon ein rechter Schwabenstreich, daß man unter Berufung auf den mehr als fragwürdigen „arisch-alemannischen" Ahnherrn einen Chemiker vom Weltruf Willstätters, der seinen Patriotismus 1914–1918 unzweideutig bewiesen hatte und dessen „Erinnerungen" eine rührende Treue an das badische Großherzogtum widerspiegeln, aus dem Lande ausstieß oder gar einen gebürtigen „Ulmer Spatz" wie Albert Einstein aus der Hand fliegen ließ, und nachher beteuerte: „So haben wir es nicht gewollt." Der Spuk ist zerstoben; andere Kräfte sind wieder am Werk und spiegeln viel echter den wahren Willen des Volkes wider, den Willen zum Ausgleich, die Weltaufgeschlossenheit, die von der eigenen Erfahrung hundertfach bestätigte Weisheit, daß „andere Leute auch Leute sind".

Man braucht nur an einen Robert Bosch zu denken, wie er sich in der Biographie von Theodor Heuss widerspiegelt in seiner ganzen nüchternen Tiefe und Tatkraft, oder auch an Th. Heuss selber und an Wilhelm Hausenstein, die beide von der literarischen zur politischen Tätigkeit hinübergewechselt haben, um zu wissen, daß neben Dichtern, Künstlern, Wissenschaftlern auch Männer der Politik und Industrie nicht auf der Palm-Schlageter-Linie sich bewegen, sondern auf der Karl-Reinhard-Linie, die man im Hinblick auf die alemannische Schweiz auch eine Jakob-und-Karl-Burckhardt-Linie nennen kann und, noch bündiger: eine europäische Linie.

Das Elsaß steuert außer dem größten Namen, Albert Schweitzer, noch eine stattliche Reihe anderer bei; darunter viele, deren einstige Träger nach 1870 für Frankreich „optiert" hatten und deren Nachkommen nicht in der Revanche, sondern im gerechten Ausgleich das Heil sehen – von Henri Lichtenberger und Lucien Herr bis Maurice Betz, André Siegfried, Jean Schlumberger. Solche in die Zukunft blickende, dem abendländischen Erbe treuen „Pariser" sind dem echten Schwaben viel näher als die Hinterwäldler, die im Anschluß an die Wahnideen von Gobineau und H. St. Chamberlain den Ahnenkult des garantiert rassenreinen Alemannen betrieben und von der Unterdrükkung einer geradezu sakral bewerteten „Muttersprache" im Elsaß faselten, wo es für ein Volk doch unter den heutigen Weltverhältnissen eine Chance mehr bedeutet, doppelsprachig erzogen zu werden.

Gutwillige mochten nach 1870 sich vorgestellt haben, daß mit der Wiedereinverleibung des Elsasses eine „Generalbereinigung" stattgefunden habe und daß sich das Reichsland vom neuen Reich ohne weiteres assimilieren lasse wie etwa die Provinz Savoyen von Frankreich. Aber solche Operationen waren am Rhein, dem heiligen Strom, in der Herzkammer Europas, ganz anderer, sehr heikler, sehr gefährlicher Natur.

Die Folgen sind eindeutig. Nach 1871 emigrierten Hunderttausende von Elsässern nach Frankreich. 1918 zog ein anderer Emigrantenstrom nach Deutschland, unter schon sehr viel härteren Umständen. 1940 wurden die Elsässer

„heim ins Großreich“ getrieben und viele darauf in den Kessel von Stalingrad, neben dessen Grauen der „Schrecken der Beresina“ verblaßte, wie ihn Württemberger und Badener unter Napoleon miterlebt hatten. Und als nach 1944 deutsche „Umsiedler“ – von keinem Elsässer herbeigerufen – das Land am Rhein verlassen mußten, gerieten sie auf der Rückkehr in den entsetzlichen Strudel einer Völkerwanderungszeit – einer Zeit, die gerade von so vielen „Heimat“-Dichtern angeschwärmt, romantisiert, mythisiert worden war und die sich nun in ihrer nackten Furchtbarkeit enthüllte.

Was vermag der einzelne, wo ganze Länder in solche Wirbel hineingerissen werden? Hier zeigt sich etwas Überraschendes: Der einzelne vermag mehr als je. Es ist ihm zu gewissen Stunden eine Macht und damit eine Verantwortung ohnegleichen gegeben. Einem deutschen General war es anheimgestellt, ob er mit einem einzigen Wink Paris in die Luft sprengen ließe oder nicht; französische Offiziere konnten über das Wohl und Wehe einer deutschen Stadt entscheiden. Hüben wie drüben, von Rommel und Speidel bis zum einfachsten Mann hinunter, war beinahe jeder von uns einmal, in dieser oder jener Form, Herr über Leben und Tod des Nachbarn. Gewiß, die Zeit begünstigte die Kriminalität; sie schoß ins Kraut, steckte an, so wie im Italien der Renaissance das künstlerische Genie angesteckt hatte. Aber „Gott ist buchstabengetreu und allbarmherzig“ schrieb der Schwabe Hölderlin. Und hundertfältig trägt heute Frucht, was damals in unmenschlicher Zeit dennoch an Gutem, Mildem und Menschlichem geschah. Das sind die wahren Sparpfennige der Humanität gewesen, Anzahlungen auf eine bessere Zukunft.

Es darf zum Schluß nochmals auf Albert Schweitzer verwiesen werden. Sein Werk, heute überall umjubelt, mußte in mühseligster Kleinarbeit Stein um Stein aufgebaut werden. Und kaum errichtet, war es schon vernichtet. Mit alemannischem Eigen-Sinn hielt Schweitzer durch. Sein Vorbild strahlt jetzt weit in Kontinente hinaus, mit den Haupttugenden des Mutes, der Ausdauer, der unverdrossenen Rechtlichkeit, der Ehrfurcht vor dem Leben. Mögen sie auch in uns wirksam werden.

Warum Dichterakademien?

Ihre gesellschaftliche Funktion in Deutschland und Frankreich

Es darf von der elementaren Tatsache ausgegangen werden, daß jede Dichterakademie gesellschaftlichen Antrieben entsprungen ist und der Literatur zu einer besseren Zirkulation im Volkskörper verhelfen will. Deutschland leidet in diesem Punkt an einer ausgesprochenen Durchblutungsstörung, deren Opfer auch die Akademien sind. Sie bilden keine von staatlichem Glanz umflossenen Institute wie in Frankreich; sie präsentieren sich zersplittert, und sie sind jung, zum Teil sehr jung. So wurde die „Deutsche Dichterakademie" als besondere Sektion der „Preußischen Akademie der Künste" erst 1926 gegründet; die Mainzer, Darmstädter, Berliner, Hamburger Akademie nach dem zweiten Weltkrieg.

In den Augen gerade der jüngeren Dichter sind diese neuen Gebilde allerdings längst wieder veraltet. Kleine Gruppen wirken entscheidender; sie besitzen die Mobilität und Forschheit von Panzertrupps, wo eine Akademie ihrem Wesen nach mit der feierlichen Umständlichkeit der Infanterie manövrieren muß. Immer zahlreicher schließlich werden die Einzelgänger, die es vorziehen, sich auf eigene Faust durchzuschlagen, und die oft mit erstaunlichem Geschick die Selbstbedienungsapparate des Funks und Fernsehens handhaben – ein indirekter Profit für die Literatur, falls der Betreffende Talent hat, keineswegs eine prinzipielle Besserung im Verhältnis von Literatur und Gesellschaft.

Um sich beim Publikum und mehr noch bei der Gesamtheit der Literaten durchzusetzen, muß eine Akademie energiegeladen sein, muß vorgehen, eingreifen, sich dauernd legitimieren. Auch die Französische Akademie ist nicht einfach 1635 von Richelieu aus dem Boden gestampft worden und war nun eben da; sie mußte sich behaupten. Wenn sie heute Patina, Edelkruste, angesetzt hat, so nur deswegen, weil sie auf eine stürmisch bewegte Vergangenheit zurückblicken kann wie Sarah Bernhardt, deren Auge einen noch in ihrem hohen Alter anblitzte, in Ruinen eine Königin.

Zur Zeit Richelieus und nach dem Dreißigjährigen Krieg sind auch in Deutschland eine Reihe verdienstvoller Dichtergremien entstanden. Aber die „Fruchtbringende Gesellschaft" so gut wie der „Orden der Pegnitzschäfer" gehören dem Raritätenkabinett der Literarhistorie an und besitzen – sehr zu Unrecht – Abschreckungscharakter.
Woher dieses Versagen und woher die ganz andere gesellschaftliche Funktion der Literatur in Frankreich?
Aufschlußreich ist schon der Vergleich zwischen einem französischen und einem deutschen Nachschlagewerk: dem „Literarischen Führer durch Frankreich" und dem „Taschenheft der Spitzengremien des öffentlichen Lebens in Deutschland".[1]
Der „Guide littéraire de la France", vor zwei Jahren bei Hachette erschienen, entspricht in seiner Anlage genau den berühmten touristischen Führern dieses Großverlags und ist wie diese nach Provinzen aufgeteilt, nach „Landschaften und Stämmen", würde Nadler sagen. Der Inhalt betrifft ausschließlich Schriftsteller, registriert ihre Geburtsorte, ihre diversen Wohnsitze, ihre Reisen, die Beheimatung ihrer Figuren: Flauberts Madame Bovary in der Normandie, Balzacs Grandet in Saumur, Nervals Sylvie in Chantilly, Lamartines Elvire am See bei Aix-les-Bains, Mistrals Mireille in Arles, Mauriacs Thérèse in der Gironde bei Bordeaux. 630 Seiten sind der Provinz gewidmet und 210 Paris, seinen philosophisch-literarischen Zentren im Mittelalter, seinen schöngeistigen Salons in den späteren Jahrhunderten, seinen Dichtern von heute. Ein stattliches Buch, ein teures Buch: rund 30 Mark. Auflageziffer in den ersten drei Monaten: 50 000.
Ein entsprechendes Werk könnten deutsche Verleger nicht ohne Risiko herausbringen – heroisch, wer es versuchen wird. Den Bundesbürger interessiert es meist wenig, den Spuren von Goethe und Schiller nachzugehen oder gar den Spuren von Lichtenberg und Wilhelm Heinse, Tieck und Friedrich Schlegel, Rückert und Platen, Grabbe und Immermann. Ihre Namen kennt er – im Durchschnitt – von vornherein nicht. Auf den bedeutenden, total vergessenen Karl Gutzkow hat erst ein Ausgrabungsgenie mit scharfer Zunge wie Arno Schmidt hinweisen müssen: Gutzkows Werke sind nur noch

im Antiquariat erhältlich; dabei ist der Verfasser der „Ritter vom Geist“ erst 1878 gestorben.
Schwäbische Mörike-Gemeinden fahren gelegentlich in Autobussen die Pfarrorte an, die der unglückselige Vikar und Pastor der Reihe nach absolviert hat; auch das Weinsberg Justinus Kerners, das Tübingen Uhlands, das Lauffen und Nürtingen Hölderlins werden in andere Touren mit einbezogen – es handelt sich um ein binnenschwäbisches Ereignis; das ist so die Regel in einem Land, wo ein Minister, ein Präsident, ein sozialistischer Oppositionsführer sich nicht schämen, Literaten zu sein. Für Gesamtdeutschland könnte man sich vielleicht – vom Lied wie von der Politik her – eine Eichendorff-Rundfahrt vorstellen. Faktisch ist sie nicht durchführbar: Eichendorff kann der Westdeutsche heute so wenig auf Schloß Lubowitz folgen wie Fontane in die Mark, Reuter nach Mecklenburg, Kleist nach Frankfurt an der Oder, Lenz nach dem Baltenland, Stifter nach Böhmen, Lenau nach Ungarn, Rilke nach Prag.
Von der Wurzel her ist damit einer der Gründe gezeigt, warum Literatur und Gesellschaft in Frankreich so eng verflochten sind, und warum in Deutschland so wenig: Frankreich bildet seit Jahrhunderten einen trotz aller Revolutionen stabil in sich ruhenden Organismus, der schon rein geopolitisch durch die Ausgewogenheit, die gute Dosierung der verschiedenen Wesenselemente frappiert. Deutschland ist das Land mit den fließenden Grenzen; der Reichsbegriff schillert vieldeutig, war juristisch von jeher kaum faßbar und wurde deswegen immer wieder sakral überhöht, nicht zuletzt von den Literaten, und zwar deswegen, weil sie selber in der realen Gesellschaft nur als Randsiedler fungierten.
Resultat: Eine ungenügende Integrierung und Resorption der Literatur – ganz im Gegensatz zu Frankreich, wo die Klassik seit dreihundert Jahren nicht nur normativ, sondern vor allem springlebendig ist. Jedes Kind rezitiert seinen Lafontaine, liebt seinen Perrault, ergötzt sich an seinem Molière; jeder Schüler kennt Corneille, Racine, Pascal; die funkelnden Antithesen in Sartres Autobiographie verweisen unmittelbar auf einen frühen Drill durch La Bruyères Maximen von 1688 zurück; ganze Seiten in Prousts Romanwerk haben ihr Vorbild in den Briefen der Madame de Sévigné, aber auch zehnjährige Mädchen

lernen immer noch in der Schule lange Passagen aus dieser so scharf beobachtenden und rhythmisch pulsierenden Prosa auswendig. Die deutsche Klassik ging in die Tiefe, aber Breitenwirkung war ihr versagt, wenn man die Dramen und Balladen Schillers, die Gedichte und ein paar Dramen Goethes ausnimmt; Wieland, Klopstock, Herder, zum Teil auch Lessing sind der heutigen Generation auf eine in Frankreich unvorstellbare Weise abhanden gekommen, und die Frage stellt sich: Kann man sie für einen größeren Kreis überhaupt wieder zurückholen?

Nicht ohne Gründe haben sie alle aus der Enge der Provinz in die Tradition eines Kaiser- oder zumindest Königshofes gestrebt, nach Wien, nach Berlin. Aber als Protestanten waren sie für Joseph den Zweiten und die Habsburger ebenso unerwünscht wie als deutsche bürgerliche Schriftsteller für Friedrich den Zweiten und die Hohenzollern. Eine Bürgerstadt wie Frankfurt hat andererseits nichts getan, um Goethe, Klinger, die Brentanos, den jungen Hölderlin zu halten. Im Hamburg der Metternich-Zeit profitierte das Verlagswesen von den laxeren Zensurverhältnissen, nicht aber die Schriftsteller: Heine und Börne flohen nach Paris, Büchner nach Zürich, Freiligrath nach London, Hebbel ging nach Wien. Man stelle sich vor: Heine, Büchner, Hebbel zusammen in Hamburg, und um sie eine Reihe von Trabanten – welch literarische, gesellschaftliche, staatsbürgerliche Energie hätte eine solche Konzentration von Genies und Talenten im Raum einer aufstrebenden, ökonomisch gesicherten Freien Hansestadt besessen! Die Erinnerung an Diderot, Rousseau, die Enzyklopädisten in Paris wird wach; aber es fehlte die Voraussetzung, der bürgerliche Nährboden, eine geistig dynamische, politisch resolute Gesellschaft. So blieb es beim Staatsbegräbnis für Klopstock (die Leibrente hatte ihm nach wie vor der dänische König bezahlt), und es blieb hundert Jahre später bei einem Ehrensold für Dehmel. Es blieb bei Storm in Husum, Raabe in Braunschweig, Fontane in seiner Berliner Mietswohnung, deren Treppen Cohn und Meyer, nicht aber der preußische Adel hinaufpilgerten.

Bismarck hat wie Richelieu einen Thron durch Blut und Eisen befestigt; seine „Gedanken und Erinnerungen“ bezeugen ein urwüchsiges Schriftsteller-Talent; dem Redner strömten die frappanten Formulierungen zu. Theaterstücke zu schreiben wie sein französischer Vorgänger – einst ein Rivale des jungen Corneille (man stelle sich einen deutschen Reichskanzler als Rivalen G. Hauptmanns vor) – oder gar eine Akademie zu gründen, fiel Bismarck im Traum nicht ein, vermutlich zum Wohl Deutschlands. „Lesen Sie", schreibt Gottfried Benn, „was Bülow über die Interieurs von Friedrichsruh verzeichnete: kein schönes Bild, keine größere Bibliothek, von Plafonds, Gobelins, orientalischen Teppichen keine Rede, die Sonne Homers hatte diesem Hause nicht gelächelt, und der Glanz der italienischen Renaissance, der wenigstens einige der Schlösser Norddeutschlands wie Tegel oder das Goethe-Haus angestrahlt hatte, war hier verloren."[2] Köpfe von Schriftstellern auf deutschen Banknoten sind eine Rarität, falls sie überhaupt existieren. In Frankreich machen sie zwei Drittel des Bestandes aus und rangieren weit vor den Monarchen und Staatsmännern.

Die Literatur wurde hier nie so aus dem Leben der Nation ausgeklammert, wie es in Deutschland der Fall ist. Als Goethe, der „Dichterfürst" und Duzfreund Karl-Augusts, gestorben war, maßregelte die königliche Zensur Berliner Zeitungen, die dem Tod zu viel Beachtung geschenkt hatten. Der Vorwurf, Literaten in den Vordergrund zu rücken, kann einem modernen Nachschlagewerk nicht gemacht werden, das die amtlichen Stellen in Bonn auch ins Ausland verschicken: dem „Taschenheft für Spitzengremien des öffentlichen Lebens in Deutschland". Rund 190 Körperschaften werden darin verzeichnet, genau sieben davon figurieren unter dem Titel „Kultur" und von diesen sieben erwähnt eine – nebenbei – die Literatur: der „Orden pour le mérite", der noch von monarchischem Glanz zehrt und dem mehr Wissenschaftler angehören als Dichter.

Spitzengremien sind die „Arbeitsgemeinschaft der katholischen Frauen" und die „Arbeitsgemeinschaft der überkonfessionellen und überparteilichen Frauen Deutschlands" – aber nicht die Akademie der Wissenschaften in Göttingen, die immerhin auf Leibniz zurückgeht. Ein Spitzengremium ist der „Arbeitskreis für betriebswirtschaftliche Markt- und Absatzforschung", nicht die Mainzer Akademie der Wissenschaften und der Literatur. Ein Spitzengremium der „Deutsche Mittelstandsblock", nicht die Heidelberger Akademie; der „Deutsche Normenausschuß" und der „Seeverkehrsbeirat beim Bundesministerium für Verkehr", nicht die Bayerische oder die Darmstädter Akademie. Ich zitiere nach der zweiten Auflage des Werkes (1958). Inzwischen hat der Protest etwas genützt und den Akademien nachträglich Eintritt verschafft. Von sich aus hatten sie keinen gefunden, ganz im Gegensatz zu Frankreich, wo sie vor allen übrigen Körperschaften auf einem Ehrenplatz figurieren.

Wer in die Französische Akademie gewählt ist, kann sich „von" schreiben, und zwar „von der Akademie". „François-Poncet, de l'Académie française" oder „François Mauriac, de l'Académie française" lautet jetzt die Unterschrift. Sie verdoppelt und verdreifacht automatisch jedes Honorar; Hoteliers brüsten sich auf der Fremdenliste mit ihr; vor dem Ersten Krieg stellte die Eisenbahn eine Freifahrkarte erster Klasse auf Lebzeiten aus (ein Grund, sich wählen zu lassen, sagte Barrès). Heutzutage erweisen sich die Fluggesellschaften als spendabel, der Bordkommandant selber fühlt sich geehrt durch einen so illustren Gast, er kennt seinen Saint-Exupéry und weiß, wäre er nicht abgestürzt, säße er in der Akademie.

Eine Anzahl großer Autoren saß allerdings nicht darin. Aber nur drei haben – nach einer Bemerkung von Montherlant – im Laufe des letzten Jahrhunderts aus Prinzip die Akademie abgelehnt. Der Protest der Schriftsteller gegen sie hat erst im 20. Jahrhundert resolute Formen angenommen. Von den letzten fünf französischen Nobelpreisträgern der Literatur ist nur einer – François Mauriac – in der Akademie, wie Hans Mayer vermerkt.[3] André Gide, Roger Martin du Gard und ihre Freunde von der „Nouvelle Revue française" gingen auf die diskreten Offerten nicht ein, die nach dem Krieg von der Akademie an sie gerichtet wurden, obwohl sie mit Paul Valéry, Claudel und ein paar anderen nicht in der schlechtesten Gesellschaft gewesen wären. Eine neue Epoche war angebrochen; Dichter als Mangelware in diesem Gremium – Frankreich verändert sich. Aber die Akademie hat schon andere Krisen überstanden, und man sieht durchaus Michel Butor, den großen Stilisten der Avantgarde, einmal in einer aufgebesserten, weniger ramponierten Gesellschaft sitzen.

Balzac und Baudelaire so gut wie Zola hatten zu ihrer Zeit das ganze Zeremoniell einer Kandidatur, darunter die Runde der Visiten, vergebens in Kauf genommen, um von dieser Tribüne aus zu Frankreich sprechen zu können. Aus Erbitterung über die Cliquenwirtschaft stellten die Brüder Goncourt damals eine Gegenakademie auf, die bis heute floriert, wenn auch zweitrangig. Selbst Mallarmé, dessen ganzes Leben ein Protest gegen die öffentliche Rhetorik gewesen ist, war als Franzose derart gesellschaftsbedürftig, daß er von sich aus eine Akademie sekretierte: seinen Salon in der Rue de Rome, mit den herrlichen Bildern des Freundes Manet und anderer Impressionisten, mit seiner Frau, einer stillen Deutschen, der angebeteten Tochter und im Hintergrund einer Demi-Mondänen von Kultur, Méry Laurent, auf deren Fächer er die bezauberndsten Vielzeiler schrieb, schwebend und hintergründig. Gide, Valéry, Claudel waren unter den Zuhörern – und als vierzig oder fünfzig Jahre später die Zeit und die Akademie reif geworden waren, resorbierte die Akademie die Mallarmé-Jünger Valéry und Claudel zusammen mit dem Mallarmé-Interpreten Mondor, einem Chirurgen im Hauptberuf.

Gide hielt sich mit calvinistischem Purismus abseits. Aber auch er hatte seine Zeitschrift, seinen Verlag (Gallimard), sein Theater (Le Vieux Colombier) und obendrein eine Privatakademie, einen internationalen Sommersalon in der säkularisierten Abtei Pontigny, dem Wohnsitz seines Freundes Paul Desjardins, wo gleich nach dem ersten Weltkrieg verschiedene Gruppen französischer Schriftsteller jeweils zehn Tage mit englischen, spanischen, exilrussischen und auch deutschen Schriftstellern verbrachten – darunter E. R. Curtius, Groethuysen, Max Scheler. Die Urbanität der Lebensformen verstand sich dabei von selbst.[4]

Ganz anders die Riten um Stefan George.

Der Zwanzigjährige hatte 1889 in Mallarmés Salon den Glauben an die Sendung des Dichters und den Mut zu sich selbst wiedergefunden. Seit Nerval und Baudelaire war das absolute Wort nach Frankreich hinübergewandert; verleiblicht trat es dem jungen Rheinländer in der Rue de Rome entgegen. Erschütternd seine spätere Verblendung gegenüber dem „weibischen“ Frankreich; das Ausspielen Böcklins als „Meister der Zukunft“ gegen die vom Kunsthandel „hochgetriebenen“ Manet, Monet und Cézanne; die endgültige Absage von 1908 an ein Land, dessen Blüte in Kunst und Literatur unvermindert weiterdauerte, aller Welt sichtbar; der Ausschluß von E. R. Curtius aus dem Kreis, weil er Claudel und Gide, Valéry, Proust und Péguy zu rühmen gewagt hatte. Dabei erhellt gerade Péguys eigenes Verhalten das des deutschen Dichters. Zur selben Zeit und unter demselben Kollektivausdruck des seit der Marokko-Krise vollerwachten Nationalismus ließ er sich zur gleichen Verblendung der andern Nation gegenüber hinreißen. Für diesen genialen Hymniker und Mystiker war allein Frankreich, für George allein Deutschland dazu berufen, „einen Stern zu gebären".

Gesellschaft wollte George auf Grund eines pubertär verstiegenen Reichsbegriffs nur mythisch sehen mit gefährlich vorgelebtem Führeranspruch und sektiererischer Verdammung der modernen Welt in Bausch und Bogen. Gewiß galt es sich abzusetzen gegen die Saloppheit Liliencrons und Dehmels, Rang zu halten und Normen aufzustellen: es geschah mit dem legitimen Sendungsbewußtsein des Genies, aber auch mit der unduldsamen Starre und frühen Verholzung Klopstocks. Vom Gesellschaftlichen her beurteilt, entsprach die herrische Abkapselung dem wilhelminischen Standesdünkel, das Gottesgnadentum war auf den Dichter übertragen; bei allem gezügelten Pathos D'Annunzio näher verwandt als Dante, in dessen Rolle George sich hineinsteigerte wie Gerhart Hauptmann in die Rolle des alten Goethe und damit nach außen hin die tieferen Züge verdeckte: die des sensiblen, einsam Leidenden.

Diktatur und Inquisition hatten von Anfang an den jungen Hofmannsthal in die Flucht getrieben. Die Chance war verpaßt, mit dem flexiblen Österreicher als Gegenpol den Bund Goethe-Schiller zu erneuern und damit der deutschen Literatur die befreiende Weite eines geselligen Raums zu eröffnen. Was aus Hofmannsthals Anschmiegsamkeit herauszuholen war, zeigt die Zusammenarbeit mit dem robust vitalen Richard Strauß: antike und biblische Stoffe im Sinn des frühen 20. Jahrhunderts erneuert, und als bezauberndste Blüte „Der Rosenkavalier", eine der wenigen großen Gesellschaftskomödien deutscher Sprache.

Nur in Deutschland gilt für bestimmte Kreise George als „Stifter"; in England und Frankreich wie in Amerika als einer unter den Symbolisten der Zeit: Ein Einfluß Georges auf die Entwicklung der Weltlyrik ist so gut wie nicht vorhanden. Mallarmé hat kraft seines Genies und mit – oder trotz – menschenfreundlich gesitteten Umgangsformen in die Weite gewirkt. Die streng selektionierten und überwachten Dichter des Kreises waren – von Wolfskehl abgesehen – so medioker wie die eines Durchschnitts-Dichtervereins; wesentlich nur die Befruchtung der Geisteswissenschaften, welches auch die Grenzen eines Gundolf oder gar eines Bertram gewesen sein mögen, dessen rabiater Pangermanismus ihn über den Kriegstaumel von 1914/18 hinaus unmittelbar in die Arme der Nazis führte.

George selbst hat sich – wiederum im Gegensatz zu Dante, den Engländern und den Franzosen – über das Zeitgeschehen nur im engsten Kreis geäußert und auch da meist nur in orakelhaft überlegenen Andeutungen. Die absprechende Tonart bringt eine Bemerkung aus dem Jahr 1930 zu erschreckendem Ausdruck: „Was ich sehe, kann ich Euch gar nicht alles sagen. Aber Ihr werdets alle noch erleben und ausbaden. Und es wird noch viel wüster kommen. Aber das muß so sein, das könnt Ihr nur nicht verstehen."[5]

Der Kreis war das Gegenteil einer Akademie: eine jener Sekten, wie Ernst Troeltsch sie in seiner Religionssoziologie sehr genau definiert und in ihrem besonderen Verhältnis zur Institution der Kirche (hier einer institutionellen Akademie vergleichbar) und zum mystischen Einzelgänger (oder Dichter) untersucht hat. Nun sind aber auch Sekten immer wieder das Senfkorn gewesen, aus dem in verhärteten Zeiten neues Leben sproß, und es steht außer jedem Zweifel, daß von Stefan George ein Impetus ausgegangen ist, dem sich kein Dichter seiner Generation hat entziehen können.[6] Sein Werk, heute zum großen Teil verdeckt oder vergessen, wird vermutlich immer noch bestehen, wenn die meisten Lyriker unserer Epoche weitgehend verschollen sein werden. Eine Rolle als Kulturprophet hat er aber nur in den Augen seiner Anhänger gespielt. Das Treiben um Algabal und Maximin bleibt ein zeitbedingtes trübes Phänomen. Die Münchner Atelierfeste, bei denen der Dichter bekränzt im Peplos als Vergil oder als Dante auftrat, haben ihr genaues Vorbild in den Festen, die die französischen Parnassiens unter Napoleon III. im Atrium des pompejanischen Hauses des Prinzen Jérôme gaben.[7] Der Unterschied bestand in der feierlichen Unnahbarkeit, der stilisierten Unfehlbarkeit des deutschen Dichters und Führers: Sie haben den verhängnisvollen deutschen Archetyp vom Dichter als weltabgesondertem Priester und Seher nur stärken, den Graben zwischen Dichtung und Nation nur verbreitern können. Mit seinem unduldsam exklusiven Hölderlin-Kult hat Heidegger später in derselben Richtung gewirkt.

Daß dem auch in Deutschland nicht so sein mußte, zeigen andere Beispiele – zeigt etwa Oskar Loerke, der als Dichter nicht den Rang Georges besitzt, der aber – von Moritz Heimann gefördert – seinerseits Wilhelm Lehmann, Hermann Kasack und andere Mitarbeiter der „Neuen Rundschau" gefördert und sich hat finden lassen: urbaner, schöpferischer Geist auf dem Asphaltboden Berlins, eine Akademie in nuce. Es ist kein Zufall, daß Loerke als erster Sekretär der „Deutschen Dichterakademie" fungierte, die der Kulturminister Becker 1926 ins Leben gerufen und der „Preußischen Akademie der Künste" angegliedert hatte.

Hier war für wenige Jahre ein deutsches Gremium von internationalem Rang geschaffen: Gerhart Hauptmann und Ricarda Huch, Heinrich und Thomas Mann, Alfred Mombert, Alfred Döblin, Georg Kaiser, Rudolf Leonhard, René Schickele, Fritz von Unruh, Jakob Wassermann, Franz Werfel gehörten ihm neben andern an. Alle unter den Vorgenannten bis auf Hauptmann, Thomas Mann und Ricarda Huch waren schon im Frühling 1933 ausgeschlossen.[8] Der Brief, in dem Ricarda Huch dem amtierenden Präsidenten der Akademie der Künste, Max von Schillings, ihren Austritt erklärte, müßte in jedem Lesebuch stehen: „Daß ein Deutscher deutsch empfindet, möchte ich für selbstverständlich halten; aber was deutsch ist, und wie Deutschtum sich bestätigen soll, darüber gibt es verschiedene Meinungen. Was die jetzige Regierung als nationale Gesinnung vorschreibt, ist nicht mein Deutschtum. Die Zentralisierung, der Zwang, die brutalen Methoden, die Diffamierung Andersdenkender, das prahlerische Selbstlob halte ich für undeutsch und unheilvoll ..." Der Geist Ludwig Uhlands, Gottfried Kellers und der Achtundvierziger lebt in solchen Zeilen weiter – ein seltenes Beispiel staatsbürgerlicher Entschlossenheit und Klarsicht, dem als Gegenbeispiel Gerhart

Hauptmanns Mangel an elementarster Zivilcourage entspricht.
Hanns Johst übernahm den Vorsitz der gesäuberten Körperschaft, in die neben Blunck, Beumelburg, Hans Grimm, Kolbenheyer, Börries von Münchhausen auch Ina Seidel einzutreten keinen Anstand nahm. Wie unbehaglich es ihr später darin wurde, geht aus dem Briefwechsel mit Gottfried Benn hervor. Ernst Jünger hatte die Wahl abgelehnt. Oskar Loerke blieb und vertraute seinem Tagebuch den Zorn und die Scham über die Zustände an: „Wilhelm Schäfer, immer zu hysterischen Wutausbrüchen neigend, brüllend, schwarzer Alberich. Das tückische aufgeblasene, breiige Nichts Kolbenheyer, stundenlang redend: eitle Diktatoren, Haß auf die „Berliner" (7. Juni 1933)."[9] Verstört, aschgrau saß Loerke bei einem Besuch 1938 in der Redaktion der „Neuen Rundschau", wie zum voraus schon unter den Ruinen der Stadt.
Der kaum gelegte Keim zu einer gültigen Akademie war für Jahrzehnte vernichtet. Die „Reichsschrifttumskammer" – ein fürchterliches Wort, von bürokratischen Spießern zusammengebastelt und widerstandslos angenommen – schaltete aus und gleich. Die Rücken krümmten sich. Die Scheiterhaufen brannten.
Unter Napoleon und der anschließenden bourbonischen Restauration hatte die Französische Akademie zwar auch Säuberungsaktionen über sich ergehen lassen und dazu geschwiegen. Akademien sind ihrer Anlage nach Konservatorien. Mannesmut gedeiht nicht gut auf solchem Feld. Diese Schattenseite wird uns später beschäftigen. Vorerst lassen wir noch etwas Licht auf die Körperschaft fallen.
Die eminent gesellschaftliche Rolle der Französischen Akademie hat seit drei Jahrhunderten darin bestanden, Sprache und Literatur für ein ganzes Volk zu „institutionalisieren", wie Arnold Gehlen es mit einem bereits etwas ominös gewordenen Ausdruck nennen würde. Von Anfang an wollte die Akademie Richelieus keine exklusive Vereinigung von literarischen Genies oder gar ein Treffpunkt von Avantgardisten sein, sondern ein Salon, in dem Dichter und Liebhaber der Dichtung ihre Gedanken austauschen konnten.
Zu Unrecht erhebt die Soziologin Getraud Linz in ihrer kritischen Studie über die derzeitigen deutschen Akademien den

Vorwurf, in ihnen säßen ebensoviel oder mehr Philosophen, Historiker, Ästhetiker als „eigentliche“ Dichter. Eine Akademie soll im Gegenteil diese absurde Trennung aufheben und jeden, der auf seinem Gebiet die Sprache meistert, zur Mitarbeit einladen: Nur so werden Dichter und Schriftsteller in den größeren Raum der Nation gestellt. Die Französische Akademie ist auf den „honnête homme“ zugeschnitten, der in seinem Fach etwas geleistet hat, ohne dabei den Sinn für Richtigkeit und Schönheit des Ausdrucks zu verlieren, den Sinn für das Glück der Grazien, wie Hölderlin es einmal genannt hat. Dadurch eben ist seit Generationen die Empfänglichkeit für das Wort derart Gemeingut geworden, daß jährlich die drei oder vier besten Literaturaufsätze der Abiturienten in extenso von führenden Zeitungen abgedruckt und besprochen werden; daß seriöse Blätter sich ihre Hausgrammatiker halten, deren Artikel ihrerseits automatisch Leserbriefe auslösen; daß ein kürzlich erschienenes Buch des aggressiven Pariser Universitätslehrers Etiemble über die zunehmende Technisierung und Amerikanisierung des Französischen in kurzer Zeit eine Auflage von 160 000 Exemplaren erreichte, und daß schließlich die Neuausgabe von Littrés Wörterbuch im Handumdrehen vergriffen war – während sein Vorbild, Grimms profunderes Wörterbuch, in den Bibliotheken verstaubt und auch von Dichtern kaum benützt wird.[10]

Dies ein paar Tatsachen. Von den Ursachen, die die intensive gesellschaftliche Funktion der Literatur in Frankreich erklären, mögen zwei genannt werden: Die Rolle der Frau und die Rolle des Dichters als Bürger.

Wie in Italien, dem Ursprungsland, ist auch in Frankreich die Akademie aus den humanistischen Zirkeln erwachsen, in denen ihrerseits die Frau tonangebend war – Tasso und die Prinzessin Eleonore. Goethes Schauspiel ist aber nicht umsonst ein Fremdgewächs geblieben und Faust in seiner Studierstube ein Archetyp. Der deutsche Humanismus hat seine großen Leistungen innerhalb der Universität vollbracht, verschanzt hinter diesem Bollwerk einer Männergesellschaft, das bis heute den Respekt einflößt, den der Dichter nicht genießt. Erhards Kanzlerwort vom Avantgardisten als „Pinscher“ ist keine Entgleisung. Es ist Tradition.

Was die Dichterinnen betrifft, so wächst ihre Zahl seit hundert Jahren ständig – in Deutschland wie in der ganzen Welt. Und in *einem* Punkt wenigstens überflügeln die deutschen Akademien die Pariser Akademie. Sie haben weibliche Mitglieder, die französische hat sie nicht – vielleicht aus einem gesunden Abwehrreflex von Männern, die die Tür hinter sich zufallen lassen: Endlich unter uns, wo doch in den Kulissen Frauen die Wahlmacherinnen gewesen sind und es bleiben. Selbst die große Colette mußte in die etwas aufgeschlossenere Académie Goncourt abwandern, und damit Simone de Beauvoir in die Französische Akademie käme, brauchte es allen Ernstes einen neuen Weltkrieg, eine Weltrevolution.[11] Auch de Gaulle duldet keine weiblichen Minister um sich, und die Zahl der weiblichen Abgeordneten ist in Deutschland von jeher größer gewesen als in Frankreich, das vor 1945 überhaupt keine Frauen ins Parlament ließ. Die Rechnung geht bei der globalen Herausschälung nationaler Gegensätze nie glatt auf, die Freiheit des Werdens flüchtet in diese ungelösten Restbestände. Erzreaktionäre Wesenselemente in einem relativ großen Teil des französischen Volkes sind jedem Kenner vertraut und vertragen sich mit allgemeinen Sprüchen über Menschheitsbeglückung; in glücklicher Ignoranz weiß die linke Hand nicht, was die rechte tut. Deutsche Emigranten, die mit Illusionen nach Paris gekommen waren, hatten in manchmal unbarmherzigster, tragischer Weise unter dieser fortschrittsfeindlichen Kleinbürgerlichkeit, dem knickerigen Geist und der provinziellen Verhocktheit zu leiden. Wir rühren da an ganz böse Dinge, vom femininen Charme Frankreichs ist nichts mehr zu spüren.

Und doch darf an der allgemeinen Bemerkung festgehalten werden: In Frankreich ist die Frau viel aktiver als in Deutschland mit der Literatur und dem ganzen Kulturleben verbunden – als Schriftstellerin, als Inspiration literarischer Zirkel, als Heroin des öffentlichen Lebens.

Man schlage den Reclamband „Frauen der Goethezeit" auf. Sein Untertitel: „Von der Gottschedin bis zu Bettina". Wer kennt die Gottschedin, wer in der Lesermasse kennt selbst Bettina, und wer unter den zwanzig anderen Schriftstellerinnen die berühmtesten: Caroline Schlegel, die Günderode, Rahel Levin? Eine Briefmarke von Annette von Droste-Hülshoff kleben wir alle. Aber für wie viele hat diese größte Dichterin des vorigen Jahrhunderts die gleiche Präsenz, die für den französischen Durchschnittsleser Madame de Lafayette, Madam de Staël, George Sand haben? Können Louise von François und die Ebner-Eschenbach mit dem passionierten Interesse konkurrieren, das selbst Eugénie de Guérin oder Lucile de Chateaubriand, das heißt, die Schwestern berühmter Dichter, bis heute in Frankreich finden? Sind nicht vorwiegend mütterliche Gestalten wie Liselotte von der Pfalz oder Goethes Mutter deutsche Archetypen geblieben (von den Filmstars des zwanzigsten Jahrhunderts sei abgesehen)? Rangiert nicht immer noch in einer bestimmten Mittelschicht des Kollektivbewußtseins die Königin Luise vor Sophie-Charlotte von Preußen, die zu gelehrt, und vor Maria Theresia, die zu katholisch war?

Belebung und Vielfalt schaffen zum Glück Goethes Freundinnen – eine üppige Auswahl, von Friederike bis Lili, von Frau von Stein bis Christiane, von Marianne bis Ulrike und etlichen anderen: Der Nachkomme setzt sich munter in diese Runde wie Kellers Landvogt von Greifensee unter seine fünf ehemaligen Geliebten. Besteht doch *eine* der gesellschaftlichen Funktionen der Literaturgeschichte darin, daß sie Familiengeschichte eines Volkes ist, bestimmte Bilder, Episoden in Umlauf bringt, die allgemeinen Kurswert haben, geheime Kennzeichen einer Bruderschaft bilden. Als Privatleute wissen wir meist nicht, was unsere Ur-Urgroßmütter empfunden und wie sie geliebt haben – aus Goethes „Werther" und seinen eigenen Briefen an Charlotte, an Maximiliane erfahren wir einiges darüber. Die Stärke Frankreichs ist, daß seine Literaturgeschichte wie seine politische Geschichte immer auch als Teil einer allgemeinen Kulturgeschichte erscheint. Zu diesem Thema nur *eine* Zahl: Die Auflageziffer zweier historischer Wochenzeitschriften mit populärwissenschaftlichem, aber gediegenem Charakter, die man an jedem Kiosk kaufen kann: 200 000 die eine, 150 000 die andere. Daß solche Zeitschriften in Deutschland von keinem Verleger riskiert werden, kennzeichnet das prekäre Verhältnis zur eigenen Tradition.

Wollen wir eine ganz flüchtige Ortsbestimmung der Frau im französischen Kulturleben vornehmen, so werden wir sagen: wir finden sie nicht nur im Familienkreis, sondern ebensosehr

im Salon, im Kloster, auf den Barrikaden. Auch hier ein stetes Hin und Her. Vom Salon gehen die einen ins Kloster, wenn sie fromm oder bigott geworden sind; vom Kloster kehren andere ins weltliche Leben zurück – Diderots „Nonne“ sei als Beispiel genannt. Überraschender noch der Gang vom Kloster auf die Barrikaden. So die heilige Genoveva, die Schutzpatronin von Paris – nicht Genoveva von Brabant, gottergeben in der Waldeinsamkeit mit Knäblein und Hirschkuh, sondern eine andere Genoveva auf den Wällen des belagerten Paris, die Männer aufrüttelnd zum siegreichen Widerstand gegen die Hunnen unter Attila.
Das weist zurück auf die druidischen Priesterinnen, die bei den Galliern höchste Verehrung genossen; es weist vor auf Jeanne d'Arc und auf Charlotte Corday, die als reine Jungfrau und Engel des weißen Terrors aus der Provinz aufbrach, um Marat in Paris zu ermorden. Klopstock hat ihr eine Ode gewidmet; Büchner aber gibt in seinem „Danton“ das letzte Wort einer Heldin der Revolution, Lucile Desmoulins, die unter Robespierre freiwillig dem Gatten Camille Desmoulins aufs Schafott folgte.
Franz Werfel hat im Exil einen Roman über die jugendliche Bernadette von Lourdes geschrieben. Frappant erscheint, wie der lange Zug der französischen Heiligen sich im Lauf des neunzehnten Jahrhunderts zusehends verjüngt. Die kleine Therese von Lisieux war ein Phänomen religiöser Frühreife und hat ihre Erleuchtung mit zwanzig Jahren gehabt wie Rimbaud fast zur gleichen Zeit und im gleichen Alter die dichterischen Visionen seiner „Illuminations“. Neben den Heiligen ein nicht weniger imposanter Zug von Sünderinnen. Die Mätressen deutscher Fürsten sind meist kein glorioses Kapitel; in Württemberg wird die Grävenitz noch heute in einem Atem mit Jud Süß genannt (ein Unrecht am Finanzmann, der begabter, aber nicht härter war als der Landesvater). Man denke hingegen an Diane de Poitiers, die Geliebte zweier Könige, die schon zu Lebzeiten Dichter, Maler, Bildhauer zu mythologischer Verherrlichung hingerissen und die antike Göttin wiederbelebt hat – ein Archetyp lockender und kühler, hochgeschürzter und graziler Schönheit: Ihre Nachwirkung ist noch bei Heine, Baudelaire, Mallarmé spürbar.[12]
Unter Hunderten von Beispielen nur eins noch: die Pompa-

dour, von der ebenfalls hinreißend schöne Portraits und Plastiken die Zeit überdauern. Ludwig XV. hatte sie zur Marquise erhoben, sie aber – ein geborenes Fräulein Poisson – vergaß die bürgerliche Herkunft nicht. Gegen Adel und Klerus stellte sie sich vor Diderots „Enzyklopädie“ und trug mit dazu bei, das Erscheinen dieses Fundamentalwerkes bürgerlicher Reformdynamik zu ermöglichen. Man hat nicht gehört, daß Franziska von Hohenheim sich vor Schillers „Räuber“ gestellt hätte, wie mäßigend auch das „Fränzel“ auf Karl Eugen von Württemberg eingewirkt haben mag, den sie halb und halb zum Pietismus hinüberzog. Ein marxistischer Interpret würde nicht nur von der größeren Emanzipation der französischen Frau sprechen, sondern auch von ihrem ausgeprägteren Klassenbewußtsein.
Das gleiche gilt – verstärkt – von den Männern.
Auch hier nur ein paar Hinweise. Jedem der Mächtigen ist auf literarischem Niveau ein Kritiker höchsten Ranges erwachsen. Die „Memoiren“ des Kardinals de Retz, 1661, enthüllen die Schwächen der ludovizianischen Epoche in ihren Anfängen unter Mazarin, und die „Memoiren“ des Herzogs von Saint-Simon, 1691, die Makel und Verbrechen ihrer Glanzzeit. Beide Schriftsteller sind – von der Sprache wie vom Inhalt her – so aktuell geblieben, daß jede Woche 300000 Leser des satirischen Wochenblattes „Le Canard enchaîné“ auf den Hauptartikel warten, der im geistblitzenden und überquellenden Stil Saint-Simons die illusionären Komponenten des derzeitigen Regierungsprogramms bloßstellt. Die Parodie von Saint-Simon her trifft deswegen den Kern der Dinge, weil der Staatschef selber in den Kategorien des „grand siècle de Versailles“ denkt und die weitgeschwungene Architektur seiner Reden unmittelbar aus Bossuets Kanzelreden übernommen hat.
Niemand käme in Deutschland auf den Gedanken, das Programm Konrad Adenauers oder Ludwig Erhards im Stil von Grimmelshausen oder Moscherosch zu persiflieren: Literatur und Gesellschaft bleiben auch hier inkommensurabel. Diese so ganz unliterarischen Reden können satirisch nur im Spiegel eines reißerisch durchindustrialisierten Jargons getroffen werden. Allenfalls ließe sich bayerische Politik im Saft- und Kraftstil Fischarts oder noch besser Abraham a Santa Claras parodistisch ableuchten: Von dieser Wurzel her führen Ver-

zweigungen bis zu Ludwig Thomas Briefen des Abgeordneten Jozef Filser und zur Suada des „Billigen Jakob“ auf den Jahrmärkten – kräftiges provinzielles Eigengewächs, Ausdruck unverwüstlicher bajuwarischer Sprachvitalität. Im ganzen gesehen aber ist die deutsche Dichtung der Renaissance wie der Barockzeit – wenige Ausnahmen abgerechnet, darunter die großartige, überzeitliche Lyrik – in Museumsvitrinen als Kostbarkeit für Kenner verwahrt und zirkuliert nicht mehr im Volk, während sprachliche Impulse immer noch von Luthers Bibelübersetzung ausgehen.

Lenken wir den Blick auf Frankreich zurück. Vier der größten Schriftsteller der letzten zwei Jahrhunderte, die der französischen Prosa ihren Duktus und ihre Melodie gegeben haben, sind zugleich aktive politische Denker gewesen: Voltaire, Rousseau, Chateaubriand, Victor Hugo.

Voltaire, ein Erzpariser, der schließlich am Genfer See, auf dem Grenzgebiet zwischen Frankreich und der Schweiz sich niederläßt und von dort aus – trotz allen persönlichen Schwächen und Anfechtbarkeiten – in entscheidenden Momenten das Weltgewissen repräsentiert, wie zweihundert Jahre nach ihm – mit mehr Integrität und weniger Sprachgewalt – Romain Rolland. Voltaires Gegenspieler, Rousseau, als eine Art Kaspar Hauser von Genf nach Paris verschlagen, formuliert seine Anklagen gegen die Hauptstadt, gegen die Intrigen ihrer Salons, die Korruption der herrschenden Klasse, die Servilität der Lakaien in einem Stil, von dem man mit Rilke sagen möchte „lauter Raum reißend von weit herein“ – Alpenluft und zugleich der herbe Atem calvinistischen Republikanertums.

Rousseaus genialster Schüler, Chateaubriand, ist Katholik und Monarchist und stellt sich deswegen gegen die Regierung seiner Zeit – gegen die Revolution und gegen ihren größten Sohn, Napoleon. Zugleich aber gibt sich dieser geborene Bretone, der mit allen Fasern an der Bretagne hängt, keiner Illusion über die Bourbonen hin. Ludwig XIV. hat er nie verziehen, daß unter ihm der Adel dem Land entfremdet und zum Höflingsdienst degradiert wurde. Die Erscheinung Napoleons überwältigt anderseits Chateaubriand immer wieder. Nach der Rückkehr aus dem Exil in Amerika tritt er – vom Ersten Konsul selber umworben – eine Zeitlang in dessen Dienste, geht als Legationsrat nach Rom und in die Schweiz, schleudert ihm 1804 nach der Ermordung des duc d'Enghien seine Demission mit derselben Vehemenz hin, mit der Beethoven die Widmung an Buonaparte auf dem Titelblatt der Eroica durchstrich, und nimmt dafür politische Überwachung und bald ein neues Exil in Kauf.[13]

Ähnlich Victor Hugo, der als Royalist beginnt, ganz jung noch mit höchsten Ehren überschüttet wird und nach der Revolution von 1830 zu einer Art von inoffiziellem Ratgeber des Bürgerkönigs Louis-Philippe avanciert. Das Scheitern der Revolution von 1848 und der Aufstieg Napoleons III. machen aus ihm jenen politischen Emigranten, von dem an anderer Stelle dieses Buches die Rede sein wird und der als Verfechter des freien Wortes und Ankläger der staatlichen Übergriffe seinen Platz zwischen Voltaire und Rousseau, Zola und den Dichtern unserer Epoche hat.

Welche führenden Schriftsteller haben in Deutschland je mit dem Problematischen in Friedrich II., Bismarck, Wilhelm II. so abgerechnet wie diese immer neu erstehende Phalanx? Bismarcks Kritiker rekrutierten sich aus politischen Gegnern und professionellen Geschichtsschreibern (Constantin Frantz, Mehring, Mommsen) oder wurden als Journalisten erledigt. Das grundlegend Andere in Frankreich ist, daß nicht Fachleute oder „Zeitungsschreiber" sich über die Machtverhältnisse ausgesprochen haben, sondern Dichter als verantwortungsbewußte Bürger. Politik ist damit nicht mehr Spezialgebiet für Eingeweihte, abgeschirmt gegen Unbefugte. Der Dichter als politischer Denker ist ebenso befugt, sein Wort abzugeben wie die Schweizer Bergbauern, als sie gegen Geßler zur Freiheit aufriefen. Die Sprache selber ist zu einem Instrument der Demokratie geworden: Ihre Melodie, ihre Plastizität reißen unmittelbar hin und geben der Überzeugungskraft, die dahinter steht, die volle Resonanz. Chateaubriands Angriffe gegen Napoleon wirken durch den souveränen Stil so gut wie durch die innere Souveränität, mit der hier auf höchster Stufe ein Gleicher mit einem Gleichen sich mißt, bis zuletzt fasziniert vom Genius des Kaisers, der selber ein unvergleichlicher Stilist gewesen ist – aber bis zuletzt auch felsenfest in der Ablehnung eines dämonischen Machtwillens, der unberührt über Ströme von Blut hinwegritt. „Ein großer Verzehr an Menschen", war Napoleons unmenschliche Formel nach geschlagener Schlacht: Im Namen der Opfer revoltiert Chateaubriand dagegen, statt von Charisma des Führers, heiligem Krieg und schicksalhafter Hingabe zu schwadronieren. Eine solche Prosa beflügelt den Geist, weil hier mit eherner Konsequenz Recht gegen Unrecht gesetzt wird und weil die Sprache ihrem Stoff vollkommen adäquat geworden ist. Der ästhetische Genuß, den wir empfinden, ist derselbe, wenn Schiller im „Don Carlos" den Marquis Posa, König Philipp und den Großinquisitor gegeneinander auswürfelt und uns doch dabei keinen Augenblick im Zweifel darüber läßt, wo das Recht in seiner idealischen Unbeugsamkeit steht und wo die Verstrickungen der Macht beginnen.

Sternheims Komödien demaskieren das Bürgertum von 1914, aber Sternheim selbst ist – wie Wedekind, der Bürgerschreck, der im Weltkrieg einen „Bismarck" schrieb – zu sehr wilhelminischer Typ, hochfahrend und schrill (Polgar sprach nicht umsonst vom Stechschritt und abgehackten Kommandoton seines Stils), um Sprecher des Volks sein zu können oder auch nur zu wollen.

Hätte Hauptmann nach 1933 – oder schon nach 1914 – mit der explosiven Kraft seiner „Weber" den Schrei der Opfer durch Deutschland und die Welt dringen lassen; wäre Stefan George vor der Flucht und Ausflucht in die Schweiz wie ein Sturmwind mit seiner ganzen Sippe gegen die Verbrecher oben aufgestanden, unter Einsatz seines Lebens wie Victor Hugo oder wie Dante, auf den er sich so gern berief – so hätte das zunächst an der faktischen Entwicklung wenig geändert, und doch wäre ein moralisches Gewicht in die Schale geworfen gewesen, das mit der Kraft des Magneten ungeahnte Energien mobilisiert hätte – wie in Frankreich Zolas „J'accuse" 1898, Romain Rollands „Au-dessus de la mêlée" 1914, Camus' Aufruf zum Widerstand 1941, Sartres Manifest gegen die französischen Verbrechen in Algerien 1959.

Die „eiserne Stummheit" des Bürgertums durch die Jahrhunderte, von der Hans Henny Jahnn einmal spricht, findet in solchem Versagen seine erschreckendsten Manifestationen. Als Gerhart Hauptmann 1944 nach der Zerstörung Dresdens, einem alliierten Verbrechen, endlich die Stimme erhob, war es zu spät. Und zu spät kam die Tat aus dem George-Kreis: Stauf-

fenberg trägt in der tragischen Isoliertheit seines Untergangs konradinische Züge.
Es ist ein dramatisches Schauspiel zu sehen, wie Thomas Mann sich stufenweise zum Sprecher der Nation entwickelt hat, herangereift in der produktiven Rivalität mit Heinrich Mann, der als Dichter elementarer, als Kulturpolitiker hellsichtiger war und dessen universale Schau der jüngere Bruder – in Zwist, Hader und Versöhnung – sich angeeignet hat mit einem in Deutschland seltenen Verantwortungsgefühl des Schriftstellers der Politik gegenüber. Allerdings wird man auch – wie Alfred Döblin es mit einem ganz besonderen Affekt getan hat – gegen Thomas Mann das Gespreizte, in gewissem Sinn großbürgerlich Artifizielle seines Stils und Lebensstils, kurz das Akademische ins Feld führen können. „Eine Akademie – das ist die Dressur, das ist der spanische Stiefel, das ist der Block, das ist die Uniform, das ist die Antikunst", schreit Kollege Crampton bei Gerhart Hauptmann – und spuckt aus.
Damit ist das Stichwort für die Schlußbetrachtung gefallen: die Gefahren, die jeder Akademie inhärent sind, der Hang zur Nivellierung des Originalgenies zugunsten des Soignierten, Gepflegten, Distanzierten. Wo Heyse und Geibel herrschen, bleibt Büchner vor der Tür.

Suspekt ist von vornherein, daß Richelieu, der den Adel in die Knie gezwungen und die Protestanten in Frankreich entmachtet hat, auch der Gründer der Akademie gewesen ist: Sie sollte ihm die Schriftsteller in die Hand geben. Ein Gemälde von 1635 präsentiert ihn als die Sonne, in deren Strahlenkranz die Mitglieder seiner Akademie kreisen ... Die Revolution hob sie 1793 als Hort der Reaktion auf; Napoleon stellte sie 1803 als Stütze für Thron und Altar wieder her. Sein Bruder Lucien vertrat darin die Familie. Der Kaiser selbst begnügte sich damit, die Geschicke von oben zu leiten, rüffelte die Mitglieder, als sie 1810 es nicht gewagt hatten, dem größten Frondeur und besten Schriftsteller des Regimes – Chateaubriand – einen Preis zu erteilen, und dekretierte seine Wahl in der Hoffnung, den Meister des Stils mit dem unwiderstehlichen Cello-Ton wieder auf seine Seite zu ziehen. Er hatte den granitnen Eigensinn des Bretonen nicht in Rechnung gestellt. Chateaubriand nahm die Wahl an, weigerte sich aber, die Antrittsrede zu hal-

ten, die vom Kaiser eigenhändig mit wilden Strichen korrigiert worden war. „Ich spürte die Krallen des Löwen in meiner Flanke und gab nicht nach“, schreibt Chateaubriand rückblikkend in seinen „Memoiren“.
Clemenceau, dessen Prosa die mitreißende Vehemenz von Churchills Stil besitzt, bewies die gleiche Unabhängigkeit. Am Tag nach dem Waffenstillstand von 1918 war er zusammen mit Marschall Foch auf dem ungewöhnlichen Weg der Akklamation, nicht der Geheimwahl, Mitglied der Akademie geworden, ist aber nie zu einer Sitzung erschienen: Das übliche Ritual und die Mehrzahl der Kollegen flößten dem großen Stilisten und Menschenverächter nur Sarkasmen ein. Im Gegensatz zu Foch, der eine sehr persönliche und gezügelte Prosa schrieb, ohne an Clausewitz oder an Moltke ganz heranzukommen, wurden die Marschälle Joffre und Pétain in die Akademie gewählt, obwohl jedermann wußte, daß selbst ihre Proklamationen an die Armee aus fremden Federn stammten.
Ein akademischer Zwist brachte 1932 die schwelende Opposition zwischen Pétain und seinem früheren Ordonnanzoffizier de Gaullee zum Ausbruch. Statt sich dem Marschall zur anonymen Verfügung zu stellen, publizierte der damalige Hauptmann 1932 unter eigenem Namen ein später berühmt gewordenes militär-politisches Werk. In der katholisch-monarchistischen Rhetorik einer professoralen Familie aufgewachsen, mit schriftstellernden Großtanten versehen, hatte de Gaulle die Literatur im Blut. Bezeichnenderweise kandidierte er dabei niemals für die Akademie, obwohl er als hervorragender Schriftsteller und Redner viel besser dazu qualifiziert gewesen wäre als die mehr oder weniger siegreichen Generäle, die das demokratische Frankreich immer in Reserve hat und die samt einem halben Dutzend von Herzögen und Kardinälen zum Hausrat der Akademie gehören wie Barocktruhen zum neudeutschen Appartement. Protektor, nicht Mitglied der Akademie, wollte de Gaulle werden, und kaum war er es – als Staatschef – geworden, machte er Gebrauch von seinem Vetorecht, indem er die Wahl eines ihm politisch nicht genehmen Kandidaten, des Vichy-Gesandten Paul Morand, verhinderte. Marschall Juin schrieb unterdessen seine Memoiren, schrieb sogar einen Liebesroman und muckste nicht; ihm, den viele zur Zeit der Algerienkrise als kommenden Führer der

Armeerebellion ansahen, waren die Zähne ausgebrochen – er saß in der Akademie.[14]

Der Treffpunkt des „honnête homme“ ist immer wieder auch ein Treffpunkt der wendigen Dilettanten, schwadronierenden Schöngeister und ordenbehangenen Titelträger gewesen, eine feste Burg der guten Gesellschaft und ihres schalen guten Tons.

Molière, der wie Saint-Simon der urwüchsigen Epoche Ludwigs XIII. viel nähersteht als der geschmeidigen Ludwigs XIV., verspottet in seinen Komödien die Salons der „Preziösen“, aus denen die Akademie hervorgegangen ist, und macht im „Bürger als Edelmann“ Monsieur Jourdain lächerlich, der jeden Satz im Mund herumdreht, statt zu reden, wie ihm der Schnabel gewachsen ist. Rousseau geißelt den „glatten akademischen Jargon mit seinen glatten Worten und den glatten feinen Anspielungen“. Chamfort überbot ihn an Virulenz, und Diderot stellt in seinem „Neffen Rameaus“ einen genialischen Außenseiter hin, der den eleganten Nutznießern der Akademie ebenso überlegen ist wie heutzutage ein Céline und der ihnen die Maske der Wohlanständigkeit vom Gesicht reißt, den akademischen Bettel vor die Füße wirft. Auch Romain Rollands „Foire sur la place“ gehört in diesen Zusammenhang. Mit subtileren Mitteln und russischem Sensorium für das Ursprüngliche zeigt Nathalie Sarraute in ihren „Goldenen Früchten“, wie in den schöngeistigen Salons der Hauptstadt ein Werk zerredet wird und wie das Gehabe und Getue einer bestimmten Kritik die Struktur und das Niveau des Klatsches in der Portiersloge haben.

Gegengift gegen die Perversion des Akademismus findet der Franzose so in der eigenen Literatur und noch ausgesprochener in der Literatur der anderen Völker. Daher auch die ungeahnt tiefe Wirkung, die in Frankreich nach 1945 die einsamsten unter den einsamen deutschen Dichtern gefunden haben: Kleist mit seinem „Prinz von Homburg“, Büchner mit „Woyzeck“, Hebbel mit „Judith“, Hölderlin mit seinen Hymnen, Nietzsche immer wieder und nicht zuletzt Hegel, der schon für Mallarmé ein Führer auf dem Weg zur reinen Lyrik geworden war. Und vor Mallarmé, um 1830, der Erzklang aus Wunsiedel, Jean Pauls „Rede des toten Christus“, und die zauberkräftig in sich versponnene Seligkeit seiner Idyllen: „Jetzt aber, meine Freunde, müssen vor allen Dingen die Stühle um den Ofen, der Schenktisch mit dem Trinkwasser an unsre Knie gerückt werden, und an die „grande monde“ über der Gasse drüben und ans Palais royal muß keiner von uns denken, bloß weil ich die ruhige Geschichte des vergnügten Schulmeisterleins erzähle ...“ Nerval hat aus der gleichen wiedergefundenen Innigkeit der Kinderjahre heraus eine der schönsten, traumhaft schwebenden und doch in allen Einzelheiten präzisen französischen Erzählungen des 19. Jahrhunderts geschrieben: „Sylvie“. Jean Paul ist sein Lehrmeister gewesen, und jean-paulisch wirkt auch Balzacs deutscher Musiker im „Vetter Pons“, ein „armer Spielmann“ vor Grillparzer. Typisch für Frankreich: daß Komponisten zwar in der „Académie des Beaux-Arts“ saßen, aber kein einziger je in der „Académie française“ – selbst Rameau, Berlioz, Debussy nicht, die ganz hervorragend schrieben: Der Musiker ist in Frankreich nur halbwegs integriert.

Die deutsche Gefahr bleibt, den Orgelpunkt des ganz nach innen gezogenen Gefühls beflissen und breit durchzuhalten, den Dichter aus der realen Gesellschaft hinweg auf die Höhen der Metaphysik zu entrücken, wo doch die Leiden eines Jean Paul auch ganz konkrete Leiden an der Gesellschaft gewesen sind, und wo selbst ein Kleist, ein Hölderlin versucht haben, wenn nicht eine Akademie zu gründen, so doch die Vorstufe dazu, einen Sammelplatz aller Guten: ein „Journal“, eine literarische Zeitschrift, die sie aus der geistigen und gesellschaftlichen Isolierung herausgeführt hätte. Genauso sind in unseren Tagen ausgesprochene Einzelgänger, angebliche Anarchisten wie Döblin und Hans Henny Jahnn, zu Gründern von Akademien geworden, der eine in Mainz, der andere in Hamburg. Der Trieb zur Akademie, zum Austausch ist dem Schriftsteller eingeboren. Literatur ist Mitteilung, sie will rezipiert werden und sich die Organe für die Rezeption zu schaffen.

Daß die Akademie ein Hort der Unruhe werden soll, wie Hans Mayer es in seiner Berliner Antrittsrede verlangt, und dabei zugleich von Natur aus ein Ort der Bewahrung ist, schafft ihre Dialektik: Der Balanceakt gelingt nur in seltensten Stunden. Die vollkommene Akademie wird immer die Unmöglichkeit des Perpetuum mobile haben und wird darum

immer wieder gesucht werden. Ihr Paradoxon ist die Garantie ihrer idealischen Dauer.
Wie stehen die Chancen für die deutsche Dichtung in einer Epoche, in der Deutschlands Grenzen fließender denn je sind und niemand weiß, wo und von wem sie in zehn, in zwanzig Jahren gezogen werden? Vielleicht ist gerade dieses Fließend-Unbestimmte einer Zeit, die selber im Fluß ist wie keine sonst, angemessener als die gloriose Last einer allzu präsenten Vergangenheit. Frankreich pocht gern auf seine universale Mission. Aber Deutschland ist schon durch seine Lage weltoffener, und seine flexiblere Sprache erlaubte Eindeutschungen der Bibel und Shakespeares, denen die Franzosen nichts an die Seite zu setzen haben. Den Orient hat im frühen 18. Jahrhundert Galland mit seiner epochemachenden französischen Übersetzung von „Tausendundeine Nacht" erschlossen. An letzte Feinheiten und Tiefen wie Goethes „West-östlicher Divan" führt er nicht heran. Selbst Rückerts virtuose und schmählich vergessene Nachdichtungen stehen unerreicht da. Hier ist große Tradition, hier sind Anknüpfungspunkte gegeben. Von hier aus erweitern sich auch unsere Perspektiven.
Die Wissenschaft muß sich auf die Beine machen, wenn sie den Taschenbüchern nachkommen will. Sie schleusen in die Lesermassen Werke hinein, die bisher Reservat für ein paar Liebhaber oder Verfasser von Handbüchern der Weltliteratur gewesen waren: Die „Geschichten vom Prinzen Genji" der Murasaki und die „Skizzen unter dem Kopfkissen" der Sei Shonagon – subtile und profunde Romane oder Romanskizzen japanischer Schriftstellerinnen, die um das Jahr 1000 entstanden sind, also zur Zeit, wo Roswitha ihre hölzernen Komödien nach Terenz schrieb und die französische Literatur an Bibelparaphrasen herumstotterte. Die Franzosen sind stolz darauf, daß ihre Akademie aus dem Jahr 1635 stammt. Die erste chinesische Akademie datiert aus der Zeit der Merowinger (725), und 938 n. Chr. lag die erste chinesische Enzyklopädie komplett in 1000 Bänden vor.
Unsere Generation erlebt den ungeheuren Moment, wo dieser Koloß wieder aufwacht und zum vollen Bewußtsein der eigenen unbegrenzten Möglichkeiten kommt. An seiner Spitze ein Dichter, der zugleich ein Doktrinär und ein eiserner, zuletzt unberechenbar gewordener Diktator ist: Was geht hier vor?

Was spielt sich hinter der Vergitterung der gegenseitigen Schlagworte ab? Ameisenhaufen? Niemand wird uns weismachen, daß 700 Millionen Menschen alle zu Ameisen geworden sind oder es überhaupt werden können, so wenig wie seinerzeit, daß alle Deutschen Nazis waren, obwohl sie alle verkleidet umherliefen und verstellt reden mußten. Es war das Privileg eines französischen Dichters, der zugleich Minister ist – des Kulturmorphologen, Asienkenners und Romanciers André Malraux –, dem Staatspräsidenten zur Anerkennung dieser 700 Millionen Menschen geraten zu haben. Welches auch die taktischen Überlegungen der Politik sein mögen: Konfrontation scheint heute das einzig mögliche Ziel in einer planetarisch gewordenen Welt zu sein. Europa muß sich geistig Asien, Afrika, dem südamerikanischen Kontinent, Rußland stellen.

Man denke an die Stalinzeit: Terror, ungeheuerlich. Nicht ungeheuerlicher allerdings als der offene oder versteckte Terror, unter dem durch Jahrhunderte bis in die zwei Weltkriege hinein das sogenannte christliche und bislang noch so wenig christliche Abendland sich entwickelt hat. „Manche freilich müssen drunten sterben" – ein provokanter Euphemismus! Sartre und Camus wurden von den Kommunisten in den Schmutz gezogen, als sie zum Stalinterror so wenig schweigen wollten wie zu dem der eigenen Vergangenheit und unmittelbaren Gegenwart. Zugleich aber wiesen sie auf das ganz andere hin, das sich daneben und trotz allem in Rußland entwickelte und das heute für die ganze Welt sichtbar am Himmel eingezeichnet ist. Wer möchte glauben, dieser Vorstoß ins Universum sei nur das Werk gottverlassener Roboter? Welch menschlichen Elan, welch inneres Feuer setzt ein solcher Erfindungsgeist und Wagemut voraus!

Kein Mitglied der Darmstädter Akademie und vermutlich keines irgendeiner anderen Dichterakademie hat dazu beigetragen, daß eine Rakete sich auch nur einige Zentimeter über den Erdboden erhöbe. Auf uns wird gezählt werden müssen für eine andere Art der Durchdringung des Universums, auf die Integration der ungeheuerlich erweiterten Menschenwelt mit ihren Rätseln, Drohungen und Versprechen, auf die richtige Proportionierung des Ichs in diesem verwandelten All, auf die richtige Stimmlage.

Und so darf man vielleicht den Dichter in der Gesellschaft sehen: mit Kredit für den Menschen und zugleich kritisch gegenüber der Zeit, kritisch zunächst dem gegenüber, was er am besten kennt, dem eigenen Volk („Nestbeschmutzer“ ist eine Diffamierung des Herkules in der Kloake), kritisch und dabei hingegeben horchend in die rauschende Nacht der unbewältigten Zukunft; scheinbar ganz auf sich zurückgezogen und doch begabt mit dem Radar der Intuition, einer ganz besonderen Witterung für das Wesen des Anderen, Silben zählend und Worte wägend, unsicher und voll kindlichen Vertrauens in seine Nußschale, die eines Tages für *Einen* zur Barke des Odysseus werden wird, des weltumsegelnden.

1 R. Bonnefous und Mitarbeiter: *Guide littéraire de la France*, Paris, 1964. – A. Oeckl und R. Vogel: *Taschenheft für Spitzengremien des öffentlichen Lebens in Deutschland*, Festlandverlag, Bonn, 2. Aufl. 1958. – Ausg. 1966 (A. Oeckl), 698 S.

2 G. Benn: *Prosa und Szenen*, hg. D. Wellershof, 1958, S. 229.

3 Hans Mayer: *Über die Möglichkeiten einer Akademie im heutigen Deutschland*, Berlin, 1965. Ein Leitgedanke dieser Antrittsrede, die in der Berliner Akademie der Künste gehalten wurde und die früheren Akademiereden von H. Mann und G. Benn dialektisch konfrontiert, ist: „Nur die Sprache und ein großer Teil unserer Literatur scheint dem Hang zur restaurativen Erstarrung und zur beruhigten Kalligraphie noch einigen Widerstand zu leisten. Das fehlte also noch: daß eine heutige Akademie in Deutschland von sich aus dazu beitrüge, mit Hilfe akademischer Autorität diesen letzten Bereich für die Restauration zu gewinnen.“

4 Über die Zusammenkünfte in Pontigny (1910–1914 und 1922 bis 1939) und ihre Rolle im französischen und europäischen Geistesleben, cf. A. Heurgon-Desjardins: *Paul Desjardins et les Décades de Pontigny*, Paris, 1964. – Persönliche Erinnerungen an die Tagung von 1923 gibt mein Artikel im *Elsässischen Literaturblatt*, 2. 2. 1930 (unter dem Pseudonym Max Gilmore).

5 Wie eng George sich auch an mittelmäßige Vertreter des französischen Symbolismus hielt, geht aus der präzisen Untersuchung von B. Böschenstein über sein Verhältnis zu Viélé-Griffin hervor (Euphorion 58/1964). – Das George-Zitat aus dem Jahr 1930 bei R. Pannwitz: *Albert Verwey und Stefan George*, 1965, S. 48. – Aufschlußreich die Interpretation von

Georges Schweigen zu Krieg und Drittem Reich: „G. schickte (1914) die Seinigen an die Front ... Aber er sah sie in einer blinden Begeisterung befangen, die ihn verstummen machte. Warum wich er vor ihr zurück? ... Der Krieg erschien ihm als der Einbruch des verwandelnden Dionysos, der vor ihm nicht gewesene Möglichkeiten schuf ... Sollte er einen biologischen Prozeß, den einer Schwangerschaft, unterbrechen, weil das erwartete Kind in Sünde gezeugt war? Er durfte nicht seine Schüler ihres einheitlichen und einsinnigen Schwunges berauben, durch den sie nicht nur mit ihrem Volk verbunden waren, sondern auch ihr Volk mit ihnen." (S. 47–49). Die Sophismen gipfeln im Ausspruch, der auch die Hitler-Zeit mit einbezieht: „Wie er sich da praktisch verhalten mußte und konnte, in das sich fragend oder urteilend einzumischen, hat kein Mensch auf Erden ein Recht." Der Seher, der die Zeit dauernd beurteilt und verurteilt hat, muß sich im Gegenteil mehr als andere dem Urteil stellen. – Weitere entlarvende Aussprüche des Dichters bei Edith Landmann: *Gespräche mit Stefan George, Düsseldorf*, 1964. Cf. dazu auch eine ausführliche und scharfe Rezension von Ernst Stein in *Die Zeit*,1965, Nr. 49.

6 Der zum Teil unbewußte Einfluß Georges auf Rilke ist hervorragend geklärt worden durch E. C. Mason: *Exzentrische Bahnen, Studien zum Dichterbewußtsein der Neuzeit*, Göttingen, 1963, S. 208 sq.

7 Photographien der Münchner Atelierfeste mit George und seinem Kreis bei R. Boehringer: *Mein Bild von Stefan George*, 1951. Die Aufnahme eines ähnlich antikisierenden Festes im Kreis der Parnassiens unter Napoleon III. bei Bédier und Hazard: *Histoire illustrée de la littérature française*, Paris, 1924.

8 Zahlreiche Dokumente über die Neuordnung der Akademie 1933 bei Joseph Wulf: *Literatur und Dichtung im Dritten Reich*, 1963, S. 17 sq.

9 O. Loerke: *Tagebücher 1903–1939*, Darmstadt, 1955.

10 Gertraud Linz: *Literarische Prominenz in der Bundesrepublik*, Olten/Freiburg, 1965. – Gegen die Amerikanisierung des Französischen, cf. René Etiemble: *Le franglais*, Paris, 1964.

11 1911 hat die Französische Akademie den Beschluß gefaßt, keine Frauen zuzulassen, und sich seither strikt an ihn gehalten. – Über die Französische Akademie, cf. René Peter: *La Vie secrète de l'Académie française*, Paris, 1934–1940, 5 Bde., und den Kollektivband: *Trois siècles de l'Académie française par les Quarante, Paris*, 1935.

12 Vgl. hierzu Françoise Bardon: *Diane de Poitiers et le mythe de Diane*, 164 S., Paris, 1963.

13 Über Chateaubriand die neueren Monographien von Durry, Levaillant, Moreau; dazu die Sondernummer der *Revue de littérature comparée,* 1949. Sehr kritisch die neueste Arbeit von H. Guillemin: *L'homme des Mémoires d'outre-tombe,* Paris, 1964. Ebenso kritisch gegenüber Madame de Staël H. Guillemin: *Madame de Staël, Benjamin Constant et Napoléon,* Paris, 1959.

14 Unterlagen über das Verhältnis Pétain – de Gaulle im gleichnamigen Quellenwerk von J. R. Tournoux: *Pétain et de Gaulle,* Paris, 1964. (dt. Ausg. 1967) – J. F. Revel: *Le style du général,* 1959. – Über die Französische Akademie, cf. die schon oben zitierten Werke, besonders René Peter: *Vie secrète de l'Académie française, o. c.*

Titan der Frühe. Die ungehobenen Schätze des Jean Paul Friedrich Richter

Ernst Jünger erzählt einmal, wie er nach seiner Verwundung 1915 oder 1916 in einem Militärlazarett an Sternes „Tristram Shandy" geraten sei, sich ganz in diesen vertrackten, verschachtelten und unausschöpfbaren Roman hineingelesen habe und seither Mitverschworener des geheimen Tristram-Shandy-Ordens sei.
Der Orden der Jean-Paul-Leser, -Genießer und -Bewunderer ist noch geheimer, noch geschlossener und enger. Aber auch er besteht und wird immer bestehen, selbst im Ausland und selbst in Frankreich, wo schon Madame de Staël 1814 den damals 50jährigen Dichter in einem Kapitel ihres epochemachenden Deutschland-Buches vorstellte, und zwar auf doppelte Weise: als selig in sich versponnenen Idylliker, für den sein zärtlich geliebtes, zauberhaft beschriebenes Liliputdasein im engsten Nest das Universum sei, und zugleich als Herausforderer des Universums, als geheimen Frondeur und unerschrockenen Negierer, als „rüden Holzhauer aus dem Wald, unter dessen Axthieben die Welt erzittert", wie bald darauf ein anderer Jean-Paul-Verehrer, Victor Hugo, ihn nennen sollte.

Den Beleg für diese Kraft der Negation bei Jean Paul bildet der lange Auszug aus einem Text, der noch Dostojewskis „Großinquisitor" entscheidend beeinflußt hat und der schon 1796 den Ausruf Büchners, Heines, Nietzsches – „Gott ist tot" – vorwegnimmt: Mit den Hammerschlägen dieses Textes klopfte der deutsche Dichter ans Tor der französischen Literatur, und sie wurde ihm aufgetan, wie das Tor der französischen Musik noch in derselben Generation sich auftat für Beethovens „Eroica". Der Text ist dem Roman „Siebenkäs" entnommen – genauer gesagt dem Roman „Blumen-, Frucht- und Dornenstücke oder Ehestand, Tod und Hochzeit des Armenadvokaten Stanislaus Siebenkäs im Reichsmarktflecken Kuhschnappel". Der skurrile Titel mit dem skurrilen Namen und der absonderlichen

Aufzählung „Ehestand, Tod und Hochzeit des Armenadvokaten", der die natürliche Folge der Dinge vexierspielhaft auf den Kopf stellt und zugleich tiefere Absichten ankündigt, eine Welt hinter der Welt ahnen läßt, eine mystische Hochzeit hinter und über dem realen, banalen, seelenvernichtenden „Ehestand" – das alles ist Jean Paul durch und durch; es irritiert die einen, verlockt die andern, und öfter noch hat es die Doppelwirkung zu irritieren und zu verführen, zu ermüden und dann wieder hinzureißen – wie auch die zahllosen Einsprengsel, Extrablätter und Extrazettel in Jean Pauls Romanen und Idyllen bald begeistern, bald verwirren und zurückstoßen. Zu einem dieser Einschübe – einem der aufwühlendsten, der wie aus einem Guß dasteht, was beim Dichter selten genug ist, gehört der von Madame de Staël zitierte Abschnitt, dessen volle Überschrift lautet: „Rede des toten Christus von dem Weltgebäude herab, daß kein Gott sei".

Die berühmte Vision beginnt mit den Worten: „Ich lag einmal an einem Sommerabende vor der Sonne auf einem Berge und entschlief. Da träumte mir, ich erwachte auf dem Gottesacker. Die abrollenden Räder der Turmuhr, die elf schlug, hatten mich erweckt. Ich suchte im ausgeleerten Nachthimmel die Sonne, weil ich glaubte, eine Sonnenfinsternis verhülle sie mit Mond. Alle Gräber waren aufgetan, und die eisernen Türen des Gebeinhauses gingen unter unsichtbaren Händen auf und zu. An den Mauern flogen Schatten, die niemand warf, und andere Schatten gingen aufrecht in der bloßen Luft. In den offenen Särgen schlief nichts mehr als die Kinder. Am Himmel hing in großen Falten bloß ein grauer, schwüler Nebel, den ein Riesenschatten wie ein Netz, immer näher, enger und heißer hereinzog. Über mir hört' ich den fernen Fall der Lawinen, unter mir den ersten Tritt eines unermeßlichen Erdbebens. ... Jetzo sank eine hohe, edle Gestalt mit einem vergleichlichen Schmerz aus der Höhe auf den Altar hernieder, und alle Toten riefen: ‚Christus! ist kein Gott?'

Er antwortete: ‚Es ist keiner.'

Der ganze Schatten jedes Toten erbebte, nicht bloß die Brust allein, und einer um den andern wurde durch das Zittern zertrennt.

Christus fuhr fort: ‚Ich ging durch die Welten, ich stieg in die Sonnen und flog mit den Milchstraßen durch die Wüsten des Himmels; aber es ist kein Gott. Ich stieg herab, soweit das Sein seine Schatten wirft, und schauete in den Abgrund und rief: Vater, wo bist du; aber ich hörte nur den ewigen Sturm, den niemand regiert, und der schimmernde Regenbogen aus Westen stand ohne eine Sonne, die ihn schuf, über dem Abgrund und tropfte hinunter. Und als ich aufblickte zur unermeßlichen Welt nach dem göttlichen Auge, starrte sie mich mit einer leeren, bodenlosen Augenhöhle an; und die Ewigkeit lag auf dem Chaos und zernagte es und wiederkäuete sich. – Schreiet fort, Mißtöne, zerschreiet die Schatten; denn Er ist nicht!‘
Die entfärbten Schatten zerflatterten, wie weißer Dunst, den der Frost gestaltet, im warmen Hauche zerrinnt, und alles wurde leer. Da kamen, schrecklich für das Herz, die gestorbenen Kinder, die im Gottesacker erwacht waren, in den Tempel und warfen sich vor die hohe Gestalt am Altare und sagten: ‚Jesus! Haben wir keinen Vater?‘ – Und er antwortete mit strömenden Tränen: ‚Wir sind alle Waisen, ich und ihr, wir sind ohne Vater.‘“
Dies der Anfang eines Textes, der erst ganz am Schluß zu einem Erwachen aus dem Schrecktraum führt: „Und als ich aufstand, glimmte die Sonne tief hinter den vollen purpurnen Kornähren ... und von der ganzen Natur um mich flossen friedliche Töne aus, wie von fernen Abendglocken.“
Vielleicht konnte im 18. Jahrhundert nur ein protestantischer Pfarrerssohn und Theologiestudent den Mut zur Gestaltung einer solchen Visison aufbringen und dabei sowenig in Balsphemie verfallen wie vor Jean Paul Pascal, wenn er „le silence des espaces infinis“, „das Schweigen der endlosen, gottverlassenen Räume“ heraufbeschwört und wie nach Jean Paul Dostojewski in seiner unheilbaren Zerrissenheit zwischen Gottesferne und Gottesnähe.

Ein großer deutscher Jean-Paul-Forscher, Walter Rehm, hat gezeigt, wie der Dichter sich nur schrittweise in seine ungeheure Konzeption hineingelebt und vorgetastet hat. Die Rede vom toten Gott war ursprünglich dem toten

Shakespeare in den Mund gelegt, später einem Engel und erst zuletzt Christus. Das Gefühl der Verlassenheit, das ein Grundgefühl Jean Pauls sein ganzes Leben hindurch geblieben ist, findet in diesem und ähnlichen Traumgebilden seinen Ausdruck. Zugleich aber spricht aus ihnen etwas anderes als die private Not, mehr auch als die Bedrückung und Verlassenheit eines jungen deutschen Dichters. Im Jahre 1789, dem für Jean Paul glorreichen Jahre des Ausbruchs der Französischen Revolution, ist die erste Skizze entstanden, im Jahre 1796, dem Jahr des endgültigen Scheiterns der Revolution, ist die Rede vollendet worden. Sie spiegelt damit das Erleben der ganzen jungen Generation in Europa: den Zusammenbruch der Hoffnung auf eine bessere und gerechtere Welt. Und als zwanzig Jahre später – nach dem Zusammenbruch der Militärdiktatur Napoleons – die Rede durch Madame de Staël auch in Frankreich bekannt wird, erkennen sich die Besten betroffen in den Worten des Mannes aus Wunsiedel wieder, als spräche da mit den Zungen eines Erzengels ein Bruder, ein Freund. Lamartine und Hugo, Musset und Vigny, Stendhal und Balzac reihen Jean Paul unter die größten deutschen Dichter. Baudelaire, Flaubert, Renan schließen sich ihnen in der nächsten Generation an. Einer der grandiosesten Romane des Dichters, der „Titan", ist inzwischen übersetzt worden; die Zeitschriften drucken immer wieder seine sogenannten Idyllen ab, die durchweg heroische Idyllen sind: „Leben des vergnügten Schulmeisterlein Maria Wutz in Auenthal", „Die Neujahrsnacht eines verdorbnen Jünglings", „Das Glück eines schwedischen Pfarrers", „Die Mondfinsternis", „Der Tod eines Engels". Eine der schönsten, wehmütig reinen Idyllen in französischer Sprache – Gerard de Nervals „Sylvie" – wächst unmittelbar aus Jean Pauls Prosastücken hervor, wie ein paar der tiefsten französischen Gedichte des 19. Jahrhunderts aus seiner „Rede des toten Christus". Und über fünfzig Jahre lang wird immer wieder aus der „Anthologie" von Jean Pauls Gedanken und Sentenzen zitiert, die ein ehemaliger Diplomat, Edouard de la Grange, 1829 hatte erscheinen lassen und die schwärmerische Seelen zur Entzückung hingerissen, den Einsamen getröstet, den Weltmann hatte aufhorchen lassen.

Als gegen 1860 Jean Pauls Ruhm zu verblassen beginnt, gehören seine Anhänger immer noch zu den führenden Geistern Frankreichs – von Gobineau über Villiers de l'Isle, Adam und Leconte de Lisle bis zu Giraudoux, André Breton und den Surrealisten. Giraudoux, der Verfasser der „Irren von Chaillot“, hat Jean Paul sehr genau gekannt und geliebt; auch er verfügt über ein enormes und präzis arbeitendes Gedächtnis und treibt wie er in seinem Werk die entlegensten Daten und Fakten immer wieder herdenweise zu Metaphern zusammen, die teils durch Leuchtkraft und Tiefe bestechen, teils den Gang der Handlung unnötig belasten und verwirren. Nur wirkt Giraudoux bei alledem dünner, straffer, rationeller; sein Schritt ist federnd; er erstickt nicht im eigenen Fett. Es fehlt ihm dafür das urtümlich Wuchernde, das bei Jean Paul zuletzt doch wohl mehr Segen als Fluch war und seinem Bild die gewaltigen Dimensionen gibt. An Giraudoux wird man immer den glitzernden Mechanismus bewundern, bei Jean Paul aus vollen Eimern schöpfen. Wie stark das Jean-Paul-Bild bis heute auf große Dichter Frankreichs nachwirkt, zeigt der letzte Roman von Louis Aragon, „La mise à mort“, 1964, wo in echt jean-paulischem Vexierspiel ein Pariser Klavierabend Swjatoslaw Richters, des russischen Pianisten, heraufbeschworen wird, in dessen Verlauf die Jean-Paul-Gestalten aus Schumanns „Papillons“ sich unentwirrbar mit dem Bild Jean Paul Richters aus Bayreuth selbst vermischen, bis zuletzt hinter allem Erdentreiben in erschreckender Größe der Weltenrichter auftaucht – ein letzter Nachhall jener „Rede des toten Christus“, die Madame de Staël vor 150 Jahren Frankreich vermittelt hatte. Dank ihr war Jean Paul von vornherein in seiner wahren und erhabenen Größe erschienen: nicht als verhockter Kleinmeister in der Sparte Herddämmerglück, sondern als Dichter-Denker von höchsten Ansprüchen. Man stelle sich vor, Hölderlin habe in Deutschland zur selben Zeit eine ähnliche Würdigung erfahren, statt ein Jahrhundert lang als sanfter Elegiker verharmlost zu werden, und man ermißt den Wert dieser Einfahrt Jean Pauls durchs große Tor der Nachbarliteratur.

Welche Rolle aber spielt der deutsche Dichter heute im eigenen Land?
Vielleicht gehören mehr Mitverschworene zum Geheimorden der Jean Paulianer als man denkt. Der Nation ist J.P.F. Richter seit langem entrückt. Welches auch seine Tiefenwirkung auf Einzelne sein mag – darunter in neuester Zeit Ernst Kreuder und Günter Grass – nur als fernes Wetterleuchten steht er noch am Horizont des deutschen Bewußtseins. Die Gründe dafür liegen zum Teil in ihm selbst.
Diesen Gründen soll zunächst hier nachgegangen werden. Wie konnte ein Dichter von solchem Format dem eignen Volk weithin verlorengehen? Warum andererseits ist ihm durch eigene Schuld sein „schleichend Volk bis heute nicht nachgekommen", wie schon Ludwig Börne es in seiner ergreifenden Abschiedsrede festgestellt hat?
Leicht hat Jean Paul es dem Leser nie gemacht. Lianen, mannshohe Schlingpflanzen, tropische Wucherung – es verschlägt den Atem. Feinhörige lassen sich hinreißen auf die wildverwachsenen Pfade. Mit einem Schlag eine andere Landschaft. Erstarrt, versteinert. Der Dichter der strömenden Fülle ist auch ein grandioser Gestalter des Grauens der Vernichtung. Gethsemane als Folie all seiner Werke, Golgatha hinter Blumenbühl. Dazwischen aber immer wieder öde Strecken von Schottergeröll, der Fuß strauchelt, der Autor selber scheint zu taumeln und zu schwanken, versteift sich mit gußeiserner Pedanterie auf den Sand- und Dornenweg der herbeigeschleppten Exzerpte, Kommentare zu Kommentaren, Metaphernkolonien, die unlösbare Kreuzworträtsel auslaichen – bis der Bann plötzlich gebrochen ist und die Kantilene wieder frei dahinströmt, wie zu Beginn des Romans „Titan", als der junge Graf von Cesara bei Sonnenaufgang sich der Isola bella im Lago Maggiore gegenübersieht: „Die Alpen standen wie versteinerte Riesen der Vorwelt fern in der Vergangenheit und hielten hoch der Sonne die glänzenden Schilde der Eisberge entgegen – die Riesen trugen blaue Gürtel aus Wäldern – und zu ihren Füßen lagen Hügel und Weinberge – und zwischen den Gewölben aus Reben spielten die Morgenwinde mit Kaskaden wie mit wassertaftenen Bändern – und an den Bändern hing

der überfüllte Wasserspiegel des Sees von den Bergen nieder, und sie flatterten in den Spiegel, und ein Laubwerk aus Kastanienwäldern faßte ihn ein. Albano drehte sich langsam im Kreise um und blickte in die Höhe, in die Tiefe, in die Sonne, in die Blüten; und auf allen Höhen brannten Lärmfeuer der gewaltigen Natur und in allen Tiefen ihr Widerschein – ein schöpferisches Erdbeben schlug wie ein Herz unter der Erde und trieb Gebirge und Meere hervor."

Die Linienführung ist hier ganz anders – krauser, üppiger, barocker – als in Hölderlins großlinig reiner Gestaltung südlicher Natur: Beide Male aber sprechen dichterische Genien und verleihen der deutschen Südsehnsucht den großen Atem.

Die moderne Strukturanalyse – von Kommerell bis Höllerer und Rasch – hat viele verschüttete Zugänge zur musikalischen Prosa Jean Pauls freigelegt, der nicht ohne Grund ein genialer Improvisator auf dem Klavier gewesen ist. Und mit Recht verweist der urbanste Kennter des 18. Jahrhunderts, Richard Benz, darauf, daß das Publikum der „Zauberflöte", der neuen großen Tongemälde von Mozart, Haydn, Beethoven auch die hingerissene Leserschaft der Romane von Jean Paul gebildet hat. Seine raffinierte Technik der Zeitverschiebung und ihrer Verfremdungseffekte führt andererseits weit über Sternes „Tristram Shandy" und Diderots „Neveu de Rameau" hinaus, nimmt die vertrackten Gedankenspiele eines Jean Giraudoux, eines Thomas Mann ebensogut voraus wie die brutwarme Schichtengliederung der großen Romane von Proust und Faulkner.

Kommt dennoch der Augenblick – und er kommt unfehlbar –, wo Jean Pauls Manierismus, der offenkundig pathologische Zwangscharakter gewisser Stileigenheiten auch den Gutwilligsten abschreckt, so halte er sich ans Geheimrezept aller Literaturwissenschaft (wie sonst denn fräße sich unsereiner je durch den Bücherhirsebrei hindurch?) – das Darüberhinweglesenkönnen, nobler gesagt: die Geschwindigkeitsregelung. So rasch als möglich den Teufelskreis der wildgewordenen Lesefrüchte hinter sich bringen, bis der Satellit die Bahn gefunden hat und Luft vom anderen Planeten weht. Dann aber ganz langsam diese hohe Prosa durchbuchstabieren, auskosten, einschlürfen – eine ähnlich substanzspeichernde und zugleich phantasiedurchquollene gibt es in dieser Form sonst nicht, Herder und Hegel, Börne und Heine, Hebbel, Keller und noch der junge Stifter wußten es, Schumann und Brahms, Pfitzner und Gustav Mahler nicht zu vergessen.

Die Klassiker hielten Distanz. Goethe schwankte zwischen Bewunderung und Unmut über „das leise Klirren der Kette“, die Jean Paul nie loswerde. Schärfer noch verwarf Schiller den „chinesischen Wust“. Die Gesetzestafeln der neuen formstrengen Klassik wurden Jean Paul entgegengehalten, als er 1796 in Weimar eintraf. Nach einer unglaublich harten, verdüsterten Jugend im Fichtelgebirge, wo Fuchs und Hase sich gute Nacht sagen und wo heute der Osten vom Westen sich scheidet, hatte der Dreißigjährige den Durchbruch zur Dichtung und den Weg zum Publikum gefunden – ein Liebling der Frauen, heiß umworben von Charlotte von Kalb, die einst Schiller gesellschaftsfähig gemacht und Hölderlin in ihr Haus genommen hatte und die nun wiederum die eiserne Stunde erleben mußte, wo auch Jean Paul von ihr schied.

„Alliebe“ war eine Lebensnotwendigkeit für diesen ewig schwärmenden Platoniker wie für seine Helden, von einem femininen Fluidum ist sein ganzes Werk durchtränkt, vom mütterlichen Magma getragen. So tief aber war die narzißtische Verstrickung („geistiges Selberstillen“ nennt es Jean Paul – ein Wink für Freudianer), daß er, der aus der Ferne anbetete, die Nähe floh, statt der „hohen Seelen“ eine schlichte kindergebärende Ehefrau nahm, sich mit ihr für die letzten zwanzig Jahre bis zum Tod 1825 ins weltverlorene Bayreuth zurückzog und dabei, abgesondert von der Familie, sein ureigenstes Privatwinkelnest in einem Gasthaus vor den Toren der Stadt, der Rollwenzelei, aufbaute. Dort hat der allmählich vom Bier aufgeschwemmte Mann mit dem immer noch unvergeßlich strahlenden Auge unter der Obhut einer mütterlich derben Wirtin Tag um Tag geträumt, getrunken, geschrieben – ein Kind und Kauz, Bindfadensammler, Mückenseiher, Schachtelfanatiker – und zwischendurch ein Riese, der aufsteht, Tisch umwirft, Welt entlarvt, Abgrund ausmißt, felsig, furchtlos, durchdringend auf den Kern der Dinge – bis die Schnörkel wie-

der aufranken, Zitate ins Kraut schießen und die Kette leise klirrt.
Sein „Titan", 1803: genialste Abrechnung mit der antikisierenden Klassik Goethes und Schillers so gut wie mit dem romantischen Ichprinzip der Schlegel und Fichtes. Darüber hinaus: Abrechnung mit sich selbst und dem Künstler schlechthin, dem Schauspieler des eigenen Lebens und Vampirs fremder Seelen, dämonisch in seiner auswuchernden Innerlichkeit. Wäre dieser tiefe deutsche Roman nicht auch einer der allerunbekanntesten, so hätte seine thematische und formale Parallele zum „Doktor Faustus" von Anfang an überraschen müssen. Inwieweit Thomas Mann sich der Beziehung bewußt gewesen ist, sei dahingestellt. Hat doch selbst Alfred Döblin, der mit seinen Sprüngen, Rissen und der visionären Sprachgewalt Jean Paul ungleich wesensnäher steht, den deutschen Ahnherrn erst mit 77 Jahren in Paris entdeckt. Noch in seine Freiburger Klinik mußte ich ihm Jean-Paul-Bände und Hefte der Bayreuther Jean-Paul-Gesellschaft nachsenden – so stark war die Faszination, so tief auch der Jammer über die Verlassenheit eines solchen Genius.
Nicht einmal andeutungsweise kann hier von seinen großen Romanen die Rede sein: „Unsichtbare Loge", „Hesperus", „Titan", „Flegeljahre", „Siebenkäs" und der von Flaubertscher Desillusion erfüllte unvollendete „Komet". Nichts von seinen philosophischen und religiösen Betrachtungen und nichts von seinen politischen Traktaten, die zusammen einen ganzen Band ergaben – ein für deutsche Dichter ungewöhnliches Phänomen, wie vor kurzem Hans Mayer in seiner Neuausgabe der „Politischen Fastenpredigten" Jean Pauls notiert hat. Auch auf die andern theoretischen Schriften kann hier nur am Rande verwiesen werden: auf Jean Pauls „Vorschule der Ästhetik", eine gedankendurchblitzte, traumträchtige, ungenutzte Honigwabe, und die Erziehungslehre „Levana", wo die Goldkörner haufenweise zutage liegen. Nicht von seinen Satiren: „Rektor Fälbel", „Feldprediger Schmelzle", „Dr. Katzenbergers Badereise" – und kaum von seinen Idyllen, von denen „Schulmeister Wutz", 1790, die berühmteste und das „Leben Fibels", 1812, die tiefsinnigste ist.

Was Jean Pauls „Idyllen“ weit über das Winkelglück Spitzwegs und Ludwig Richters hinaushebt, ihnen die tiefen Schatten von Rembrandts Radierungen verleiht, in den Flötenton Gessners die Donner Klopstocks rollen läßt, ist die Todesprobe, die alle Helden Jean Pauls – Kinder sogar, kaum der Schulbank entronnen – bestehen müssen. „Wie war dein Leben und Sterben so sanft und meerstille, du vergnügtes Schulmeisterlein Wutz!“ Souverän nimmt schon der erste Satz den Tod in die Idylle mit hinein, und „meerstille“ weitet genial mit sanftem Leuchten die krause Krümelwelt ins Ozeanische. Das Universum, wie Wutz es sich aus Traum und Buch lustvoll selbstherrlich aufgebaut hat, entpuppt sich zuletzt als beklemmend unwirkliches Vexierspiel. So hat in der Erzählung Kafkas ein Tier sein raffiniert ausgeklügeltes Versteck im Innern der Erde angelegt – und plötzlich klopft es an der Wand: Der Feind sitzt dahinter, mitten im Bau. Mit Kinderkalender und pietätvoll bewahrtem Spielzeug tritt der Schulmeister gefaßt die pharaonische Todesfahrt an: „Der gelbe Vollmond hing tief und groß im Süden (und bereifte mit seinem Totenlichte die Maiblümchen des Mannes und die stockende Wanduhr und die grüne Haube des Kindes). Der leise Kirschbaum vor dem Fenster malte auf dem Grund von Mondlicht aus Schatten einen bebenden Baumschlag in die Stube. Am stillen Himmel wurde zuweilen eine flackernde Sternschnuppe niedergeworfen, und sie verging wie ein Mensch.“
Im „Leben Fibels“ rauscht noch einmal der Wald Dürers und Faustens, wächst in parzivalischer Unschuld der Sohn eines verstorbenen Vogelstellers bei der Mutter auf, in seiner Welteinsamkeit ganz der Magie des Worts verfallen und zuletzt durch das Wort berühmt als Verfasser einer Musterfibel, mit der er sich völlig identifiziert, Fibel heißt, Fibel wird – bis der uralte Mann alles von sich abtut, träumend dem Tod entgegenschweigt: Thematik von Hofmannsthals „Lord Chandos“, dabei innig-stark über Abgründe hinmusiziert wie Bachsche Kantaten.
Das Werkchen ist 1862 französisch erschienen – im selben Jahr wie die Übersetzung von Jean Pauls „Vorschule der Ästhetik“ und zu eben der Zeit, wo Mallarmé das sanfte Martyrium des Gymnasiallehrerberufs auf sich nahm und

den Abstieg in die Klüfte des lyrischen Urworts begann. Ein einziges Buch brachte auch ihm die bedingungslose Bewunderung von Verehrern, scharte eine Akademie um den Meister, rief Kommentatoren auf den Plan, hymnische und hämische – den Stein der Weisen hat er doch nicht gefunden, und auch er endet, wie Fibel und wie Jean Paul selber, im Zwielicht einer schmerzlichen Gelassenheit – der Würfel rollt, doch keiner weiß, wie wird er fallen. Im „Fibel" ist freilich alles rustikaler und einfältiger dargestellt – die unverkennbare, so stark ans Herz greifende Jean Paulsche Mischung, erhaben und tief in der kümmerlichen Enge.

Am unmittelbarsten erschließt sich das Wesen des Dichters im Fragment der „Kindheitsgeschichte" – fünfzig Seiten, Auszüge davon sollten in jedem Lesebuch stehen und stehen in keinem. Welch überquellende Fülle auch hier in der Dürftigkeit, welche Schlagkraft des liebenden Herzens, das noch aus dem Dumpfen das Lichte heraussaugt: „Seligkeit des Miteinanderhausens und Ineinanderwohnens", „Seligkeit des Zusammenbuchstabierens in der Schwüle der vollen Schulstube", wo man durch Zapfen in der Wand ab und zu „in den offenen Mund die herrlichsten Erfrischungen von Luft aus dem Froste draußen einnehmen durfte". Das Kosmische im Häuslichen – ein Archetyp deutscher Literatur, Sterneluftschwall in Mörikes Stube. Bei Jean Paul tritt etwas anderes dazu: die massive Breite des sozialen Hintergrundes, der Raubvogelzugriff im Erfassen des Realen. Jean Paul als ätzender Satiriker, als Schüler Swifts und Blutsbruder Rousseaus, Naturenthusiast wie dieser und zugleich Rebell gegen die Knechtung des Menschen, flammender Ankläger der deutschen Misere seiner Zeit, Bedrükkung und Dünkel oben, Elend und Servilität unten: Das hat Stefan George bewußt übergangen, als er aus dem Werk nur die Träume herauslöste und die leicht erotisierten Jünglingsgestalten. Georges eigener Imperialismus hat wenig genug zu tun mit dem Humanitätsdenken Jean Pauls, das in der großen europäischen Tradition des 18. Jahrhunderts wurzelt, Aufklärung mit Enthusiasmus verbindet, die Menschenrechte heilig hält, Mitleid als höchste Tugend achtet.

Die dunkle Milch der Frühe ist Jean Pauls früheste Erinnerung, „aus meinem zwölf-, höchstens vierzehnmonatigen Alter“: „Ein armer Schüler, der mich sehr liebgehabt und auf den Armen getragen“, gab sie ihm in einer großen schwarzen Stube der Alumnen. Als „Labetrunk für Bedürftige“ hat der Dichter sein eigenes Werk verstanden. Seine „Neujahrsnacht eines Unglücklichen“ steht im Weltrepertorium der großen moralischen Geschichten neben Dickens und Tolstoi und ist noch bis tief ins 19. Jahrhundert von französischen Jugendzeitschriften abgedruckt worden. Albert Schweitzer brachte sie nach 1919 für seine deutschen Freunde im „Elsässischen Kirchenboten“ – zusammen mit Gefängnisbriefen Rosa Luxemburgs. Jean Paul hätte es nicht mißbilligt. Überall bei ihm neben der Hingabe die Bedrohung, der Sturz in die Tiefe, der entsetzte Blick auf eine Welt von Larven, Heuchlern, Menschenschindern. Und aus nächster Nähe miterlebt, der Prozeß der Erstarrung, Versteinerung des geliebten Vaters.
Der Großvater hatte angeborene Heiterkeit und eine gewisse Beschränkung des Geistes trotz des äußern Elends im innern Gleichgewicht erhalten. Jean Paul schreibt in seiner Selbstbiographie: „Mein Vater war der Sohn des Schulrektors Johann Richter in Neustadt am Culm. Man weiß nichts von diesem, als daß er in höchstem Grade arm und fromm war. Alte Leute erzählen, wie gewissenhaft und streng sein Leben und sein Unterricht gewesen, und doch, wie heiter! Noch zeigt man in Neustadt ein Bänkchen hinter der Orgel, wo er jeden Sonntag betend gekniet, und eine Höhle, die er sich selber in dem sogenannten kleinen Culm gemacht, um darin zu beten, und welche noch allen Fernen offenstand ... Die Abenddämmerung war eine tägliche Herbstzeit für ihn, worin er, einige dunkle Stunden in der ärmlichen Schulstube auf und ab gehend, die Ernte des Tages und die Aussaat für den Morgen unter Gebeten überschlug. Sein Schulhaus war ein Gefängnis, zwar nicht bei Wasser und Brot, aber doch bei Bier und Brot; denn viel mehr als beide – und etwa frömmste Zufriedenheit dazu – warf ein Rektorat nicht ab ... An dieser gewöhnlichen bayreuthischen Hungerquelle stand der Mann 35 Jahre lang und schöpfte.“

Der Vater des Dichters war sensibler, künstlerisch begabt und damit auch dem Leben gegenüber labil. Sein Fehlentschluß, schreibt der Sohn, war, daß er sich „aus Dürftigkeit wie ein Mönch dem Predigtamte ergab und daß er sein Tongenie in einer Dorfkirche begraben ließ". Ein „weiches warmes Vaterherz" einerseits und „überstrenge Amtsgewissenhaftigkeit" andererseits schufen immer unerträglichere Spannungen für den Mann, seine Schüler, seine Familie.
Armut, Einsamkeit, übergroßer Amtseifer verbunden mit starrem Obrigkeitsglauben machten aus dem musikbegeisterten Menschenfreund ein Gespenst seiner selbst, einen harten „Gesetzesprediger". Hebbels Meister Anton in einer Hungerpfarre des Fichtelgebirges, „die Borsten von innen nach außen gekehrt". Aus Standeshochmut wird der Knabe den geliebten Bauernmitschülern entrissen und der barbarischen Pädagogik des Vaters unterworfen. Hier sind die Ketten des Gefangenen geschmiedet worden: das aufgezwungene Auswendiglernen ganzer Enzyklopädien, ein Exzerpieren ohne Ende, tote Scholastik, die dennoch den ganz auf sich zurückverwiesenen Knaben faszinierte – und fürs Leben verstrickte. Zur Heilung der Gespensterfurcht war der unbewußte Sadismus des Erziehers auf ein anderes Mittel verfallen: den wehrlos Sensiblen nachts allein in die Kirche zu jagen, wenn eine Leiche dort aufgebahrt lag. Aus solchen Erlebnissen sind die Hieronymus-Bosch-Gestalten hervorgegangen, die immer wieder in Jean Pauls Werk um die Ecke lauern, unter den Steinen hervorkriechen. Eine beklemmende Lamurenwelt: Sie hat primär nichts zu tun mit einem Glaubensverlust oder gar der vielberufenen „religiösen Substanzentleerung des Abendlandes". Sie wurzelt ganz und unmittelbar in der Neurose des Vaters und diese wiederum in der sozialen Knechtung und seelischen Auslöschung durch den erstarrten Feudalstaat. Von der baren nackten Existenz, nicht vom Existentiellen her müssen diese Grundlagen zunächst erhellt werden.
Die Last der Familie fiel auf den Sechzehnjährigen, als der Vater plötzlich gestorben war und eine verhärmte Witwe mit sieben Kindern im Elend zurückließ. Ein jüngerer Bruder ging ins Wasser, zwei nahe Freunde des Dichters (Bettelstudenten wie er in Leipzig) starben an Auszehrung, Jean

Paul selber kam dem Wahnsinn nahe. Wenn er dennoch durchgehalten hat, so muß eine ganz besondere Widerstandskraft in ihm gewesen sein, das Bewußtsein der Berufung, das ihn schon ganz früh durchzuckt hatte: „An einem Vormittag stand ich als ein sehr junges Kind unter der Haustür und sah links nach der Holzlege, als auf einmal das innere Gesicht, ich bin ein Ich, wie ein Blitzstrahl vom Himmel vor mich fuhr und seither leuchtend stehenblieb: Da hatte mein Ich zum ersten Male sich selber gesehen und auf ewig."
Eine ähnliche Erleuchtung in der schwersten Lebenskrise, November 1790: „Wichtigster Abend meines Lebens" – Todesnähe und Überwindung des Todes „durch stärkere Liebe zu den nichtigen Menschen, die alle dem Grabe zuwanken."
Die pietistisch-religiöse Färbung der beiden Erlebnisse ist unverkennbar, und doch stellt Jean Paul sich bewußt außerhalb der kirchlichen und sektiererischen Bindungen. Er hat teil an dem ungeheuren Schub, der sich in der zweiten Hälfte des 18. Jahrhunderts in Deutschland vollzieht: Wiedereinsetzung der Vernunft und der Schönheit in ihre Rechte nach jahrhundertelanger Bevormundung durch die Theologie. Geist des „Heiligenstädter Testaments" und damit auch Geist Rousseaus, der aus dem tumben Wunsiedler Johann Paul Friedrich Richter den zur Welt erwachten Jean Paul gemacht hatte. Wie bei Herder aber, seinem engsten Vertrauten in Weimar, bleibt die religiöse Grundstimmung bei Jean Paul lebendiger, drangvoll erregter als bei Goethe, Schiller, Beethoven. Der freudig begrüßte Ausbruch der Französischen Revolution und die politisch-ideologischen Machtkämpfe, die sich aus ihr entwickelten, haben die dialektische Spannung im Dichter oft bis ins Unerträgliche gesteigert: Wir haben schon gezeigt, welch zunehmende Radikalisierung eine seiner berühmtesten Visionen angesichts der Fehlschläge der Revolution zwischen 1789 und 1796 erfahren hat: die „Rede des toten Christus vom Weltgebäude herunter, daß kein Gott sei".
Das Gefühl der Aushöhlung, des Abgestorbenseins, das Jean Paul im Alter immer stärker in die Novemberschauer der Jugend zurückversetzte, hat nicht nur metaphysische

Gründe, sondern auch ganz weltlich reale. Die Gemeinschaft, von der der Jünger Rousseaus, der Verfasser der „Friedenspredigt“ und der „Dämmerungen für Deutschland“ geträumt hatte, war nach den Freiheitskriegen ferner denn je gerückt. Die Dichter verkamen in ihrer Einsamkeit: Eremiten überall, die Wirklichkeit sprachlos und kalt. So ist schon „Rektor Fälbel“ nicht nur die Karikatur des „Aufklärers“, dem der Verstand das Herz eingetrocknet hat; er ist auch der Typ des Untertans, wie ihn Wedekind und Heinrich Mann später dargestellt haben, kriecherisch und brutal. Die Stelle, wo er vor seinen Schülern salbadernd die Natur preist und ungerührt der Erschießung eines Unschuldigen beiwohnt, nimmt Entwicklungen voraus, die einmal massivste Wirklichkeit werden sollten. Auch „Dr. Katzenberger“ ist mehr als der grotesk fanatische Raritätensammler; in ihm steckt schon der Typ des Mediziners, der zynisch-jovial Experimente mit „Menschenmaterial“ anstellt. Jean Pauls Gestalten nur geistesgeschichtlich sehen, heißt ihnen die Klauen und das Grauen der Wirklichkeit rauben. Die rüde Wirklichkeit läßt sich nicht wegmystifizieren bei diesem Gegner Fichtes, Schellings, Baaders und frühesten Bewunderer des jungen Schopenhauer. Auch sein „Titan“ ist weitgehend politischer Roman mit unheimlichen Schlaglichtern auf eine marionettenhaft groteske oder kriminell korrupte Hofgesellschaft, wie später bei E. T. A. Hoffmann. Die englischen und französischen Vorbilder des deutschen Dichters haben es freilich leichter gehabt und hart ansetzen können, wo Jean Paul immer wieder überdeckt, überspielt. Der Hypertrophie des Innenlebens hat er selbst nur sehr bedingt entgegengewirkt. Hier war und blieb aber auch eine der Wurzeln seiner Kraft.

Nicht viele werden durch das Zerklüftete, Verzwickte und Verklemmte, durch Ruinen und über Gerümpel in die Geheimkammern des gewaltigen Werkes vordringen. Und doch sind hier volle Truhen, ungehobene Schätze barrenweise. Aus Kellergewölben steigen ein paar der zynischkühnsten Figuren der deutschen Literatur, Schoppe und Leibgeber, auf, und zugleich beugen sich über die Verfolgten und Bedrückten Lichtgestalten, wie William Blake sie nicht faszinierender geformt hat. Abrupt grimmiger Humor leuchtet das Elend an. Er löst sich im Rezitativ eines mit Menschenliebe vollgesogenen Herzens, dessen Sprachkraft durch die Jahrhunderte wirkt: „Und ich ging ohne Ziel durch die Wälder, durch Täler und über Bäche und durch schlafende Dörfer, um die Nacht zu genießen wie einen Tag. Ich ging und sah, gleich dem Magneten immer auf die Mitternachtsgegend hin, um das Herz an der nachglimmenden Abendröte zu stärken, dieser heraufreichenden Aurora eines Morgens unter meinen Füßen."

Lesebuch als Explosionsstoff

Dargestellt an französischen und deutschen Beispielen

Das Lesebuch hat in der europäischen Gesellschaft des ganzen 19. und zum Teil noch des 20. Jahrhunderts eine grundlegende Funktion erfüllt: Es hat die Brücke geschlagen zwischen Publikum, Literarhistorik und Autoren, unters Volk gebracht – zumindest unter die „bessergestellten“ Schichten –, was die einen geschrieben und die anderen der Konservierung für wert befunden und pädagogisch herauspräpariert hatten.

Wo anders, wenn nicht hier, sind Millionen von Lesern im aufnahmefrischen Alter unter Examenszwang dazu genötigt worden, Literatur gemeinsam in offiziell verordneten Dosen zu verschlucken und zu verdauen? Und da die Routine in der Pädagogik sich noch zäher am Leben erhält als sonstwo, haben die stereotypen Modelle als literarische *Topoi* besonderer Art durch Generationen in die Breite gewirkt. Lesebücher sind zu Bestsellern und zu einem Instrument der Massenbeherrschung geworden, über die nicht ohne Grund ein dichter Schleier des Schweigens gebreitet blieb.

Maßstäbe waren hier gesetzt, Normen aufgestellt, eine Hierarchie der Klassik errichtet – und damit auch Zäune nach allen Seiten. „Inwiefern handelt Wallenstein unter Schicksalszwang oder nach freiem Ermessen?“ „Wie überwindet Goethes Iphigenie den seelischen Konflikt zwischen Pflicht zur Wahrheit und Forderung der Humanität?“ „Wie hat Lessing im Laokoon die Gesetze der bildenden Künste und der Literatur voneinander unterscheiden gelehrt, wie verhält er sich in der Hamburgischen Dramaturgie zum Problem der drei Einheiten?“ – Die Aufsatzthemen waren alles andere als ein Vergnügen und das Gegenteil von ästhetischer Bildung: Bleilast der Scholastik.

Worüber man einst gestöhnt und geflucht, ist beim Älterwerden humoristisch quittiert oder gar leicht verklärt worden. Ein wenn auch noch so oberflächlicher Respekt vor den „ Großen“ der Literatur war das Resultat des gemeinschaftlichen Drills. *Und von flinken Rossen vier / scholl der Hufe Schlagen, / die durchs blühende Revier / trabten mit*

Behagen: Diese Strophe aus Lenaus „Postillon“ begann eines Tages während der Spazierfahrt im Break durch die blühende elsässische Landschaft einer meiner Onkel zu zitieren – ein hartgesottener, total amusischer Geschäftsmann, der sich in Paris Boulevardkomödien ansah oder höchstens aus patriotischen Gründen Rostands Drama über den Sohn Napoleons „L'Aiglon“ und der nun mit Genuß und Kennermiene in Lenau schwelgte, Lenau kommentierte: wie das gemacht sei, wie wunderbar der Rhythmus die federnde Bewegung der Pferde wiedergebe! Große Dichtung, kein unverständliches Zeug; die Verse gingen ihm jedesmal durch den Sinn, wenn er morgens zu Pferd nach seinem Sägewerk reite.

Den „Postillon“ rezitierte unter ganz andern Umständen der Vater eines jüngeren deutschen Freundes dem Zehnjährigen, bevor er nach kurzem Urlaub 1942 als Stabsarzt an die russische Front zurückkehrte. Er hatte den Knaben in sein Studierzimmer gerufen, ihm das ganze Gedicht vorgetragen und kein Wort der Erläuterung dazu gegeben. Das Gedicht spach für sich selbst, als der Vater nicht mehr zurückkam. Kein trabendes Behagen hier; der Abschied war gemeint, der Tod steht im Hintergrund, wenn der Postillon dem gestorbenen Kameraden im Mondlicht sein Liedlein bläst. Nicht nur vom Rhythmus, auch vom Sinn und der menschlichen Qualität her waren Lenaus Intentionen hier verstanden und vermittelt worden.

Ein französischer Freund, der 1914 in der Marneschlacht unter Sterbenden seine letzte Stunde gekommen glaubte, erinnert sich seinerseits, wie ihm dabei Verse von Alfred de Vigny immer wieder durch den Kopf hämmerten. Andern kam Victor Hugos berühmte Strophe „Donne-lui quand-même à boire“ plötzlich ins Gedächtnis zurück, als sie in ähnlicher Situation dem verwundeten Feind die Trinkflasche reichten. Der Dichter hat die Handlung sicher nicht veranlaßt, sie aber doch mitbestimmt durch die prägnante Formel, die er dafür gefunden.

Partikel des Dichterischen durchdringen so mehr oder weniger intensiv Lebensvorgänge an Knotenpunkten des Daseins, betten das Unerhörte in vertraute Sprache ein, stellen die Erfahrung des einzelnen ins Beziehungsnetz der Mensch-

heit. Sprichwörter melden sich auf der untersten Stufe und helfen weiter.
Selbst Barbaren wie Himmler sind durch dichterische Reminiszenzen auf ihre Weise aktiviert worden. Der italienische Minister, der von Mussolini 1941 den Befehl erhielt, die Mittel zur eventuellen Ausgrabung von Alarichs Leiche aus dem Busento bereitzustellen, fragt sich heute noch in seinem Memoiren, woher dem Chef der Gestapo die fixe Idee gekommen sein könne, das Flußbett auf der Suche nach dem toten Gotenkönig und seinen Schätzen durchwühlen zu lassen. Die germanische Rassenlehre lieferte nur allgemeine Anhaltspunkte; auch Dahns „Kampf um Rom" genügte nicht. Jeder Lesebuchbenützer der Vorkriegszeit weiß aber – kaum ist das Stichwort Busento gefallen –, wo die Quelle springt und fängt selber an, Platens Ballade zu zitieren: *Nächtlich am Busento lispeln bei Cosenza dumpfe Lieder, / Aus den Wassern schallt es Antwort, und in Wirbeln klingt es wider ...*
Ziviler ist die Wirkung von zwei oder drei Sonetten Platens gewesen. Ein Kenner wie der junge Thomas Mann berauschte sich am Finde-siècle-Ton der berühmten Strophen: *Wer die Schönheit angeschaut mit Augen, / ist dem Tode schon anheimgegeben.*
Als potentielle Italienfahrer darf man ganz allgemein die Lesebuchkonsumenten der Gymnasien und Lyzeen vor 1914 bezeichnen: Mignons Lied auf der Schule, in der Oper und zuletzt als Nachvollzug im Land, wo die Zitronen blühn, im dunklen Laub die Goldorangen glühn. Siehe, die Sonne Homers, sie glänzt auch uns. Sie überglänzt sogar den Militärdienst, den sie für die gebildeten, das heißt wohlhabenderen Stände auf ein einziges Jahr reduzierte, nach dessen Absolvierung die Visitenkarte mit dem Titel eines Reserveleutnants weiteren sozialen Aufstieg vorbereiten half.

*

Der Nationalismus war im Lesebuch selbstverständlich und fiel in ganz Europa mit dem Chauvinismus zusammen. Der alte Zieten rauschte aus dem Busch, *wie er die Pelze wusch, mit seinen Leibhusaren;* der alte Derfflinger *war un-*

ermüdlich im Fechten beim Gefecht; sie und der *Tag von Düppel,* der *Einzug in Berlin 1871, Jung-Bismarck* und *Wo Bismarck ruhen soll* waren Fontanes Beitrag zur eisernen Ration des Heldentums im Lesebuch. Romantexte Fontanes einzubeziehen, war damals undenkbar. Den Lesebuchverfassern erschienen sie gewagt modern, wenn nicht geradezu amoralisch. Der bürgerliche Glaube an einen unveränderlichen Rentensatz, der die Mitgift der Tochter schon bei ihrer Geburt automatisch vorausberechnen ließ, mußte von Grund aus erschüttert werden, um der harmonieseligen Humanitätslehre der Lesebücherfabrikanten einen Stoß zu versetzen und Fontanes Metamorphose als hellsichtigen Spürer des Kommenden vorzubereiten. Sie vollzog sich im wesentlichen allerdings erst nach der Katastrophe von 1945.

*

Der Gott, der Eisen wachsen ließ, der wollte keine Knechte, war der patriotische Grundton des deutschen Lesebuches auch nach 1918 geblieben. Der Gymnasiast kannte den Brief, den Napoleon III. nach der Niederlage von Sedan an Wilhelm I. geschrieben hatte, und sah in der Übergabe des Degens auf dem Schlachtfeld den Anbruch einer neuen Menschheitsära unter der Hohenzollerndevise *Vom Fels zum Meer.* Gambettas Widerstand und die Ausrufung der Republik Frankreich traten am literarischen und geistigen Horizont nicht in Erscheinung, und erst recht nicht der Aufstand der Pariser Kommune, dieses Vorbilds der russischen Oktoberrevolution vierzig Jahre später. Wie die Französische Revolution von 1789 selber, wurden alle diese blutigen Versuche, eine gerechtere Gesellschaftsordnung zu schaffen, als ein Gemetzel von verantwortungslosen Verbrechern gebrandmarkt. *Die neue Zeit schwelgt freiheitstoll / gleich einer feilen Dirne; / Nur Straßburgs Dom reckt hoheitsvoll / Empor die Felsenstirne ...:* Die Strophe von Heinrich Vierordt zog das verlogen primitive Fazit aus dem großen Volksaufstand von 1789. Das Gemetzel der Schlachtfelder hingegen überdröhnte Kirchengeläut. Die Lesebücher lieferten die poetischen Texte zu den Sedanfeiern, die „Rosse von Gravelotte“ brausten dahin, die

„Trompete von Vionville“ klang auf, Kaiser Wilhelm stand im Spiegelsaal von Versailles, und eine direkte Linie führte von Luthers *Hier stehe ich, ich kann nicht anders* zu Bismarcks *Wir Deutschen fürchten Gott und sonst nichts auf der Welt.* Mein Reich war nicht von dieser Welt und wurde dabei immer rabiater auf diese Welt übertragen, der an deutschem Wesen zu genesen auch dem Lesebuch als Endziel gesetzt schien. *Erstanden ist der Kaiser,* jubelte Emmanuel Geibel und setzte damit unverhohlen an Stelle des sakralen Bildes vom wiedererstandenen Christus das Bild des sakralisierten Hohenzollernfürsten. Der Dichter verlor deswegen die Pension des bayerischen Königshofes, bezog aber dafür die Stelle eines *poeta laureatus* in den Lesebüchern, wo er Weimar als Bethlehem der neuen Zeit feierte, das die Welt vom Übel der welschen Vorherrschaft erlöst habe. Geibel, der Typ des Gipsklassikers, rechnete auf seine Weise mit der großen französischen Klassik ab, ohne deren Vorbild Goethes und Schillers Weimarer Dichtung überhaupt nicht denkbar ist.

Ein Lesebuch österreichisch-katholischer Observanz „zur Förderung der humanen Bildung“ hatte Stifter schon 1854 zusammengestellt, aber nicht durchsetzen können; auch die reichsdeutschen Neuauflagen von 1924 und 1945 blieben ohne Resonanz. Die Qualität der dargebotenen Texte steht außer Frage, aber sie erstarren in ihrer Monumentalität. Nichts lockert auf; keine Zeile von Raimund, von Nestroy, kein Hauch von Wiener Zaubertheater oder gar ein Schimmer von Wiener Liebelei. Beklemmende Windstille, Zwang zur Wohlerzogenheit, Klassizismus mit der lastenden Umständlichkeit der k. und k. Bürokratie.

„Ich kenne keine Parteien mehr“: Das Lesebuch hat immer nur die herrschende gekannt. Vergebens wird man vor 1914 kulturkritische Texte von Forster, Büchner, Börne, Heine und andern fortschrittlichen Autoren suchen. Die Weltgeschichte reduzierte sich auf Gustav Freytags „Bilder aus der deutschen Vergangenheit“, von Ingo und Ingraban und den Deutschordensrittern schwang sich der Bogen bis zu Luther, Friedrich dem Großen, Königin Luise, Bismarck.

Freiligrath stimmt in den Schlacht- und Schlächtergesang

ein: vergessen das lange Exil des Achtundvierzigers, vergessen und verziehen seine sozialen Anklagen. Es blieb der bekehrte Untertan, lesebuchwürdig. Im Lesebuch erscheint Deutschland von innen gesehen als selig in sich beschlossene Ludwig-Richter-Welt, nach außen hin als geschlossene Front der Männer der Arbeit und der frommen Zucht: Marienleben und eiserne Faust.
Äußerstes Zugeständnis an die Moderne: Richard Dehmel mit ein paar Strophen – voran die Strophen aus der „Stillen Stadt“: *Es dringt kein Dach, / nicht Hof noch Haus, / Kein Laut aus ihrem Rauch heraus, / Nur Türme noch und Brücken. / Doch als dem Wandrer graute, / Da ging ein Lichtlein auf im Grund / Und durch den Rauch und Nebel / Begann ein leiser Lobgesang / Aus Kindermund.*
Die stille Stadt im imperialen Industriestaat! Die Schulmänner waren hingerissen. Das ließ sich ohne weiteres in eine Reihe fügen mit den andern lyrischen Zeugnissen deutscher Innerlichkeit – von Mörikes *Wollest mit Freuden / Und wollest mit Leiden / Mich nicht überschütten / Doch in der Mitten / Liegt holdes Bescheiden* bis zu Heyses *Dulde, gedulde dich fein! Über ein Stündelein / Ist deine Kammer voll Sonne* und zu Cäsar Flaischlens resoluterem *Hab Sonne im Herzen, ob's stürmt oder schneit.*
Karl Kraus hatte damals schon seine kulturkritischen Glossen verfaßt. Sie waren im deutschen Lesebuch so unvorstellbar wie heute die Prosa Lenins im bayerischen. Selbst in den sprachphilosophischen Analysen von Karl Kraus witterten die Professoren Unrat. Was nicht in den geistigen Horizont der Kaiserin Augusta-Victoria paßte, blieb ausgesperrt. Es brauchte dazu keiner Weisung von oben.

*

Das französische Lesebuch war staatsbürgerlich aufgeschlossener. Paris, als jahrhundertealtes Sammelbecken der politischen, industriellen, geistigen und künstlerischen Energien, ließ sich nicht ausklammern. Ebensowenig die großen Sozialreformer des 18. und 19. Jahrhunderts – führende Schriftsteller ihrer Zeit gehören dazu, von Montesquieu, Voltaire, Rousseau bis Lamartine und Victor Hugo. Ein Geist der Fronde weht schon bei Rabelais so gut wie bei

Montaigne und Pascal, Molière und La Bruyère. Aber gerade diese Fülle von literarischen Genies, deren nie abreißende Kette im Gegensatz zu Deutschlands langer Erschöpfung und Verdunkelung nach dem Dreißigjährigen Krieg steht, begünstigte das Lesebuchbild von der Weltmission eines Landes, dessen Sprache einst Europa beherrscht und dessen Heere unter Napoleon die Grenzen von Neapel bis nach Hamburg und von Spanien bis nach Polen vorgerückt hatten. Stoff genug für patriotische Exaltation, Mythen in beliebiger Auswahl, kaiserlichen und königlichen, republikanischen und konservativ-katholischen; alle abgestimmt auf den Grundakkord einer völkerbeglückenden Sendung, im Sinn der Revolution oder der Tradition. Das Land der Freiheitsproklamationen von 1789 wies ebensogern seinen andern Titel vor: „Älteste Tochter der Kirche.“ Und aus Hugos ozeanisch wogendem Werk ließen sich sowohl Manifeste des Widerstandes und der sozialen Erhebung als Verherrlichungen der napoleonischen Epopöe und des Heldentums in der Schlacht abgewinnen.
Für die französischen Lesebücher nach 1870 sollte die Niederlage von Sedan ausgelöscht werden; der Todesritt der Kürassiere von Reichshoffen durfte nicht umsonst gewesen sein; die Sonne eines neuen Austerlitz mußte aufgehen. Und auch hier bildeten gerade patriotische Refrains und sentimentale Geschichten – wie „Die letzte Schulstunde im Elsaß 1871“ von Alphonse Daudet – den Explosionsstoff, an den eines Tages von außen her nur das Zündholz der politischen Fakten gelegt werden brauchte. Der europäische Krieg wurde andererseits nicht nur als fester Posten einkalkuliert, er erschien geradezu als Edelform des abendländischen Idealismus schlechthin, als die höchste Bewährungsprobe für den einzelnen im Rahmen der Gemeinschaft.
Nun hatten zwar in Frankreich republikanische Pädagogen wie Jules Ferry im Kampf gegen eine starke klerikal-monarchistische Strömung im Land das Freiheitsideal der deutschen Klassik bewußt mit zum Vorbild genommen. Kant als rigoroser freiheitlicher Denker wurde für viele von ihnen die unbestrittene moralische Autorität. Ein tragisches Paradox: Der kategorische Imperativ, auf beiden Seiten in

national-staatliches Denken eingezwängt und damit verfälscht, gab dem Tod fürs Vaterland die Weihe seines Ethos. Kants „Ewiger Friede“ fiel dabei unter den Tisch. Moltke sagte nicht als einziger von ihm: „Ein Traum – und nicht einmal ein schöner ... Ohne Krieg würde die Welt in Fäulnis geraten und sich in Materialismus verlieren ...“

*

Die Erschütterungen des Ersten Weltkrieges haben im französischen wie im deutschen Lesebuch ein paar Akzentverschiebungen vorwiegend literarischer Art nach sich gezogen. Hölderlin, Novalis, Kleist, Nietzsche tauchen in Deutschland als neue Sternbilder am Horizont auf; Baudelaire, Verlaine, Rimbaud in Frankreich. Der seelisch niedergeknüppelte Gymnasiast, der aus der Schule in den Tod floh, wie Hanno Buddenbrook bei Thomas Mann oder wie Hans Giebenrath bei Hermann Hesse, hatten der aufsässigen Räuberbande Leonhard Franks und den unbeschwert randalierenden Herrensöhnchen von Thomas Manns „Unordnung und frühes Leid“ Platz gemacht. Die neue Generation der Lehrer, die einst selbst über Wedekinds „Frühlingserwachen“ gefiebert und von den „Freien Schulgemeinden“ eines Hermann Lietz, eines Gustav Wyneken geschwärmt hatten, schildert Wassermann in „Oberlins drei Stufen“ und mit größerer Sachkenntnis, Zartheit und Tiefe Wilhelm Lehmann in drei oder vier seiner großen, noch unentdeckten Romane. Dehmels „Arbeitsmann“ erhielt endlich das Visum. Sein Refrain: *Mehr Zeit* wirkte damals noch nicht so anachronistisch wie heute, wo Zeit da ist und mit ihr ein Problem für Freizeitgestalter. Auch die „Weber“ erschienen auf dem Schulplan, vierzig Jahre nachdem Wilhelm II. dem Schauspiel den Schillerpreis verweigert und Erich Schmidt daraufhin mit Eklat und Zivilcourage das Preisgericht verlassen hatte. Sein Nachfolger auf dem germanistischen Lehrstuhl der Universität Berlin, Julius Petersen, schlug den entgegengesetzten Weg ein, indem er den Reichspräsidenten Ebert als Vaterlandsverräter boykottierte.

Demokraten hatten auch im Lesebuch immer noch wenig

zu suchen; Pazifisten erst recht nicht, außer in ein paar pädagogischen Versuchen von Einzelgängern, die als zersetzend abgewürgt wurden, wie Döblin es in einer Schulepisode seines Berliner Romans „Karl und Rosa“ geschildert hat. Walter Flex, Beumelburg, Dwinger, zwanzig, dreißig andere Frontkämpferverherrlicher berichteten über den Krieg, nicht Arnold Zweig, Remarque, Ludwig Renn: neuer Explosionsstoff häufte sich an. Vom „Hohen Meißner“ führte der Weg unmittelbar nach Langemarck und für viele von da zu den nazistischen Parolen von Blut und Boden, Einsatzbereitschaft, Herrenrassentum. Schwarzrotgold war nicht die Fahne der 48er, von denen kein Schüler etwas erfuhr außer Verdächtigungen; es war die Fahne der Burschenschafter und verwies auf Arndt, Jahn und die Freiheitskämpfer von 1813 als Vorläufer im Kampf gegen den aufgezwungenen Frieden, die Fremdherrschaft, das Novemberverbrechen.

Der Nazismus erledigte 1933, was sich an freiheitlichen Regungen sporadisch noch erhalten hatte. Aber selbst ein totalitäres Regime muß mit dem Vorhandenen rechnen. Die Permanenz der Fakten ist auch in der Literturgeschichte ein tröstliches Phänomen. Genies kann man nicht aus dem Boden stampfen, man kann sie nicht einmal ausradieren, nur umetikettieren. Heine verschwand, die Lorelei blieb als Produkt eines „unbekannten Dichters“. Germanisten rechtfertigten die Unterschlagung des Namens: Hatte der jüdische Dichter nicht den Rahm von Brentanos Ballade abgeschöpft wie jüdische Wucherer den Zins deutscher Bauern? Goethe wurde zur Wehrertüchtigung herangezogen; Hölderlins sogenannte „Vaterländische Gesänge“ rückten neben die Abfallprodukte von Dietrich Eckart, Baldur von Schirach, Hans Baumann, Will Vesper. Gemüt und Innerlichkeit blieben auch im Dritten Reich großzügig einkalkuliert, und zwar von Goebbels selbst.

Um die Grundsubstanz der deutschen Literatur, die kosmische oder ichbezogene Spekulation, kam auch die Diktatur nicht herum: Sie konnte nur versuchen, durch Auswahl, Kastrierung alles irgendwie Suspekten, Einbettung der Tradition in rassenbewußtes Volkstum und ähnliche Schlagworte, die Wasser auf ihre Mühlen zu leiten – mit viel

Erfolg, unzweifelhaft. Die Leser fühlten sich „angesprochen". Beim Eintritt klirrten zwar die Sporen und dröhnte der Heilruf – aber wie weltverloren rauschte dann der deutsche Wald, wie versonnen blickten Hebel und Claudius, wie treuherzig sangen die Mädchen am Spinnrad und die Hirten auf dem Berg, wie raunten die Märchen, wie brauste der Strom der alten Sagen! Und mit welcher Inbrunst gab man zuletzt alles hin für ein solches Vaterland, wenn der Ruf erschollen war. Die Kriegsgesänge des Kesselschmieds Heinrich Lersch aus dem Jahr 1914 wurden aktueller denn je. Deutschlands ärmster Sohn sollte auch sein treuester sein.

*

In den Lesebüchern nach der Katastrophe von 1945 ist er demobilisiert, hat das Schwert eingesteckt, schwingt nur noch den Hammer über dem Amboß. Überlebensgroß schreitet die Gestalt des Hofschulzen aus Immermanns „Oberhof" als Archetyp durch alle Lesebücher – niedersächsische so gut wie bayerische, badenwürttembergische, rheinländische. Mit dem instinktiven Anpassungsvermögen an die Forderungen der herrschenden Kaste und dem Konformismus, der nun einmal die Lesebuchverfasser als Registratoren des „Seienden" kennzeichnet, haben sie im Hofschulzen die vollkommenste Inkarnation der Adenauer-Zeit herausgespürt, den Vertreter des zielbewußten, harten und weltschlauen, dabei in kirchlicher Tradition verankerten Autokraten, der mit einer Zähigkeit ohnegleichen aus den Ruinen neues Leben erstehen ließ.
Die Episode des Hofschulzen – auch zur Hitler-Zeit ein in allen Frontbuchhandlungen verbreiteter Text – ist aus Immermanns Roman „Münchhausen" abgelöst, von dem jeder Literaturwissenschaftler weiß, daß er eine der wenigen großen Schilderungen der beginnenden Industriezeit enthält. Nichts davon in den Lesebüchern vor 1950! Die Zeit ist für sie bei Justus Möser und seinem Agrarstaat stehengeblieben.
Kaum hatten die Bundesländer 1948 ihre Oberhoheit zurückerlangt, waren neue Lesebuchwerke ins Kraut geschossen. Aufschlußreich schon die Titelgebung. Sachlich be-

nannte Reihen wie „Bayerisches Lesebuch" oder „Badisches Lesebuch" blieben Ausnahmen. Lieber wählte man gedankenbeschwerte Titel: „Silberfracht", „Lebensgut", „Der Strom", „Der Türmer". Auf Stimmung und Gefühl sind auch die Unterabteilungen der jeweiligen Bände eingestellt: „Wurzelgrund – Wachsen und Reifen – Aufbruch – Sturm und Stille – Feuerprobe – Im Ring des Jahres – Wagnis des Lebens – Quellen des Lebens – Räume des Lebens."

Der Gegensatz zum französischen Lesebuch tritt bereits formal zutage. Einleitungen, Kommentare, Fußnoten begleiten dort das einzelne Lesestück, untersuchen sorgfältig Satzbau und Wortgebrauch und fügen die jeweiligen Eigenheiten in den größeren Zusammenhang der Sprachentwicklung ein. Die Beziehung ist eine historisch genaue; sie schärft den Sinn für Präzision und für Nuancen, erzeugt in breiten Volksschichten ein in Deutschland undenkbares Interesse für alle Fragen des Ausdrucks und des Stils. Auf Literatur wird der französische Schüler schon in Septima und Sexta einexerziert. Diese bildet andererseits nie ein Reich für sich, sondern wird immer in Konnex zu der gesamten politischen, sozialen, religiösen, kulturellen Entwicklung gesetzt. Der einzelne fügt sich in eine Gruppe, die Gruppe in eine Epoche ein. Also lebloses Rubrizieren, Erstarren im historischen Schema? – Diese Gefahr besteht. Sie ist aber die Kehrseite eines Vorzugs: daß tatsächlich hier ein „Werden" sich vollzieht – und zwar ein Werden innerhalb der Gesellschaft selber, auf dem Kräftefeld der realen Geschichte.

Unbeschwert von solchen Forderungen, unbehindert von den Schranken der Jahrhunderte, wirkt das deutsche Lesebuch zunächst großzügiger und spontan-weltoffen. Luther spricht über unser Dasein, und ihm antwortet Meister Eckhart, Goethe nimmt die Rede auf und gibt sie an Novalis weiter, Frau Rat plaudert dazwischen, Gryphius verkündet seine dunkel schwere Botschaft. Die verschiedenen Stimmen verschmelzen zu einem Hymnus aufs All und den Menschen. Man fühlt sich fortgetragen, hingerissen. Aber das Individuum verschwindet in dieser Masse, keine Gestalt tritt schärfer hervor. Das Brausen wird eintönig, das „Werden“ erstarrt. „Der Dichter wurzelt in seinem Volk und Land“, wird ständig betont – und nie gezeigt. „Land“ ist in Wahrheit nur Scholle, und „Volkstum“ ein priesterlich verhülltes Urgeheimnis.

Man schlage in einem der deutschen Lesebücher zwischen 1950 und 1960 den Abschnitt „Arbeit“ auf. Das erste Gedicht wird etwa heißen: „Der Pflüger“. Es folgt „Der Arbeitsmann“ von Richard Dehmel; dann zwei oder drei ähnliche Gedichte – seit 30 oder 40 Jahren unverändert dieselben aus dem Kreise um „Haus Nyland“. Zuletzt ein paar Prosabeschreibungen, Blick in eine Werkstatt, im Stil von Max Eyth. Das Ganze ein Einsprengsel – sowie das „Eisenwalzwerk“ von Adolf von Menzel Einsprengsel in seine Historienmalerei war. Im Zeitalter des Dieselmotors, der elektronischen Gehirne und der Weltraumfahrt herrscht im Lesebuch fast immer noch unbeschränkt die Postkutsche von Schwind und Mörike. In der Weltstunde der weitausgreifenden, aggressionsgeladenen Imperialismen beharren die meisten Texte im stillen Garten Ludwig Richters und der mondbeschienenen Kleinstadt Spitzwegs, dem halb bäurischen, halb fürstlichen Dekor Weimars, das Gebirge der Romantik im Hintergrund. Nur treten gegen früher „Hermann und Dorothea“, „Luise“, auch die „Glocke“ und andere Werke zurück, in denen das Bürgertum des 18. Jahrhunderts sein Leben im Anschluß an antike Vorbilder stilisierte. Der eigentliche Klassiker des deutschen Heims und des Lesebuchs sind jene Prosaschriftsteller und Lyriker geworden, die man meist unter dem Sammelnamen „poetische Realisten“ oder „Realidealisten“ gruppiert. *Wir stiftern und stormen, / Wir hebeln und hebbeln, / Wir raaben und reutern, / wir rilken, rilken, rilken* – zu diesem Ritt in die literaturverklärten Gefilde des Lebens hatten die Lesebuchverfasser nach dem Zuammenbruch gesattelt.

Die ungeheure Entwicklung, die Deutschland zum größten Industriestaat Europas gemacht hatte; Riesenstädte, vor 60, 80 Jahren aus dem Boden gestampft, dann zu Asche verbrannt und nun wiederum neu erstehend; die Arbeitsbesessenheit, der engere Raum, die größere Gier, der schärfere Ton, der ganz andere Lebensrhythmus und die Mächte, die ihn gezeugt haben und ihn weiter bestimmen: Nichts davon trat auch nur von fern in den Blickkreis dieser Lesebücher zwischen 1950 und 1960 herein. Wo Balzac und Zola aufeinandergetürmt nicht ausreichen würden, um Gültiges erkennen zu lassen, da sollte Wilhelm Raabe genügen. „Berlin Alexanderplatz“: In keinem Lesebuch war auch nur eine halbe Seite daraus zu finden. Einem Döblin, einem Heinrich Mann fehlt das Häusliche, Traute, Nestwarme. Bei Hermann Hesse und sogar Thomas Mann läßt es sich herausschälen: So sind sie fast die einzigen unter den „Emigranten“, die überhaupt in die Lesebücher Zutritt erhielten.

„Fielen dem Mann vom Mond solche Lesebücher in die Hände, er dächte: Ein reiner Agrarstaat muß dieses Deutschland sein, ein Land von Bauern und Bürgern, die in umhegter Häuslichkeit schaffen und werkeln und seit Jahrhunderten nicht mehr wissen, was Krieg, Revolution, Chaos ist“: Diese Sätze stehen in einer ersten systematischen Analyse der neuen deutschen Lesebücher, die ich 1952 zunächst in französischer Sprache publiziert habe. Sie sind oft zitiert worden, seit eine neue Generation die noch weitgehend vom Dritten Reich markierten Schulmänner ersetzt hat oder sie zu ersetzen im Begriff ist. Walther Killy war die erste Schwalbe des Kommenden mit seinen Angriffen auf ein Lesebuchkonzept, worin die Dichter der Nazizeit zumindest 80 Prozent vertreten waren und die Dichter der Emigration zu kaum 5 oder 10 Prozent. Frau Dr. Hamm-Brücher trug die Offensive weiter.

Seither pfeifen die Spatzen es von den Dächern: Ein Abgrund klafft zwischen der deutschen Wirklichkeit, wie sie im Lesebuch versimpelt, verbauert und verniedlicht wird, und dem, was sie tatsächlich ist und was die wahre Dichtung von Heine bis heute längst aufgedeckt hat: ein Industriestaat mit hartem Arbeitstempo.

In *einem* Punkt allerdings war ein Wandel eingetreten: Die sogenannten Textinterpretationen gaben endlich dem Wort des Künstlers und der inneren Struktur der Dichtung den Vorrang vor rein geistesgeschichtlichen Kommentaren. Ein gewaltiger Fortschritt in einem Land, über dessen Mangel an Formsinn Gottfried Benn nicht ohne Unrecht so gejammert hatte; Formprobleme fanden auf einmal Beachtung,

Dichtung wurde auf ihre eigenen Gesetze abgehorcht, hervorragende Werke der Interpretation sind entstanden. Aber für viele war und ist die Lehre vom Wort selbst wieder Weltanschauung und Dogma geworden; Deutschunterricht war nicht mehr Lehre vom germanischen Erbe, es wurde Ersatztheologie, Deutschlehrer legten ihren Rilke, ihren Trakl aus wie Talmudisten die Heilige Schrift, Biographie und Psychologie waren erledigt. Nur keinen kulturhistorischen Überblick riskieren oder gar gesellschaftskritische Probleme aufwerfen: Beides war Verrat am reinen Wort des Dichters.

*

Auch mit diesem Vorurteil scheint die neue Welle der Aufklärung gründlich aufräumen zu wollen. Erste Resultate liegen vor. Sie reichen von so radikalen Werken wie „Versäumte Lektionen, ein kritisches Lesebuch“ von Peter Glotz und Wolfgang Langenbucher (Bertelsmann) bis zu gemäßigteren Reformen im Lesebuchwerk „Wort und Sinn“, einer Kollektivarbeit bei Schöningh in Paderborn. Auch die „Wege der deutschen Literatur“ von Hermann Glaser gehören hierher, und natürlich das deutsche Lesebuch von Walther Killy – die Liste erhebt keinen Anspruch auf Vollständigkeit. Was bleibt zu tun?
Es bleibt zu tun, was eben Hoffmann und Rösch in ihrer deutschen Literaturgeschichte (Hirschgraben-Verlag, Frankfurt) vorbildlich versucht haben und was dem französischen Lesebuch von jeher als selbstverständlich gilt: die enge Verbindung von Literatur- und Kulturgeschichte, wobei sowohl an politische Geschichte als an Geschichte der religiösen, philosophischen und gesamtkünstlerischen Entwicklung zu denken ist.
Für Klopstocks durchlöcherten „Messias“ und selbst für seine großartigen „Oden“ kann man kaum noch die Schüler des Jahres 1967 begeistern, und Vossens „Siebzigster Geburtstag“ lockt keinen Hund mehr vom Ofen. Dazu haben Rundfunk, Fernsehen, Illustrierte und Taschenbücher das Gedächtnis der Kinder bis zum Überdruß mit anderem Stoff erfüllt, der ihnen auf den Nägeln brennt. Das Lesebuch selbst hat unter dem Ansturm dieser neuen Kommu-

nikationsmittel seine einstige Monopolstellung so gut verloren wie der Kalender im Bauernhaus.

Dennoch bleibt der Unterschied zum französischen Lesebuch, das sich ja mit der gleichen Konkurrenz auseinandersetzen muß, sehr frappant und kann mit *einem* Satz charakterisiert werden: Lenaus „Postillon" hätte dort niemals sein Liedlein so restlos ausgeblasen, wie es in Deutschland der Fall zu sein scheint. Nur wäre von vorneherein Lenau niemals nur als der schmachtende, sehnsuchtszerrissene Romantiker erschienen; auch die Lesebücher hätten in ihm den Zeitgenossen Grabbes, Büchners und Heines sehen lernen, ein Opfer seiner Anlage, aber auch ein Opfer des Polizeistaats der Metternichzeit, gegen den er mit seinem „Savonarola" wie mit seinen „Albigensern" revoltierte. Man frage einen deutschen Schüler nach diesen grandiosen Versepen: Er wird sie nicht einmal dem Namen nach kennen – *das* ist Verlust der Tradition, und ein ähnlicher Verlust, wenn auch auf anderer ideologischer Ebene, ist es, wenn der Gymnasiast Wielands reizende, unersetzliche komische Epen völlig ignoriert – so jenes „Wintermärchen", das einst ganz Weimar rezitierte mit dem Refrain: *Da reckten die Fische die Köpf' empor / Und sangen alle in hellem Chor.* Gewiß, Wieland wird gegen Haydns Quartette, Meißner Porzellan und Barockengel wie Feuchtmayrs „Honigschlecker" in Birnau an Popularität wohl kaum je wieder aufkommen. Aber Pflicht und Schuldigkeit der Lesebücher dürfte es doch wohl sein, Wieland und die deutsche Literatur in ihren großen Figuren dem Schüler nicht verlorengehen und die Dichter nicht wieder einmal vor der Tür zu lassen. Selbst für den biederen Voss kann dann noch Platz sein, so bieder war er gar nicht, über den Kampf gegen Fürstenwillkür und geistigen Obskurantismus ist bei ihm Erstaunliches zu erfahren.

Es wird eine Lust sein, einmal ein Lesebuch zu lesen, das die ganze Tradition der deutschen Literatur in ihrer Fülle und Eigenart, ihrer Beschränktheit und Auflehnung, ihrem heißen Atem, ihren beseligten oder geschundenen und zerbrochenen Dichtern mit ebensoviel Begeisterung, kritischer Schärfe und Weltkenntnis wieder aufleben läßt. Wir begrüßen dieses Buch der Zukunft.

Gérard de Nerval.
Ein Dichter zwischen den Nationen

Warum Nerval – warum in so knapper Zeit eine so komplexe Erscheinung heraufbeschwören?

Weil kein französischer Dichter von seinem Rang in ähnlich enger Symbiose mit der deutschen Literatur aufgewachsen ist, durch sie den Weg zu sich gefunden und damit die Verwandtschaft beider Völker in subtilen seelisch-geistigen Bezirken bezeugt hat, die zu oft kontradiktorisch aufgespalten werden – hier Gemüt, dort Esprit. Nur Chamisso bietet als deutschschreibender Franzose ein noch sinnfälligeres Beispiel. Aber schon durch die Tonlage seiner Werke steht er in anderen Zusammenhängen; er ist Romantiker – „Peter Schlemihl" – mit realistisch moralisierenden Einschlägen: „Die Sonne bringt es an den Tag"; früh berühmt, ist er heute stark zurückgetreten. Nerval hingegen ist, wie Novalis, wie Hölderlin, wie Georg Büchner, in seiner vollen Bedeutung erst zögernd von wenigen gegen Ende des 19. Jahrhunderts erkannt worden, mit beschleunigter Rotation aber seit 1914/18 und vollends seit 1945 unter die Schlüsselfiguren der Literatur hinaufgewandert.

Goethe steht für Nerval am Anfang, ein Zeuge seines Genies. Was Ergreifenderes könnte es geben, als mit achtzehn Jahren wie Nerval das Gemüt des fast Achtzigjährigen in Weimar erheitert und erwärmt zu haben – nicht durch den Zauber der Anwesenheit und der Musik wie der junge Mendelssohn, aus der Ferne nur, aber doch ins Innerste von Goethes Wesen treffend mit einer Faust-Übersetzung, die – ungenau in Einzelheiten – unübertroffen als Einfühlung ins Ganze bleibt und die aus Berlioz gleich seine leidenschaftliche Faust-Musik hervorgelockt hat. Nerval als Dichter und Nachdichter, Berlioz als Komponist, Delacroix als Illustrator bilden 1830 die junge französische Ehrengarde um den Alten drüben.

Ihre Nährmutter ist Madame de Staël gewesen. Ganze Generationen haben zwischen 1815 und 1870 aus ihrem Buch „De l'Allemagne" die Liebe zu Deutschland als dem Land der Dichtung und des spekulativen Geistes schlechthin mit vollen Zügen eingesogen. Aber ohne den Gegenspieler, ohne Napoleon, ohne die Verbannung, die er der unbequemen Rousseau- und Freiheitsschwärmerin auferlegte, wäre sie vermutlich nie nach Deutschland gekommen, das *er* militärisch zerschlagen hatte und das *sie* nun als geistige Macht für ganz Europa etablierte.

Söhne Napoleons und der Staël kann man jene Generation nennen, der Nerval angehört, ein zugleich fieberndes und titanisches Geschlecht, das im Sturm gewaltige Provinzen der Kunst eroberte mit Balzac, Vigny, Hugo, Dumas, George Sand, Berlioz, Géricault, Delacroix, Daumier. „Von geängstigten Müttern zwischen zwei Schlachten empfangen, wuchsen wir unter Trommelwirbeln auf", schreibt einer von ihnen, Alfred de Musset.

Nerval präzisiert: „Ich war – 1815 – sieben Jahre alt und spielte unbekümmert vor meines Oheims Tor draußen auf dem Land, als drei Offiziere herangesprengt kamen, das schwarz angelaufene Gold ihrer Uniformen blinkte kaum. Der erste küßte mich mit so wildem Freudentaumel, daß ich aufschrie: Vater, du tust mir weh! Seit jenem Tag nahm mein Schicksal einen andern Verlauf."

Von der Generalsloge aus hat der Knabe miterlebt, wie Napoleon – aus Elba zurückgekehrt – den ausrückenden Regimentern die adlergeschmückten Feldzeichen auf dem Champ de Mars in Paris verlieh. Mit Schlachtenberichten hat ein Soldat der großen Armee den Geist des Jungen erfüllt, als er damals stunden- und tagelang mit ihm die Hügel rings um Paris durchstreifte; Natur drang immer noch von allen Seiten in die Stadt herein wie zur Zeit, als Rousseau hier 50 Jahre zuvor mit der Botanisiertrommel herumgewandert war. Ganz in der Nähe von Ermenonville aber, wo Rousseau gestorben war, ist Nerval als Kind herangewachsen.

„Elégies nationales" (Vaterländische Elegien) heißt sein erster Gedichtband, und sein Thema: Napoleon. Der Vater stand dahinter, aber den Gegensatz zum Vater zeigt schon die Stoffwahl. Nicht der Sieger, der Besiegte von Moskau, Fontainebleau, Elba, Waterloo, St. Helena wird besungen. Zeitlebens ist Nerval dem Vater, dem glorreichen und herben Militärarzt, der jetzt in Paris bürgerlich praktizierte, ebenso ehrerbietig geblieben wie Hölderlin seiner Mutter gegenüber – und ebenso wesensfremd. Arzt sollte er selber werden. Eine kleine Erbschaft erlaubte den Sprung in die Schriftstellerei. Das Geld war bald verschlungen von einer Theaterzeitschrift, die der unerwiderten Liebe zu einer kleinen Schauspielerin ihre chimärische Gründung verdankte, und nun begann die doppelte Fron. Dem Vater gegenüber hieß es im freigewählten Beruf seinen Mann stehen; sich selbst gegenüber aber durch tausend abgenutzte Worte, tausend abgestorbene Metaphern zu jenem Sprach- und Ausdrucksfeld vordringen, wo unverwechselbar das Grunderlebnis Gestalt finden konnte: die Suche nach der verlorenen Zeit, die identisch war mit der Suche nach der verlorenen Mutter.

Er hat seine Mutter nie gesehen, nie gekannt. Ihr Bild sogar ist von eisigen Fluten hinweggeschwemmt worden, als der Vater den Rückzug über die Beresina mitmachte, jener Inbegriff ungeheuerlichen Geschehens für die ganze Epoche. Fünf Jahre zuvor war die junge Frau beim Passieren einer leichenbedeckten Brücke vom tödlichen Fieber befallen worden, als sie dem Gatten auf seinen Wunsch bis an die deutsch-polnische Grenze nachreiste. Der Styx, der Totenfluß, zieht durchs ganze Werk Nervals hindurch. Lieblich und bachdurchrieselt ist seine Heimatlandschaft, aber Mortefontaine, „Totes Wasser“ hieß der Ort, wo der Oheim wohnte, und hinter der sanften Ile de France steht als Fixpunkt – erstarrend fern und doch so nah – das Muttergrab in Schlesien.

Im nächt'gen Hain, von Schneelicht überbreitet,
Wo fromm das Reh an dir vorüberweidet,
Bei der Kapelle, am kristallnen Teich,
Dort sucht' ich deine Heimat zaubergleich.

Die Verse stammen nicht von Nerval, sie sind Mörikes Gedicht „Auf eine Christblume“ entnommen – besser als jeder Kommentar spiegeln sie die mystische Aura wider, in der Deutschland für den Dichter zum wahren Mutterland wurde. Den Namen Nerval – ein Pseudonym – hat er sich nach einem kleinen Landgut der Ile de France zugelegt, das mit dem Schicksal der mütterlichen Familie eng verknüpft war und das ein keltisch-römisches Totenfeld gewesen ist. So konnte auch der Name des römischen Kaisers Nerva ins Spiel kommen, zugleich läßt sich das Wort als Anagramm des Mutternamens Laurent lesen: Die Überlagerung der Schichten, das Ineinanderspielen der Bedeutungen, bilden das Formprinzip von Nervals ganzem dichterischen Schaffen. Den Vaternamen Labrunie machte er im gleichen Sinn zum Thema genealogischer Spekulationen, die mit der zunehmenden geistigen Verwirrung immer ausschweifender wurden. Aus Labrunie schimmerte ihm die germanische Brünne entgegen, Brünhilde taucht als Urmutter auf; als unmittelbare Ahnen gelten drei Brüder aus einem westgotischen Rittergeschlecht, das sich zur Zeit der Ottonen, der Kaiser des Heiligen Römischen Reichs Deutscher Nation, nach Schlesien und Polen, nach Aquitanien im Herzen Frankreichs und über Spanien hinaus bis in den Orient verzweigt hatte. Was hier unschuldig privates, wenn auch todernstes Stammesdelirium ist und was sich als Kraft dichterischer Zusammenschau im Werk produktiv ausgewirkt hat, sollte bei anderen später ganz andere, massiv todbringende Formen annehmen. Kompensatorischen Charakter hatte es immer und war bei Nerval imaginärer Ausgleich für ein Dichterleben in Knechtgestalt, wobei man allerdings nicht an den beliebten, vom Bürger wohlwollend zugelassenen „frommen Knecht“ denken darf, sondern an einen Pariser Feuilletonisten in steten Geldnöten und amourösen Verstrickungen. Persönlich war Nerval dabei höchst anspruchslos, bescheiden, von einer bezaubernden Zuvorkommenheit und inneren Grazie, ein vielgeliebter und treuer Freund, ein lustiger Gesellschafter, der dann wieder in sich hineinträumte und in Schwermut versank, aber auch in den Schrecknissen seiner Delirien die sanfte Unschuld, die leise eindringliche Reinheit des Tones so wenig verlor wie der Fürst Myschkin in Dostojewskis Roman.

Nur ausnahmsweise kam es zu Anfällen von verletzender Heftigkeit, wie sie auch von Hölderlin bezeugt sind. Und wie dieser zahlte sich Nerval gelegentlich Zinsen des nie erlebten Ruhmes zum voraus, indem er – der völlig Mittellose – die heimatliche Domäne Mortefontaine zu kaufen beschloß oder beteuerte, die Wärter fänden ihn beim Bad so schön wie Apoll. Die Beresina bleibt ein Grundthema. Durch Mundatmung glaubte Nerval einen schizophren in sich versunkenen Mitinsassen der Klinik, der künstlich ernährt werden mußte, heilen zu können: „Er ist erfroren damals beim Übergang; ich werde ihn auftauen." Mit Mühe entging er eines Tages dem Messer des Kranken. Die Anfälle häuften sich, machten immer längere Aufenthalte in den Anstalten befreundeter Pariser Nervenärzte nötig und endeten mit dem Selbstmord am 26. Januar 1855 nach stundenlangem Umherirren ohne Mantel durch die bitterkalte Winternacht in einem düsteren menschenleeren Viertel des ältesten Paris. Das Ende erregte Aufsehen. Gustave Doré zeichnete die grausige Szene des im Frack an einem Laternenpfahl Baumelnden. Genaue Berichte über die letzten Lebenstage Nervals erschienen alsbald – so zahlreich waren seine Freunde und so erschüttert. Vergebens hatte ihm dieser einen Mantel, jener ein paar Goldstücke angeboten. Sie wußten: Er ist ein williger Kumpan, aber die Freiheit geht ihm über alles, unvermutet bricht er auf zum eigenen Weg. „Die Nacht wird schwarz und weiß sein", heißt es in seinem letzten Brief, und eins seiner letzten Worte in jener Nacht war: „Kälte macht stark." Auf ein ärztliches Attest hin gestattete der Erzbischof von Paris das kirchliche Begräbnis; das Ministerium der Schönen Künste entsandte einen Vertreter; am Grab sprach der Präsident des Schriftstellerverbandes vor einer erstaunlich großen Menge, darunter Alexander Dumas, der trotz einer Grippe herbeigeeilt war, den Kopf umwickelt mit einem riesigen gelben Shawl, das Gesicht ganz verstört über den Verlust eines so nahen Freundes. Ahnte er, ahnten Théophile Gautier, Arsène Houssaye und andere kräftig im Leben stehende Freunde, daß Nerval mehr war als ein begabter, nicht ganz zu Ende gereifter Literat? Sein Rang ist damals doch wohl nur von Heine und Baudelaire erkannt worden.

„Der arme junge Mann!" hatte stoisch unbewegt der 91jährige Vater gesagt, als er die Todesnachricht erfuhr; das Zimmer verließ er längst nicht mehr. Im Herbst noch hatte ihm der Sohn aus Leipzig berichtet, wie hingerissen ein Veteran der Freiheitskriege sich mehrmals die Geschichte des Beresina-Übergangs habe erzählen lassen und dann mit ihm an die Elster gepilgert sei, die 1814 zum Grab für 12 000 napoleonische Soldaten geworden war. Das geheime Ziel der Reise nannte Nerval dem Vater nicht; ob er es erreicht hat, ob er die seelische Kraft zum Besuch des Muttergrabes in Groß-Glogau noch aufgebracht hat, steht dahin.

Verbürgt ist die Rückreise über Weimar, wo ihn wieder einmal der alte Pariser Freund Liszt aufnahm und von wo aus er seine Teilnahme am Wartburgfest zusagte, das wegen des schlechten Wetters abgesagt wurde. Für seinen Psychiater führte er während der ganzen Reise genau Buch über die Symptome der Krankheit: Luzidität war für ihn ein Lebenselement, ein natürlicher Gegenpol zum Traum.

Vier Jahre zuvor, im Sommer 1850, hatte Nerval in Begleitung des 20jährigen Hans von Bülow eine anregende Unterhaltung mit dem Großfürsten von Sachsen-Weimar geführt und dann das Goethe-Haus besucht, wo er lange bei den Medaillons verweilte, die der Bildhauer David d'Angers im August 1830 dem Alten zu dessen größter Ergötzung geschickt hatte. Wie in einem Brennspiegel laufen in der Episode alle Linien zusammen: Der Wagnerianer Bülow betrachtet Nerval beim Betrachten jener Bildnisse, die einst Goethe betrachtet und die das junge Geschlecht der Titanen darstellt, zu dem auch Nerval gehört – nur fehlte *sein* Medaillon, erst 1831 graviert, in der Sammlung. Wiederum stand er, der Faustübersetzer, dabei und blieb draußen.

Mittelbar tritt zur selben Zeit Wagner in seinen Gesichtskreis durch die Weimarer Aufführung des „Lohengrin“, über die Nerval am 18./19. September begeistert im Pariser Blatt „La Presse“ berichtet, ohne so tief in das Wesen des umwälzend neuen Musikdramas einzudringen, wie Baudelaire es 1861 getan und damit den neuen deutschen Titan als Herold der kommenden französischen Lyrik inthronisiert hat: ein Generationswechsel.

Die psychischen Störungen hatten Nerval nur noch enger und gewissermaßen bis ins Zellgewebe hinein mit der Mutter verbunden. „Das Fieber, an dem sie gestorben ist“ – schreibt er – „hat mich selber dreimal ergriffen in Epochen, die genaue, regelmäßige Einschnitte in mein Leben bilden." Die ideologische Formel für diese Bindung wird der Göttin Isis in den Mund gelegt: „Ich bin dieselbe wie Maria, dieselbe wie deine Mutter, dieselbe wie alle Gestalten, die du geliebt hast. Bei jeder deiner Prüfungen habe ich eine der Masken abgenommen, mit denen ich mein Gesicht verhülle." Freud ist hier vorweggenommen, nicht anders hat er zu seinen Patienten gesprochen. Zugleich aber werden durch einen Künstler wesentliche Partien des „Faust" in eigene Form umgegossen, vom Abstieg zu Helena und den Müttern bis zum Aufstieg durch immer höhere Schichten in der Schlußszene.

Beim Überblick über Nervals vielverzweigtes Werk muß der ökonomische Zwang beachtet werden, der es mit Tagesschreiberei belastet hat, wenngleich die besondere Melodie, die Anmut seines Wesens auch hier immer wieder durchschwingt – in den Reisebildern des stets Wanderfertigen, in seinen Pariser Promenaden und Theaterberichten, in seinem großen Werk über die Illuminaten, in den Opernlibrettos und den Spektakel- und Zauberstücken: „Piquillo", „Die Montenegriner", „Der Alchimist", „Der Bildermacher von Harlem". Von „Faust" schimmert fast immer etwas durch und wird nie greifbar. Man glaubt, verhallende Gespräche von Geisterscharen zu hören, die eben vorbeigezogen sind.

Von seinen Dramen sei nur eines erwähnt, das beste – aber es ist kein gutes: „Leo Burkart", 1839. Der französische Dichter schildert hier deutsche Burschenschafter, die im Sinn von Karl Sand agieren – Nerval selbst war kurz zuvor ergriffen auf sein Grab in Mannheim gepilgert, als auf das Grab eines Märtyrers der Freiheit, eines idealistischen Tyrannenmörders. Die „Jeune France" war einig mit den Carbonari, den russischen Dekabristen, den polnischen Aufständischen, dem Jungen Deutschland im Haß der Metternich-Zeit und der Heiligen Allianz. Denkwürdiges Zusammentreffen: 1835, vier Jahre vor Nervals „Leo Burkart", hat Georg Büchner in seinem „Danton" die Männer der Französischen Revolution auf die Bühne gestellt – mit einem Unterschied freilich, einem grundlegenden: Dem revolutionären deutschen Dichter gelang auch die revolutionäre Sprengung der Form, wo Nerval in der Schiller-

Konvention steckenblieb. Sein passives Temperament setzte ihm als Dramatiker von vornherein Schranken. Nur der brüderlichen Mithilfe des routinierten Theaterpraktikers Alexander Dumas war der bescheidene Erfolg – rund 30 Vorstellungen – zu verdanken. Büchner und Nerval trafen sich letztlich doch in der Prosa des „Lenz" und der „Aurélie". Daß sie nie etwas voneinander gewußt haben, macht die Bezüge noch bedeutsamer.

Vor „Aurelia" als End- und Höhepunkt von Nervals Entwicklung muß Nervals „Reise in den Orient" genannt werden. Zahllose Lektüren – auch mystisch-kabbalistischer Art – sind darin verquickt mit eigenen Erlebnissen beim Durchstreifen Vorderasiens von Konstantinopel her in den Jahren 1840/41.

Der Orient war für den erotisch leicht erregbaren, unsteten Dichter einerseits das Land der türkischen Bäder, wie Ingres sie noch in hohem Alter auf dem berühmten ovalen Gemälde so wollüstig fixiert hat; der Nil wurde zum Strom, der ihn mit einer provisorisch erworbenen Sklavin in einer weidengeflochtenen runden Barke tagelang hin und her wiegte und ihm die kongeniale Schilderung des aquatischen Sichtreibenlassens eingab. Das Kapitel zweigt sich wie ein still bewegter Nebenfluß von den rauschhafteren Texten Rousseaus und Chateaubriands ab, worin das besondere Existenzgefühl des Hingleitens auf dem Wasser und des Hineingleitens in den Traum seinen ersten sprachlichen Ausdruck in der französischen Prosa gefunden hat.

Der Orient und speziell Ägypten aber waren noch etwas anderes – das Land, wo Bonaparte und seine Generäle sich mit frühem Ruhm bedeckt hatten. Die demütigen Briefe an den Vater („Mon cher papa") betonen mit verhaltenem Stolz die Gefahren der Reise durch pestverseuchte, von Räuberbanden überzogene Gegenden und schildern als ebenso viril den halsbrecherischen Aufstieg auf die Plattform einer Pyramide, deren oberste Spitze abgetragen war und wo unerwartet, von Arabern emporgehievt, ein anderer Besucher erschien – ausgerechnet ein preußischer Leutnant. Nerval mokiert sich mit der ihm eigenen leisen Lustigkeit über die Steifheit, die kragenbeengte Förmlichkeit seines Visitenkarten überreichenden blonden Gegenübers. Aber noch mehr Wärme betont er, wie liebenswürdig und kultiviert der militärische Adjunkt des Archäologen Lepsius gewesen sei: Man denkt an die preußischen Offiziere der Epoche von 1790/1810, wo aus der Symbiose von märkischen Adligen, Hugenottensprößlingen und emanzipierten, geistvollen Jüdinnen die Berliner Romantik als erste deutsche Romantik entstanden war; man denkt in der nachfolgenden Humboldt-Zeit an Chamisso und seine preußischen Offizierskameraden.

Nervals Abstieg ins Innere der Pyramide bringt ihn als Abstieg zu den Müttern mit anderen Deutschen zusammen – diesmal mit geistigen Vorläufern. Sie gehören zur internationalen Gilde der Mystiker, Kabbalisten, Theosophen, die seit je Europa durch unterirdische Kanäle mit orientalischen Weltvisionen versorgt haben. Die deutsche Linie führt Nerval von Paracelsus über Athanasius Kircher, Jacob Böhme und viele andere zum Heidelberger Professor Creuzer, dessen „Symbolik“ er sehr genau kannte. Eine der großartigsten Episoden der „Orientreise“ ist die „Legende von Adoniram“, dem widerwilligen Diener Salomonis' und Meister der Metalle, der die verborgenen Gebirgsadern zu einem siedenden Erzmeer zusammenfließen läßt, um daraus neue, unerhörte Gestalten zu formen, und der durch den Verrat der niedrigen Knechte dabei untergeht. Die Sprache selbst ist Erzklang geworden in dieser großen Phantasie über die Söhne Kains.

Mit den „Töchtern der Flamme“ (1853) hat Nervals Kunst im Wechsel der Töne ihre Vollkommenheit erreicht. „Sylvie“ ist die berühmteste Erzählung des wiederum hastig zusammengestellten Bandes und eine der schönsten französischen Erzählungen. Sie setzt so unbefangen, heiter und innig ein wie eine Melodie von Schubert; die unschuldige Sylvie steht im Dorf am Fenster wie das Mädchen in der Morgenstunde auf dem Bild von Schwind, und die Landschaft der Ile de France ringsum ist eingefangen wie Schlesien in den Gedichten Eichendorffs. Aber schon gleiten die Perspektiven ineinander über, hinter jeder Gestalt wird eine andere sichtbar. Ist Aurélie, die Pariser Schauspielerin, zu der eine unerklärte Leidenschaft den Erzähler treibt, nicht identisch mit der geheimnisvollen Zwölfjährigen aus Königlichem Geblüt, die den gleichaltrigen Jungen einst im Mondlicht vor dem väterlichen Schloß geküßt hat und von der es heißt, sie sei als Nonne in einem Kloster verschollen? Glashart die Antwort Auréliens: „Jetzt warten Sie darauf, daß ich Ihnen sage: die Schauspielerin ist die Nonne. Sie sind auf der Suche nach einem Drama, das ist alles, und die Lösung des Konflikts entzieht sich Ihnen. Gehen Sie: Ich glaube Ihnen nicht mehr."

Kritische Desillusionierung nach mystischer Ekstase; Drang zum Geheimnis und Distanz des Künstlers zu seinen Wach- oder Wahnträumen: Das ständige Hin und Her hat Nervals Leben zerstört und dem Werk die bohrende Modernität gegeben.

Das Tempo wird heftiger, der Atem rauher, die Übergänge abrupter in „Aurelia", postum veröffentlicht 1855. Es sind Traumprotokolle, zwischen zwei Delirien aufgeschrieben, aber den Stift führt eine Hand, die die feinsten Kurven exakt nachzeichnet. Die Prüfungen, die Anfechtungen des Körpers und des Geistes haben den Blick nicht getrübt, sondern geschärft; die stete Todesdrohung hat die Konvention der Form gesprengt. Eine rheinische Landschaft wird unmittelbar neben Abstürze ins Innere der Erde gesetzt, und diese wiederum neben verrätselte Begegnungen in vertrauten niederen Räumen: Max Ernst und seine Collagen sind vorweggenommen. Als Surrealismus oder Suprarealismus hat Nerval diese Art von Kunst bezeichnet – die gleichen Begriffe aber findet man zur selben Zeit bei Heine, und mit Heine war Nerval seit 1838/40 aufs engste, ja geradezu brüderlich befreundet – auch als politischer Frondeur: aggressiv der eine, der andere zurückhaltend, aber mit kritischem Blick. Wenn Nerval eines seiner sehr weltaufgeschlossenen Reisebücher „Lorely" betitelt, so blickt uns zu Beginn durch die Lorelei des deutschen Dichters Nervals eigene „Aurélie" (Orély gesprochen) an. Auf dem Kopf über dem schmiegsamen Hals aber trägt diese Lorely „eine granatfarbene, golddurchwirkte Haube, sie leuchtet wie der blutige Kamm des alten Drachens aus dem Garten Eden". Das Urbild der Mutter ist zum Bild der todbringenden Frau geworden, wie so oft bei Heine und wie in Nervals letztem Fragment, der „Pandora".

Goethe am Anfang, Heine am Ende. Nerval hatte ihn 1838/39 kennengelernt, die Freundschaft blieb ungetrübt bis zuletzt. Beide Dichter hatten sich als wesensverwandt erkannt, und das Zeugnis eines so unbestechlich reinen Geistes wie Nerval bildet einen wichtigen Beleg für die dichterische Reinheit des einst viel berühmteren, heute immer noch verdächtigen und verdrängten Heine. Bis in feinste Einzelheiten ließe sich die Wirkung der Heine-Übersetzung von 1848 auf die französische Lyrik von Baudelaire bis zu Verlaine und den Symbolisten nachweisen; selbst Mallarmé ist bis zuletzt ein Bewunderer Heines und seiner Mischung von aufdeckender Ironie, musikalischem Raffinement und Kraft der Vision geblieben.

Nervals eigenes lyrisches Werk ist sehr schmal. Ein einziges Beispiel zeige, welchen Angelpunkt es aber bildet, welches Bindeglied zwischen der großen romantischen Lyrik der ersten Hälfte des 19. Jahrhunderts und der symbolistischen der zweiten Hälfte. Es zeigt auch, mit welcher Natürlichkeit Nerval das Schwierigste gelungen ist: deutsches Lied zusammenzubringen mit der strengen Sonettform Ronsards aus dem 16. Jahrhundert, das er als eine Blütezeit der französischen Dichtung seit der Jugend geliebt und gepriesen hat. Ich zitiere: „Delfica", 1843 in Tivoli niedergeschrieben und von Giraudoux ebenso bewundert wie von Paul Valéry, von Carlo Schmid wie von Georges Pompidou (in seiner „Anthologie der schönsten französischen Gedichte"):

> „La connais-tu, Dafné, cette ancienne romance,
> Au pied du sycomore ou sous les lauriers blancs,
> Sous l'olivier, le mytre, ou les saules tremblants,
> Cette chanson d'amour qui toujours recommence?"

Ganz einfach beginnt das, wie im Volkston, und im vierten Vers beinah wie im Romanzenton der Pariser Straßensänger: „Der Liebe Lied, das immer wieder neu beginnt." Als griechische Daphne aber erscheint die Angeredete, und zugleich schimmert eine andere Gestalt durch sie hindurch, Goethes Mignon: „Kennst du das Land." Myrte und Lorbeer fehlen nicht und nicht einmal der Drachen alte Brut.

In lächelndem Parlando hatte der Sprecher das Mädchen eingeladen: „Du kennst es doch, das Lied aus alter Zeit." Gebieterisch greift in der 2. Strophe die Hand nach ihr: „Reconnais-tu le temple au péristyle immense", verweist auf das, was jetzt hervorgetreten ist: „Erkennst du wieder des Tempels ungeheures Peristyl." Die Vorzeit steht da in ihrer Größe und ihren blutigen Kämpfen:

„Reconnais-tu ...
Les citrons amers, où s'imprimaient tes dents?
Et la grotte, fatale aux hôtes imprudents,
Où du dragon vaincu dort l'antique semence!"

Aber schon ist ein dritter Vorhang zurückgezogen; mit mächtigem, Stefan-Georgischem Klang wird der Götter Wiederkehr verkündet:

„Ils reviendront, ces Dieux que tu pleures toujours!
Le temps va ramener l'ordre des anciens jours,
La terre a tressailli d'un souffle prophétique –"
(„Die Götter kehren einmal wieder, die du stets beweint,
Die Zeit, sie stellt der alten Tage Ordnung wieder her,
Prophetischer Anhauch ließ die Erde beben.")

„Die Zeit ist buchstabengetreu und allbarmherzig", hatte Hölderlin in einem der letzten Briefe an die Mutter geschrieben und sein großes Gedicht „Brot und Wein" (Nerval kannte es nicht – er kannte nichts von Hölderlin) nach rauschendem Aufstieg in die Zeilen verhauchen lassen:

„Sanfter träumet und schläft in Armen der Erde der Titan,
Selbst der neidische, selbst Cerberus trinket und schläft."

Die gleiche Bogenführung in „Delfica" – nur große Meister können sich nach vollem Orchestereinsatz dieses Pianissimo des Ausklangs erlauben:

„Cependant la Sibylle au visage latin
Est endormie encor sous l'arc de Constantin
Et rien n'a dérangé le sévère portique."
(„Doch die Sibylle mit dem latinischen Antlitz

Schläft noch unter dem Bogen Constantins
Und nichts hat sich am strengen Säulengang
gerührt.“)

Die schlafende Sibylle strömt in ihrer gesammelten Kraft eine zukunftssichere Ruhe aus – auf dem magnetischen Spannungsfeld der Dichtung werden die gegensätzlichen Kräfte in eins gebannt und behalten zugleich ihre besondere Vibrationsfähigkeit bei. So schwingt auch in der Schlußzeile etwas von der unbefriedeten Einsamkeit des Dichters mit, dessen Hand über sprachlose Mauern tastet.
Wird Nerval selber wieder ins Vergessen absinken? Ist sein glänzender Aufstieg aus unsicherem Dunkel nicht zeitgebundener Ausdruck einer prekären gesellschaftlichen Situation, Flucht vor der Wirklichkeit zu den Chimären des Traums?
Aber der Traum ist gerade bei Nerval wie bei seinen Meistern Jean Paul und E. T. A. Hoffmann kreatives Vorwegnehmen der Zukunft, Erhellung des Kommenden durchs Vergangene; visionäres Feuer mischt sich mit kritischem Bewußtsein, das gesellschaftliche Zustände auch da durchschaut, wo es sie nicht unmittelbar gestaltet.
Nerval, der Wehrlose, steht heute nicht mehr allein. Wie von Schutzgeistern ist er umstellt von den kraftvollen Kindern, die sein Werk gezeugt.
Der Blick schweift nach allen Seiten, und von allen Seiten her dringen die Stimmen herüber. Hier „Le grand Meaulnes“, „Der große Kamerad“ von Alain-Fournier, das Buch der Generation, die auf den Schlachtfeldern von 1914 starb – erwachsen ist es aus Nervals „Sylvie“ mit seinen leichten Aquarellfarben, die dann plötzlich in düsterem Purpur erglühen. Hier „Nadja“ von André Breton und „Catherine Crachat“ von Pierre-Jean Jouve, zwei geniale Fortsetzungen der „Aurelia“. Hier das größte französische Romanwerk des 20. Jahrhunderts: „Auf der Suche nach der verlorenen Zeit“ von Marcel Proust, der 1920 die Wesensverwandtschaft mit dem „genialen Nerval“ bezeugt hat. Hier Guillaume Apollinaire, der Dichter der „Rhénanes“ und Verkünder des Kubismus: „Ich liebe Nerval wie einen Bruder“, schreibt er 1911. Die ganze moderne Lyrik – von Eluard bis René Char

– ist durch Nerval hindurchgegangen, aber auch die französische Geistesgeschichte von Michel Leiris bis Georges Bataille wird von ihm mitbestimmt; der „nouveau roman" führt seine Technik weiter.
Und wenn Louis Aragon nach rein artistischem Beginn sich zu einem kommunistisch engagierten Schriftsteller entwickelt und dem sozialistischen Realismus genähert hat, so kehrt er in den Altersromanen zu Nerval zurück. Die großen lyrischen Passagen von „La Semaine sainte" und „La mise à mort" übernehmen seine perspektivischen Spiegelungen und Durchblicke, und mit Nerval zusammen werden die Namen von Nervals deutschen Anregern zitiert: Jean Paul, E. T. A. Hoffmann, Novalis, Goethe, Heine.

Anmerkung

Die Rede ist aus einem französischen Vorlesungszyklus über Nerval hervorgegangen. Als Ausgabe wurden die „Œuvres" der Sammlung „Pléiade" benützt (Gallimard, Paris 1956, 2 Bde.). Dort reichhaltige Kommentare und bibliographische Hinweise. Bei Minard („Lettres modernes", Paris) erscheinen die „Œuvres complémentaires de Nerval".
Seit der großen Nerval-Studie von A. Marie, 1914, die ein paar Jahrzehnte lang dominierte, hat die französische und internationale Nerval-Forschung einen Aufschwung genommen, von dem J. Senelier „Nerval, essai de bibliographie" nur ein unvollständiges Bild gibt, weil das wertvolle Werk schon 1959 erschienen ist und die Untersuchungen sich inzwischen in fast beängstigendem Rhythmus vermehrten. Als erste Einführung kann dienlich sein Raymond Jean „Nerval par lui-même" (Paris 1964). Über die Beziehung zu Deutschland viele Hinweise bei Ch. Dédeyan „Nerval et l'Allemagne" (S. E. D. E. S., Paris 1957/58, 3 Bde.). Erwähnt sei auch die Dokumentensammlung „Nerval par les témoins de sa vie" von J. Richer (Paris 1970), der sich gleichzeitig in „Nerval, expérience et création" (Paris 1964) als einer der besten Kenner von Nervals Esoterik erwiesen hat. Unter dem Titel „Töchter der Flamme" hat Ernst Sander rund 400 Seiten aus dem Werk Nervals ins Deutsche übersetzt (H. Klemm, Freiburg i. Br. 1953). R. M.

Skizzen zum französischen Unterrichtswesen und Geschichtsbild im 19. und 20. Jahrhundert

Lavisse und Harnack oder Wissenschaft und Wehrkraft

In diesem Beitrag, der Geschichtsforschung mit erlebter Geschichte verflicht, darf der Siebzigjährige den Blick zurückschweifen lassen auf einen frostklaren Januartag 1922, wo er den führenden französischen Historiker Ernest Lavisse in seiner Pariser Wohnung hoch oben gegenüber dem Palais du Luxembourg besuchte – Rilkes Karussell drehte sich damals schon dort unten und dreht sich bis heute weiter.

Der Achtzigjährige, aus dem Mittagsschlaf im Lehnstuhl aufgeschreckt, wußte wohl nichts von Rilke, blickte unter buschigen Brauen zunächst unwirsch auf, wurde aber umgänglicher, ja zutraulich, als er hörte, daß er einen Straßburger vor sich habe, der eben in die Ecole Normale Supérieure aufgenommen worden sei, und ließ im Lauf des Gesprächs – unvergeßliche Episode – einen andern, längst verstorbenen alten Mann wiederaufleben, durch den er als Junge unmittelbar Zugang zur Französischen Revolution gehabt habe: einen Augenzeugen der Enthauptung Ludwigs XVI. im Jahr 1793. Hinter dem Studenten aber sah der Alte wohl die endlose Schar junger Franzosen, die zur Verteidigung des Vaterlandes und zur Wiedergewinnung des Elsasses ausgezogen und nie wieder heimgekommen waren – Frankreich jedoch war gerettet und die verlorene Provinz zurückgekehrt in den Schoß der menschheitsbeglückenden Republik, deren idealisches Bild Lavisse in seinen Geschichtsbüchern vierzig Jahre lang Millionen von Lesern knapp, eindringlich, unwiderlegbar nahegebracht hatte[1].

„Straßburg! Nie ist der Turm seines Münsters meinem Horizont entschwunden. Immer habe ich ihn gesehen, wie er vereinsamt gen Himmel stieg: ‚Ich bin Straßburg, bin das Elsaß, ich gebe dir ein Zeichen, ich warte'." Das Warten war zu Ende. Als Verkörperung eines gereiften Blütentraums aber vor dem respektheischenden Greis zu stehen, war für den elsässischen Besucher um so beklemmender, als er unwillkürlich

an seine deutschen Lehrer im Gymnasium der alten Reichsstadt denken mußte, die noch 1918 mit derselben Inbrunst und Hingabe den Traum von der Berufung des kaiserlichen Deutschland geträumt, die Zähne zusammengebissen, als ihre Söhne, Enkel, Neffen gefallen waren und stoisch weiterunterrichtet hatten im Sinne jenes besonderen Auftrags, den Adolf von Harnack, 1909, auf die Formel gebracht: „Wissenschaft und Wehrkraft sind die beiden Pfeiler der Größe Deutschlands“ – und den Lavisse schon 1889 mit den Worten umschrieben hatte: „Lehrer und Offiziere sind die Tragpfeiler der Größe Frankreichs.“[2]
Eiserne Ration auf beiden Seiten, beide Male verabreicht von unbestrittenen Wissenschaftlern, die zugleich Schlüsselpositionen im Unterrichtswesen und im öffentlichen Leben schlechthin innehatten.
Harnack, 1851 in einem baltischen Pfarrhaus geboren, war als bahnbrechender Dogmenforscher an die Universität Berlin im selben Jahr berufen worden wie Lavisse an die Sorbonne. Wilhelm II. teilte zwar keinesweg seinen theologischen Freisinn, erkannte aber mit scharfem Blick die organisatorischen Fähigkeiten des frisch zupackenden, unermüdlichen Mannes, unterschrieb 1905 seine Ernennung zum Generaldirektor der preußischen Staatsbibliothek und entschloß sich, auf Grund eines Harnackschen Memorandums vom 21. November 1909 – eben jenes, das Wehrkraft und Wissenschaft gleichstellt – zur Errichtung einer großzügigen Forschungszentrale, der heutigen Max-Planck-Gesellschaft, die damals den Namen des kaiserlichen Stifters trug und deren erster Präsident der inzwischen geadelte Theologe wurde, mit Gustav Krupp von Bohlen und Halbach als Vizepräsidenten. Regierungstreu, wenn auch niemals liebedienerisch, beunruhigt von der impulsiven Fahrigkeit des obersten Herrn, aber durchaus vaterländischen Geistes, verfaßte Harnack auf Wunsch des Staatssekretärs Clemens von Delbrück in dessen Zimmer am Abend des 4. August 1914 den Entwurf des berühmten kaiserlichen Aufrufs: „Ich kenne keine Parteien mehr, ich kenne nur noch Deutsche.“ – England war durch seinen Eintritt in den Krieg für Harnack der „Inbegriff des Teuflischen, ja geradezu des Tieres aus dem Abgrund“ geworden; der Krieg selber nahm den Sinn einer religiösen Prüfung und Erweckung an. Daß die

Sozialdemokraten für den Krieg gestimmt hatten, wurde ein zusätzlicher Beweis seiner gemeinschaftsbildenden Kraft und schuf die Grundlage einer Annäherung, der beim Andauern des Konflikts eine ebenso entschiedene Distanzierung von den Annexionisten, eine Ablehnung der Illusionen und Herrschaftsansprüche der obersten Heeresleitung und die Forderung einer „brüderlichen, sozialen Arbeitsgemeinschaft" entsprechen: Die Republik von Weimar schien ihm gewisse Garantien dafür zu bieten. In Eberts Haus sprach er am 6. April 1922 über das Thema: „Wie hat das alte Christentum die Nächstenliebe verstanden" und stimmte nach Eberts Tod gegen Hindenburg, weil nur durch die Stärkung der Mittelparteien eine Katastrophe sich abwenden ließe. Harnacks Tod am 10. Juni 1930 hat ihn vor der Erfahrung des Dritten Reichs bewahrt; sein Name als Gelehrter, sein Ruf als Patriot hatten aber noch 1936 so guten Klang, daß Agnes von Zahn-Harnack eine Biographie ihres Vaters erscheinen lassen konnte, ohne auf den fast 600 Seiten der herrschenden Ideologie das geringste Zugeständnis zu machen.

Ernest Lavisse ist einen ähnlichen Weg von der Monarchie zur Republik gegangen. Als Sohn eines Krämers 1842 im nordfranzösischen Städtchen Nouvion-en-Thiérache geboren, wurde der Staatsstipendiat der Ecole Normale Supérieure und angehende Geschichtsdozent schon sehr jung Sekretär des liberal gesinnten napoleonischen Unterrichtsministers Victor Duruy und auf seine Empfehlung hin, 1868, Erzieher des Kronprinzen, mit dem er bis zu dessen Tod im Kampf gegen die Zulus 1879 regelmäßig korrespondierte. Die Familie hat den zum Teil stark politischen Briefwechsel lange Zeit vertuscht, weil die republikanische Gesinnung nach scharfer Kritik erst gegen Ende durchbricht.

Um so unbeirrter hat Lavisse in den nächsten vierzig Jahren die Rolle eines Vorkämpfers der Dritten Republik durchgehalten, ihr in den schweren Krisen das Rückgrat gestärkt, Universität und Schulen auf ihre Seite gebracht. Daß der deutsche Schulmeister bei Königgrätz und Sedan gesiegt habe, war für ihn ein Glaubensartikel und eine Heilslehre geworden: Seine Lebensaufgabe hieß, dem französischen Schulmeister den gleichen Rang und die gleiche nationale Stoßkraft sichern. Wie Harnack saß er in allen Akademien und Gremien, wissen-

schaftlichen Kommissionen, amtlichen Beratungsstellen – mit Poincaré arbeitete er schon 1895 zusammen –, edierte maßgebende Sammelwerke, darunter eine zehnbändige „Geschichte Frankreichs“ 1900/12. Seine Leistung als Forscher betrifft wesentlich zwei Gebiete: das Zeitalter Ludwigs XIV. und die Entwicklung Preußens, das Geheimnis seines Aufstiegs von den Askaniern bis zu den Hohenzollern. Gleichzeitig aber haben pädagogische Leidenschaft, Sachkenntnis und prägnante, anschauliche Darstellungsgabe aus ihm einen Meister des Schulbuchs gemacht, der mit seinem „Leitfaden der französischen Geschichte“ nicht nur den Typ des pflicht-und-sendungsbewußten Volksschullehrers republikanisch nationaler Observanz mitgeprägt, sondern durch ihn jene Generationen herangebildet hat, deren Widerstandskraft ihr höchstes Sysmbol im Kämpfer von Verdun besitzt.
Mit verhaltenem, schmerzbewegtem Stolz erzählte mir der Alte, wie Delegierte des Marschalls Foch am 7. XI. 1918 die deutschen Unterhändler ganz in der Nähe seines Heimatortes Nouvion empfangen hätten – in jenem uralten Einfalls- und Kampfgebiet der Aisne, wo im Juni 1899 auf sein Betreiben hin ein Denkmal für drei Volksschullehrer eingeweiht worden war, die 1870 ihr Leben als Geiseln der Deutschen gelassen hatten. – Aus dem prüfenden Blick des Erzählers ließ sich die Frage ablesen, ob die junge Generation vom gleichen nationalen Elan beseelt sei. Sie war es nicht. Doch darüber am Schluß, wenn der Besuch bei Romain Rolland im März 1922 als Gegenstück zum Besuch bei Lavisse erscheint[3].
Zuvor muß die Entwicklung des Schulwesens seit 1793 bis zum effektiven Mitwirken von Ernest Lavisse skizziert werden.

In den Kulissen des französischen Schulwesens 1793–1870

Universale Ziele im Geist der Aufklärung, des „Siècle des Lumières“ und der Encyclopédie, waren im Reformprojekt gesetzt worden, das der Pädagoge und geniale Mathematiker Condorcet, 1793, als Abgeordneter dem Nationalkonvent unterbreitet hatte. Ehe ganz wenig davon zur Ausführung gelangte – so die Gründung jener Ecole Normale Supérieure, deren Leiter Lavisse von 1904 bis 1919 gewesen ist – war Condorcet der Guillotine durch den Freitod zuvorgekommen, der Konvent durch das Direktorium abgelöst worden, und dieses wiederum durch ein Kaiserreich. Der Volksunterricht – ein Hauptanliegen des Projektes von 1793 – blieb unter Napoleon, wie er bisher gewesen: völlig verwahrlost. – Imperiales Lyzeum und Universität wurden in ein militärisch zugeschnittenes System gebracht und der Pariser Zentralverwaltung rigoros unterstellt. Das Ideal der Aufklärung lebte im Konzept der gleichzeitig entstandenen deutschen Universitäten Humboldtscher Prägung ganz anders weiter, ohne daß freilich die Realität sich dem Konzept weitgehend anbequemt hätte[4].

Die Bourbonen hielten nach ihrer Rückkehr auf den Königsthron am zentralistischen Verwaltungsapparat fest, dessen Wurzeln ja bis in die Zeit Richelieus reichen, und ordneten die Lehrer einem Priestertum unter, von dessen Bedrückung Stendhals Roman „Rot und Schwarz" das ätzende Bild gibt.

Eine gewisse Liberalisierung beginnt mit dem Aufstieg des Herzogs von Orléans zum König nach dem Umsturz von 1830. Gemeinsam ist den Hauptvertretern des Fortschritts, daß sie – wie der Bürgerkönig Louis-Philippe selbst, der einst bei Valmy auf seiten des Volksheeres gekämpft – ihre Väter als gemäßigte Revolutionäre auf dem Schafott hatten enden sehen. So Guizot, ein Hugenottensprößling aus Nîmes, der in Genf Zuflucht gefunden hatte, ehe ihn noch unter Napoleon I. der streng rechtlich denkende Jansenist Royer-Collard, 1812, als Historiker an die Sorbonne holte. So der Herzog Victor de Broglie, dessen Familie seit ihrer Einwanderung aus dem italienischen Piémont Frankreich im 18. Jahrhundert drei Marschälle, im 19. Jahrhundert zwei führende Politiker, im 20. Jahrhundert zwei Physiker von Weltruf geschenkt hat, Maurice de Broglie und den Nobelpreisträger Louis de Broglie. Ihre geistvolle Schwester, die Gräfin de Pange, eine Chronistin ihrer Epoche und Biographin der Ahnfrau Madame de Staël, hatte mich nach dem Tod des Gatten gebeten, dessen umfangreiches Memoirenwerk zu edieren: Woher die Zeit nehmen? Durch die Ehe des Herzogs Victor mit Albertine de Staël (1812), der Tochter der berühmten oppositionellen Schriftstellerin und ihres Geliebten Benjamin Constant, des liberalen Libertins hugenottischer Herkunft, war ein Zug von protestantischem Frondegeist in die Familie gekommen. Madam de Staëls Vater, der Genfer Bankier Necker, hatte als letzter Finanzminister Ludwigs XVI. vergebens den Ultraroyalisten die Stirn geboten und sich mit derselben Entschlossenheit von der Militärdiktatur Napoleons I. distanziert, der von da an sein Landgut Coppet am Genfer See als gefährliches Verschwörernest betrachtete.

Seit 1815 saßen diese „Doktrinäre" einer konstitutionellen Monarchie in Paris; an der Sorbonne gehörten – neben Guizot – der Philosoph Victor Cousin, ein ausgezeichneter Deutschlandkenner, und der Literarhistoriker Villemain dazu. Das Revolutionsjahr 1830 brachte sie in die Ministersessel. Die Volksschulordnung, die Guizot, 1833, an der Spitze des Unterrichtswesens durchsetzte, ist Ausdruck dieser politischen Philosophie des „juste-milieu" – „in der Mitte liegt holdes Bescheiden". Die Menschheitsrechte von 1789 und die Lehren der Bibel und Kirche sollten sich gegenseitig erhellen, erwärmen, durchdringen. Die Priester durften weiterhin unterrichten, aber nicht ohne eine gewisse staatliche Kontrolle. Die Lehrer waren ihrerseits zur Beibringung des Katechismus verpflichtet. Die Gemeinden wurden zur effektiven Errichtung von Volksschulen angehalten. Der Staat übernahm – nach deutschem Vorbild – die Ausbildung der Lehrer in Seminaren und einen Teil ihrer Besoldung[5].

Die ganze Problematik des Julikönigtums enthüllt sich in diesem theoretisch ausgewogenen Programm, das aber weder die revolutionäre Tradition in Rechnung stellte noch den gewaltigen Auftrieb, den sie inzwischen durch die großen Sozialutopien von Saint-Simon bis Proudhon und Fourier erhalten hatte, von Buonarroti und den frühkommunistischen Zellen der Babouvisten ganz zu schweigen. Ebensowenig wurde die eigengesetzlich nach vorwärts drängende Dynamik der industriellen Entwicklung berücksichtigt, die Engels in den Romanen von Balzac so vorbildlich gestaltet sah. 200 000 Wahlberechtigte in einem Land voll gespeicherter Kräfte. Die Doktrinäre versteiften sich umsonst.

Dieselbe „juste-milieu"-Tendenz verfolgten Harnack und die kleine Gruppe der gemäßigten Hochschullehrer innenpolitisch im Verlauf des ersten Weltkrieges. So empfiehlt Harnack seinem Schwager, dem Historiker Hans Delbrück, am 21. August 1916 die „mittlere Linie, da eine Befolgung der radikalen Parolen von rechts und links nur zu einer unheilvollen Zerspaltung des Volkes führen müßte". Auch sie verkannten das Problem der Massen und die ökonomische Inadäquation ihres Programms.

1848 hatte in Frankreich den Kessel zum Sieden gebracht. Der Anschluß an 1793/94 schien wieder hergestellt und verkörperte sich auf dem Gebiet des Unterrichtswesens im radikal linksorientierten Hyppolite Carnot, einem Sohn des großen Lazare Carnot, dessen Organisationsgenie dem Volksheer 1793/95 den Sieg gesichert, der sich dem imperialen Willen Napoleons I. nicht gebeugt, erst bei der Invasion von 1814/15 in die Bresche gesprungen war und dafür das Exil in Magdeburg auf sich genommen hatte, wo er seine grundlegenden geometrischen Untersuchungen weiterführte, während der älteste Sohn der Begründer der Thermodynamik wurde. Der jüngere Carnot besaß nicht die entsprechende politische Begabung, ließ sich als Unterrichtsminister nach wenigen Monaten vom klerikal engagierten, wendigen Falloux, aus neugeadelter Bürgerfamilie, beiseite drängen, erlebte aber noch kurz vor seinem Tod, 1888, den Aufstieg seines Sohnes Sadi Carnot zum Präsidenten der Republik, dessen Integrität und Sachkenntnis dem jungen Staatswesen über schwere Krisen half.

Weder die republikanische Familie der Carnots noch die königstreue der Broglies hatten 1851 das von Napoleon III. proklamierte Kaiserreich anerkannt. In der widersprüchlich zusammengesetzten Persönlichkeit des neuen Herrschers sahen sie nur den politischen Hasardeur, nicht aber den ehemaligen Saint-Simonisten und carbonar, der sich, wie sein großer Vorgänger, als Sohn der Revolution fühlte und aufspielte, die Industrie mit ganz anderer Großzügigkeit förderte als der knauserige Bürgerkönig und zugleich als Freund der Arbeiter gelten wollte, mit kriegerischen Expeditionen den durch Louis-Philippe eingedämmten nationalen Drang nach neuer „gloire" stillte, die Ansprüche des Papsttums in Schranken wies und in diesem Sinn das Unterrichtsministerium 1863–1869 Victor Duruy übertrug. Seine eigenen Studien über Cäsar hatten ihn mit dem Historiker des alten Rom zusammengebracht, der als

Sohn eines Arbeiters der Gobelinfabrik unter ehemaligen Soldaten Napoleons I. aufgewachsen war und als Gegner der Kurie die alte Tradition des Gallikanismus weiterführte.
Lavisse tritt jetzt voll ins Bild. Die Etappen der wenn auch bescheidenen Reformen des „väterlichen Freundes“ V. Duruy hat er 1895 in einer Erinnerungsschrift festgehalten: Errichtung von Mädchenschulen und Volksbüchereien in den Gemeinden, Einführung von Geschichte und Geographie als obligatorischem Fach in den Lyzeen, Gründung eines relativ autonomen Forschungsinstituts, der „Ecole pratique des Hautes-Etudes“, an dem Lavisse später tätig gewesen ist und auf das auch Harnack in seinem Memorandum an Wilhelm II. rühmend hinweist.

Lavisse als etablierte Macht in der 3. Republik, 1871–1940

Daß Lavisse als einstiger Sekretär von Victor Duruy und Prinzenerzieher dem Gedanken des Kaisertums auch nach dessen Sturz jahrelang treu geblieben ist, erklärt sich durch eine Mischung von Anhänglichkeit, Opportunismus und die Zeitumstände.
Wiederum dominierte nach 1871 der Klerus im Unterrichtswesen und wieder hatte ein Broglie als Ministerpräsident das Ruder in der Hand. Das liberale Erbe des Vaters war aber beim Herzog Albert de Broglie in Frage gestellt durch das Trauma der Pariser Kommune, die sich auf die jakobinische Tradition berief und als deren andere Wurzel er das demagogisch plebiszitäre Kaisertum ansah.
Die Wiedereinsetzung der angestammten Monarchie schien ihm der einzige Weg zu einer heilen Welt unter dem Schutz Roms und des „Sacré Coeur“, dessen Türme als Mahn- und Sühnezeichen sich eben jetzt über das triebhaft revolutionäre Paris erhoben. – Da das Haus der Bourbonen aber mit dem jüngeren Zweig der Orléans zerstritten war, wurde bis zum Ableben des alten kinderlosen Bourbonen ein Platzhalter bestimmt in Gestalt von Mac-Mahon – einem jener Marschälle, bei denen die Völker paradoxerweise als rettendem Vaterbild Zuflucht suchen, obwohl sie

– wie Hindenburg und Pétain – am verlorenen Krieg keineswegs unschuldig waren. Im Gegensatz zum charakterlich schwankenden, biologisch viel älteren Hindenburg, hatte aber der ebenfalls und ausdrücklich als „Präsident der Republik" gewählte und auf sie vereidigte Mac-Mahon einen Sinn für Rechtlichkeit, Treue zum geschworenen Eid und politische Einsicht, die ihn alle abenteuerlichen Verlockungen abweisen ließen und 1879 seinen freiwilligen Rücktritt zur Folge hatten. Die Republik war damit endgültig geboren und eine Schulordnung in die Wege geleitet, die über den Sieg von 1918 hinaus bis zur Niederlage von 1940 und der Proklamierung des Vichy-Regimes unter der Devise „Vaterland, Familie, Arbeit" in Kraft blieb.

Die Grenzscheide – hatte der große katholische Sozialpolitiker Albert de Mun geschrieben – verläuft zwischen uns und jenen, die von der Reformation und der Encyclopédie herkommen. Protestantismus und Aufklärung spielen tatsächlich eine wichtige Rolle in der Neugestaltung des republikanischen Unterrichtswesens. „Le christianisme libéral" hieß die Zeitschrift, die der spätere Ministerialdirektor Ferdinand Buisson im Schweizer Exil herausgab und die ihm zwei Pastoren zuführte: den künftigen Generalinspektor der Volksschulen, Félix Pecaut, und den späteren Unterrichtsminister Theodore Steeg. Einer weitverzweigten protestantischen Familie gehörte Gabriel Monod an, der Geschichte an der Ecole Normale dozierte und mit einer Tochter des russischen Revolutionärs Alexander Herzen verheiratet war: Die alte Dame erzählte mir noch mit 95 Jahren in Versailles, wie sie als Siebenjährige die Schleppe bei der Trauung Cosimas mit Wagner getragen habe. – Kant erlebte eine Renaissance, wurde mit zum Geburtshelfer der Laienschule. Buisson forderte die Volksschullehrer auf, an einem Sommerabend ihre Klasse aufs freie Feld zu führen und mit den Schülern über die erhabenste aller Formeln zu meditieren: „Der gestirnte Himmel über uns, das sittliche Gesetz in uns."[6]

Andere – darunter Jules Ferry, der erste Unterrichtsminister des neuen Kabinetts und mehrmalige, energische Ministerpräsident – waren unter dem Einfluß des Positivismus von Auguste Comte Freimaurer geworden. Ferry selbst entstammte einer reformierten industriellen Familie aus den Ostvogesen und war durch seine Ehe in nahe Beziehung zum calvinistischen Textilpatriziat in Mülhausen gekommen, dessen Einsatz für bessere Arbeiterwohnung und Schulung Lujo Brentano, 1880, noch an Ort und Stelle hat untersuchen können – nicht ohne auf die gewinnbringende Form der materiellen und moralischen Bevormundung hinzuweisen. Der Aufgeschlossenheit dieser führenden Schicht ist immerhin auch der rapide Aufschwung jener „Liga für den Unterricht" zu verdanken, die 1866 der politische Flüchtling Jean Macé im oberelsässischen Weindorf Beblenheim gegründet hat, aus dem auch Christian Pfister stammt, ein späterer Mitarbeiter von Lavisse und erster Dekan der Philosophischen Fakultät Straßburg nach 1918 – mein leutselig milder, wenngleich präziser Examinator in Geschichte bei der Aufnahme in die Ecole Normale Supérieure[7].

Die propagandistische Tätigkeit Jean Macés, der seit 1864 mit dem sehr bekannten Pariser Verleger Jules Hetzel (einem Elsässer väterlicherseits) die erste Jugendzeitschrift von Rang und Gewicht herausgab, „Le Magazin d'éducation et de récréation" (Jules Verne publizierte hier im Vorabdruck seine Romane), der Impuls, der von den Mitgliedern der „Lique de l'enseignement" ausging (sie waren schon über 17 000 im Jahr 1870), haben den Boden für die entscheidenden Reformen im kommenden Jahrzehnt bestellt. Unbestrittenen Vorrang besaß dabei die Volksschule. Da der „Leitfaden" von Lavisse ausdrücklich für sie bestimmt ist, sich an das französische „Volk" wendet, können die Reformen der Universität, der Gymnasien und Lyzeen hier außer Betracht bleiben. „Unkonfessionelle, kostenlose und obligatorische Volksschule" hieß die Devise – eine alsbald sakralisierte Entsprechung zur Devise der Republik: „Freiheit, Gleichheit, Brüderlichkeit". Sie wies die gleichen Lücken auf.

Daß für die „besitzenden" und die „arbeitenden" Klassen zwei Arten von Schulen auszubauen seien – höhere Schule hier, Volksschule dort – statt jener Einheitsschule, wie die Reformatoren von 1793 und 1848 sie postuliert hatten, stand überhaupt nicht zur Debatte. Ferdinand Buisson, der von 1876 bis 1896 das gesamte Primarschulwesen unter sich hatte, später eine Professur für Pädagogik an der Sorbonne und 1927 den

Friedensnobelpreis erhielt, betrachtete mit bestem Gewissen dieses Zweiklassensystem als selbstverständlich. Er stieß sich damals nicht daran, daß Gymnasien oder Lyzeen, von wenig Stipendiaten abgesehen, so gut wie ausschließlich den Söhnen und Töchtern der besitzenden Schicht offenstanden: Ein halbes Jahrhundert lang – von 1880 bis 1930 – ist die Schülerzahl fast die gleiche geblieben, und dies in einem Land in voller industrieller Entwicklung. Kraß naiv hat Lavisse den Tatbestand mit den Worten gerechtfertigt: „Die französische Gesellschaft wird durch gerechte Gesetze regiert, seit sie eine demokratische Gesellschaft ist. Alle Franzosen haben die gleichen Rechte; es gibt jedoch unter uns Ungleichheiten, die durch Natur oder Reichtum bedingt sind. Diese Ungleichheiten können nicht aufgehoben werden."
Als Korrelat dazu die normative Formel für den Arbeiter: „Was man ihm vor allem empfehlen muß ist: Arbeit, Ordnung, Sparsamkeit. So wird der Aufstieg möglich. Natürlich nicht mit einem Schlag. Mein Vater besaß nichts. Ich besitze schon etwas. Wenn meine Kinder es wie ich halten, werden sie den ererbten Besitz weitgehend verdoppelt haben. Meine Enkel werden Herren sein. So steigt man in der Gesellschaft auf."
Die Lehrpläne für höhere Schulen in Preußen vom 6. Januar 1892 fassen die von Wilhelm II. gewünschte Einführung des Schülers in „gesellschaftliche und wirtschaftliche Fragen in ihrem Verhältnis zur Gegenwart" nicht anders auf. Gezeigt wird „der stetige Fortschritt zum Besseren unter dem Herrscherhaus und die Verderblichkeit aller gewaltsamen Versuche der Änderung sozialer Ordnungen"[8].
Lavisse war unter der Republik hochgekommen: 1922 hatte er beim Verleger Armand Colin ein Guthaben von 70000 Franken stehen. Seinen inzwischen alt gewordenen Besucher von damals interessiert nachträglich, was die Chronik an den Tag gebracht. War doch der Zweck des Besuchs gewesen, eine Karte für den jährlichen Wohltätigkeitsball der Ecole Normale Supérieure an den Mann zu bringen. Lavisse winkte ab – als ehemaliger Direktor sei er ja sowieso eingeladen. Man stammt nicht umsonst aus einem Kramladen, der „Zum kleinen Verdiener" hieß. Sparsamkeit gehört unter die Haupttugenden, die ein zusätzliches Buch des rüstigen Vielschreibers rühmt: die „Bürgerkunde", die 1883 unter dem Pseudonym Pierre Laloi

erschien, was weniger mit Peter Gesetz als mit „kategorischem Imperativ" wiederzugeben wäre. „Denn das Gesetz rät uns nicht nach Belieben dies oder jenes an. Es befiehlt, wie Gott in den zehn Geboten befiehlt." In einem andern Leitfaden der sittlichen und bürgerlichen Erziehung, den Poignet und Bernard 1898 erscheinen ließen, heißt es ganz ähnlich: „Ein tüchtiger Mann ist zufrieden mit dem, was er verdient, bleibt treu an seinem Platz, verzehrt wenig und spart viel und ist auf die Reichen nicht neidisch."

Napoleons III. Sturz war mitverursacht worden durch ein nach englischem Muster aufgebautes Freihandelssystem. Die Dritte Republik errichtete alsbald wieder die Zäune, schaltete die fremde Konkurrenz aus, erzog ein Volk von fleißigen Sparern, statt Produktivkräfte im Rahmen neuer Investierungen zu wecken, ließ durch Vermittlung der Banken fremde, besonders russische und balkanische Anleihen massenhaft unterzeichnen, die statt des erhofften Gewinns die Sparer oft nur ruinierten, ängstlich werden und die Kinderzahl reduzieren ließen. Die Verantwortung der Volksschulideologie an diesem Verhalten wird heute so gut wie überall gebucht[9].

Das gleiche gilt vom extrem gesteigerten Nationalgefühl. Es war einerseits die Replik auf den ebenso verstiegenen deutschen Chauvinismus und ein biologisch-psychologisch bedingter Reflex, die Niederlage wettzumachen und sich dadurch vor sich selbst auszuweisen. Im Unterrichtswesen bildete, anderseits, der Patriotismus den einzig möglichen Kitt zwischen den ideologisch zerstrittenen Parteien, wovon die eine das Heil in Kirche und Königtum, die andere in Republik und Laizismus sah. Die Glorifizierung des Vaterlandes in den katholischen Geschichtswerken stimmt hingegen mit der von Lavisse grundsätzlich überein.

Der „nationale Humanismus" des Geschichtsbildes ... und seine Breitenwirkung

Sein „Leitfaden" beginnt mit den Worten: „Mein Kind, auf dem Umschlag dieses Buches siehst du die Blumen und Früchte Frankreichs. Aus diesem Buch lernst du die Geschichte Frankreichs. Du sollst Frankreich lieben, denn

Schönheit hat ihm die Natur gegeben und Größe die Geschichte." – Der Ton des ganzen Lehrwerks ist damit angeschlagen: eine klar gegliederte Rhetorik, eine sanfte Suada mit sehr bewußter Zielsetzung, wie sie mir – nur theatralischer und voller Höflichkeitsfloskeln – im selben Winter beim alten Charles Schweitzer entgegenströmte, den ich damals nicht als Großvater meines späteren Mitschülers, Jean Paul Sartre, besuchte, sondern als Onkel Albert Schweitzers auf dessen besonderen Wunsch. Über die Schönrednerei des Alten hat er gern gelächelt, ist ihm aber bis zu seinem Tod im Jahr 1932 anhänglich und dankbar geblieben. Im Rahmen der von Charles Schweitzer begründeten „Société pour l'étude des langues étrangères" hat er um die Jahrhundertwende Vorträge über führende Deutsche gehalten – Nietzsche, G. Hauptmann, allerdings auch Sudermann. Und zu dem damals sehr modernen „Lehrgang der deutschen Sprache", den der Oheim beim Lavisse-Verleger Armand Colin erscheinen ließ, steuerte er die Texte über „Deutsche Philosophie und Musik" für die Oberklassen bei[10].

Was Schweitzer in Afrika 1915/16 in den Entwürfen für seine Kulturphilosophie über die zum Chauvinismus entartete, selbstmörderische Vaterlandsliebe schrieb, spiegelt seine intime Kenntnis der offiziellen französischen wie deutschen Gesinnungsweise wider, und ihre gemeinsame Ablehnung. Noch 1937 hat er nach der Lektüre der Harnack-Biographie zwei Stellen darin mit wütenden Ausrufezeichen versehen. Die eine heißt: „Über Trümmer und Tränen, Not und Niedergang der folgenden Jahrzehnte leuchtet die Erfahrung jener ersten Kriegs-Tage, -Wochen und -Monate mit einem unvergänglichen Glanze. Parteien, Stände und Klassen waren eingeschmolzen und umgeschmiedet zu einer einzigen, großen Wirklichkeit: Vaterland." Die andere Stelle heißt: „Noch wußte niemand, daß all diese Straßen, die Wege der Wissenschaft und der Erkenntnis, der Staatskunst, der Freundschaft und der Frömmigkeit, hinaufführten zu dem Altar, auf dem die heilige Opferflamme für das Vaterland glühte."[11]

Bei Lavisse hatte die Forderung an die Volksschüler gelautet: „Frankreich ist ein Land, dessen Kinder eher sterben sollen als das Joch der Fremdherrschaft ertragen." Seine Begründung fin-

det der Anspruch in den Worten: „Indem wir Frankreich verteidigen, verteidigen wir das Heimatland, wo wir geboren wurden, das schönste und edelmütigste der Welt. Indem wir Frankreich verteidigen, handeln wir zum Besten der Menschen aller Länder, denn seit der Revolution hat Frankreich auf der ganzen Welt die Ideen der Gerechtigkeit und der Humanität verbreitet. Frankreich ist das gerechteste, freieste und menschlichste aller Länder.“[12]
Die Könige haben das Land geeinigt, und werden insofern gepriesen. Das Volk hat das Land verteidigt – Jeanne d'Arc ist die exemplarische Verkörperung dieses Volkswillens. Seit der Revolution von 1789 ist das Volk als Ganzes mündig geworden. Die Schlacht von Valmy war die Bewährungsprobe. Sie wird im typischen Lavisse-Stil beschrieben. „Der Feind rückte immer weiter vor. Er stand in der Champagne. Er glaubte, er brauche sich nur zu zeigen, um unsere Soldaten in die Flucht zu schlagen. Die Generäle Dumouriez und Kellermann führten sie.
Der Feind griff an. Kellermann, den Hut auf seinen Degen gespießt, ritt voran mit dem Ruf: ‚Es lebe die Nation.‘ Unsere Soldaten wiederholten: ‚Es lebe die Nation.‘ Eine Kanonade brachte die Preußen zum Stehen und zum Rückzug. Frankreich war gerettet.“
Die historische Mission dieses Volksheers bestand darin, „die Völker von ihren Königen zu befreien“. „Republikanische Freiheit“ bildet von nun an die Antithese zu „despotischem Monarchismus“, der einzigen Quelle von Eroberungskriegen. Die Republik führte Kriege nur zur Verteidigung der Freiheit, und diese wird definiert als Volkssouveränität, Gleichheit vor dem Gesetz, Freiheit des Einzelnen, Freiheit des politischen Zusammenschlusses, der Presse, der Arbeit und Unterrichtspflicht des Staates für alle. Religiöse Probleme werden vorsichtig umgangen oder ausgeklammert, so zum Beispiel mit Bezug auf Jeanne d'Arc. Von göttlichen Stimmen, die sie gehört habe, ist keine Rede, nur von der wunderbaren, volkhaft tradierten Intuition des Bauernmädchens, das die ewige Sendung Frankreichs erkennt. Ihre Verbrennung durch ein geistliches Gericht wird ebenso rasch abgetan wie das Wüten der päpstlichen Inquisition in den Albigenserkriegen. Mit Schärfe hingegen wird die „Entartung der Freiheit zu Anarchie“ gegeißelt,

ob es sich um den Terror unter Robespierre handelt oder um die Ausschreitungen der Kommune, „jenes verbrecherischsten Aufruhrs, den die französische Geschichte zu verzeichnen hat". Damit ist nachträglich auch Napoleons III. Staatsstreich von 1851 gerechtfertigt: „Er hat das Land vor dem seit 1848 schwelenden Bürgerkrieg bewahrt." Eine überwältigende Mehrheit billigte darum seine Wahl als Kaiser und bestätigte ebenso im März 1870 die fortschreitende Liberalisierung des Regimes, dem jedoch die Tugenden einer wahren Republik abgingen und dessen verhängnisvolle Außenpolitik und mangelhafte militärische Vorbereitung durch den kriegsentschlossenen Militärstaat Preußen unter Führung des Junkers Bismarck Frankreich erneut an den Rand des Abgrunds brachte.

„Der Weg ist jetzt frei und das große politische Werk vollbracht. Im Rahmen der Republik lassen sich die notwendigen Änderungen unter friedlicher Zusammenarbeit aller durchführen."

Das Föderationsfest vom 14. Juli 1790 – die Friedensfeier, die auch Hölderlin so nachhaltig beeinflußt hat – bleibt für Lavisse maßgebend. „Die Menge war voll Begeisterung. Aus allen Provinzen Frankreichs waren die Föderalisten herbeigeströmt. Aber sie vergaßen, daß sie Bretonen, Normannen, Gascogner waren. Alle fühlten sich als Franzosen und waren stolz darauf, es zu sein, denn sie waren freie Menschen. Sie umarmten und verbrüderten sich."

Die Schlußvignette resümiert das Ideal des Leitfadens. Jacques Bonhomme – ein Gegenstück zum deutschen Michel – ruht nach jahrhundertelanger Ausbeutung glücklich unter einem Baum mit seinen drei Söhnen: ein Lehrer, ein Offizier, ein Bauer.

Als Offizier hat Emil Lavisse, der Bruder des Hochschullehrers, es bis zum General und Leiter der Militärschule von Saint-Maixent gebracht und ein militärisch-moralisches Ertüchtigungsbuch unter dem imperativen Titel: „Du wirst Soldat", 1888, herausgebracht.

Zu den Bauern seines Heimatdorfes aber kehrt Ernest Lavisse jedes Jahr regelmäßig zurück, um der Preisverleihung in der Schule zu präsidieren – ein lebendes Symbol sozialen Aufstiegs in republikanisch frommer Zucht.

Lavisse ein Verräter an Frankreich?
Die Revolte von Péguy

Aus dem Volk kam aber auch die Revolte gegen Lavisse. Sie trägt einen großen literarischen Namen: Charles Péguy.
Péguy war arm und blieb es sein Leben lang, weil Unabhängigkeit ihm über allen Aufstieg ging. Nur bedeutete Unabhängigkeit für diesen zähen Nachkommen von kleinen Rebbauern und Provinzhandwerkern unerschüttertes Beharren auf dem eingeschlagenen Weg, Scheu gegenüber dem Fremden, Unbeholfenheit, die ihn herabstimmte und in Mißtrauen umschlug, Intoleranz, die sich mit echtem Mitleid und Herzensaufschwung für hohe Ziele verband, Charakterstärke, die Verschlagenheit und bäurisch raffinierte Winkelzüge nicht ausschloß[13].
Bei seinem Eintritt in die Ecole Normale Supérieure war er voller Hingabe für die streitbare Generation der Hochschullehrer, die eben im Kampf für den jüdischen Hauptmann elsässischer Herkunft Dreyfus, ein Opfer der Militärjustiz, das Gewissen der Nation aufgerüttelt und sich damit endgültig durchgesetzt hatten.
Lavisse, vorsichtig lavierend, wenn auch „Dreyfusard", hatte sich aus dem Streit herausgehalten, wie Harnack aus dem Streit der Pfarrer um das Apostolikum. Von ganz anderm Schrot und Korn war sein Sekretär der „Revue de Paris" und Bibliothekar der Ecole Normale Supérieure, Lucien Herr, der Sohn eines elsässischen Schulmeisters, der 1871 für Frankreich optiert hatte, ein Polyhistoriker von profundem Wissen und zugleich ein unbestechlicher Asket der Dritten Repbulik, der Jaurès zum Sozialismus bekehrte. Als „Mann mit mächtigem kahlen Schädel und mit Zügen sokratischer Bildung" haben wir ihn 1921 gekannt, seine Selbststrenge und seine innere Teilnahme an den Sorgen der Jugend erfahren. Der deutsche Leser kennt ihn aus der reizenden Episode „Ein Vormittag beim Buchhändler", worin, zur selben Zeit, Carl J. Burckhardt die Begegnung des Sundgauers mit dem Prager Rilke schildert, dem er die Größe Hebels offenbarte[14].
Ein Fels der Lauterkeit war er, ein Fels immerhin, wuchtig. Ohne Zaudern stellte er einen großen Teil seines geringen Vermögens Péguy zur Verfügung, um dessen kaum gegründete

Verlagsbuchhandlung vor dem Konkurs zu bewahren, was ihm nicht den Dank, sondern den Haß des Einzelgängers zuzog, der alle Sanierungsversuche zurückwies und sich, wie Rousseau, einer Kabale von Intellektuellen ausgesetzt wähnte, die ihn geistig unter Kuratel stellen wollten. 1905 wurde der Bruch mit der Sorbonne und ihren „neu etablierten Machthabern und Nutznießern“ vollständig. Der Blitzbesuch Wilhelms II. in Tanger, wo er den Sultan zum Widerstand gegen Frankreich aufmunterte, hatte Péguy schlagartig die Gewißheit gegeben: „Wir stehen schon im Krieg, ohne es zu wissen.“

In den Augen des wieder katholisch gewordenen, großen Polemikers, der auch mit der Kirche, den Dogmen und seiner agnostisch gebliebenen Familie ständig Schwierigkeiten hatte, galt die „Partei der Intellektuellen“ von nun an nicht nur als Bastille plattester Aufklärung, sondern als deutsches Einfallstor in Frankreich, dessen Tradition durch importierten Kantianismus, Marxismus, die verhaßte Soziologie, den verbrecherischen Pazifismus in der Wurzel getroffen sei. Lavisse, bisher nur am Rand genannt, tritt 1912/13 in den Vordergrund. Der Verfasser der hyperpatriotischen Geschichtsbücher, dessen 50jähriges Dienstjubiläum Poincaré eben in der Sorbonne präsidiert hatte, ehe er als Ministerpräsident zur triumphalen Reise ins verbündete Rußland aufbrach – Lavisse, der Leiter der Ecole Normale Supérieure, war als „Agent Deutschlands“ entlarvt, als „Henker aus Weichlichkeit“, der seinen Bibliothekar Lucien Herr ungeschoren die Feinde des Vaterlandes aufhetzen ließ, statt für ihn und seinesgleichen im Namen des heiligen Ludwig, der Jeanne d’Arc, Richelieus und Robespierres den Strick, die Kugel oder die Guillotine zu fordern.

Der Irrsinn hatte Methode, er hatte vor allem Stil: eine eigentümlich rhythmisierte Prosa, deren Prinzip der steten Wiederholung und schrittweise vollzogenen Amplifikation teils an feierlich beschwörende Litaneien der Kirche anklingt, teils bäurische Wesenszüge aufweist in der absichtsvollen Langsamkeit, die Kräfte sammelt, den Feind umkreist, umzingelt und mit brutaler Härte zuschlägt. Dem verbindlichen, klugen, glatten Stil des Literaturforschers Gustav Lanson, dem Leiter der Ecole Normale nach dem Krieg, zogen wir bei weitem die Sprachmächtigkeit seines Erzfeindes Péguy vor – ein von Leiden gegerbter, von Zorn geschütteltes, stammelndes und doch so natürlich hervorquellendes Pathos. Und Jeanne d'Arc – bei Lavisse eine Drahtpuppe am demokratischen Faden – erfaßt Péguy ohne Kolbenheyersche Altertümelei kleinbürgerlichen Zuschnitts vom Volk der Armen und Entrechteten her, in ihrer Sprache der täglichen Arbeit und Last, der Kraft und der Schwere, der Sehnsucht, des Aufschwungs, des Wunderglaubens, der Mutlosigkeit, des Hasses.

Die privaten Ursachen des pathologischen Haßausbruchs auf Lavisse sind bekannt. „Ein katholischer Anarchist, der Vitriol in sein Weihwasser gießt", hatte Lavisse in der französischen Akademie über Péguy geäußert und 1913 nicht ihm, dem in steter Not steckenden Herausgeber der „Cahiers de la Quinzaine", den großen Literaturpreis zusprechen lassen, sondern Romain Rolland für jenen Romanzyklus „Jean-Christophe", der einst als Vorabdruck in den „Cahiers" diese wieder einmal vor dem Zusammenbruch bewahrt hatte. Péguy beglückwünschte summarisch den alten Freund und ließ von einem seiner Zuträger ein Pamphlet gegen das deutschfreundliche Werk schreiben, als Rolland seinen nächsten Roman „Colas Breugnon" der Revue de Paris anvertraut hatte[15].

Und doch gehört zu den tiefsten, gerechtesten Würdigungen Péguys die zweibändige Studie, die Romain Rolland ihm 1942/44 gewidmet hat. Draußen standen die Nazis; drinnen war der fast 80jährige auf dem Hügel von Vézelay allein mit dem Genossen der Jugend- und Manneszeit, unterschlug nichts Menschliches an ihm und feierte, was an Großem in dieser Wirrnis zu feiern bleibt – ein Buch von shakespeareschem Feuer in seiner Auslotung der Leidenschaften. „Früher und schärfer als andere hat Péguy mit dem untrüglichen Instinkt des Wachhundes in der Finsternis das Unabwendbare gewittert, auch wenn es sich im Dunkel zu entziehen schien." Geschildert wird die Revolte des rabiaten Einzelgängers gegen die „Abtrünnigkeit" von Freunden, die aus der lodernden Mystik des Sozialismus Kapital geschlagen, das genuin christliche Ideal Frankreichs durch platten, aber rentablen Wissenschaftsaberglauben zerstört und aus Vertretern des Volkes sich zu satten Bourgeois gewandelt haben, deren Indolenz oder Käuflichkeit die kriegerische Bedrohung des Landes nicht sehen wolle. Den sakralisierten Begriff des „Volkes" führt Rolland mit Recht auf die leidenschaftliche Definition des größeren Vorgängers von

Lavisse, des genialen, oft maßlos ausschweifenden Historikers Michelet zurück. Zugleich widersetzt er sich der Maßlosigkeit Péguys und exemplifiziert sie am Bild von Lavisse. „Immer werde ich ihn verteidigen, den alten Mann." Er rühmt die Bildkraft, die Präzision, die wissenschaftliche Qualität seiner Vorlesungen, rühmt seine Aufgeschlossenheit für andere, sein Gefühl der Solidarität. „25 Jahre lang hat er mir seit dem Verlassen der Ecole Normale ohne ersichtlichen Grund väterlich geholfen, immer fand ich bei ihm die herzlichste Teilnahme: sie leuchtete aus seinen guten Augen. Meine Dankesschuld an ihn wird noch größer durch mein Bedauern, ja meine Gewissensbisse darüber, ihm in seinem Alter Gram bereitet zu haben durch mein Verhalten im Krieg."

Vom Ersten Weltkrieg bis zum Erwachen Chinas

Einmütig wie Deutschland hatte Frankreich sich 1914 in Empörung, Trauer, Glauben an sein gutes Recht und an den Sieg erhoben. Es gab keine Parteien mehr. Harnacks Entwurf zur kaiserlichen Proklamation am 4. August 1914 hätte dem Inhalt nach von Lavisse stammen können und ebenso der berühmte „Aufruf der 93", zu dessen Initiatoren Harnack gehörte und dessen Ziel es war, das schuldlos überfallene Vaterland vor der Weltöffentlichkeit zu rechtfertigen. 1915 hat Lavisse die Kommentare zu 12 Wandbildern für Schulen kommentiert (das erste stellte einen Bajonettangriff dar), während Harnack ein prinzipielles Manifest zugunsten des U-Boot-Krieges unterzeichnete, von dem er später allerdings abrückte, wie er überhaupt im Verlauf des Krieges als ein Führer der Gemäßigten zu Konzessionen bereit war, „demokratischen Pazifismus" aber strikt ablehnte[16].
Grundlos war in Frankreich die Angst vor dem Pazifismus der Lehrer gewesen, den Péguy zum voraus so vehement angeprangert hatte. Lehrer, Studenten, Professoren waren alle zur Stelle, kämpften, fielen. Und am Grab von Jaurès, den am Vorabend des Kriegsausbruchs eine französische Kugel niedergestreckt, schwor Léon Jouhaux, der Generalsekretär des Arbeitersyndikats, dem deutschen Eroberer unter den Waffen wie bei Valmy entgegenzutreten.

Lucien Herr, tief betroffen, sagte: „Der Krieg wird fünf Jahre dauern." Hatte die Wirklichkeit aber nicht seine Prophezeiungen von der kriegsverhindernden Solidarität der europäischen Sozialisten zu Hohn gemacht? War nicht absurd gewesen, was er gegen Péguy ins Feld geführt: „Deutschland ist entschlossen, seine kulturellen und wirtschaftlichen Aufgaben friedlich durchzuführen. Im Grund sind die preußischen Könige trotz ihres militärischen Auftretens sehr wenig kriegerisch gewesen." Im August 1916 brach er zu einer geheimnisvollen Reise auf, radelte den einstigen Frontabschnitt vom 6. bis 10. September 1914 ab. Péguy war am 9. September 1914 dort an der Spitze seiner Kompanie gefallen: eine Versöhnung über dem Grab. Niemand erfuhr von dem stillen Mann mehr darüber. Lavisse lieferte er Materialien zu seinen Sammelbänden „Etudes et Documents sur la guerre", die zur Aufklärung Amerikas bestimmt waren, beriet gelegentlich seinen Freund Albert Thomas, den sozialistischen Rüstungsminister, lehnte Clemenceau ab, beurteilte mild die sozialistischen Pilger von Kienthal und Zimmerwald. Seit dem Tod von Jaurès war er stark in den Hintergrund getreten, half, litt, schwieg[17].

Einer sprach: Romain Rolland. Blieb Franzose und sprach für Europa. Blieb – ein fünfzigjähriger kranker Mann – in Genf, um ungeknebelt zu allen sprechen zu können. Daß die Leidenschaft des aufgewühlten Aggressions- und Verteidigungstriebes unbezähmbar und blind sich austoben will, wußte der tiefe Menschen- und Geschichtskenner. Jeder sollte die Pflicht tun, die tun zu müssen er glaubte. Die Pflicht der Älteren, Erfahrenen, der Geistigen hieß: Einsicht, Aufrüttelung des gemeinsamen, verdeckten Gewissens, Appell an die Kräfte der gemeinsamen Zukunft. Erste Keime begannen sich zu regen, zaghaft. – Der Vertrag von Versailles konnte den Frieden nicht sichern. Albert Schweitzer sprach mit Rolland lange darüber im März 1922. Mein Gefühl bei dem Besuch war: hier ist der Weg nach vorne. Bei Lavisse: fahler Glanz der Vergangenheit.

Als drei Freunde 1924 in der Ecole Normale Supérieure eine Gruppe für internationale Verständigung gründeten und Deutsche einluden, war Rolland, der in die Schweiz zurückgekehrt, unser Schutzgeist, L. Herr aber der Berater[18]. Neben seinem Amt als Bibliothekar der Ecole Normale Supérieure hatte er die Leitung der Zentralstelle für Pädagogik (Musée pédagogique) übernommen, sie in weltweite Konnexe gestellt, schon zur Zeit von Rathenau Deutschland mit hereinbezogen und Kerschensteiners Ideen zur Neugestaltung des Schulwesens jener Gruppe junger Universitätslehrer vermittelt, die gegen Ende des Krieges auf tiefgreifende Reformen bedacht waren: an ihrer Spitze J. M. Carré, ein Schüler und unmittelbarer Landsmann von Lavisse[19]. Am Ende von Lucien Herrs Leben steht seine großartige Übersetzung des Briefwechsels von Goethe und Schiller wie am Anfang seiner Laufbahn die wegweisende Studie über Hegel in der Grande Encyclopédie (1885, sq., 31 Bde.), aus der später die ganze französische Hegel-Forschung erwachsen ist.

Er freute sich am Aufblühen unserer Gruppe. Den Kommilitonen Pierre Péguy hatten wir nicht hereinbezogen: Seine schon damals auffällig trocken-ängstliche Beamtennatur hat später das vulkanische Werk des Vaters eingezwängt in einen Boden- und Schollenkonservatismus. Zum letztenmal traf ich Lucien Herr Anfang 1926 auf der Straße, klagte über Gesundheitsbeschwerden und wußte nicht, daß der 64jährige schon den Tod in sich trug. Der Arzt, dessen Adresse er mir aufgeschrieben, war der Physiologe und Psychologe Henri Wallon – ein Enkel jenes Abgeordneten, der 1875 bei der Errichtung des Septennats für Mac-Mahon statt der Formel „der Marschall Mac-Mahon“, die Formel „der Präsident der Republik Mac-Mahon“ zur Diskussion gestellt und mit einer einzigen Stimme Mehrheit so die bisher nirgendwo offiziell erwähnte Republik formal begründet hatte.

Nach dem Zweiten Weltkrieg hat der zum Kommunismus übergetretene Enkel Henri Wallon zusammen mit dem großen Physiker Langevin ein radikales Reformprojekt ausgearbeitet (1944/47), von dem so gut wie nichts in die Praxis übergegangen ist: Das Ganze setzt eine völlige Neuordnung der Gesellschaft voraus[20].

In China haben sich wie von selbst ein paar Analogien dazu ergeben. In China könnte aber auch ohne weiteres als Motto auf den Spruchbändern der Satz von Ernest Lavisse aus dem Jahr 1885 stehen: „Der Lehrer hat seine Aufgabe verfehlt, wenn er aus dem Schüler nicht einen pflichtbewußten Staatsbürger und einen Soldaten macht, der sein Gewehr liebt.“[21]

So verschlingen sich die Fäden, entwirren sich, laufen auseinander, kommen unerwartet wieder zusammen. Staatsfrömmigkeit, Wissenschaft und Wehrwille – eine explosive Mischung bis heute. Die Gewehre sind bis zuletzt immer wieder losgegangen.

1 Das Zitat von Lavisse über Straßburg in seiner Schrift: La question d'Alsace, Paris 1891. – Grundlegende Studie über seine Geschichtsbücher für die Schule: Pierre Nora, E. Lavisse et son rôle dans la formation du sentiment national. In: Revue historique, 1962, S. 72–106.

2 Agnes von Zahn-Harnack, A. von Harnack. Hans Bott Verlag, Berlin Tempelhof 1936, 579 S. – Neue Auflage, Berlin 1951. – Axel von Harnack, Der Aufruf Kaiser Wilhelms II. beim Ausbruch des 1. Weltkrieges. In: Neue Rundschau 1953, S. 615–618. Vgl. auch Adolf von Harnack, Reden und Aufsätze N. F. III u. IV, 1923. – Zahlreiche kritische Hinweise bei Klaus Schwabe, Wissenschaft und Kriegsmoral. Die dt. Hochschullehrer u. d. polit. Grundfragen des 1. Weltkrieges. Göttingen 1969, 302 S.

3 Lavisse, L'invasion du département de l'Aisne. Paris 1872. Entsprechend dazu seine Propagandaschriften von 1915 sq.: Pourquoi nous nous battons. – Procédés de guerre allemands u. a. Ed. A. Colin, Paris.

4 Über das Gesamtproblem des Unterrichtswesens. F. Ponteil, Histoire de l'enseignement en France 1798–1964. Paris 1966. 456 S. mit Bibliogr. – Eine ausgezeichnete Einführung mit dokument. Auszügen und Bibliogr. A. Prost, L'enseignement en France 1800–1967. Paris 1968, 524 S. – Gedrängte, aber eindringende Darstellung in den betr. Kapiteln der Histoire de la France, hrsg. v. G. Duby, Paris, 3 Bde., 1971/72. Vgl. in Bd. 3 (De 1852 à nos jours) die Beiträge von J. Bouvier, J. Rougerie, G. Dupeux, Ph. Joutard. Über den Volksschullehrer die kenntnisreiche, einfühlsame Studie von G. Duveau, L'Instituteur. Paris 1957, 192 S. mit Bibl. über das Thema. Autobiogr. Darstellungen von Volksschullehrern im Sammelband: Nous, les maîtres d'école. Paris 1967, 269 S. von J. Ozouf, dem eine Reihe von fundierten Einzelstudien über das Problem zu verdanken sind.

5 Über die „doctrinaires": A. Thibaudet, Histoire de la littérature française, 1936, S. 261 sq. – Vom gleichen Autor: La République des professeurs, 1927, 265 S.

6 M. Gontard, L'oeuvre scolaire de la 3. République, l'enseignement primaire en France de 1876–1914. Paris, 1965, 218 S. – Über ideologische Probleme: L. Legrand, L'influence du positivisme dans l'oeuvre de J. Ferry. Les origines de la laïcité, 1961, 256 S. – Eine Fundgrube das Dictionnaire de pédagogie et d'instruction primaire, hrsg. von F. Buisson. 3 Bde., 1882–87. Neue Ausg. in 1 Bd. 1911. – Von F. Buisson selbst: La foi laïque, 1912, Vorwort von R. Poincaré. – Felix Pecaut, L'éducation publique et la vie nationale, 1897.

7 E. Petit, Jean Macé, sa vie, son oeuvre. Paris o. J. – Über den Verleger Hetzel das dokumentarisch sehr gut belegte Werk von A. Parmentier et C. Bonnier de la Chapelle, Histoire d'un éditeur et de ses auteurs. Paris, 1954. – Lujo Brentano, Elsässer Erinnerungen. Berlin 1917.

8 Das Zitat von Lavisse bei P. Nora, o. c. S. 102.

9 Über den Verkauf des Leitfadens von Lavisse, vgl. P. Nora, a. a. O. S. 91. Die 3 Bände des Werkes (Nouvelle année préparatoire, 1. et 2. année) lagen 1895 schon in der 75. Auflage vor. Die erste Ausgabe war 1884 erschienen. Größere Änderungen wurden 1912 vorgenommen, aber immer im selben Geist. Der Verkauf des Werkes dauerte, wenn auch stark reduziert, über den Tod von L. hinaus bis 1930/36. P. Nora schätzt die Gesamtverbreitung auf mehrere Millionen Exemplare. – Angabe über das Guthaben von L. bei seinem Verleger A. Colin im Jahr 1922 ibid. S. 91. – Bei Nora auch Angaben über die Konkurrenz anderer Geschichtsbücher: keines konnte sich mit L. messen. J. et M. Ozouf, Les thèmes du patriotisme dans les manuels primaires, in Le Mouvement Social, oct. 1964, S. 5–31 betonen aber den Rückgang im Gebrauch des Werkes von L. seit etwa 1900, ohne genau Belege zu geben. – J. Freyssinet-Domingue, Les manuels d'histoire de l'Ecole libre 1882–1959 stellt in den konfessionellen Schulbüchern dieselbe patriotische Grundhaltung fest wie bei L., dessen Werk übrigens wegen der vorsichtigen Zurückhaltung in religiösen Fragen nicht auf dem Index stand.

Über die ökonomischen Folgen der Sparer-Mentalität, vgl. Duby, Histoire de la France a. a. O., Bd. S. 27. – Interessante, aber auch problematische Hinweise bei Beau de Lomenie, Les responsabilités des dynasties bourgeoises, 4 Bde., 1943/1963. Vgl. Bd. 3, 1954, S. 16 sq. – C. A. Mihalat, Les placements des épargnants fanç. de 1815 à nos jours. Paris, 1968.

10 Charles Schweitzer, Deutsches Lesebuch. Bei A. Colin, Paris, um die Jahrhundertwende in 7 Bänden erschienen unter Mitarbeit von E. Simonnot, hatte das Unterrichtswerk durch seine

neue Methodik und die Aufgeschlossenheit für Probleme des modernen Lebens große Verbreitung gefunden. Im Band für die oberste Stufe mit dem Untertitel „Deutsche Kulturgeschichte in Wort und Bild" sind die Texte „Deutsche Philosophie" S. 282–304, und „Dt. Musik" S. 297–304, unterzeichnet Dr. A. Schweitzer, Doktor der Philosophie, Privatdozent an der Universität Straßburg im Elsaß. Dies noch in der 11. Auflage, 1935. – Gegen den Chauvinismus A. Schweitzer, „Kultur und Ethik", Sonderausgabe, Beck, München 1960, S. 43 ff.

11 Die Zitate in der Biographie von Zahn-Harnack, o. c. S. 442 u. 443. Auf dem Exemplar im Zentralarchiv Günsbach der Vermerk von Schweitzers Hand: „Erhalten am 27. XI. 36." Wie wenig Harnack das Europäertum Schweitzers verstanden hat, zeigt auffällig der erste Satz seines Vorschlags, A. S. in die preußische Akademie zu wählen: „Er hat ... unter den ihrem Vaterland treuen Auslandsdeutschen als Arzt, Musiker und Gelehrter eine einzigartige Stellung" (7. 3. 29).

12 Die Lavisse-Zitate bei P. Nora, a. a. O.

13 Ch. Peguy, Oeuvres en prose 1909–1914. La Pleïade, Paris, 1957, 1598 S. Vgl. besonders S. 1145/53; 1157/61; 1213/17.

14 Ch. Andler, La vie de Lucien Herr, 1864–1926. Paris 1932, 336 S. – Vgl. E. Tonnelat, Charles Andler, 1937, 328 S. – C. J. Burckhardt, Ein Vormittag beim Buchhändler, Basel, 1944, S. 25 ff.

15 R. Rolland, Péguy. Paris, 1944, 2 Bde., 355 u. 331 S. – Über das Verhalten Péguys zu Lavisse seit 1912/14 vgl. Bd. 2, S. 72 ff. Daß Péguy dem Pamphlet gegen Rolland (in Les Lettres, 15. 6. 14) zustimmte, bestätigte nachträglich dessen Verfasser, René Johannet, in seiner Péguy-Biographie. – Über das Verhältnis von Rolland zu Lavisse, vgl. Bd. 2, S. 118–121. – P. Nora, a. a. O. S. 85 gibt eine falsche Datierung der Preisverleihung: 1911, statt Juni 1913. – Vgl. auch R. Rolland, Journal des années de guerre 1914/19. Paris, 1952, 1908 S. – R. Cheval, R. Rolland, l'Allemagne et la guerre, 1963, 769 S.

16 Zahlreiche Hinweise auf Harnack bei K. Schwabe, Wissenschaft u. Kriegsmoral, a. a. O.

17 Ch. Andler, Lucien Herr, a. a. O. Seine Prophezeiung der Kriegsdauer, S. 211. – Frontreise 1916, S. 226. – Zusammenarbeit mit Lavisse an dessen Kriegsschriften, S. 281 ff. – L. Herr hat aber auch alle Korrekturbogen der 9bändigen Histoire de la France contemporaine depuis la Révolution (1920/1922) von Lavisse gelesen und ihn beim Entstehen des Werkes dauernd beraten. S. 251.

18 Gründer der Gruppe waren Henri Jourdan, Georges Friedmann und der Verfasser. Th. Mann erwähnt seinen Vortrag dort in der Pariser Rechenschaft 1926, Taschenbuchausgabe, MK 119, S. 157. Die beiden elsässischen Normaliens, die ihn abholten, waren J. Neurohr und R. Montigny.

19 Über diese geplante, kaum zur Ausführung gelangte Universitätsreform: Andler, a. a. O. S. 257. – Das Projekt ist in Buchform veröffentlicht unter dem Titel: „Les Compagnons, l'Université nouvelle" 2 Bde., 1918/19, 189 u. 255 S.

20 Die Kommission trat am 8. Nov. 1944 auf Grund eines ministeriellen Dekrets unter dem Vorsitz von Paul Langevin zusammen. Sein Nachfolger, H. Wallonn übergab die Reformschrift am 19. Juni 1947. – Bibliogr. bei A. Prost, l'enseignement en France, a. a. O.

21 Zitat von Lavisse cf. P. Nora, o. c., S. 102.

Literaturgeschichte als Aufgabe

Die Vorstellungswelt der Deutschen

Ihre Entstehung und ihre Veränderungen

Meine ersten Arbeiten haben sich mit dem klassischen und romantischen Deutschland befaßt, dann wandte ich mich dem 19. Jahrhundert zu und schrieb eine Geschichte der deutschen Novelle. Gleichzeitig bereitete ich eine Studie über die Grundlagen der Literaturwissenschaft vor. Die weit vorangeschrittenen Vorarbeiten zu diesen beiden Werken befinden sich noch in meinen Aktenordnern. Durch den Kriegsausbruch fühlte ich mich notgedrungen aufgefordert, die deutsche Frage im ganzen neu zu überdenken. Von diesem Moment an entschied ich mich, eine allgemeine deutsche Kulturgeschichte in Angriff zu nehmen und sie nach einer neuen Methode zu entwickeln, einer Methode, die ich mit dem Voranschreiten meiner Untersuchung nach und nach weiter ausarbeiten mußte, da auch hier die Lücken der üblichen Darstellungen auftraten.

Der Zusammenhang zwischen diesem Versuch einer Synthese und meinen früheren Arbeiten ist deshalb nicht weniger deutlich.

Wenn ich von 1926 bis 1936 die Jahre mit Recherchen zu meiner Habilitation über Ludwig Tieck verbracht habe, dann nur, weil mich dieser Dichter direkt in das thematische Zentrum führte, das für das Verständnis des modernen Deutschlands entscheidend ist: in die Romantik.

Tieck war als ungemein schöpferischer und offener Geist

einer der Begründer dieser Bewegung gewesen und hat die Mehrzahl ihrer literarischen Motive ersonnen. Er ist ein typischer Repräsentant dieser Generation, die ein Bindeglied zwischen dem 18. und 19. Jahrhundert bildet und auf die Generation der Weimarer Klassik folgt. Vor allem Goethe bleibt für diese Jünglinge ebenso ein verehrtes Vorbild wie auch der furchterregende Vater, den sie übertreffen wollten, indem sie mit gesteigerter Vehemenz die dionysischen Themen seiner Jugendwerke wiederaufnahmen, als der zukünftige Dichter der „Iphigenie" noch ein heißblütiger Stürmer und Dränger* gewesen war. In den Augen der deutschen Literarhistoriker stellte der Sturm und Drang* den eklatanten Bruch des deutschen Genies mit der „welschen Liebedienerei" dar, eine Art literarisches Roßbach, eine geistige Revanche nach dem Westfälischen Frieden, der „aus dem Heiligen Römischen Reich eine Kolonie des Auslands gemacht hatte". Die klassisch-romantische Doppelbewegung – so diese Historiker – machte die Befreiung unwiderruflich.
Die Weimarer Klassik wendet sich, zahm geworden in ihrer Reifephase, Griechenland zu, der Mutter aller Völker, aber die damals in Europa von ihr geltende „mechanische" Auffassung ersetzt sie durch eine in die Tiefe gehende, die „organische" Auffassung. Deutschland wird zu Hellas rechtmäßigem Erben, so wie im Märchen der von seinen Brüdern verachtete Letztgeborene den Schatz findet und die Prinzessin heiratet. Die Romantiker entdecken hinter Hellas das weite, tiefe Germanien. So findet der deutsche Geist zu sich selbst, zu seiner Erde, seinen Toten und nach Jahrhunderten der Entfremdung zum Sinn seiner Aufgabe: Die Erneuerung des Abendlandes durch die Einfügung deutscher Werte.
Eine solche Aufwertung der romantischen Bewegung und der in ihr enthaltenen dynamisch-germanischen Elemente ist relativ neu. Welch aggressive Keime auch immer in ihren Schoß gelegt waren, sie konnten nur wachsen und Sprengkraft erlangen durch die ökonomischen, sozialen und politischen Umstände, die im Laufe eines halben Jahr-

* deutsch im Original (A. d. Ü.)

hunderts aus dem ländlichen und dezentralisierten „Heiligen Reich“ das industrielle Einheitsreich Bismarcks hervorgehen ließen.
Es ist wesentlich, diese verschiedenen Momente der Entwicklung zu berücksichtigen, will man eine Pseudoverknüpfung der Tatsachen vermeiden. Wenn die deutsche Romantik auch nicht die tiefsinnigste Lehre der Moderne ist, wofür die rechtsrheinischen Literarhistoriker sie halten, so stellt sie doch auch nicht nur, wie man bei uns oft denkt, das einfache Erwachen der Instinkte dar, das Vorspiel der künftigen Barbarei. Die Beschäftigung mit einem Dichter wie Tieck zeigt, daß für ihn und seine Freunde die romantische Kunst in erster Linie die Entdeckung des Authentischen in der Poesie, die Rückkehr an die eigentliche und volkstümliche Quelle aller Lyrik, bedeutete. Mit ihrem Angriff auf die französischen Theorien der Poesie des ausgehenden 18. Jahrhunderts, oder besser, mit ihrem Angriff auf die fehlenden Theorien, die fehlende Poesie, verhielten sich die deutschen Romantiker kaum anders als unsere eigenen Dichter des großen klassischen Zeitalters, als sie die spanische und italienische Kuratel zurückwiesen – eine legitime ästhetische Notwehr. Der Irrtum der Deutschen war, Frankreich selbst mit dem Pseudoklassizismus einer Epoche und einer im Untergang begriffenen Gesellschaftskaste zu verwechseln. Nicht nur vergaßen sie, daß nach 1789 unser Volk seine lebendigen Kräfte gebrauchte, um die Welt zu verändern, während Deutschland bar jeder gesellschaftlichen Dynamik seine alte Oberschicht behielt, sondern sie verkannten auch, daß Rousseaus Schriften schon lange vor dem großen lyrischen Erwachen von 1830 in Frankreich die europäische Empfindsamkeit tiefgreifend verändert hatten und daß ohne Rousseau selbst der Sturm und Drang undenkbar gewesen wäre.
Eine gewisse Radikalität des Denkens, ja ein gewisser Jacobinismus fällt bei dem jungen Tieck und seinen Freunden auf. Aber dieser Elan vergeht schnell. Die Romantiker verschließen die Augen vor der sozialen Realität und flüchten sich in die mystische Vorstellung eines auserwählten Volkes, des deutschen Volkes, das in sich vereinigte, was die

Franzosen getrennt hatten: Frömmigkeit und Dynamik. Tieck jedoch hält sich von den großen Denksystemen fern, die mit Fichte zu Hegel, mit Görres zu Schlegel jetzt ansetzen, furchterregende imperialistische Viren zu kultivieren, die aber immer gut kaschiert sind, bei den einen durch ein kosmopolitisches Credo, bei den anderen durch ihren neokatholischen Glauben.

Wie überraschend es auch sein mag, aber es ist Tiecks Altberliner Fundus – seine Nüchternheit, seine Vorsicht, sein klares Urteilsvermögen –, der ihn vor den Versuchungen der romantischen Exzesse bewahrte und ihn seine Neigung zur Magie immer wieder durch seine großstädtische Ironie korrigieren läßt. Er, einer der Begründer der romantischen Novelle, des romantischen Gedichts und des Theaters, der Herausgeber von Kleist und Novalis, ist einer der ersten, der auf den drohenden Überschwang der Romantik und auf die Abnutzung ihrer Motive hinweist. Mit seinen bemerkenswerten Altersnovellen aus den Jahren 1820 bis 1840 öffnet er einem gemäßigten Realismus den Weg, der die liberale Bourgeoisie in der Vorbismarckzeit widerspiegelt. Wenn es eine Spur von Tieck und seinen phantastischen Werken zu Brentano, Heine und selbst Wagner gibt, so gibt es eine zweite von seinen Novellen zu der großen bürgerlichen Prosa eines Keller und eines Stifter.

Mit dem Studium einer so komplexen und vielseitigen Persönlichkeit wie der Tiecks, der in alle Bewegungen seiner Zeit verstrickt war, der länger als ein halbes Jahrhundert von allen jungen Dichtern umworben wurde, ein Mann des Theaters und der Kunstkritik, der Übersetzer von Cervantes, Calderon und auch von Shakespeare und den Elisabethanern, stand ich vor einem Knotenpunkt in der Literaturgeschichte, der mich zwang, mich nicht nur mit den deutschen Werken, sondern auch mit einem großen Teil der europäischen Literatur vertraut zu machen. Durch Tieck wurde ich erst in die mittelalterlichen Texte eingeführt, zu deren erstem Herausgeber und Interpreten er sich in Deutschland gemacht hatte.

Um die übliche Darstellung in chronologischen Abschnitten zu vermeiden, habe ich als erstes versucht, die großen

Themen seiner persönlichen Erfahrung zu bestimmen, ehe ich sie in all seinen Werken in ihren unendlichen Variationen wieder aufgespürt habe. Anschließend bildete ich die Synthese seiner Empfindungen, seiner politischen, philosophischen und religiösen Vorstellungen und wies die Charakteristika seines künstlerischen Werkes nach. Die deutsche Literaturwissenschaft hat bemerkt, daß diese Gesamtdarstellung die erste war, die diesem ebenso bedeutenden wie schwierig zu erfassenden Dichter gewidmet wurde. Einige meiner Schlußfolgerungen haben übrigens dazu beigetragen, zeitgenössische ästhetische und psychologische Doktrinen zu entwickeln, wie sie zum Beispiel in Frankreich von Gaston Bachelard formuliert wurden.

Jedoch schien es mir seit dieser Zeit, daß man zwar durch das Studium der Literatur allein und selbst ihrer vollendetsten Ausdrucksformen, einige ästhetische Gesetze ausmachen kann, so auf verschiedene Aspekte der Literatur- und Ideengeschichte ein besseres Licht zu werfen vermag, aber daß auf diesem Wege die verborgeneren Quellen verfehlt werden, aus denen sich eine Nationalliteratur in ihrer Tiefe speist. Deshalb erweiterte ich in einer zweiten Habilitationsschrift die Grundlage meiner Untersuchung, indem ich mir als Ausgangspunkt die Autobiographie eines Mannes aus dem Volke vorgenommen habe: „Anton Reiser" von Karl Philipp Moritz.
Diesen „psychologischen Roman" des ausgehenden 18. Jahrhunderts konnte ich in seiner ursprünglichen Form als das „Tagebuch eines Pietisten" ausmachen, der gleichzeitig mit seinen eigenen Erfahrungen das norddeutsche Handwerkermilieu beschreibt, das von verschiedenen religiösen Bewegungen der Epoche stark beeinflußt wurde, am stärksten von der pietistischen. Haben nicht die großen Offenbarungen der deutschen Seele des 18. Jahrhunderts teilweise ihren Ursprung in diesem Pietismus, angefangen mit Bachs Chorälen bis zu den humanitären Grundsätzen der Weimarer Dichter? Wird man sich des pietistischen Hintergrunds nicht bewußt, kann das Goldene Zeitalter der deutschen Dichter und Denker nicht wirklich verstanden werden, so wie auch verschiedene Aspekte unseres großen Jahrhun-

derts ohne den Jansenismus als Hintergrund nicht verständlich sind. Exakt konnte ich die direkte Verbindung nachweisen, die zwischen Moritz' Ideen und denen der Klassiker einerseits und denen der Romantiker andererseits besteht. Moritz war in Italien eng mit Goethe und in Jena eng mit Schiller befreundet gewesen und wurde dann wenige Jahre vor seinem Tode in Berlin zum Lehrer und Wegbereiter der jungen Romantiker.

Die bedeutende Rolle dieses lange Zeit verkannten Dichters glaube ich durch meine Arbeit ins rechte Licht gerückt zu haben. Erst jetzt beginnt man, seinen erstaunlichen psychologischen Scharfsinn zu erkennen, Moritz zählt zu den direkten Vorläufern eines Proust und eines Freud. Doch was mich über den individuellen Fall hinaus in erster Linie gefangenhielt, das ist die allgemeine Entwicklung einer Epoche – der Übergang vom Pietismus zum Rationalismus, von da zu einem Ästhetizismus, der seinem zugleich religiösen und moralischen Ursprung verpflichtet bleibt und auf die Erneuerung der menschlichen Gattung setzt, nicht durch die von der Masse geforderten sozialen Reformen, sondern durch die progressive Erziehung einer Elite, eine Erziehung, die sich phasenweise mit Moritz' Entwicklung deckt. Die Rolle des französischen Pietismus erweist sich als bedeutender für die Bildung dieses Ideals, als man gemeinhin vermutet. Dieses Ideal ist mit Sicherheit ein sehr hohes, aber es begünstigt maßlos die introvertierten und apolitischen Tendenzen in Deutschland, indem es sie rechtfertigt.

Wenn ich meine Arbeit in deutscher Sprache geschrieben und veröffentlicht habe, tat ich es nicht ohne Grund, denn in dieser minutiösen Studie mußte der Herkunft der Begriffe und ihren Veränderungen sehr genau nachgegangen und ein Vokabular ausgewertet werden, in dessen Kern sich von einer Generation zur nächsten auffallend signifikante Verschiebungen des Bedeutungsakzentes vollziehen: So stellt sich in gewisser Hinsicht der Klassizismus als eine Säkularisierung von sehr alten religiösen Tendenzen dar, die in eindeutig mystischer Form in den späteren romantischen Werken wieder auftauchen.

Auch war es mir wichtig, mich in ihrer eigenen Sprache

an die Deutschen zu wenden und ihnen zu zeigen, was ein Literarhistoriker zu ihren Forschungsmethoden beisteuern kann, indem er sich, auch wenn er diese zur Kenntnis nimmt, mehr auf die psychologischen Analysen beruft, auf die Arbeiten eines Sainte-Beuve und eines Henri Brémond.

Diese verschiedenen Studien, die ich um 1936 abschloß, haben mich ins Zentrum dessen versetzt, was ich die deutsche Innerlichkeit nennen würde – eine noch immer lebendige und wirksame Innerlichkeit, denn in beiden Hemisphären wird Bach noch gespielt und Goethe noch gelesen. Aber wie das einstige Deutschland mit dem modernen aggressiven Deutschland in Einklang bringen, welches sich zu seinem rechtmäßigen Erben erklärt hatte und im Namen dieses Erbes die Weltherrschaft für sich beanspruchte?

Hier gab es eine Kluft, die mir immer gegenwärtig war. Der Krieg vertiefte sie noch, denn von 1939 bis 1940 war es meine Aufgabe, mich direkt an das Deutschland der Eroberer zu wenden, als ich für das Ministère de l'Information Broschüren und Flugblätter der Gegenpropaganda redigiert habe, die für die Bevölkerung jenseits des Rheins bestimmt waren.

Durch die Niederlage der Alliierten und den anfänglichen Triumph des Nationalsozialismus fand ich mich ohne Bücher und Manuskripte in einer Art Exil in Grenoble wieder, die dortige Faculté des Lettres war bereit gewesen, mich aufzunehmen, denn meine Rückkehr nach Nancy war nicht mehr möglich – so stand ich wie viele Franzosen vor einer Tabula rasa, die mich einen besorgteren, aber auch erneuerten Blick auf die Probleme werfen ließ, die für alle zu Lebensproblemen geworden waren.

Ich erinnerte mich an meine Straßburger Schulzeit, an diese Prägung im Kindesalter durch Schulbücher, Zeichnungen, Wandkarten und Lieder, an dieses Ensemble, das dem Individuum schon in den ersten Lebensjahren eine Reihe von unauslöschlichen Bildern auferlegt und ihm eine Werteskala der nationalen Kultur vermittelt, auf die es sich bezieht, als sei sie eine Offenbarung, in der Überzeugung, daß die Welt keine andere kennt. Da ich von einer familiären Opposition zu diesen Bildern und Werten umgeben wurde, habe ich mich nie „einfangen“ lassen. Aber der Davongekommene, der ich war, hatte später die Möglichkeit, die bestimmenden Komponenten des Denkens und Handelns eines Durchschnittsdeutschen zu ermessen und darzustellen. Über die deutsche Frage hinaus schien es mir, an einen Mechanismus gerührt zu haben, der in verschiedener Ausprägung jedes Volk im Innern seiner eigenen Kultur bewegt und ihm nur allzu oft die des Nachbarn verschließt.

Die deutsche Erfahrung, die an einem eindeutig pathologischen Punkt anlangte, war nur um so aufschlußreicher. Sie zeigt den kaum zu unterschätzenden gefühlsmäßigen Anteil an dem Selbstbild, das eine Nation von sich und seiner Vergangenheit hat. Welche Rolle auch immer die Ideologie der Machthaber, die selbst von der wirtschaftlichen und politischen Entwicklung der Zeit bestimmt wird, in der Beeinflussung eines Volkes spielt, es bleibt dennoch richtig, daß diese Ideologie nur vermittels der Einbildungskraft auf die Massen wirken kann, und nur wenn sie tiefes Empfindungsvermögen wiedererweckt sowie verborgene Bilder, in denen sich eine Nation erkennt und die sie später auf verschiedenen Ebenen nur rechtfertigen und rationalisieren wird.

Hier fand ich die Leitidee meines Buches: Die Erforschung der wesentlichen affektiven Vorgaben, auf Grund derer sich die allgemeinen Reaktionen der Deutschen bilden und im Laufe der Jahrhunderte gebildet haben.

Mein Werk würde unter gewissen Gesichtspunkten auch eine historische, geographische und ethnologische Studie sein. Noch weitere Wissenschaften werden herangezogen, insbesondere die Kunstgeschichte: Es wird jedoch eine Zersplitterung und einen künstlich enzyklopädischen Charakter vermeiden und immer wieder die Aufmerksamkeit auf das eigentliche Thema zurücklenken, das vorrangig das eines Literaturwissenschaftlers bleibt: Die Bestandsaufnahme der großen Motive der deutschen Vorstellungswelt, ihre Entstehung, ihre plötzlichen Veränderungen und die Gesetze dieser Veränderungen. So konnte ein Kritiker meines Buches sagen, daß es die „objektive Geschichte“ einer Subjektivität ist, der nationalen Subjektivität der Deutschen.

Wenn es auch paradox klingen mag, aber diese Subjektivität wurde mir anhand eines französischen Werkes bewußt, des „Tableau de France", das ich während meiner Pariser Zeit an der Ecole Normale gelesen habe. Michelets berechtigte Beschwörungen, sein köstlicher Ton, sein tiefer und begeisterter Sinn für die Beständigkeit des Volkstümlichen, diese Eigenschaften beeindruckten mich seither, da sie sich so lebhaft von dem abstrakten und systematischen Charakter der meisten deutschen historischen Werke unterscheiden. Aber erst Jahre später, als ich älter und reifer geworden war und unter dem Schock der internationalen Ereignisse, kristallisierten sich meine eigenen Ideen in ihrer Gesamtheit heraus.

Es erhob sich jedoch ein Einwand. Waren die Regionen, die ich beschreiben wollte, nicht vom Nationalsozialismus zerstört worden? Hatte nicht die Politik der Alliierten dieses Werk fortgeführt und hatte nicht der Flüchtlingsstrom von mehreren Millionen Deutschen innerhalb des Reiches endgültig die alten Rahmen gesprengt? Aber gegen solch einen Zustrom von „inneren Emigranten" haben sich die angestammten Bewohner sofort zur Wehr gesetzt. Bayern versteht Bayern zu bleiben, wie Württemberg eben Württemberg und Westfalen eben Westfalen bleiben will. Keineswegs soll das heißen, daß sie sich nicht gleichzeitig als deutsche Länder fühlen. Die Besonderheit der deutschen Entwicklung im 19. Jahrhundert liegt genau in der Parallelität von literarischer Entdeckung der Regionen und politischem Aufbau des Reiches. Diese beiden Phänomene schließen sich nicht gegenseitig aus, sondern verbinden und verstärken sich.

Schon bei den Romantikern deckt sich die poetische Wertschätzung der verschiedenen Regionen mit dem mitunter aggressiven Trachten nach der nationalen Einheit. Und auch bei den folgenden Generationen geschieht es, daß sich die Idee vom deutschen Vaterland durch die Bilder von den verschiedenen Provinzen in den Köpfen verfestigte und endgültig Gestalt annahm. Schlesien, das heute für die Deutschen verloren ist, bleibt in ihrem Kollektivbewußtsein nicht weniger lebendig dank der Sicht von Malern und Dichtern – vielleicht noch mehr als von Historikern –, die es für Millionen von Menschen mit Zeichnungen in Schulbüchern, Erzählungen in Almanachs anschaulich dargestellt haben. Anstatt einen politischen Partikularismus zu fördern, hörte die regionale Kultur nicht auf – und hört noch nicht auf –, Wasser auf den Mühlen der Einheit zu sein. Die Nationalsozialisten, die gleichzeitig das Reich uniformisiert und den künstlerischen und literarischen Ausdruck der Regionen ermutigt haben, wußten das sehr wohl. Deutschland ist stolz auf die Vielfalt seiner Landschaften und sieht darin kein Hindernis der Einheit, sondern im Gegenteil die Aufforderung, die sich ergänzenden Reichtümer zu bündeln, denn nur die Gesamtheit bildet in seinen Augen die wahre Gestalt der Nation. Diesen ebenso einfachen wie komplexen Tatbestand hatte ich im Sinn, als ich meinem Werk den Titel gab *Allemagnes et Allemands.*

Der erste Band enthält nach einer methodischen Darstellung und einer deutschen Kulturgeschichte im Überblick die Studien zu einem besonders reichen Land, in dem schon vor 1939 vierzig Prozent der Bevölkerung lebte, dem Rheinland, welches sich aus mehreren recht unterschiedlichen Landstrichen zusammensetzt, aus der Rheinprovinz, dem Ruhrgebiet, dem Saarland, der Rheinpfalz und den hessischen Gebieten beiderseits des Mittelrheins.

Der zweite Band wird eine Gegenüberstellung von Baden-Württemberg und Niedersachsen (Westfalen, Hannover, Braunschweig, Oldenburg, die Hansestädte und Schleswig-Holstein) enthalten. Der Kontrast zwischen den traditionellen Kulturländern Süddeutschlands und den Ländern Norddeutschlands, die vorgeben, den Einfluß des alten Germanentums ungebrochener bewahrt zu haben, wird hier ausgearbeitet. Eine analoge Gegenüberstellung wird im dritten Band Bayern (einschließlich Franken/Main) mit Preußen (Brandenburg, Mecklenburg, Pommern, Ostpreußen und Schlesien) konfrontieren.

Jedoch, ob einstmals romanisierte Länder oder „kolonialisierte" Länder, ob katholische Provinzen oder lutheranische, die verschiedenen Regionen werden nicht nur in

ihren Gegensätzen dargestellt, sondern auch in ihrer Gemeinsamkeit, die trotz aller Unterschiede in Sitten und Gebräuchen im Verständnis der Deutschen aus ihnen vor allem Bestandteile eines Deutschlands macht, des Deutschlands, das, gestern noch aufgebläht vor Kraft und heute vor Schwäche taumelnd, dennoch nicht weniger eine unbekannte Größe von Gewicht inmitten Europas bleibt.
Der erste Band meines Werkes ist erschienen. Weit davon entfernt, einen Schlußpunkt zu setzen, skizziert er lediglich die Grundlagen einer Methode, die ich vorhabe nach und nach ganz zu entwickeln. Wahrscheinlich werde ich in zwei Jahren die schon weit gediehenen letzten Bände von *Allemagnet et Allemands* beendet haben. Diesen Versuch einer Synthese betrachte ich nur als eine erste Stufe, mit all den inhärenten Unvollkommenheiten, die solchen Unternehmungen innewohnen. Umgehend werde ich in dem folgenden Zeitraum einige Fragen detailliert behandeln, die ich in diesem grundsätzlichen Werk nur gestreift habe.
Einige dieser Fragen beziehen sich auf das deutsche Mittelalter (Rolle der Hohenstaufen in der Lyrik des 12. und 13. Jahrhunderts; die Problematik des „Ackermanns aus Böhmen“, 1399). Andere behandeln die Wechselwirkungen zwischen der deutschen und den ausländischen Literaturen (die Rolle Griechenlands bei der Herausbildung einer bürgerlichen Elite im Deutschland des 18. Jahrhunderts, die Problematik des „nordischen Erwachens“ in Deutschland und Skandinavien im 19. und 20. Jahrhundert).
Möglicherweise werde ich das eine oder andere Thema im größeren Umfang behandeln müssen. Und zweifelsohne werde ich mich auch wieder meinen alten Projekten von vor 1939 zuwenden und sie erweitern: Einer Studie über die deutsche Novelle im bürgerlichen Umfeld des 19. Jahrhunderts und einem Werk der Methodologie. Es wird die verschiedenen Verfahrensweisen darlegen, die in der kritischen Forschung während des letzten halben Jahrhunderts in Deutschland angewendet wurden, von Burdachs und Ungers Ideengeschichte, Gundolfs Geistesgeschichte und Strichs Formgeschichte bis hin zu den verschiedensten

Versuchen der psychoanalytischen Schulen und den soziologischen Studien eines Georg Lukács.

Eines Tages, wenn ich im Besitz einer weitreichenderen Erfahrung und eines sicheren Werkzeugs sein werde, möchte ich die großen Motive der deutschen und französischen Vorstellungswelt miteinander vergleichen. Mir scheint, ein Werk dieses Genres könnte helfen, etwas zu erschaffen, was uns fast noch gänzlich fehlt: Die Grundlage zu einer vergleichenden Kulturgeschichte der Völker. Vermutlich wird sich unter ihrer wissenschaftlichen Strenge auch etwas Erlebtes vorfinden lassen – die Systematisierung unzähliger sehr alter Erfahrungen, derer ich mir nach und nach bewußt geworden bin.

Aus dem Französischen von Ulla Biesenkamp

Wie wird man Literaturhistoriker und wozu?

Mein Dank gilt Ihnen, Magnifizenz, für die ehrenvollen Worte der Begrüßung, die mir sehr nahegehen: daß ein so großer Kenner der Wirtschaftsgeschichte einen Germanisten empfängt, mag ein Symbol jener Pluridisziplinarität sein, die mir seit je am Herzen lag. Daß ein Franzose – als Dekan in Hamburg – einen andern Franzosen empfängt, ohne daß Napoleon dem Land auf dem Nacken läge, ist ein anderes gutes Zeichen der Zeit: Seien Sie herzlichst bedankt, sehr verehrter Herr Aubenque, für Ihre durchdringende Analyse meines Werks. Dem Kuratorium der Stiftung aber danke ich für eine Wahl, über die sich beim Erwählten, beim Betroffenen Erschrecken in die Freude mischte – Erschrecken darüber, mit einem solchen Namen konfrontiert zu werden, sei es auch nur einen Augenblick lang. Wie empfände man sich nicht Goethe gegenüber als winzige Randfigur, angesiedelt auf dem Gebiet einer Randerscheinung, der Literaturgeschichte?

Nun weiß allerdings der Literaturhistoriker – und er weiß doch manches –, daß Randfiguren gerade im Leben der großen Schöpfer eine erstaunliche Rolle spielen, eine Art Dauerfunktion erfüllen. Nicht Beethoven, sondern Zelter, den Berliner Musikmeister, berief Goethe zu sich, als er von der unerwiderten Liebe zu einem blutjungen Ding, Ulrike von Levetzow, niedergeschmettert war. Zelters resolutes Wesen half auf die Beine, wo die Nähe eines eruptiven andern Schöpfers nur bedrängend gewesen wäre. Ungerührt blickte Goethe hinweg über so reine, den Vater anflehende Gestalten wie Hölderlin, wie Schubert. Seine Vertrauten waren Eckermann und Riemer, waren Müller und Meyer. Und während er in seinen Elsässer Erinnerungen das Bild des genialen baltischen Freundes Lenz mit nachgrollender Erbitterung verzeichnet und verfinstert, fällt warmes Licht auf den Straßburger Weggenossen Franz Lerse, ein doppeltes Denkmal wird ihm gesetzt: in „Dichtung und Wahrheit“ und in einer Nebenfigur des „Götz“.

Unter die Anrufung dieses Landmanns aus dem 18. Jahrhundert möchte ich mich stellen, um den eigenen Weg zu skizzieren – ähnlich wie im letzten Roman des Hamburger Freundes H. E. Nossack die Hauptperson des Buchs, ein gewisser Nasemann, dauernd Rückhalt sucht bei einer Romangestalt Balzacs, d'Arthez, und sich mit d'Arthez so identifiziert, daß man zuletzt nicht mehr weiß, wo hört d'Arthez auf, wo beginnt Nasemann. Erlauben Sie, daß ich mich meinerseits auflöse oder verdopple, nicht um die moralischen Qualitäten zu usurpieren, die Goethe an Lerse rühmt, sondern um eine Tiefenperspektive, ein stereoskopisches Bild zu schaffen, ein elsässisches Lebensgefühl zu fixieren, wie es sich durch die Zeiten unter dem Druck der Verhältnisse entwickelt und bewährt hat.

Einen Gelehrten aus dem Elsaß haben Sie, sehr verehrte Herren des Kuratoriums, gewählt: Die Doppelthematik ergibt sich von selbst – eine Doppelfuge möchte ich den Musikern sagen, die mit deutschen und französischen Liedern die Feier so anmutsvoll und dankenswert aufheitern. Das Doppelthema heißt: Literarhistoriker, herangewachsen an jener Nahtstelle des Kontinents, die zu einer Katastrophenzone Europas geworden war und die wieder eine Durchdringungs- und Befruchtungssphäre werden kann – wie zur Zeit Goethes, zur Zeit Lerses.

Durch Lerse erfahren wir allerdings nicht, wie man Literarhistoriker wird: Er war keiner, hat wenig geschrieben, war ein Mann der Tat, Pädagoge an der französischen Militärakademie von Colmar, in Versailles ausgebildet, Kommandant der Nationalgarde während der Revolution 1792 und in den letzten sechs Jahren seines Lebens – er starb 1810 – Nachfolger eines Franzosen als Erzieher des Grafen Fries in Wien und Leipzig – der Typ des Extravertierten. Literatur und Literaturgeschichte hingegen fielen für mich mit Introversion zusammen, der Weg führte nach innen und von da zur Welt.

Drei Episoden kennzeichnen die Etappen.

Der Zehnjährige saß bei der Magd in der Küche, die Eltern waren in die Oper gegangen – „Tiefland" von Eugen d'Albert; er saß da wie im Gehäus, in das nur ab und zu die nahe Münsterglocke hineintönte; er saß und las nicht in einem Buch, sondern im Buch der Bücher: dem Buch-Leihkatalog des Warenhauses Tietz in Straßburg, worin Ganghofer, Rudolf Herzog, die Marlitt und der Freiherr von Schlicht eindrucksamer vertreten waren als Fontane oder Keller, wenngleich diese nicht fehlten und nicht einmal Schopenhauer und Nietzsche. Am nächsten Morgen gab es ein Verhör wegen der vielen Striche im Buch und auch wegen des Angestrichenen, darunter: „Stilpe, ein Roman aus der Froschperspektive" und „Prinz Kuckucks Leben, Taten, Meinungen und Höllenfahrt" von einem Autor, dessen Name ebenso überraschend geklungen hatte wie seine Buchtitel: Otto Julius Bierbaum.

Lust am Buchkatalog, Lust, sich wie Jean Pauls vergnügtes Schulmeisterlein Maria Wuz aus Buchtiteln eine ganze Welt hervorzuzaubern: das erste Symptom. Das zweite: die Lust am Auf- und Umstellen von Büchern. Hier nahm die Rüge handgreifliche Formen an, als der Fünfzehnjährige einen einsamen Sonntagnachmittag dazu benützte, die väterliche Bibliothek auf eigene Faust umzuordnen, so daß Walter Scotts Ritterromane und die „Drei Musketiere" von Alexandre Dumas neben „Die ägyptische Königstochter" von Ebers und Gustav Freytags steinharte „Ahnen" kamen, Jules Verne neben Kurd Lasswitz „Auf zwei Planeten", Max Eyths „Zwischen Pflug und Schraubstock" neben ländliche Romane auf deutsch oder französisch und „Der Kampf ums Recht" von Karl Emil Franzos ganz einfach neben das „Bürgerliche Gesetzbuch" und einen großartig gebundenen napoleonischen „Code civil" von 1810 mit dem schwungvollen Namenszug eines Vorfahren.

Denn hinter diesen Büchern standen immer auch Menschen, und nicht nur Menschen, sondern ein Land, mein anderes Land. Wie hätte sich nicht eine geheimnisvolle Beziehung zu Rousseau anbahnen sollen, wo ein paar der stark zerlesenen 24 Bände seiner Werke Striche und Randnotizen von Jean Daniel Minder 1830 trugen und im letzten Band aus anderer Feder den Vermerk „est parti pour la Louisiane le 25 octobre 1835". War der rousseaulesende Oheim vielleicht europamüde und freiheitsdurstig nach Amerika ausgewandert – zur selben Zeit, wo Büchner in Straßburg Zuflucht suchte, dort eine Braut fand und einen Lerse, Eugène Boeckel?

Unmittelbarer noch die Beziehung zu Victor Hugo, dem Exilierten unter Napoleon III., dem ein anderer Exilierter einen Band Dramen gewidmet hatte: Ein Urgroßonkel, Théodore Karcher, der einzige geistig Produktive in dieser Kaufmannsfamilie, wenn man von Medizinern absieht. Er war Professor für französische Sprache und Geschichte an der britischen Militärakademie von Woolwich geworden, schrieb staatsrechtliche, militärhistorische, politische Abhandlungen, starb nach Wiedererrichtung der Republik als Parlamentarier in Paris unter Gambetta, hinterließ Erinnerungen. Ende 1870, heißt es darin, ein neuer Schüler in der Klasse – der Sohn seines Verfolgers, Exkronprinz Louis Bonaparte: „Die Arme verschränkt, den Blick fest auf mich geheftet, folgte er meinen Ausführungen über die Französische Revolution; es war nicht der verhüllte, ausweichende Blick seines Vaters, es war der zugleich samtweiche, fixe und durchdringende der Mutter.“ Schien man durch diesen Augenzeugen nicht der Geschichte selber ins Antlitz zu schauen?
„Zwitterbrut der Elsässer“, schreibt 1810 der große Seume. Allein schon ein Blick in diese keineswegs ungewöhnliche Bibliothek zeigt etwas anderes: die innere Verflochtenheit des Landes mit beiden Völkern.
Drittes und entscheidendes Symptom der Berufung zum Literarhistoriker: der unwiderstehliche, weiter nicht ableitbare Trieb, in zahlreichen Heften Urteile über Bücher zu exzerpieren, die man zum Teil gar nicht gelesen hatte. Früh übt sich im Nichtlesen und doch Darüberredenkönnen, was ein Literarhistoriker werden will.
Wir sind Eisenbahnbeamte, die ihr Kursbuch kennen und über alle Anschlüsse Bescheid wissen müssen, ohne selber auf allen Stationen aussteigen zu können. Lerses Reiseführer in die Landschaft der Literatur – wo anders hätten sie herkommen sollen als aus Tietzens Leihbibliothek? Und was anders wären sie gewesen als jene Literaturgeschichten für Haus und Volk, die, von Fachgelehrten kaum eines Blickes gewürdigt, tief ins Publikum eingedrungen sind und dort eine ganz bestimmte Vorstellung von deutschen Dichtern und Denkern fixiert haben: angefangen mit Robert Königs dreister Geschichtsklitterung, 1877, bis zur

frischeren, manchmal ganz munteren, aber rabiat nationalistischen und banausenhaft polternden von Eduard Engel, 1906. Für gehobenere Bedürfnisse, goldschnittverziert und sonor pathetisch: Alfred Biese, 1907. „Mass media" nennt man diese Vermittler und Zwischenträger heute –, und ihre Rolle müßte sehr genau herausgearbeitet werden, wenn dies ein Kolleg wäre und nicht eine Art von Konfession im Sinn Rousseaus – eine Minikonfession, gemildert durch den Unterhaltungston, wie er einst im Hamburger Kreis von Reimarus, Sieveking, Voght üblich gewesen sein mag oder im Haus von Carl Philipp Emanuel Bach, als er sich mit dem Engländer Burney über dessen musikalische Reisen durch Europa unterhielt.

Zusammenfassend nur dies: Nationale Optik und kleinbürgerliche Konvention haben in den Vulgärgeschichten den Raum verengt, die Welt verstellt: Literatur ist wohldressierter Pudel in guter Stube mit Häkeldecken und Farbdrucken. Sinnig hatte Robert König – im Hauptberuf bezeichnenderweise Redakteur des „Daheim" – einen eigenen Gedichtband betitelt: „Blüten aus dem Leben der Jungfrau und des Weibes", 1860, und eine andere Produktion, 1871: „Der große Krieg gegen Frankreich, der Jugend erzählt", und ebenso sinnig Alfred Biese 1916 eine Anthologie: „Poesie des Krieges". An ihren Titeln sollt ihr sie erkennen: Die gleichen Titel hätten über unsern Lesebüchern stehen können, diesen andern Massenvermittlern von Literatur. Herrliche Gedichte und Prosatexte standen darin, Lerse exzerpierte sie – natürlich. Die Summe des Ganzen aber stimmte ihn kritisch: deutsches Lied, deutscher Wald, deutsches Gemüt, deutscher Geist über alles.

Die Rosse von Gravelotte brausten dahin (im französischen Lesebuch waren es die Kürassiere von Reichshoffen), die Trompete von Vionville ertönte, Kaiser Wilhelm stand im Spiegelsaal von Versailles, und eine direkte Linie führte von Luthers „Hier stehe ich, ich kann nicht anders" zu Bismarcks „Wir Deutsche fürchten Gott und sonst nichts auf der Welt". „Ich kenne keine Parteien mehr", hieß es 1914 – aber das Lesebuch hat immer nur eine Partei gekannt: die herrschende. Lerse, der abseits stand, hat den Klassencharakter der Literatur hier früh erkannt. Den gleichen nationalen und sozialen Herrschaftsanspruch fand er in den französischen Lesebüchern wieder, den gleichen in poetische Bilder umgesetzten Glauben an die Weltmission eines Landes, dessen Sprache einst Europa beherrscht, dessen Heere unter Napoleon die Grenzen von Neapel bis Warschau, von Lissabon bis Hamburg gerückt hatten und dessen große Revolution immer noch als Freiheitsfackel für die Welt galt, wo es mit Freiheit und Gerechtigkeit im Innern doch ganz anders stand.

Lassen wir Lesebücher, lassen wir Literaturgeschichten für den Hausgebrauch, kommen wir zu einem Kernpunkt, dem harten Winter 1917/18, wo der Straßburger Gymnasiast – Lerse redivivus – Goethes „Iphigenie" als Lesestoff zu bewältigen hatte. Ein reiner ästhetischer Genuß war es nicht, keine Hingerissenheit wie bei der privaten Lektüre von Balzac und Gogol, Shakespeares „Sturm", Schopenhauer, Mörikes und Verlaines Gedichten und Heines „Bimini". Der Lehrer hatte nichts getan, um die gobelin-ferne Schönheit des Stückes leise und lebendig atmen zu lassen. Einmal mehr war Literatur die zerstückelte Leiche im Koffer verknöcherter Literaturkärrner, ein Objekt der Sezierung, kein Objekt der Lust, wie Jugend es braucht. Aber das sittliche Problem von Goethes „Iphigenie" brannte in diesen dunkeln, blutigen Jahren Lersen zu stark auf den Nägeln, als daß er die Aktualität des Werkes nicht nachgefühlt hätte. Denn worum ging es hier?

Um sakralisierte Menschenopfer und ihre Abschaffung durch den heroischen Entschluß einer Frau, die den König mit auf den neuen Weg reißt. Wie war ein solcher Schub möglich gewesen? Wie konnte ein einzelner eine solche Wandlung erzielen? Hat er es je gekonnt? Die Schulaufgabe hatte gelautet: „Wodurch bewirkt Iphigeniens Selbstopfer den Sinneswandel von König Thoas?" Die Frage aber, die Lerse sich stellte, hieß: Was hätte Iphigenie 1917 beim obersten Kriegsherrn erreicht? Wäre die Probe aufs Exempel bestanden worden? War Literatur nicht Lüge und Drill, mechanisierter Vorwand für Pflichtarbeiten, wo es für die Welt der Erwachsenen schöne Gefühle vorzutäuschen galt, während die Erwachsenen sich weiterhin bedingungslos dem barbarischen Ritual unterwarfen oder es selber praktizierten, diesmal aber in Millionenausmaß? Schauerliche Parodie: Der kaiserliche Herr eröffnet höchstpersönlich das Theater der deutschen Truppen in Lille mit Goethes „Iphigenie“ und drapiert sich in ihre Humanität, um die sittliche Überlegenheit *seines* Volks zu preisen und totale Opferbereitschaft von ihm zu fordern. Iphigenie als Gehilfin am Feuerofen.

Lerses französischer Vetter lebte in Lille, und Lerse wußte, daß er eines Morgens um 3 Uhr mit 11 000 andern 15- bis 18jährigen aus dem Bett im Elternhaus gerissen und unmittelbar hinter die Front zum Einsatz abkommandiert worden war. 4000 von den 11 000 sind zurückgekommen: Das war die Welt, das war unsere Welt, wo die Kulturträger am allerwenigsten oben saßen, und wo viel eher Randfiguren spontan das Bild des eigenen Volks in der Seele der andern retteten: so jener neu angekommene Hauptmann, der verdutzt den jungen Franzosen fragte, was er hier tue und auf seine Antwort hin erschüttert murmelte: So kann es nicht weitergehen. Aber es ging weiter; wie im „Sergeanten Grischa“ lief die Kriegsmaschine ihren Gang, und der einzige Ausweg, den der fremde Hauptmann fand, war, salutierend die Hacken vor dem 17jährigen zusammenzuschlagen und ihm den eigenen, mit Lebensmitteln bepackten Rucksack zu überlassen. Auch im Zweiten Weltkrieg und im Chaos des deutschen Zusammenbruchs, in Vietnam heute, in Biafra, in Prag, im Nahen Osten und anderswo in einer wiederum bluttriefenden Welt werden ähnliche unscheinbare Gesten in auswegloser Lage den Glauben an den Menschen und damit den Mut zum Weiterleben aufrechterhalten haben.

Mit Literaturgeschichte hat das an sich nichts zu tun. Wenn aber das Bewußtsein davon nicht im Hintergrund steht, fehlt eine Dimension.

Dem Narrenschiff Welt gegenüber ließ Lerse auch eine andere, eine satirische Ader hervortreten. Als das Aufsatzthema „Der Kaiser im Schützengraben“ lief, lernte er verstehen, wie wichtig Distanz des Künstlers zum Stoff ist: Seine eigene Rudolf-Herzog-Adaptation oder Ganghofer-Parodie war von einer täuschenden Vollkommenheit, die ihm die Lektüre des aufgezwungenen Produkts vor der Klasse eintrug: Literatur als bewußte Anti-Manipulation. Geist Voltaires, Geist Heines als Gegengift, als digitalia im Schrank der Literatur – oder viel einfacher noch: Geist vom Geist des Soldaten Schwejk. In jedem Elsässer steckt ein Stück davon.

*

Er steckte auch in Albert Schweitzer, an dessen Haus Lerse 1919 läutete: Er suchte einen neuen Musiklehrer und wußte nicht, daß er einen Mann der iphigenischen Tat finden würde – Iphigenie und Robinson in einem.

Schweitzer war damals alles andere als eine Zentralfigur im Elsaß – ein Groschen, unter die Kommode gerollt, unbequemer Einzelgänger, an den Rand geschoben und verdächtig: Unterstand er sich nicht, ausgewiesenen deutschen Freunden beim Zollübergang behilflich zu sein und durch geduldiges Zureden oder auch durch echt schwejksche Schlauheit das Manuskript eines großen Gelehrten vor der Beschlagnahme zu retten, den Schmuck und die paar Goldmünzen einer alten Dame passieren zu lassen? Schweitzer spielte nicht den Apostel, den guten Menschen: Er stand da, stand einfach da, wo keiner sonst stand. Die Flüchtlingsschlange ist seither auf der Welt nicht abgerissen, ist ins Endlose angewachsen, Menschentiere, immer grausamer gehetzt. Heines „Romanzero“, von einem Todkranken in Paris nach 1848 geschrieben, ist hierin das prophetischste, total mißverkannte lyrische Werk deutscher Sprache; Nietzsche wies ihm den rechten Rang zu, und „Vitzliputzli“ sollte man parallel zur „Iphigenie“ lesen.

Vergebens hatte Schweitzer vor 1914 versucht, die selbstzerstörerischen Energien von Frankreich und Deutschland auf eine andere Ebene überzuleiten, sie gemeinsam in den Dienst der ausgebeuteten Kolonialvölker zu stellen. Das Werk des Gegners der Hererokriege, der belgisch-französischen Kongoskandale, des englischen Gottes, des amerikanischen Gottes, wie er selbst von Missionaren exportiert wurde – Lambarene war in seiner ersten Form zusammengebrochen. Es wurde neu begründet in einem Gedankengebäude, das den Geist der europäischen Aufklärung des 18. Jahrhunderts mit den Grundimpulsen der christlichen Mystik verbindet.

Sie erwarten keine Analyse dieser „Kulturphilosophie" von mir. Zweierlei darf wohl gezeigt werden: ihre Auseinandersetzung mit zwei französischen Denkern aus zwei Generationen – Romain Rolland und Sartre.
Schweitzer hatte Lerse, der damals schon auf sein Drängen hin in Paris studierte, 1922 mit Rolland in nahe Beziehung gebracht. Ohne Parteiführer zu werden, wie sein Freund Gandhi, war Rolland politisch doch ganz anders engagiert als Schweitzer, für den alle Kraft im stillen wirkte und der in dieser Beschränkung auf einen kleinen Kreis in elsässischer Tradition stand: Sie reicht von Tauler und Spener bis Oberlin, dem Beschützer von Lenz. Ehrfurcht vor dem Leben, Gewaltlosigkeit – konnten sie sich aber auf solche Weise durchsetzen? Wieviel unmittelbarer hatten Romain Rollands Appelle gezündet seit jenem Aufruf gegen den Kriegsrausch der Intellektuellen im Herbst 1914, einem Fanal in der damaligen Nacht: René Cheval hat in seiner Habilitationsschrift das Wesentliche darüber gesagt. In Rollands Haus zu Villeneuve fühlte Lerse sich wie bei Voltaire in Ferney, bei einer Weltmacht. Es war die Zeit, wo Rolland an seinem „Goethe und Beethoven" arbeitete und manchmal Rat benötigte. Die Gewitterwolken waren 1928 schon aufgezogen: Noch schien das Unheil abwendbar. Es kam trotzdem. Was hat auch dieser große, reine, freie Geist erreicht? Wo blieb *sein* König Thoas? Er starb 1944 nicht verzweifelt, aber vom tragischen Untergrund des Lebens stärker überzeugt als je – Spinoza war ja die große Erschütterung und Erleuchtung des 16jährigen gewesen, und Goethe blieb für ihn der unerschöpflichste Dichter. „Faust II", erklärte er Lerse, sei die tiefe, resignierte und doch nicht resignierte Antwort auf „Iphigenie".
Sind wir von der Literaturgeschichte abgekommen? Wir stehen immer noch mitten drin. Literaturgeschichte ist an ihren leuchtenden Punkten Geschichte von genialen Schöpfern, und ein Grundtrieb Lerses war, unmittelbaren Einblick zu haben in ihr Leben und die Art, wie sie das Gelebte gestalteten; Buch und Mensch zu vergleichen, Literatur an der Wirklichkeit zu messen, aber auch Wirklichkeit an der Literatur. Eine Naturgeschichte des menschlichen Geistes hat der größte französische Literaturkritiker des

19. Jahrhunderts, Sainte-Beuve, postuliert. Lerse stimmte zu.
Er sah Schweitzer im Konnex einer weitverzweigten Familie stehen; sah, wie dieser und jener seiner Charakterzüge schon in früheren Generationen fixiert war, in anderer Legierung später wieder auftauchte, bei ihm aber zu einer weiter nicht ableitbaren Einheit zusammenschoß, aus der das Werk erwuchs und über die das Werk hinausführte, als es sich vom Schöpfer ablöste wie die Kapsel von einem Raumschiff, die auf eine andere Planetenbahn gerät und dort nach anderen Gesetzen kreist. Das Bild erspart uns literartheoretische Auseinandersetzungen über Milieu, Kunstwerk und ihr Verhältnis zueinander. Beide gehören zusammen, beide trennen sich an einem bestimmten Punkt, wo das Werk mit andern Werken zu neuen Konstellationen zusammentritt, zu einer Art riesigem All mit ziehenden Wolken, Licht und Dunkel, Aufgang, Untergang, Wiederkehr. Stets das gleiche, nie das gleiche; was unten geschah, spiegelt sich oben wider und zugleich wirkt das Oben auf das Unten weiter.
Etwas von diesem dialektischen Prozeß sah Lerse mikroskopisch gewissermaßen im Verhältnis Schweitzers zu seinem Großneffen Sartre, der 1924 Lerses Studienfreund auf der Ecole Normale Supérieure in Paris geworden war. Ein unbeschriebenes Blatt beschrieb sich unter seinen Augen, Existentialismus entwickelte sich aus der Urzelle. Die alten Einschläge im Gewebe blieben sichtbar, Zwangsmechanismen äußerten sich von Beginn an: die provokatorischen Unverblümtheiten des komödiantisch-tyrannischen Großvaters, die Lerse bei der Mittagstafel in Günsbach abzufangen beauftragt war, kennzeichnen schon die ersten berühmten Novellen des Enkels. Der Alte selbst, einst in Paris besucht oder im Elsaß unter dem Nußbaum, lebt jetzt in der Autobiographie des Nachkommen weiter, eingefangen für immer wie die Mücke im Bernstein. Wieder ist, was vorher privat war, in die Mediosphäre des Kunstwerks erhoben, bildet ein Ganzes mit eigenen Strukturen. Literarhistoriker in Tokio, Harvard, Moskau nehmen es unter die Lupe, der Großvater sitzt auf Ewigkeit im Fegefeuer: späte Rache.

Was Schweitzer am Alten geärgert hatte, störte ihn auch am Enkel; er nannte es das Unfeine, herausfordernd Zynische. Was ihn aber beim Nachkommen faszinierte, war der moralisch-puritanische Hintergrund, der plötzlich, eine Generation überspringend, wieder da war; ein Gestaltungsvermögen, gepaart mit einem menschlichen Verantwortungsbewußtsein, dessen ursprünglich religiöse Wurzeln nur wenigen sichtbar sind und dessen äußere Manifestationen nach französischer Art – wie schon bei Rolland – Ethik und politische Aktivität eng verbinden.
Aber hat seit dem Zweiten Weltkrieg Schweitzer selbst sich nicht zusehends Romain Rollands und zuletzt Sartres Positionen genähert? Er, der seinerzeit Lerse zurechtwies, weil er Manifeste von Rolland, Gorki, Shaw mitunterzeichnete, erließ nun Aufruf über Aufruf, griff in Wahlkämpfe ein, stritt gegen die Atomwaffe, bereute die frühere Zurückhaltung: Der Aggressionstrieb in der Welt habe sich derart gesteigert, die Massen seien derart hilflos den neuen Kommunikationsmitteln ausgeliefert, daß man direkter eingreifen müsse. Sartre, ohne je einen Finger für Lambarene gerührt zu haben, erklärte zur selben Zeit: Das Leben eines Negerkindes zu erhalten, sei wichtiger als ein neues Buch zu schreiben.
Verflechtungen und Verschiedenheiten: der Literarhistoriker muß dauernd die Balance halten, muß die Werke im Strom des Ganzen sehen und zugleich außerhalb davon, in ihrer Eigenheit, mit ihrer besonderen Signatur, dem Passierschein, ohne den kein Zutritt in die Sphäre des Überprivaten, die Sphäre der Kunst, gelingt.

*

Was innerhalb der Literaturgeschichte Germanistik sein kann, hat Lerse in Paris vor allem bei Charles Andler gelernt: Werkgeschichte, eingebettet in Kulturgeschichte.
In der ersten Vorlesung des scharfsinnigen und leidenschaftlichen Gelehrten hätten ein Volkswirtschaftler oder ein Hamburger Kaufmann sich besser zurechtgefunden als der verdutzte Tietz-Abonnent: Es ging um die ihm gänzlich unbekannten Ricardo, Sismondi, Jean Baptiste Say, den jungen Marx, es ging um die Produktionsmittel in der

Gesellschaft, den Begriff des Mehrwerts, seine allmähliche Entstehung und seine Problematik. Karl Marx innerhalb der deutschen und europäischen Kulturgeschichte, kritisch beleuchtet, aber doch als Koloß betrachtet, der tiefere Furchen in die Zukunft gezogen habe als Bismarck – wo hätte man das auf deutschen Lehrstühlen für Germanistik finden können? Wo Vorlesungen über Lessing, die zwar Erich Schmidts profundem Wissen die Reverenz erwiesen, aber auch Franz Mehrings antifriederizianische Lessing-Legende nicht in den Wind schlugen? Wo Vorlesungen über Heine als Denker – denn er *ist* ein Denker –, die ihn mit Saint-Simon, Proudhon, Fourier konfrontierten, jenen utopischen Sozialisten, die uns damals für immer an den Rand und ins Dunkel verwiesen schienen und die heute wieder in die Mitte gerückt sind als Erzväter der Studenten: Literatur- und Geistesgeschichte betreiben periodisch Auferstehung.
Heines Gedichtzyklen erschienen bei Andler als kongeniale Übertragung Hegelscher Dialektik auf lyrische Gebilde; Stefan George, Hofmannsthal, Rilke als Erben und originale Weiterbildner der französischen Symbolisten, die ihrerseits tief unter der Wirkung von zwei andern deutschen Kolossen standen: Wagner und Nietzsche. Auch über Dehmel wurde – nicht ohne Vorbehalt – gelesen. In Dehmels Briefbänden aber kann man nachschlagen, was Dehmel von Andlers Studie über Liliencron in der „Revue des Deux-Mondes“ 1909 hielt: das Beste, künstlerisch Einfühlsamste, dabei gerecht Abwägende, das über Liliencron existiere.
Der französische Germanist blieb nicht dabei stehen. Im Spätwinter 1924 wurde Lerse nach dem Kolleg im Empfangszimmer einem kleinen Männchen vorgestellt, blitzendes Auge unter buschigen Brauen: Karl Kraus. Andler hat ihn 1926 und 1927 für den Nobelpreis vorgeschlagen und 8 Kollegen der Sorbonne zur Mitunterzeichnung bewogen; Sartres Großvater Charles Schweitzer unterschrieb seinerseits. Kein deutscher Professor schloß sich an. Kein Lesebuch druckte Texte von Karl Kraus. Die gesellschaftlichen Tabus waren am Werk. Literaturgeschichte muß sie genau registrieren.

Andler selbst war in gewissen deutschen Kreisen tabu. Der Zutritt zum Weimarer Nietzsche-Archiv blieb ihm verwehrt: Der große Nietzsche-Biograph hatte längst durchschaut, daß die rabiate Schwester und Gralshüterin mit gefälschten Karten spielte. Sie stempelte ihn daraufhin zum Erbfeind. Für die französischen Chauvinisten aber war Andler ein Landesverräter, seit er – der Freund von Jean Jaurès – 1908 mit seinen Studenten eine Reise nach Berlin gemacht und offiziell empfangen worden war: Nach der Rückkehr brachte Maurice Barrès, der berühmte Romancier und Führer der Patriotenliga, das Quartier Latin acht Tage lang in Aufruhr gegen den „humanitären Anarchisten". Boulevardblätter schrieben, er beziehe über jüdische Banken Gelder aus dem Geheimfonds der Hohenzollern. Welcher Patriot er war, hatte sich 1914 gezeigt. Er überwarf sich mit Romain Rolland und ging auch nach dem Krieg nicht mehr aus der Reserve gegenüber Deutschland heraus, das 1871 seine Familie wie Zehntausende von andern aus dem Elsaß vertrieben hatte.

Lerse mußte sich auf andere Lehrer stützen – vor allem zwei Elsässer: Lucien Herr und Henri Lichtenberger –, um Förderung für die Gruppe zu finden, die er 1923 in der Ecole Normale Supérieure gegründet hatte mit dem Ziel, deutsche Schriftsteller in dieser Pflanzstätte französischen Geistes zu empfangen, darunter Tucholsky und Walter Mehring, Heinrich Mann und Ernst Robert Curtius, den alten Freund; später Hofmannsthal und Thomas Mann, die beide darüber schrieben – der eine im „Briefwechsel mit Carl Burckhardt", der andere in „Pariser Rechenschaft". Rilke kam nicht; man trank um die Ecke ein Bier mit ihm. Pierre Brossolette aber, ein Mitbegründer der Gruppe, dessen Namen heute viele Straßen und Plätze in Frankreich tragen, starb 1943 als Opfer der Gestapo: Er war ein Haupt des Widerstands geworden.

Elsässer als Trojanisches Pferd, durch das die Deutschen sich nach Frankreich einschmuggeln? Oder Elsässer als Germanen, die ein müdes Land nordisch auffrischen, aber dabei selber Entwurzelung riskieren? Beides sind mythische Vorstellungen. Elsässertum an sich ist keine Qualität: Es entwickelt sich erst – drinnen oder draußen – in pro-

duktiver Auseinandersetzung mit den beiden Kulturen links und rechts vom Rhein. Und wenn wir Frankreich manches haben geben können, so haben wir ebensoviel und oft viel mehr von ihm empfangen. Auch Schweitzer ist stärker von französischer Denkart und Lebensweise imprägniert als es scheinen möchte. Er hat hier nicht nur seine Meister im Orgelspiel gefunden. Durchsichtigkeit des Aufbaus kennzeichnet auch seine theologischen und philosophischen Schriften, wo die Ratio, Raison, Vernunft im Bund mit Mystik jenem schlechthin Irrationalen, Faustischen entgegentritt, wie es Spengler und gerade auch die führenden Literarhistoriker nach 1918 con furioso zelebrierten. Gundolf, Cysarz, andere noch faszinierten auch Lerse eine Zeitlang; 1923 übersetzte er mit seinem Freund Henri Jourdan das Venedig-Kapitel aus Bertrams „Nietzsche“ für eine Zeitschrift der Pariser Avantgarde. Festeren Boden aber fand er bei Rudolf Unger, der noch vom großen Erbe Diltheys zehrte. Eine noch wesentlichere Wende war der Kontakt mit Alfred Adler, dem Wiener Psychoanalytiker und Freud-Dissidenten, anläßlich seines Besuchs in Paris – ein sehr guter Kontakt: kein Wunder beim Entdecker des Minderwertigkeitskomplexes.
Wohin das Faustische im Sinn Spenglers, absolut gesetzt, führen konnte, sieht man heute. Eines Tages saß die deutsche Literatur an unserm Tisch; es begann der Emigranten Kampf und unser Kampf gegen stirnrunzelnde Beamten, zwielichtige Doppelagenten, verbissene Kleinbürger in Paris und der Provinz. Alfred Kantorowicz weiß etwas davon. Stellvertretend sei Döblin genannt als letzter unter den Freunden und Lehrmeistern Lerses, als sein Experimentfeld auch, auf dem nicht *er* experimentierte, sondern das Schicksal mit immer neuen Herausforderungen, die der Antwort des Künstlers neue Klänge ablockten, ohne je den Grundakkord zu übertönen, der zutiefst an neurophysiologische und frühkindliche Determinationen individueller und sozialer Art gebunden ist – Genie wird stillschweigend vorausgesetzt und ist letztlich irreduktibel.
Döblin war Arzt wie Schweitzer, aber Großstadtmensch durch und durch, Literat vom Scheitel bis zur Sohle, mit genialem Sensorium für das Kollektivwesen Mensch in der

Masse, zu dionysischem Ausbruch und Überschwang getrieben, wenigstens im Werk, persönlich bescheiden, grazil, nachdenklich und spöttisch, von einem äußerst wachen Verantwortungsgefühl und auf ständiger Suche nach dem besseren Menschen, der besseren Zukunft.

Bei Kriegsausbruch hatte Lerse den Freund in sein Büro im Informationsministerium berufen können, entwarf dort polemische deutsche Texte, die Döblin durchkorrigierte, entwarf zur selben Zeit für Jean Giraudoux, den Schriftsteller, der zum Staatssekretär avanciert war, eine Rede an elsässische Flüchtlinge. Was die beiden Dichter aus dem Texte des Germanisten machten, war für diesen eine hohe Schule des Stils und der Bescheidenheit.

Lerse war und ist es gewohnt, in zwei Sprachen zu empfinden und zu denken, und vielleicht darf hinzugesetzt werden, daß der heutige Vortrag, so deutsch er klingen mag, in seinem ersten Entwurf eines Morgens spontan französisch niedergeschrieben wurde. Hinter den Worten sucht ja auch der Dichter etwas anderes: eine gewisse musikalische Stimmenführung, die ihrerseits einer innern Gewichtsverteilung, einer angeborenen und anerzogenen innern Architektur entspricht. Gelingt die Projektion ins Äußere, ist das Glück da: die Übereinstimmung mit der Welt.

1939 stand Lerse mit Döblin und Giraudoux an einem Spätherbstabend auf dem Balkon des requirierten Hotels Continental, gegenüber atmeten in milder Luft die Bäume des Tuilerienparks: Hochgefühle beseelten uns nicht, aber daß in wenigen Monaten die Wehrmacht im „Continental" Quartier beziehen würde, darauf wäre keiner gekommen. Völlig verstört die Stimmung an einem regendüsteren Mainachmittag im Café, wohin Frans Masereel die Illustrationen zu einem politischen Manifest von Döblin brachte: Ehe es gedruckt war, standen die Deutschen in Paris, wir aber saßen im Viehwagen, rollten in drei Tagen über Moulins nach Cahors im tiefsten Südwesten. „Schicksalsreise" hat Döblin später seinen Bericht darüber betitelt, wo Lerse als richtiger Lerse erscheint, als Weggenosse.

Von ganz unten wurden die zwei versprengten Grenadiere wieder nach oben gewirbelt, in jenem Wechselspiel, das Sie selber kennen aus den Jahrzehnten, wo man jeweils Knecht oder Herr des andern war. In blitzender Uniform Döblin 1945, französischer Kulturoffizier mit berlinischer Schärfe: eine gewisse absprechende Aggressivität aber nur nach außen, drinnen die Sorge um den Menschen, wie er es nannte, Wille zum Verändern, pädagogischer Eifer, Glaube an den Aufbau einer neuen Welt. Zuletzt in der Freiburger Klinik 1957, ein geschlagener Mann, von Krankheit verzehrt, läßt die Krankenschwester kommen und vor ihr Lerse erneut bekräftigen, die Beerdigung werde einmal in Frankreich, nicht in Deutschland stattfinden. Warum? „Sie werden unsere Gräber wieder schänden." Und auf Lerses Einwand hin: „Du kennst die Deutschen nicht."

Kennen Sie, meine Damen und Herren, die Deutschen – heute, morgen, wiedervereint? Kenne ich die Franzosen von morgen, übermorgen? Kennen wir die Russen? Kennt man kollektive Einheiten? Weiß man, ob, wann und wo in der Welt die rationalen Sicherungen wieder springen und diesmal planetarische Kräfte der Zerstörung entfesseln werden? Ein Schub nicht im iphigenischen Sinn, sondern in Richtung Dämonen?

Fragen über Fragen. Sie überschatten auch meine Disziplin, die Germanistik.

*

Lenken wir abschließend auf die Ausgangsposition zurück, diesmal mit der Variante: Literaturgeschichte heute.

Sie steht in doppelter und dreifacher Bedrängnis. Ganze Kontinente drängen heran, junge Völker, uralte Völker; tief gestaffelt durch Jahrhunderte ihre Meisterwerke. Dasselbe Überangebot auf dem literarhistorischen Markt: in den letzten 15 Jahren allein 450 Abhandlungen über den „Doktor Faustus" von Thomas Mann – 30 000 Seiten über ein einziges Buch eines einzigen Autors! Uns schwindelt. Wir bleiben weitgehend Illusionisten, bestenfalls schallempfindlich wie die Fledermaus, die zwar blind, aber mit einer Art innerem Radargerät ihre Bahnen zieht. Beruhigend ist das Bild nicht. Wird mit Computern größere Sicherheit eintreten? Vielleicht, wenn Computer nicht zugleich das Ende der Ära des Buches bedeuten. Schon erscheinen die Lesebücher völlig antiquiert, irrelevant neben

den Transistoren: das neue technische Instrument, dank dessen das Geschehen in der Minute des Geschehens präsent ist und von Kontinenten rezipiert wird, hat eine völlig neue Mentalität unter der Jugend der Welt geschaffen, die die Grenzen niederreißt und nicht nur die Grenzen. Ausmaß und Endwirkung der Aggressionswellen, die immer solch große Mutationen begleiten, lassen sich nicht vorausberechnen. Aber Inhalt, Form und Vertrieb der Kunst werden zum Teil jetzt schon von ihr mitbestimmt.
Nur eines scheint uns sicher: ob Literatur in Buchform überleben wird oder vorwiegend in visuell-auditiver Übertragung – sie bleibt ein Speicher, riesengroß, und Speicher, das weiß man in Hamburg, fordern Personal, Verwalter, Rechnungsführer, Männer, die Fakten festhalten, Texte und Biographien sichern, Kataloge anlegen – die unersetzlichen Kataloge!
Darüber erhebt sich das Gedanken- und Phantasiegebäude, wechselnd mit den Epochen. Ernst sehen die Literarhistoriker drein, launisch sind sie wie Modistinnen, putzen je nach der Saison ihre Modelle neu heraus, lassen Goethes Frauengestalten und Goethes Freundinnen – von Friederike bis Ulrike – bald als betont deutsche Mädchen mit Zöpfen auftreten, bald kleiden sie sie nach Freud, ziehen sie existentialistisch an oder aus, bis dann wieder Marx die Stunde regiert und alles aufs Gesellschaftliche bezogen wird, während ebenso beflissen auf der Gegenseite alleinseligmachend der Text an sich erscheint, die sakrosankte Struktur.
Der Spott gilt nur den Wichtigtuern, den Mitläufern, Mitmachern der Mode. Im Grunde ist es viel mehr als Mode: ein Akt der Bewußtseinswerdung, liebende Anverwandlung in veränderter Zeit. Wozu Geschichte der Literatur? Um ihre Landschaften stets neu zu durchstreifen, in ihre abgelegensten Winkel zu dringen, Schluchten besser auszuloten, Korn für den Speicher zu holen. Die großen Gebirgszüge liegen fest, um sie kommen wir nicht herum: Geschichte hat schon ihre Gesetze. Die *Wege* wandeln sich; andere menschliche Bezüge schaffen andere ästhetische Gruppierungen, setzen andere Wertakzente; Verborgenes tritt ans Licht und reißt uns mit.

Rückert, der grandiose Übersetzer, hat ein Lesebuchgedicht, eine orientalische Parabel geschrieben: Chidher der Wanderer – ein Gedicht mit dem Refrain, der vielleicht manchen noch im Ohr klingt: „Und aber nach fünfhundert Jahren / kam er desselbigen Wegs gefahren." Bei jeder Fahrt sieht Chidher Neues, ungeahnte Perspektiven. Wer ist Chidher? Ein legendärer Weltdurchstreifer. Mag er der Geist der Literaturgeschichte sein: durchdringend, unerschrocken, heiter, ewig-alt, ewig-jung.

Überlegungen zu einer Methode

Meine Abschiedsvorlesung in diesem Hause*, in dem ich so freundschaftlich aufgenommen und von einem ebenso treuen wie ernsthaften Publikum gehört wurde – diese Vorlesung einer langen Laufbahn ist gleichzeitig die letzte eines Zyklus, dessen Grundlinien ich nachzeichnen und dessen Schlußfolgerungen ich hier festhalten möchte, um dann mit konkreten Beispielen das eigentliche Thema meiner Darlegung zu stützen: Überlegungen zu einer Methode. Als erstes: Wie kam mir die Idee zu der diesjährigen Vorlesung, die deutschen und französischen Unterrichtssysteme des 19. und 20. Jahrhunderts zu vergleichen?
Anscheinend zufällig. Ich hatte an einem Tag großer Erschöpfung im Albert-Schweitzer-Archiv gelesen, ohne berufliche Nebengedanken, im Gegenteil, zur Entspannung, wie man in einem Roman blättert: In diesem Fall handelte es sich um die Biographie über Adolf von Harnack, den berühmten Religionshistoriker, der von 1851 bis 1930 lebte und außerdem ein Organisator ohnegleichen und ein glühender Patriot war – all das war mir schon mehr oder weniger bekannt, aus reiner Neugier wollte ich sehen, ob es sich bestätigte. Aber, wie der von meinem Freund André Monglond gern zitierte tiefsinnige Satz lautet: „Der Beruf ist das letzte, was stirbt." Der Geist lauert im Hinterhalt, und das auslösende Moment kam bei folgendem Satz ins Spiel: *Armee und Wissenschaft sind die beiden Pfeiler von Deutschlands Größe.* Eine banale Aussage, schon hundertmal gehört, aber aus zwei Gründen gewann sie an Profil: Zwanzig Nobelpreise zog sie nach sich, und man wird sehen warum; andererseits beeinflußte eine analoge Maxime, die ich zufällig einige Monate früher in einer wohlbekannten Abendzeitung gelesen hatte, die gesamte französische Ausbildung vor 1914: *Lehrer und Offizier sind die beiden Pfeiler von Frankreichs Größe*, gezeichnet Ernest Lavisse 1889.

* Collège de France (A. d. Ü.)

Harnacks Maxime stammt aus dem Jahre 1909. Zwei Signalfeuer wurden fast gleichzeitig entzündet. Konturen eines verknüpften Stranges kamen mir sofort in den Sinn. Seine Entflechtung würde eine Epoche erhellen.
Harnacks Ausspruch ist die Grundlage eines Memorandums, das er für Wilhelm II. aufsetzte und welches ein Ministerialrat – diese schicksalhafte Figur aller Regierungen – dem Herrscher im richtigen Moment vorzulesen wußte, der mit einer spektakulären Geste das hundertjährige Bestehen der Berliner Universität im Jahre 1911 hervorzuheben wünschte. Manches Mal von genialer Intuition, andere Male wirr und grotesk, fing der Herrscher an diesem Tage den Ball auf und beschloß die Gründung des von Harnack gewünschten unabhängigen Instituts, in dem die großen Professoren, von Lehrverpflichtung und Examina befreit, sich ganz ihrer Arbeit für Wissenschaft und Vaterland widmen konnten. Die deutsche wissenschaftliche Forschung ward ins Leben gerufen – dreißig Jahre vor der unseren – unter dem Namen „Kaiser-Wilhelm-Gesellschaft". Ihr Präsident: Der bei diesem Anlaß geadelte Harnack; seine beiden Vizepräsidenten: Gustav Krupp von Bohlen und Halbach sowie Ludwig Delbrück, ihr Schatzmeister: der Berliner Bankier Franz von Mendelssohn. Drei Jahre später, am 4. August 1914, forderte Clemens von Delbrück, Staatssekretär im Auswärtigen Amt, Harnack auf, den Entwurf der berühmten Proklamation zu verfassen, die Wilhelm II. an sein Volk richtete und die mit den Worten endet: „Ich kenne keine Parteien mehr, ich kenne nur noch Deutsche."
Was Krupp betrifft, so ist es unnötig, daran zu erinnern, welch Alptraum noch 1918 für Clemenceau und Poincaré – nicht zu vergessen der im Todeskampf liegende Debussy – die dicke Bertha mit den Geschossen von großer Reichweite war. Diese Kanone donnert durch Prousts letzten Roman, und in der Bibliothek der Sorbonne ist in einer Vitrine ein von einem Granatsplitter zerfetztes Exemplar des Buches von Max Dessoir ausgestellt: „Einführung in die Metaphysik".
Daß Deutschland bis zu diesem Zeitpunkt trotz Blockade und Hunger durchhalten konnte, schuldet es zum großen Teil dem Organisationstalent von großen Wirtschaftswis-

schaftlern und Industriellen wie Rathenau, Ballin, Melchior, Mendelssohn und anderen Juden, die als überzeugte Patrioten nicht ahnten, daß nur fünfzehn Jahre später die Ihren zu Millionen geopfert werden sollten auf dem Altar der barbarischen Götter, die, weniger mächtig als Jahwe, durch diesen Holocaust ganz Deutschland mit in den Abgrund zogen.
Als die „Kaiser-Wilhelm-Gesellschaft" aus diesem Abgrund wieder auftauchte, nahm sie den Namen eines berühmten Physikers an, dessen Sohn gerade bei einer Verschwörung gegen Hitler umgekommen war: Max Planck, der mir einst in Berlin von seiner Bewunderung und Freundschaft für Harnack berichtet hatte.
Während der Ausarbeitung meiner Vorlesung waren mir jedoch Skrupel gekommen.
War die Ausgangsbasis tragfähig genug, die Abschußrampe angemessen, würden sich beide Körper auf der Laufbahn treffen? Wäre es nicht besser gewesen, Harnack mit einem anderen Religionswissenschaftler zu vergleichen anstatt mit einem Historiker wie Lavisse, und hatte ich diesen anderen nicht in gewissem Sinne bei der Hand in der Person von Alfred Loisy? Diese beiden herausragenden Professoren hatten bis auf wenige Jahre das gleiche Alter und auch eine gegenseitige Kenntnis ihres Werkes: Einerseits katholischer Modernismus, dessentwegen Loisy exkommuniziert wurde, andererseits liberaler Protestantismus, dessentwegen die zu eifrigen Jünger Harnacks aus der Pastorenliste entfernt wurden. Der Meister selbst blieb unerreichbar auf seinem Lehrstuhl an der Universität Berlin wie auch Loisy bei Renan am Collège de France: Das eine war erstaunlicher als das andere. Denn Harnack hatte es gewagt – geschickt, aber deutlich –, einige Punkte des Credos von Wilhelm II. zu kritisieren, Herrscher von Gottes Gnaden, der seine Gottesvorstellung in aufsehenerregenden Zeitungsartikeln verbreitete. Ein eigenartiges Schauspiel! Ein Staatsoberhaupt des 20. Jahrhunderts handelt in der Presse Glaubensgrundsätze ab. Man kann sich kaum Sadi Carnot oder den Präsidenten Félix Faure in dieser Rolle vorstellen. Gewiß hatte Robespierre über das Höchste Wesen Abhandlungen verfaßt, und in Ermanglung von Jules Ferry

verbreitete der allmächtige Leiter des Schulwesens, Ferdinand Buisson, 1880 in Hülle und Fülle die schönen Parolen des laizistischen Evangeliums, in denen sich die Stimmen von Rousseau und Kant mit dem Widerhall der Bergpredigt vermischten.

Die Versuchung, Harnack und Loisy in diesem Zusammenhang zu behandeln, war um so stärker, als es keine substantielle Kenntnis der deutschen Literatur ohne eine Kenntnis der deutschen Theologie und Philosophie geben kann: Eine Perspektive, die man heute zu oft aus den Augen verliert, die aber den Gründern unserer Disziplin, Charles Andler, Lucien Herr, Henri Lichtenberger und Edmond Vermeil höchst bewußt war.

Je weiter meine Nachforschungen in diese Richtung gediehen, um so klarer wurde mir, daß die Konfrontation Harnack–Lavisse zahlreiche weitere Vergleichspunkte von ebenso beträchtlichem Allgemeininteresse hervorrief, Analogien, die auf organische Weise Temperament und Denkungsart der beiden Wissenschaftler verbinden und zu parallelen pädagogischen und kulturellen Aktivitäten führen würden.

Im Gegensatz zu Loisy, der ein Mann der Wissenschaft und ein Stubenhocker war, waren Harnack und Lavisse extravertiert, um mit Jung zu sprechen, oder nach der Charakterologie von Le Senne, die in der Germanistik zu wenig angewandt wird, gehören sie der Gruppe an, deren Handeln primär nicht vom Gefühl bestimmt wird. Anders gesagt, es sind die geborenen Organisatoren, sie sind immer überall, eifrige Kommissionäre bei offiziellen lokalen und nationalen Anlässen, ebenso entschlossen wie flexibel bis hin zu ihren respektiven politischen Optionen. So war Harnack als aufrechter Monarchist keineswegs servil und einer der wenigen unter den großen deutschen Professoren, der nach der Abdankung des Kaisers für die Weimarer Republik optierte, die für ihn der einzige Garant einer gerechteren sozialen Ordnung war. Vierzig Jahre zuvor hatte Lavisse die gleiche Konversion vollzogen. Als agregierter Historiker war er 1866 Sekretär von Victor Duruy in der „Instruction Publique", von 1868 bis 1870 Privatlehrer des Kronprinzen, 1878 verteidigte er das liberale Kaiserreich und

wurde dann zu einem der Urheber der III. Republik. Was Wilhelm II. und anschließend die Minister der Weimarer Republik für Harnack bedeuteten, waren für Lavisse insbesondere Poincaré, Jules Ferry und andere.
Aber welche Aufgabe hatte die Republik für ihn? Die enge Beziehung zwischen seiner und Harnacks Ideologie tritt hier ans Licht. Schon bald nach der Unterzeichnung der Frankfurter Friedensverträge eilt Lavisse nach Berlin und läßt sich dort für drei Jahre nieder, nicht nur um seine „These d'Etat" über die Ursprünge der preußischen Monarchie abzuschließen, sondern vor allem, um dieses Geheimnis zu ergründen: Wieso war der *deutsche Lehrer* zum Urheber der Siege von Sadowa und Sedan geworden? Renan, Taine, Fustel und noch viele andere teilten diese Doktrin, und schon vor ihnen hatte Victor Cousin 1830 von einer Inspektionsreise der deutschen und insbesondere der preußischen Schulen folgende Notiz mitgebracht: „Die Schulpflicht ist in den Bräuchen verwurzelt." Ein eigenes Wort bezeichnet diese Pflicht, die *Schulpflichtigkeit**, die sehr an die *Dienstpflichtigkeit** erinnert. Diese beiden Worte, folgert Victor Cousin, „sind das ganze Preußen, das Geheimnis seiner Einzigartigkeit, seiner Macht, der Keim seiner Zukunft. Nach meiner Ansicht drücken sie die beiden Grundlagen des Preußentums aus, das sich gleichermaßen aus Aufklärung und Stärke zusammensetzt." Die *Schulpflicht** der *Dienstpflicht** zugeordnet, obligatorischer Schulbesuch, obligatorischer Wehrdienst, beide als Pfeiler des Staates und der Zivilisation angesehen – als ich dieses Zitat von 1830 entdeckte, das den Zitaten von Lavisse und Harnack aus den Jahren 1889 und 1909 so verwandt war, erwies sich das gewählte Terrain als solide. Ich bearbeitete einen Stoff, dessen Wurzeln weit in die Vergangenheit zurückreichten und der doch brennend aktuell blieb. Der Biologe in seinem Labor, der zu gewollter Zeit und Bedingung einem Entwicklungsprozeß beiwohnt, kennt dieses plötzliche Glück: Ein Moment der Gewißheit.
Drei große Problemkreise wurden im Laufe meiner Vorlesungen untersucht:
1. War der französische Unterricht zwischen den Jahren 1800 und 1880 wirklich dem deutschen System unterlegen und aus welchen Gründen?

2. Wurde in der Folgezeit eine Gleichheit zwischen beiden Ländern erreicht und durch welche Mittel?
3. Ist der deutsche Erziehungseinfluß verdienstvoll gewesen, oder schadete er schon in seinen Anfängen dem nationalen Genius?
Meine Antworten auf diese Fragen werden so knapp wie nur möglich sein, obgleich die aufgestellte Bilanz immer in Perspektiven mündete. Ich werde sie im Schlußteil unter einem anderen Blickwinkel wiederaufnehmen.
Alle konsultierten Historiker, Felix Ponteil und Antoine Prost in ihrem Gemeinschaftswerk, Georg Duby in seiner neuen *Histoire de la France*, Georges Duveau, Pierre Nora, Jacques Ozouff und noch dreißig, vierzig andere Spezialisten, die sich diesem oder jenem Aspekt des Problems zuwendeten, sind sich einig: Seit Napoleon I. zerfiel die französische Universität in eine Vielzahl von Fakultäten ohne gegenseitige Verbindung, ohne Status, ohne Forschungsmittel, fast ohne Studenten – fünfzig geisteswissenschaftliche und sechzig naturwissenschaftliche Examen noch im Paris des Jahres 1860! Napoleon III. sah es sowenig wie Louis-Philippe oder Charles X. für notwendig an, ein System zu ändern, das die Universitäten verkümmern ließ, sondern stellte sie zweckdienlich unter die direkte Kontrolle der Staatsmacht. Die Bilanz von 1867/68 hat Lavisse in einem ministeriellen Bericht gezogen, der den Unterricht der Universität Bonn, dem deutschen Vorposten am Rhein, mit dem des französischen Vorpostens in Straßburg vergleicht. An der geisteswissenschaftlichen Fakultät Straßburg werden in insgesamt vierzehn Wochenstunden fünf Vorlesungen gehalten und in Bonn achtundvierzig Vorlesungen in insgesamt einhundertzweiunddreißig Stunden! An der naturwissenschaftlichen Fakultät: Sechs Vorlesungen in dreiundzwanzig Stunden in Straßburg und achtunddreißig Vorlesungen in zweihundertdreiundzwanzig Stunden in Bonn! Wenn sich danach die Dinge radikal geändert haben, wenn die französische Universität sich wieder aufgeschwungen und erneut an Geltung gewonnen hat, geschah dies dank Ernest Lavisses.
Außerdem war er einer der Reformer des Grundschulwesens, dessen Strukturen, die er zwischen 1880 und 1886 eingeführt hat, fast achtzig Jahre Gültigkeit hatten. Auch

war das Geschichtsbuch von Lavisse für die Grund- und Oberschulen, das in Millionenauflagen verbreitet wurde und in den Jahren 1884 bis 1918 gewissermaßen ein Monopol behielt, noch bis etwa 1930 weit verbreitet.
Die Abschlußvignette dieses Buches mit seinen lapidaren und unmißverständlichen Gemeinplätzen ist aufschlußreich. Sie zeigt, wie Jacques Bonhomme zufrieden unter einem Baum mit seinen drei Söhnen ausruht: ein Lehrer, ein Offizier, ein Bauer. Heilige Allianz im Rahmen eines bäuerlichen Frankreichs schlechthin. „Tu seras soldat" lautet der Titel eines Ergänzungsbandes mit moralisierenden und militärischen Geschichten, die der Bruder des Historikers, Emile Lavisse, herausgab, der zukünftige General und Direktor der „Ecole de Saint-Maixent".
Die deutsche Grundschule unter Wilhelm II. vertrat keine virilere Moral als der französische Lehrkörper und identifizierte genau wie er den strikten Gehorsam mit humanitärer Pflichterfüllung. Unter dem Samtmantel der Humanität waren die Bajonette bereit.
Nichts änderte sich in den Gymnasien beider Länder, die ausschließlich für die Kinder des Bürgertums konzipiert waren. Die deutschen und französischen Statistiken sind sich einig: Die Anzahl der Gymnasiasten und Abiturienten hat sich im Laufe eines Jahrhunderts kaum verändert. Der Unterschied beider Systeme liegt in den Einzelheiten, deren Bedeutung auf beiden Seiten übertrieben wurden. Noch 1948 verlangte der französische Beauftragte für die Umerziehung in Baden-Baden, der sich für mindestens fünfundzwanzig Jahre auf seinem Posten wähnte, das Abitur durch das „Bachot" zu ersetzen, das nationale Examen, welches kraft seiner Anomymität und Zentralisation unfehlbar für die Demokratie jenseits des Rheins förderlich sein müsse. Großer Applaus in Paris und als Folge Erlasse. Zu einem nationalen Reflex ist bei uns der Examensmythos geworden, der Glaube an die Auswahl durch den Wettbewerb. Dieses Phänomen verdiente eine ernsthafte interdisziplinäre Studie, bei der Germanisten nicht überflüssig wären.
Aber kommen wir auf die französischen Universitäten zurück, auf ihren Niedergang seit 1800 und auf ihren Aufstieg seit 1880.

In der Zwischenzeit hatte sich die wissenschaftliche Forschung ausschließlich in vier oder fünf großen Pariser Institutionen entwickelt: Collège de France, Muséum, Ecole Normale Supérieure, Ecole Polytechnique, Ecole des Arts et Manufactures. Die Ausstrahlung dieser Organismen war so groß, daß das Ausland – einschließlich Deutschland – diese Modelle aufnahm, insbesondere das der Ecole Polytechnique und, nicht zu vergessen, das der 1868 zum Ende des Kaiserreiches von dem liberalen Victor Duruy gegründeten Ecole Pratique des Hautes Etudes, deren Verdienste Harnack in seinem Memorandum an Wilhelm II. hervorhebt. Andere großangelegte Projekte der Revolution existierten mangels Geld, Menschen und Zeit nur auf dem Papier. Nach Napoleons Willen war die Universität seit 1806 unter einem Bleideckel begraben.
Paradoxerweise reformierte das besiegte Preußen und dann ganz Deutschland zu dieser Zeit die Universitäten dank des großen Einsatzes von Wilhelm von Humboldt, der von dem liberalen Minister von Hardenberg alle erdenkliche Unterstützung erhielt.
Humboldt, Sohn eines Pommern und einer Hugenottin, wurde von dem liberalen und kosmopolitischen Geist des 18. Jahrhunderts genährt, war mit Goethe und Schiller in Weimar eng befreundet gewesen und hatte die Ideen der deutschen Klassik begeistert kommentiert und sie zur Grundlage seiner Reformen gemacht. Sein Bruder Alexander, der Geograph und Naturforscher, unternahm zu dieser Zeit seine erste Südamerikareise in der Begleitung von Aimé Bomplan. Durch seine Verbindungen zu französischen und deutschen Gelehrten, die sich an der Auswertung der eindrucksvollen Resultate dieser Mission beteiligten, gab Alexander von Humboldt der neuen Universität zweifellos eine breitere Orientierung, eine größere Öffnung für Naturwissenschaften und Anthropologie im Geiste Condorcets. Wilhelm, eher dem Schöngeistigen zugewandt, sicherte den Vorrang der Philologen und Philosophen, setzte den Universitätsprofessor als Mitglied der nationalen Elite durch und stellte ihn unter die wohlwollende Vormundschaft des als aufgeklärt geltenden Fürsten. Der liberale Geist der Humboldtschen Universität ist im Ver-

gleich zum napoleonischen Drill offensichtlich. Aber Humboldt selbst legte 1819 sein Amt nieder. Angewidert von der Demokratenhatz und ohne Hoffnung auf eine konstitutionelle Monarchie in Deutschland, flüchtete er sich in die Ausarbeitung einer Sprachphilosophie. Unter Metternich, wie auch später unter Bismarck, verfälschte die Reaktion unaufhörlich sein großes Unternehmen und erleichterte, unter anderem, die Inthronisierung von Professoren-Dynastien, die sicherlich kompetent, aber vor allem staatstreu waren, wie mein Schüler Maurice Jacob gezeigt hat: Die Delbrück-Dynastie, die sich mit ihren Ahnen in die dritte Generation zurückverfolgen läßt, ist nur ein Beispiel. Friedrich Engels sagte in seinem „Tagebuch eines Hospitanten“ von 1844 Wesentliches über die „politische Verdrossenheit“, die von diesem System herrührte. Trotzdem ist es nicht weniger richtig, daß die deutsche Universität noch 1848 eine beeindruckende Anzahl von liberalen Abgeordneten ins Frankfurter Parlament geschickt hat. Selbst nach der Zäsur von 1870 konnte Camille Jullian im Vorwort zu René Cruchets Untersuchung über das Universitätsstudium jenseits des Rheins noch mit Dankbarkeit von zwei in Berlin verbrachten Semestern berichten, vom herzlichen Empfang Mommsens und all seiner Kollegen, von der hervorragenden Einrichtung von Bibliotheken und Instituten. „Nichts von dem, was an den deutschen Universitäten vorgeht, darf uns gleichgültig lassen“, folgerte er. „Welch nationale, selbst pangermanische Organe es auch immer sein mögen, das ist ihre Sache und kaum die unsere. Auch sie gehören zum wissenschaftlichen Leben in der Welt; für ein humanitäres Handeln sind es unverzichtbare Organe. Und deshalb muß sich selbst ein patriotischer Franzose für ihre Größe interessieren.“

Diese noblen Worte des großen Keltologen, der Professor am Collège de France war, stammen – eine Ironie des Schicksals – aus dem Winter 1913/14. Sie führen uns direkt zu der eingangs gestellten Frage: Wie ist die Einstellung der Gründer der Neuen Sorbonne zu Deutschland einzuschätzen? Als kriminelle Verblendung, befanden Brunetière, Barrès, Henri Massis und Péguy. Für sie gebar als erste eine *femme fatale*, Madame de Staël, die Mutter aller

Häresien, das trügerische Bild eines guten Deutschlands, welches Generationen von Franzosen vernebelte und dem Eindringling die Türen öffnete. Dann geht man auf ihren Schwiegersohn zurück, den Herzog Victor de Broglie, dem Minister und Präsidenten des Rates unter Louis-Philippe, der mit der unehelichen Tochter der aus Genf stammenden Protestantin und des libertären Benjamin Constant verheiratet war. War nicht auch ihr Freund Guizot, der Sohn eines unter der Schreckensherrschaft guillotinierten Hugenotten aus Nîmes, dem korrumpierenden Genfer Einfluß erlegen, wodurch seine widersprüchlichen Grundschulreformen beeinflußt wurden, die er gemeinsam mit Louis-Philippe unternahm, dessen ältester Sohn die lutheranische Hélène von Mecklenburg ehelichte, eine Ehe, aus der zwei Töchter mit protestantischen Prinzen verheiratet wurden? Waren nicht auch sechs von neun Ministern in der ersten republikanischen Regierung von 1879 Protestanten, Jules Ferry eingeschlossen, Freimaurer aus einer reformierten Familie von Industriellen der Vogesen und durch seine Frau den calvinistischen und liberalen Textilmagnaten von Mulhouse verbunden?

Wendet euch von den Ketzern ab, die immer von Deutschland beeinflußt wurden: So lautet das Verdikt von Louis Reynaud um 1910, einem Germanisten und Anhänger von Maurras. Wie reich an Quellen seine Werke auch sein mögen, seine historischen Verknüpfungen basieren nicht so sehr auf der Geschichtswissenschaft, als auf dem von Bachelard so meisterhaft beschriebenen und als neurotische Variante abqualifizierten „Logos“.

Die Wahrheit scheint eher in den geduldigen Untersuchungen der großen komparatistischen Arbeiten enthalten zu sein, in denen die verwickelten Fakten entflochten und zu überzeugenden Resultaten geführt werden: So für die Epoche, die uns hier interessiert – die erste Hälfte des 19. Jahrhunderts – in den Arbeiten des redlichen und gewissenhaften André Monchoux und des klugen und scharfsinnigen Claude Pichois.

Aus meiner Warte würde ich sagen, daß die protestantische Minderheit, die seinerzeit von einem gealterten Despoten, seiner bigotten Maitresse und seinem fanatischen Beichtvater verjagd wurde, die sich für ganz Europa als fruchtbar erwies und über verschlungene Wege Preußen ihre Fähigkeiten zur Verfügung gestellt hatte, sich in ihre bürgerlichen Rechte wieder eingesetzt fand, wie wenig später in der Person des Hauptmanns Dreyfus eine andere Minderheit, die durch das Plebiszit des souveränen Volkes verstoßen und begnadigt wurde. Der französischen Germanistik gebührt die Ehre, daß sie an dem Aufbau der Republik, ihrer Universitäten und Schulen teilhatte. Charles Andler, Lucien Herr – man teilt der Jugend nicht mehr viel über diese Männer mit, und doch bleiben sie Vorbilder dank der Energie und Begeisterungsfähigkeit, die sie mit einem rigorosen Wissenschaftsbegriff verbunden haben, der Jahrhunderte einschloß, mit einem unerschöpflich liberalen Engagement und einer lebendigen Öffnung zur zeitgenössischen Welt.

Wie erinnert doch ihr Fortgehen aus der elsässischen Heimat nach dem Zusammenbruch von 1870 an das der beiden kleinen Helden in dem vielgelesenen und wiedergelesenen Erziehungsroman, den zwischen 1877 und 1914/18 fünf oder sechs Generationen auswendig hersagen konnten: „Le Tour de la France de deux Enfants“ von G. Bruno, Pseudonym der Mutter des Philosophen Jean-Marie Guyau, die in zweiter Ehe mit dem Philosophen Alfred Fouillé verheiratet war, beide Vertreter der laizistischen Moral, die weder „Verpflichtungen noch Sanktionen“ kannte.

Lucien Herr, der Sohn eines Altkirchner Lehrers – von dort kam später auch Camille Dreyfus, der große Arzt und Humanist – und Charles Andler aus Straßburg, auch sie waren Laizisten. Aber seit 1888/89 entwickelten sie sich zu militanten Sozialisten, als erster Lucien Herr, der seinen Studienfreund Jaurès aus der Ecole Normale Supérieure mit sich zog, gefolgt von Andler, der die sozialistische Idee dank einer parallelen Lektüre von Proudhon und Fichte für sich entdeckt hatte.

Die gegenseitige Toleranz während des schwierigen Anfangs der Republik, das Miteinander der Republikaner aus allen Lagern, ließen Poincaré sagen: „Ich bin ein gemäßigter Republikaner, aber nicht gemäßigt republikanisch.“ Diese gütliche Übereinstimmung drückte sich auch darin aus, daß Lucien Herr, Bibliothekar der Ecole Normale

Supérieure von 1888 bis zu seinem Tode im Jahre 1926, seit der Jahrhundertwende auch Sekretär der von Lavisse geleiteten *Revue de Paris* war und weiter mit ihm zusammenarbeitete, als Lavisse 1904 zum Direktor der Ecole Normale ernannt wurde.
Nun findet sich unerwartet, aber unwiderlegbar der konservative Republikanismus von Lavisse, der zutiefst geprägt war durch seine Erfahrungen im liberalen Kaiserreich, in der Sozialideologie Harnacks wieder. Der gleiche gutgemeinte Nationalismus, die gleiche Unkenntnis vom Getriebe der Industriegesellschaft, die gleiche Ignoranz gegenüber der Massenunterdrückung und ihren Techniken. Für Lavisse hatte sich durch den Sturm auf die Bastille, durch Valmy und das Revolutionsfest das Gesicht der Welt für alle Zeit verändert. Keine Revolution mehr, einige Verbesserungen würden reichen. „Alle Franzosen", schrieb er, „haben gleiche Rechte; aber unter uns gibt es Ungleichheiten, die liegen in der Natur oder im Besitz. Diese Ungleichheiten können nicht verschwinden." Wie hätte der liberale Monarchist Harnack dieses Glaubensbekenntnis nicht unterschreiben, wie hätte er einen anderen Satz des Freundes von Poincaré nicht billigen können, wenn er ihn gekannt hätte: „An erster Stelle brauchen wir Arbeit, Ordnung und Sparsamkeit. Nur unter diesen Bedingungen kann man aufsteigen. Natürlich nicht sofort. Mein Vater hatte fast nichts. Ich habe schon etwas. Wenn meine Kinder meinem Beispiel folgen werden, können sie ihre Erbschaft verdoppeln. Meine Enkel werden Herren sein. So steigt man die soziale Leiter hinauf."
Undenkbare Äußerungen aus der Feder von Péguy, und der Auftritt von Péguy wird diesen Teil meines Exposés beenden.
Charles Péguy, exemplarisches Produkt der laizistischen Schule, Andlers Schüler, glühender Bewunderer Lucien Herrs und sein Leutnant im Kampf während der Dreyfus-Affaire, dann Jaurès Vertrauter, begann schon nach wenigen Jahren eine bissige und manchmal gar wahnwitzige Polemik, die er gegen seine alten Freunde und die gesamte Sorbonne führte.
Die neue Universität, die endlich durch Mühe und Ruhm

entstanden war, diese neue, ehrliche, ernsthafte, kraftvolle und auch so patriotische Sorbonne, in der Poincaré persönlich 1912 die Jubiläumsfeier für Lavisse eröffnet hat, war in Péguys Augen nur ein Trojanisches Pferd. Lanson, Langlois, Durkheim, Seignobos und Andler waren entweder bewußte oder freiwillige Helfer des Pangermanismus und Lavisse, der „schwache Henker", wurde von zwei der Todesstrafe geweihten Kriminellen, Lucien Herr und Jaurès, manipuliert. Das apokalyptische Dekor des Ersten Weltkrieges gibt der Auseinandersetzung einen dramatischen Charakter. Man sieht den Generalstab des französischen Geistes seinen Glauben, seine Begeisterung, seine Glut, seine Söhne in den Abgrund werfen, man sieht Lucien Herr sobald wie möglich zu einer heimlichen Pilgerfahrt zum Grabe Péguys aufbrechen, der am ersten Tag der Marneschlacht, am 5. Februar 1914, an der Spitze seiner Mannschaft fiel.
In diesem Augenblick hat vielleicht Lucien Herr, dieser gute, aufrichtige und von Grund auf ehrliche Mensch, der sein Leben lang arm blieb, besser als manch anderer Péguys Groll verstanden, dieses anderen und noch ärmeren, den er gegen die neuen, sich etablierenden Mächte hegte, gegen die Schuldirektoren, die aus dem Volke stammten und von ihren Enkeln als Herren träumten.
Péguy wollte Volk bleiben, wie er dann auch in sich das Feuer eines uralten, verlorenen Glaubens wiederentdeckte und mit der Spürnase eines Wachhundes die drohende Katastrophe witterte, die Jaurès und Lucien Herr bis zum letzten Augenblick hofften, umgehen zu können.
Diesem gleichsam shakespearehaften „sich die Stirn bieten" konnte keiner mehr Leben einhauchen als Romain Rolland in seinem letzten, vielleicht treffendsten Buch, in seinem „Péguy", das er während der langen Nacht der Okkupation 1943/44 in Vézelay schrieb. Keiner war für diese Aufgabe berufener als Rolland, der seinem Vaterland tief verbunden und sich doch bewußt war, daß dieser durch beiderseitige Verblendung bedingte, von Schulmeistern und Gelehrten unterstützte und kräftig genährte Rachezug für beide Völker und ganz Europa Selbstmord bedeuten würde.
Kurz vor seinem Tod, im Januar 1922, hatte ich die Gelegenheit, Lavisse in seiner dem Jardin du Luxembourg gegen-

überliegenden Wohnung einen Besuch abzustatten, der mich bewegt hat. Der alte Mann begrüßte in mir das endlich heimgekehrte Straßburg, und ich verspürte einen Schauer, wie man ihn angesichts einer so glorreichen, aber auch kummer- und sorgenvollen Vergangenheit verspürt. Einen Hauch der Zukunft spürte ich aber im März desselben Jahres, als mich Albert Schweitzer, seit 1919 mein Musiklehrer und bis zu seinem Tode im Jahre 1965 mein Vorbild und väterlicher Freund, zu Romain Rolland mitgenommen hat. Beide Männer, jeder auf seine Art, stellen in meinen Augen noch immer das Gewissen der Welt dar.

Der Lehrer und der Offizier, beide Garanten der Größe Frankreichs, der Größe Deutschlands: Auf beiden Seiten des Rheins glaubt die Jugend nicht mehr daran. Die bürgerliche und patriotische Moral der „Tour de la France de deux Enfants" ist in einem absurden Universum nicht mehr nachvollziehbar. Ein genialer Schüler, der paradoxerweise wie die gute Madame Bruno auch in der bretonischen Stadt Laval geboren wurde, ein Junge von fünfzehn Jahren, halb Lausejunge, halb Hippy, hat diese Absurdität 1888 aufgedeckt: Alfred Jarry im „Ubu-Roi".

Ubueske, kafkaeske Welt. Aber sehen Sie sich China an! Blättern Sie in den dicken Bänden der Zeitschrift *Litterature Chinoise*, die alle drei Monate erscheint, das ist die Tour de France im Maßstab eines Kontinents, in dem Dekor eines Landes, wo sich *Lehrer und Offizier* singend im Gleichschritt auf das gleiche Ziel mit dem gleichen Glauben zubewegen, dem Glauben, den auch die sektiererischen Kämpfer der Republik hatten, die Lehrer, so wie Péguy sie rühmte.

Sehen Sie andererseits die enge Verbindung zwischen Wissenschaft und Armee – *Wehrkraft und Wissenschaft** hatte Harnack gesagt – in der Sowjetunion, dieser selbe Stolz auf die Vergangenheit, diese strikte Respektierung der Hierarchien, dieser gleiche Glaube an die Zukunft. Sehen Sie die Eroberung des Weltalls, die dort, wie auch in den USA, auf das Konto der gleichen Zusammenarbeit von Wissenschaftlern und Militärs geht. Aber sehen Sie auch die andere Seite, die Verheerungen, die monströsen Genozide, die aus dieser Paarung entstehen und eines Tages die Welt auslöschen könnten.

„Du wirst Soldat", die Maxime von Lavisse, die kräftig dazu beitrug, den Kämpfer von Verdun zu erschaffen, so wie die analoge Maxime den deutschen Gegner schuf – welches Echo könnte sie noch in einem Europa hervorrufen, das als Folge seiner heroischen und unsinnigen Kämpfe an Prestige verlor, und in einem Frankreich, das sich von seiner Atombombe nicht besser verteidigt fühlt, als es von seiner Maginot-Linie verteidigt wurde? Lethargie und Revolte zu gleichen Teilen in einem Land, das sich als ein Stück von Europa sucht und noch nicht gefunden hat.

Welche Aufgabe kann sich der Germanist vornehmen, dieses Rädchen im Getriebe, wenn er als Anfänger von Büro zu Büro durch endlos lange Gänge irrt, ratlos angesichts der Vielzahl von Methoden, die sich anbieten und sich nicht miteinander vereinbaren lassen, der als Lehrer zur Fleißarbeit verdammt ist und auch noch wissenschaftlich forschen soll, einem Sperrfeuer ausgesetzt, sobald er sich einem Schriftsteller nähert, denn alle – ob groß oder klein – werden belagert wie Vaubansche Festungen, von Cliquen, die unter sich zerstritten sind, aber einig in der Abwehr aller Außenstehenden? Haben die Begründer unserer Disziplin daraus geschlossen, die germanistischen Studien auf die letzten zwanzig, dreißig oder fünfzig Jahre zu beschränken, um eine Filiale der E. N. A. zu werden? Ich glaube nicht.

Charles Andler gab im Jahre 1901 das „Kommunistische Manifest" heraus, zu einer Zeit, als diese Unternehmung bei uns an Skandal grenzte und als kein deutscher Germanist daran gedacht hätte und noch weniger bereit gewesen wäre, sich so zu kompromittieren. Andler hat Bismarcks Reden noch zu seinen Lebzeiten kommentiert, er hat die Übereinstimmungen zwischen der alldeutschen Ideologie und den Interessen der Ruhrindustriellen erhellt, aber mit der gleichen Einfühlung hat er auch die Texte von Kant, Lessing und Hegel interpretiert, die Schönheit von Goethes Gedichten vermittelt wie die der Gedichte von Heine, Mörike, Stefan George und Arno Holz; er hatte die Fähigkeit – ebenso wie Edmond Vermeil und Henri Lichtenberger –, die Partituren der Kantaten von Bach zu lesen und der Opern von Wagner, und ihn, den jungen Revolutionär

von 1848, in eine Beziehung zu bringen zu Bakunin und zu Nietzsche in Luzern und Bayreuth – ihre Freundschaft, die überschwenglich begonnen hatte, endete, im Gegensatz zur Freundschaft zwischen Goethe und Schiller, mit einem Bruch.
Mit einem Wort, die Germanistik muß nach Andler umfassend sein. Aber ist dieser Ehrgeiz nicht maßlos, und zeigt mein eigenes Beispiel nicht den utopischen Charakter?
Das ist die Stundes eines mea culpa und der Augenblick, uns an Lucien Herr zu erinnern, der mich mit einem Stapel von Büchern unterm Arm im Jahre 1922, hinter seinem Schreibtisch sitzend, über die Brille hinweg ansah: „Das wollen Sie alles lesen?" Zweifellos dachte er an sich selbst, er hatte zuviel gelesen und fast nichts geschrieben. Ein Büchervertilger, der auf seine Art ein Blaubart war, von einer Geliebten zur nächsten flatterte, aber öffnen Sie seine Schränke: Bücherskelette zuhauf.
Vielleicht haben Sie die Anspielung auf Band zwei und drei meines Buches *Allemagnes et Allemands* bemerkt, die seinerzeit angekündigt wurden und nie erschienen sind. Nicht, daß die Arbeit ruhte, sondern ganz im Gegenteil: Wie viele Entwürfe, detaillierte Ausarbeitungen, redigierte und in diese Vorlesung integrierte Teile – ein überquellender Zettelkasten zu einem Thema, das sich immer wieder entzog oder genauer, sich in alle Richtungen ausbreitete: Nicht ein Deutschland, sondern zwei, beide ausgelöscht und 1945 sozusagen von der Landkarte gestrichen, und beide wieder auferstanden unter völlig verschiedenen Systemen, aber in der Tiefe verbunden durch denselben Geist, dasselbe Genie. Und dieser Geist, dieses Genie – Arbeitseifer, kollegialer Sinn für Disziplin, Anpassungsvermögen, schöpferische Dynamik –, rief es nicht auch jenseits des Ozeans, in der Neuen Welt, eine Art drittes Deutschland hervor, in dem die Emigranten von 1933 und die von nach 1945 die besten Plätze eingenommen haben – der Eroberer des Mondes neben dem Deuter unseres Planeten, eine Pléjade von Wissenschaftlern, die in allen Universitäten durch eine erstaunliche Vitalität des erfinderischen Geistes kompensieren, was die „preußische Garde" eines allmächtigen, nicht unumstrittenen Kanzlers durch ihren Dünkel und

ihre extreme Neigung für die „Realpolitik"* kompromittierte?
Aber wie kann man durch den Lauf der Jahrhunderte den Geist und das Genie einer Nation umfassend begreifen, definieren und wie die Gründe und Zeiteinschnitte des Verfalls aufdecken?
Ein Biologe, der Institutsdirektor am Collège de France war, hat das Wunder vollbracht und Monster kreiert, Hühner mit drei oder vier Augen, Küken ohne oder mit zusammengewachsenen Füßen und andere Küken mit Ohren am Schnabel. Unsere bescheidenere, aber nicht weniger schwierige Aufgabe ist es oder wird es sein, die Bedingungen zu bestimmen, die menschliche Monster entstehen lassen, Monster, die ganz normal aussehen: Ein kleiner banaler Schnauzer, ein Aufsteiger-Schmerbauch, ein gewöhnlicher Klumpfuß – aber Monster, deren pervertierter Sinn die Macht gehabt hat, ein ganzes Volk mit sich zu reißen und die Welt zu erschüttern.
Wurde die kollektive Perversion hervorgerufen durch ein unscheinbares, außergewöhnlich ansteckendes Gen, allzeit bereit, sich früher oder später ins Spiel zu bringen? Das ist nur schwer, sogar unmöglich zu akzeptieren, aber ebenso schwierig ist es, von der Vergangenheit zu abstrahieren. Ich werde nicht vergessen, auch die Fehler, Schwächen und Makel der anderen aufzuzeichnen. Wo verläuft die Trennungslinie zwischen Tolstoi und Stalin? An Versuchen, sich dem Problem zu nähern, fehlt es sicherlich nicht: Sie sind zahlreich und in der Regel widersprüchlich. Die psychoanalytischen Theorien von Freud, Adler und Jung, die ich nacheinander studierte und anwandte, haben sich in eine Vielzahl von rivalisierenden Schulen gespalten, und eine der zuletzt entstandenen hat gerade brillant die Ursprünge der Doktrin selbst in Frage gestellt. Was kann man über Soziologie, Marxismus – eine Welt für sich –, Strukturalismus und endlich über die Linguistik sagen, die an allen Fronten kämpft? Fernand Mossé, mein zu früh verstorbener Vorgänger am Collège de France, besaß in diesem Bereich ein souveränes Wissen, welches mir fehlt und ihm erlaubt hätte, die Kluft zwischen den Verheißungen und den Ergebnissen zu ermessen, erstaunlich die einen, mager und

unsicher die anderen. Um eine Kulturgeschichte zu ihrem guten Ende zu führen, um sie auf ursprüngliche und unbestreitbare Fundamente zu gründen, und das in einer Zeit, in der sich selbst die Forschungsinstrumentarien zusehends erneuern, in der sich der zu untersuchende Gegenstand wandelt – dafür hätte es entweder einer vollkommenen Unschuld oder eines Genies bedurft, von denen es fünf oder sechs in jedem Jahrhundert gibt. Wenn mein Freund und Examenskamerad Alfred Kastler sich für die Germanistik entschieden hätte, wie er es einmal in Betracht gezogen hat, hätte vielleicht er unsere Disziplin durch einen Laserstrahl erleuchtet.
Hätte nicht aber eine Gruppe sich dieser Aufgabe stellen können? Das Collège de France konnte seinen Literaturwissenschaftlern diesen Luxus nicht bieten, der eine conditio sine qua non für die Naturwissenschaftler ist.
Selbst wenn die finanziellen Mittel zur Verfügung gestanden hätten, würde es in dem hoffnungslos kleinen Haus an Raum gefehlt haben. Wenn jedoch um diesen Lehrstuhl ein Historiker, ein Soziologe, ein Wirtschaftswissenschaftler, ein Psychologe, ein Ethnologe, ein Linguist, ein Ästhetiker und ein Philosoph gruppiert gewesen wären, ökonomisch abgesichert für fünf, zehn Jahre, wie die Leiter eines Labors, hätten sie nicht unserer Disziplin in dieser geistigen Gespaltenheit die fehlenden Waffen liefern können?
Es wäre jedoch unangebracht, sich da, wo man hinberufen wurde, um sich mit eigener Person einzusetzen, über den Mangel an Stellen zu beklagen.
Herr Direktor, meine verehrten Kollegen, ich habe während der ganzen Zeit, die ich mit Ihnen verbrachte, nicht aufgehört, mich zu fragen, ob ich Ihr Vertrauen auch verdiente. Vielleicht ist die Bilanz etwas weniger negativ, als ich es mit einer naturbedingten Neigung zum Pessimismus gedacht habe. In den letzten Jahren zog ich mich von meinen französischen Buchprojekten zurück und habe jenseits des Rheins eine zweite Karriere begonnen und einen zweiten Antrieb gefunden. Nach einem Blick zurück scheint es mir, daß ich sagen kann: Die Mission im Ausland im Interesse beider Länder ist abgeschlossen.
Es begann in den Jahren 1955 bis 1960, als ich in die Akade-

mie der Wissenschaften und der Literatur in Mainz gewählt wurde, die in der Bundesrepublik die Nachfolge der Preußischen Akademie angetreten hat, die seinerzeit von Harnack geleitet wurde. Ich habe mich wieder mit der deutschen, unter dem Dritten Reich pervertierten Sprache versöhnt, die ich so lange von mir gewiesen hatte.
So stand ich plötzlich vor einer aufmerksamen Zuhörerschaft von Schriftstellern, Philosophen, Wissenschaftlern verschiedener Disziplinen, alle traumatisiert durch den Schock einer noch gegenwärtigen Vergangenheit, deren Alpträume sie kennengelernt hatten, manchmal hatten sie Schreckliches erduldet, manchmal auch die Ehren akzeptiert. Ich wurde bis zu meinem sechzehnten Lebensjahr in Straßburg in deutscher Sprache erzogen, geprägt von dem affektiven Vokabular der Deutschen und auch von dem entsprechenden französischen. So hatte ich das Gefühl, daß ich meinen Kollegen etwas Ungewöhnliches geben konnte, da ich nicht ganz der gleiche war wie sie und auch nicht ein ganz anderer. Hier nun, welche Richtung mein Bemühen einschlug.
Das Vermächtnis von Andler, Lucien Herr, Henri Lichtenberger und Edmond Vermeil mußte Germanisten vermittelt werden, die sich nach abirrenden nationalsozialistischen Glaubensbekenntnissen vorsichtig auf formale Textinterpretationen zurückgezogen hatten. Plötzlich wurde ihrer Disziplin eine verlorengegangene Dimension zurückerstattet, die schon Gervinus, Hettner und andere vor und nach 1848 bis 1870 vertreten hatten: Die kritische Einbindung der Dichter in einen sozialen, politischen, ökonomischen und auch kulturellen Kontext. Schiller, Jean Paul, Hebel und Hölderlin wurden so erforscht, andere bis hin zu Döblin und den Expressionisten, endlich Heidegger, der umstritten ist, aber durch das Feuerwerk seiner vertrackten Sprache gewisse Fehler des Systems klar und deutlich erkennen läßt.
Dann wurden die Institutionen wieder in den Blickwinkel der Germanisten gerückt, angefangen mit dem Pfarrhaus, welches in Deutschland, wie auch in den skandinavischen Ländern und England, jahrhundertelang eine Wiege der Kultur gewesen war und ganz besonders die Keimzelle der

rechtsrheinischen Dichter und Denker. Ein raunendes Träumen vom geheimnisvollen Kosmos glich dort die politische Apathie und die strikten Einteilungen aus, die das tägliche Leben mit sich brachte. Eine andere Institution: Die Kadettenanstalt, zuerst von staatstreuen Schriftstellern glorifiziert und dann, schon mit einem freudianischen Akzent, von einem Rilke und von einem Musil in der Dämmerung der Österreich-Ungarischen Monarchie in Frage gestellt.

Die deutsche Schule war insgesamt mehr als ein Forschungsziel, anhand der in den Jahren 1948 bis 1950 erschienenen Schulbücher wurde sie zum Angriffsziel. Die Schulbücher, sicherlich von den eigentlich nationalsozialistischen Texten gesäubert, blieben zu neunzig Prozent einem ländlichen Weltbild treu, ernst oder idyllisch und von staatstragenden Vorbildern geprägt: Alles in allem ein Lavisse, im Dekor der Nachkriegsruinen auf die industrialisierteste Nation Europas appliziert. Meine ersten beiden Studien, die 1950 und 1951 zu diesem Thema erschienen, blieben unbeachtet. Die dritte Studie in deutscher Sprache wurde sofort weit verbreitet und gilt heute als historische Referenz für eine Revolution, die sich seitdem im Lesebuch*-Bereich vollzog.

Die deutschen Regionen erschienen in einem neuen Licht – ein weiteres Tabu, das in diesem Kreis gebrochen werden mußte. Die nationalsozialistischen Exegeten hatten dieses Thema so sehr abgenutzt, daß man nicht mehr daran zu rühren wagte, so als ob die Eigenheit der Regionen, die in die Struktur dieses dezentralisierten Landes par excellence eingefügt sind, nicht siegreich dem Völkergemisch nach der Katastrophe von 1945 widerstanden hätte. Die unvollkommenen oder verfälschten Maßstäbe mußten modifiziert, und an die Stelle einer veralteten Folklore und der geheiligten Vorstellung einer aus arischer Linie abstammenden Volksgemeinschaft mußte die Kenntnis des Volkes in seinen wirklichen Lebensbedingungen gesetzt werden.

Ob es sich um die Rheinpfalz oder Schleswig-Holstein, um die Hanse- oder Donaustädte handelt, überall haben sich die geographischen, klimatischen und bioethnischen Zwänge auf Arbeitsbedingungen, wirtschaftlichen Austausch ausgewirkt, auf die Wahl von Marktflecken und Städten, obendrein wurden sie noch periodisch durch geschichtliche Veränderungen, politische und religiöse Optionen einer Dynastie oder herrschenden Klasse verkehrt. In fast allen Bereichen stellt Bayern das Gegenteil von Württemberg dar, dessen politische, religiöse und pädagogische Kohäsion (ein Netz von rigoros hierarchisierten und zentralisierten Schulen) sich so gut über mehr als drei Jahrhunderte zurückverfolgen läßt (von 1530/1550 bis 1850 und weiter) wie die wirtschaftliche und genealogische Unabhängigkeit (viele Ehen unter Blutsverwandten in der bürgerlichen Oligarchie von Lutheranischer Obedienz). Das aufsteigende Maschinenzeitalter, weit davon entfernt, einen Bruch zu provozieren, überführt die latenten Energien in andere Bereiche: Der religiös inspirierten Generation der Dichter und Denker (Schiller, Hölderlin, Hegel, Schelling) folgt die Generation der großen Erfinder (Daimler, Diesel, Zeppelin, Bosch) und eine Armee von originellen und geschickten Heimwerkern, Gründer und Stütze einer mächtigen, weiterverarbeitenden Industrie in einem Landstrich ohne Bodenschätze und mit einem ausgebauten Netz von Land- und Wasserwegen. Vergeblich würde man hier die Traditionen des extravertierten bayrischen Lebensstils, den Sinn für das Schauspiel und kräftige Farben, den barocken Geschmack suchen. Auch ist das Bild des Bayern und des Württembergers (oder Schwaben) noch heute im deutschen Kollektivbewußtsein so unterschiedlich wie das des Sachsen und des Schlesiers.

Wir haben versucht, die Eigenständigkeit dieser Bilder zu definieren und damit die emotionale Bewertung von markierenden Ereignissen in der nationalen und regionalen Geschichte – starke Bilder, deren Gewicht sich beträchtlich verändern kann mit der allgemeinen Konstellation einer Epoche, bisweilen maßlos aufgebläht, dann in eine Schattenzone verkrochen, ohne sich jemals aber vollständig aufzulösen, so sehr entsprechen sie tiefempfundenen Realitäten, die unter unerwarteten Umständen wieder auftauchen können.

Zwei kurze Beispiele werden die Geschichte dieser Veränderungen illustrieren.

Berlin hält erst spät Einzug in die Literatur mit den Romanen von Theodor Fontane, einem subtilen Psychologen

hugenottischer Herkunft durch Vater und Mutter, und noch einigen anderen rudimentären naturalistischen Werken in der Zeit um 1880 bis 1890. Selbst Paris, die Hauptstadt seit alten Zeiten, taucht nur ein Jahrhundert früher in der französischen Literatur auf mit Sébastian Mercier, Marivaux, Réstif de la Bretonne und findet ihre Entfaltung erst sechzig Jahre später bei Balzac, Eugène Sue, Hugo, Baudelaire und Flaubert. Dieselbe Inkubationszeit in Deutschland: Mit „Berlin Alexanderplatz" wurde um 1930 von Alfred Döblin der Roman der Industriemetropole geschrieben.
Analoger Rhythmus auf beiden Seiten in der Flucht aus den Städten, die Hervorhebung der einsamen Landschaft und dann: Ödland, Steppe, Moor. Der berühmten Beschwörung des „Maison du Berger", den feuerroten und melancholischen Sonnenuntergängen über der Region Dombes von Ravier, von Carrand und anderen Malern aus Lyon um 1850 entspricht in Deutschland die Entdeckung der Lüneburger Heide durch regionale Dichter und Maler. Das Motiv gewinnt seine volle Reichhaltigkeit durch drei oder vier hervorragende Lyriker – Annette von Droste-Hülshoff, Hebbel, Storm und Liliencron – und bei einigen unbedeutenden Dichtern wie H. Allmers, dessen Verse der in Wien lebende, aber aus Hamburg stammende Brahms vertonte zur Ehre seiner geliebten Heide*: Bedeutet nicht der Name Brahms im Dialekt seiner Heimat Ginster? Aber schon nähert sich das Motiv seinem Untergang, kommerzialisiert verbindet es sich gut mit dem bürgerlichen Nippes und politisiert wird es zur idealen Ausstattung des nordischen, ernsten, integren und unerbittlichen Mannes.
Gleiches Erblühen und Welken der poetischen Motive – das der Loreley zum Beispiel, ihr Erfolg in Deutschland, Frankreich und England war eng mit der romantischen Aufwertung des Rheinlands und zugleich mit der Entstehung des Tourismus und neuer Verkehrsmittel verbunden. Das Dampfschiff und die Eisenbahn haben die Undine des Rheins in ganz Europa bekanntgemacht: Die in Baden-Baden weilenden russischen Prinzen erkannten in ihr die Züge der heimischen Nixen wieder, der Rusalkas.

* deutsch im Original (A. d. Ü.)

Unzählige Balladen, Epen, Erzählungen, Theaterstücke und auch Parodien haben sich dieses Motivs bemächtigt, nicht zu vergessen die annähernd zwanzig Opern, eine unvollendete von Mendelssohn, eine andere der Brüder Hillemacher, die 1882 den „Grand Prix“ der Stadt Paris davontrug, und endlich eine Oper von Alfredo Catalani, die von Toscanini sehr geschätzt wurde. Drei lyrische Gedichte ragen jedoch aus diesem heterogenen Ensemble hervor: Die herzzerreißende Ballade von Clemens Brentano, der diesen Stoff 1801–1802 aufspürte, Heines auf diese Ballade bezogenes Lied von 1824, das den Stoff und Rhythmus veränderte, und endlich Apollinaires geniale französische Transponierung der Ballade Brentanos von 1902. Ist dieses dreifache Gelingen nicht gleichermaßen dem Genie der Autoren und einer gewissen Geisteshaltung geschuldet, welche die Psychoanalytiker mit einem traumatisierenden Mutterbild und der normale Leser mit dem Don-Juan-Typus verbinden werden, der die Frauen erobert und dadurch zu ihrem Opfer wird?
Dieses sind einige der Themen, die in meinen Büchern und Vorlesungen behandelt wurden. Welches Interesse sich darin auch immer für die Nebeneffekte der Literatur und besonders für die Unterhaltungsliteratur ausdrückt, vom Almanach bis zu den Kolportageromanen des 17. und 18. Jahrhunderts – Kirchenlied und Katechismus nicht zu vergessen bis hin zum Fortsetzungsroman des 19. Jahrhunderts und zur heutigen Pop-Art, so habe ich doch nie aufgehört, eine Hierarchie der Werte zu etablieren: Über den respektiven Rang von Bach und Telemann kann man diskutieren, aber man wird die obskuren Routiniers der Kantate nicht mit ihnen vergleichen können.
Ebenso will die Einfügung der Dichter, Philosophen und Musiker, kurz, der schöpferischen Kräfte, in die Gesellschaft nie heißen, daß sie deren einfaches Produkt sind. Das Kunstwerk reflektiert die Gesellschaft, aus der es entstanden ist, aber es gehorcht gleichzeitig inneren Gesetzen, und diese erlauben ihm in seiner höchsten Form, die Wahrheit der Kontingenz des Augenblicks zu entreißen, ihre hervorstechenden Eigenschaften zusammenzufügen und ihnen eine menschliche Dauer zu verleihen.

Wo könnte man ein wahrheitsgetreueres und überzeugenderes Bild der moralischen Ordnung unter Charles X. finden, an der Schulen und Universitäten Schaden genommen haben, als in Stendhals „Le Rouge et le Noir"? Wo wäre, auf einem anderen künstlerischen Niveau, aber in unbedingt redlicher Weise, eine aussagekräftigere Illustration der Lehrermisere zu finden, als in der „Histoire d'un sous-maître" von Erckmann-Chatrian?
Die Renaissance des Unterrichtswesens um 1880 in Frankreich konnte nur dank der unbeirrbaren öffentlichen Meinung gelingen. Aber sie wurde nicht nur von Jean Macé und seiner „Ligue de l'enseignement" ausgearbeitet, sondern Macé selbst stützte sich auf den Kreis der Schriftsteller, der am „Magazine de récréation et d'éducation" des Verlegers Hetzel mitarbeitete. Jules Verne und Victor Hugo beteiligten sich regelmäßig. Wo fände man heutzutage Vergleichbares? Der einfache Vergleich der „Roi maudits" und der „Misérable" macht den Verfall deutlich. Hier sind Effekte um der Effekte willen, das historische Falschgeld der Comics für Fernsehzuschauer und dort ein unerschöpflicher Roman, eine erstaunliche Ausdruckskraft trotz der seinerzeit gängigen Rhetorik, ein tiefer humaner Geist, der sich im zwanzigjährigen Exil frei entfalten konnte, eine Kenntnis der leidenden Massen und ihrer Probleme, die unseren Kollegen Louis Chevalier zu einer durchdringenden soziologischen Analyse angeregt hat, und schließlich ein Porträt der Julimonarchie, das einen merkwürdig aktuellen Stellenwert behält. Es ist bezeichnend, daß dieses Buch der Revolte und des Mitleids, das noch heute, ohne Europa zu berücksichtigen, in Rußland und in beiden Amerikas in Millionen von Exemplaren verbreitet ist, in Deutschland fast keine Leser gefunden hat. Ich war einer der wenigen, die es in heutiger Zeit erwähnt haben.
Für einen Literaturwissenschaftler ist die weite Verbreitung eines Werkes über einen Spezialistenkreis hinaus eine Bestätigung: Die Botschaft ist glaubhaft vermittelt worden mit einer durchgängig formalen Sorgfalt und ohne vulgarisierende Zugeständnisse.
Herr Botschafter, ich werde nicht vergessen, daß Sie in Ihrer Eigenschaft als Staatssekretär des Auswärtigen Amtes

vor zwei Jahren im Juni, nach ermüdenden nächtlichen Verhandlungen im Palais du Luxembourg, bereit gewesen sind, nach Bonn zur Preisverleihung von „Internationes" zu fahren. Dieser Preis war nicht nur für mich bestimmt, er schloß die verstorbenen großen Lehrer mit ein und auch die französischen Germanisten in unserer Zeit, die alle, jeder auf seine Weise und auf seinem Platz, für eine bessere Verständigung unter den Völkern arbeiten, eingeschlossen der östliche Teil Deutschlands, zu dem wir selbst in den Zeiten des kalten Krieges die Verbindung nicht lockerten.
Meine Damen und Herren, ich habe schon Ihre Geduld auf die Probe gestellt und die vorgegebene Zeit überschritten. Aber in diesem Augenblick, in dem genau sechsundvierzig Unterrichtsjahre im Dienste eines bestimmten Bildes von Deutschland, Frankreich und der Humanität enden, möchte ich sie noch für einige Minuten um Ihre Aufmerksamkeit bitten, die besonders der Jugend gilt, allen, die entweder ihr Studium beginnen, ihr Lehramt antreten oder vor der schwierigen Abfassung ihrer Dissertation stehen.
Liebe Freunde, Sie mußten den Eindruck gewinnen, daß ich vieles weiß. Aber je älter man wird, um so mehr wird man sich bewußt, daß man immer mit dem Schöpflöffel in der Hand am Ufer eines Meeres steht. Der Mann an seinem Ziel hat ein lebhaftes und zutiefst aufrechtes Gefühl, nicht weiter zu sein als die Anfänger. Zu viele Dinge entgehen uns immer wieder; von Stunde zu Stunde vergrößert sich die Bücherflut. Lassen wir uns nicht unterkriegen. Lernen wir das Metier und seine Tonleitern, seine Arpeggien und Oktaven, seine Triller und Zweiunddreißigstelnoten und alle Übungen, die dazu gehören. Ein Germanist, der nicht gern die aufschlußreichen Fußnoten liest, beunruhigt mich ebenso sehr wie ein Archäologe, der Spaten, Schaufel und Ausgrabungen nicht schätzt. Werden wir auch nicht zu Sklaven des Berufs, Karrierehengste lassen die kostbare Gabe verkümmern, die vor allem der Jugend gegeben ist: Geistesfrische und eine vorurteilslose Urteilskraft. Ein ebenso anspruchsvoller wie unerbittlicher Historiker wie der unvergessene Marc Bloch, Opfer der Nationalsozialisten wie auch mein anderer Straßburger Freund Maurice Halbwachs, schrieb in bezug auf die Kreuzzüge in seinem

Buch über die Aufgabe des Historikers: „Die Poesie der Dinge ist ein Teil unseres Berufes." Wer würde hier den so nüchternen, klaren und anschaulichen Prosaisten wiedererkennen? Nicht Verschnörkelungen und Weitschweifigkeiten, sondern den undefinierbaren und doch so wahren Klang, der die Dinge einschließt, die so oft kaum wahrnehmbaren Details, in denen das Geheimnis und die Stärke des Ganzen liegt, diese winzigen Details sollte man liebevoll aufspüren, nachempfinden und vermitteln können.
„Über die ästhetische Erziehung des Menschen": Schillers Losung ist nur zu oft zum trübseligen Paragraphen eines von außen auferlegten Programms geworden, welches die einfühlsamen Fähigkeiten erstickt und verkehrt. Von Geneviève Bianquis bis zu Maurice Boucher fehlt es nicht an Lehrmeistern mit einer besonderen Eignung, die Empfindsamkeit zu verfeinern und die Vorstellungskraft zu stimulieren, unverzichtbare Fähigkeiten für jeden Forscher, wie gelehrt er auch immer sein mag.
Nein, die Literatur ist nicht tot, Scheherezade fesselt durch ihre Erzählungen noch immer den Sultan, und die Menschen wollen sich mit Geschichten umgeben.
Europa gestaltet sich oder auch nicht nach harten Verhandlungen hinter den Kulissen, aber Europa wird sich nicht nur auf Zahlen und Statistiken gründen können. Zahlreich muß man sein, um an der wunderbaren und authentischen Geschichte eines im Recht vereinten Kontinents mitwirken zu können.
Ein Platz unter den Gründern erwartet Sie.
In dieser ubuesken und kafkaesken Welt, erinnern Sie sich an Kafkas Erzählung, in der der Held es nicht wagte, dem Türhüter zum Trotze durch die Türe zu gehen und vor seinem Tod erfährt, daß diese Tür nur für ihn bestimmt war und jetzt verschlossen wird. Öffnen Sie beherzt die Tür und treten Sie alle gemeinsam ein, Arm in Arm, Papagena, Papageno: Im Hintergrund steht Sarastro, um Sie mit dem Ton der Musik von Mozart zu empfangen, der lächelnde Souverän eines Königreiches, das unser Vaterland ist und in dem schon alle Menschen versöhnt sind.

Aus dem Französischen von Ulla Biesenkamp

Dichter und Dichtungen

Marxismus und Psychoanalyse bei Alfred Döblin

Zu seinem Roman „Pardon wird nicht gegeben“

In den französischen Bibliotheken sind die frühen Werke Döblins in der Regel nicht zu finden, und in den deutschen Bibliotheken werden gerne seine späten Werke übersehen. Dieser Arzt, der erst spät zur Literatur fand, war vor dem Kriege für Frankreich ein Unbekannter, und für Deutschland ist er seit 1933 ein Exilschriftsteller. Zur Zeit der Weimarer Republik war er eine europäische Berühmtheit, besonders durch sein Buch *Berlin – Alexanderplatz*, das auf ungefähr zehn Veröffentlichungen von Romanen und Erzählungen folgte, darunter so bedeutende wie *Wallenstein* und *Die drei Sprünge des Wang-lun*. Seine ästhetischen, philosophischen, sozialen und politischen Ideen hat Döblin direkt in drei oder vier essayistischen Bänden wiedergegeben. Auch sie muß man kennen, um seinen letzten, 1935 in Amsterdam erschienenen Roman *Pardon wird nicht gegeben* interpretieren zu können.
Auf einem kleinen Provinzbahnhof wartet eine Witwe auf den Zug, der sie und ihre Kinder, ein kleines Mädchen, Marie, und zwei Jungen im Alter von sechzehn und sieben Jahren, Karl und Erich, nach Berlin bringen soll. Ihr plötzlich verstorbener Vater, ein selbstgefälliger und unbekümmerter Spekulant, hinterläßt seine Familie vollkommen verschuldet. Wird der Bruder des Verstorbenen, ein reicher Berliner Möbelhändler, den Hinterbliebenen Hilfe leisten wollen? Nichts ist weniger sicher; die Familie geht einem

unbekannten Schicksal entgegen. „Armut“ – so ist der erste Teil des Romans betitelt.
Der Spekulant, der seine Familie ruiniert, der Fabrikant als Eckpfeiler der Gründerjahre*, die aus der Provinz Kommenden als Opfer der Großstadt. Diese Themen wurden bereits von Spielhagen, Sudermann und anderen realistischen und naturalistischen Schriftstellern behandelt. Döblin hat seine Verbindungen zum Naturalismus um 1890 nie geleugnet, aber auch nie einen Hehl daraus gemacht, daß er überwunden werden mußte. Er gehört einer Generation an, die gelernt hat, die Wirklichkeit nicht mit Hilfe eines oberflächlich verstandenen Darwin oder Nietzsche zu erkennen, mit dem *struggle for life* des einen oder der *blonden Bestie* des anderen, sondern mit Hilfe von Marx und Freud.
Der Marxismus (übrigens ein recht schematischer) bestimmt als soziale Sichtweise den Hintergrund des Buches.
Nach Döblin läßt sich die große Masse der Unterdrückten – Bürger, Bauern bis hin zur gehorsamen Sozialdemokratie – im Vorkriegsdeutschland von der kleinen Kaste der „Gewaltherren“* aus altem Adel und neuer Feudalindustrie beherrschen. Diesen heutigen „Raubrittern“* widersetzt sich nur eine verschwindend kleine Gruppe echter Revolutionäre, todesmutige Anarchisten, um an die Stelle von egoistischen und brutalen Kräften (Kraft ohne Ziel*) eine bewußte und uneigennützige Kraft, eine Kraft mit Ziel* zu setzen. – Nach dem über sie hereingebrochenen Unglück finden sich Mutter und Söhne eine kurze Zeit auf der Seite der Enterbten und Revoltierenden wieder. In äußerlicher Armut, aber doch in einer Armut, die ein inneres „Erwachen“ auslösen könnte, ein Bewußtwerden der sozialen Wirklichkeit und einer möglichen neuen Ordnung. Werden sich Mutter und Söhne in die Reihe der künftigen „Befreier der Unterdrückten“ einordnen, nachdem sie mehr oder weniger bewußt von den Unterdrükkern abhängig gewesen sind? So lautet die zentrale Frage, die Döblin am Anfang seines Romans stellt. Er wird sie negativ beantworten.

* deutsch im Original (A. d. Ü.)

Schon in einigen psychologischen Studien hatte Döblin den Fall gewisser „Renegaten der Bourgeoisie" untersucht, die von einem Haß auf den väterlichen Zwang in einen Haß auf jeglichen sozialen Zwang getrieben werden, der bei diesen willensschwachen Anarchisten eine Art von „antikapitalistischem Komplex" erzeugt – ohne jedoch ihr Gemeinschaftsgefühl* zu wecken, das für Döblin die einzig wahre Grundlage des Sozialismus darstellt.

Auch hier denkt die Mutter, anstatt ihr Schicksal mit dem anderer Enterbten zu identifizieren und für eine allgemeine Gerechtigkeit zu kämpfen, nur über eine egoistische Vergeltung, eine ganz individuelle Genugtuung nach. Als sie kurz nach ihrer Ankunft in Berlin einen Selbstmordversuch mit Lichtgas unternimmt, ist das nicht nur ein Akt der Hoffnungslosigkeit, sondern es stellt in ihren Augen auch eine Art von Rache an der Gesellschaft dar – der sie ihre Kinder aufbürden und der sie sich entziehen will.

Es ist eines der ergreifendsten Kapitel des Buches, als ihr ältester Sohn, des Nachts plötzlich erwacht, gerade noch rechtzeitig kommt, um seine Mutter zu retten. Aber sie wird ihre Instinkte der Rache, der Vergeltung nicht aufgeben, sie sucht für ihre Begierde nur eine kältere und rationalere Form. Der Sohn wird zum Werkzeug ihrer Rache werden. Er wird über die Gesellschaft gebieten, die sie ausgeschlossen hat. Nach ihrem vergeblichen Versuch sich selbst zu töten, wird sie Karls Lebensweg verkehren und ihn moralisch töten.

Der Heranwachsende hatte sich gerade anarchistischen Freunden angeschlossen. Noch einmal erscheint in diesem deutschen Roman die uns schon aus Wedekinds „Frühlings Erwachen" und aus Leonhard Franks „Die Räuberbande" vertraute „kleine Bande", so wie sie auch in vielen anderen expressionistischen Werken und übrigens auch in Frankreich in den „Falschmünzern" von Gide gestaltet wurde. Die Ziele dieser Vereinigungen von Jugendlichen, deren durchaus lauterer Enthusiasmus mitunter in eine morbide Neigung zum Verbrechen mündet, sind nie sehr klar, nicht für den Leser und zweifellos für den Schriftsteller auch nicht. Noch weniger sind sie es in Döblins Roman, da der von seinen Kameraden eher im Abseits gehaltene Karl ihre Unternehmungen eher erahnt, als daß er an ihnen teilhätte. Der Anführer der Bande, Paul, zynischer, eleganter und intelligenter als die anderen, prophezeit ihm übrigens, daß er nie fähig sein wird, sich vollkommen zu befreien. Der Junge ist in seiner Ehre verletzt und schwört, seinen Kameraden zu helfen – möge es ihm auch das Leben kosten.

Schon wartet die Beweisprobe: Um zwei der Verschwörer vor Gefängnis und vielleicht auch Tod zu retten, muß Karl sofort eine bestimmte Summe auftreiben und sie dem ebenfalls von der Polizei verfolgten Paul übergeben.

Hieße das nicht für Paul, vom herkömmlichen moralischen Standpunkt aus beurteilt, seiner Mutter das letzte Geld zu stehlen, sie ihrer Armut zu überlassen, um seinen Kameraden zu folgen? Aber Döblin ist nicht einer Meinung mit Paul Bourget, für den die Familie einzig ein Hort der Tugend ist: Er sieht in ihr in gewisser Weise einen Hort der Korruption, ein abtötendes moralisches Mittel, das die uneigennützigen Bestrebungen im Individuum erstickt und es daran hindert, edleren Zielen zu dienen. Wir nehmen also an einer Umwertung aller Werte teil. Die Familie ist nicht mehr der eigentliche Kern der Gemeinschaft, sondern die höchste Verkörperung des egoistischen Widerstandes einiger – sie ist nicht der Weg, der durch die Tat für andere zur Freiheit führt, sondern ein Hindernis, eine Sackgasse. Aus dieser Sicht ist Döblins Roman außergewöhnlich bezeichnend: Der Autor trifft sich hier nicht nur mit der Anschauung Lenins, sondern auch mit der Alfred Rosenbergs, und wie beide will er diese rechtfertigen, und er ruft die harten Worte von Christus an seine Mutter in Erinnerung.

Karls Verbrechen besteht also nicht in seinem Wunsch, den Kameraden zu folgen, der mit dem Risiko verbunden ist, seine Familie zu entehren, sondern im Gegenteil darin, daß er vor dieser Opferbereitschaft zurückschreckt, seiner Mutter nachgibt, die Ohrfeigen hinnimmt, die sie ihm, dem siebzehnjährigen Jungen, gibt. Gehorsam ist des Deutschen ernsteste Eigenschaft, schreibt Döblin in einem anderen Zusammenhang, und in einem noch zeitnaheren Kontext heißt es: „Der fehlende lebhafte Instinkt der Revolte hat das Unglück der europäischen Juden entschieden."**

Anstatt zum Vorkämpfer wird Karl zum Streber. Wie andere ihre Seele dem Teufel verkaufen, so verkauft er sie seiner Mutter. Er tritt in die Dienste seines Onkels, des Möbelfabrikanten, wird alle Kränkungen erdulden und dank Fleiß und Intelligenz zu seinem Teilhaber und zum Erben der Fabrik aufsteigen und endlich zu einem der mächtigsten Industriellen seines Landes werden.

Der zweite Teil des Romans zeigt Karls Aufstieg und gibt Döblin Anlaß zu einer durchdringenden Sozialsatire. Eine Satire, die sich nicht nur gegen den Kapitalismus und seine Bundesgenossen richtet, die Kirche und die offizielle Wissenschaft, sondern auch gegen die Betrogenen, die subalternen Gewerkschaftler, die „Technokraten" der Sozialdemokratie. Döblin nimmt hier einige seiner Polemiken wieder auf, die er schon seit 1918 gegen die Weimarer Republik richtete, deren Fall er befürchtet und vorausgesagt und die er prophetisch als bedroht gesehen hatte durch das Nahen eines „neuen, brutalen, schlauen und skrupellosen Menschenschlags"**, von noch gefährlicheren „Gewaltherren"*, als es die vor dem Kriege gewesen waren.

Das eigentliche Thema des Romans ist jedoch Karls individuelle Entwicklung. Sozial gesehen ist seine Geschichte die des Verrats von revolutionären Idealen, psychologisch gesehen handelt es sich um einen Fall von Verdrängung. Döblin hat sich schon vor dem Kriege mit der Psychoanalyse befaßt, er hat seine Beeinflussung durch Freud nie geleugnet, sich hingegen weniger eindeutig zu Alfred Adler erklärt – dessen gesunder Menschenverstand leicht schwerfällig und undifferenziert neben der subtilen Dialektik und der wunderbaren literarischen Kultur Freuds erscheinen mag –, aber sein Einfluß auf Döblin (zugegeben oder nicht) und viele andere deutsche Schriftsteller war sehr bedeutend. Die Beziehung der Mutter zum Sohn zum Beispiel wird im Verlauf des Romans nicht nach freudschem Muster als eine morbide Bindung dargestellt, als effektive Übertragung und Fixierung eines in der Ehe unbefriedigt gebliebenen

** Rückübersetzung (A. d. Ü.)

Verlangens auf den Sohn, sondern als eine Übertragung von *sozialen* Ambitionen, als Ausdruck eines Machtwillens, als ein Wunsch nach Vergeltung. Noch einige analoge Bemerkungen zu Karls späterem Leben. Sein Schrei, seine Mutter habe ihm die „Liebe aus dem Leibe gerissen", muß sicherlich in seiner ganzen Unbedingtheit verstanden werden. Der Haß, den seine Mutter in ihm auslöste, als sie ihn gezwungen hat, seine Kameraden aufzugeben und folglich zu verlieren, flößte ihm Widerwillen gegenüber allen Frauen ein. Seine Abneigung nimmt jedoch nicht die so oft von Freud beschriebene morbide Fixierung auf ein männliches Wesen an – oder zumindest läßt Döblin dieses Thema nur durchschimmern. In seinen Träumen sieht Karl ein wunderbares Wesen auftauchen, das ihn bedrückt und anzieht und welches er weder als Frau noch Mann zu erkennen vermag. Auch hier handelt es sich viel weniger um einen fehlgeleiteten sexuellen Instinkt als um den Ausdruck eines Minderwertigkeitskomplexes. Nach seinem Verrat bleibt in Karl ein Schuldgefühl bestehen, das als notwendige Folge ein Mißtrauen gegen die Frauen hervorruft. Er verweigert sich lange den Heiratsplänen, die seine Familie ihm aufzwingen will, bis er eines Tages, besiegt durch das Drängen seiner Mutter, sich mit einem reichen Mädchen vermählt.

Es gibt keine wahre Vertrautheit zwischen dem Ehepaar. Julia wird über den Haushalt wachen, die Gäste empfangen, die Kinder erziehen. Dieses Leben dauert zehn Jahre lang an. Karls eigentliche Persönlichkeit scheint vollkommen hinter der aufgelegten sozialen Maske zu verschwinden.

So läßt sich das alte Ich jedoch nicht unterdrücken; immer mehr gibt es sich durch eigenartige „Fehlleistungen" zu erkennen, und auf einen äußeren Anlaß hin wird es eines Tages brutal und schrecklich ausbrechen. Die so sorgsam errichtete Fassade wird in sich zusammenfallen. Im Gefühlsbereich und im Sozialbereich gilt die Maxime: *Pardon wird nicht gegeben*.

Diese Revolution in Karl wird durch die Wirtschaftskrise ausgelöst. Noch einmal verbindet Döblin Freud und Marx, die Psychoanalyse und die Sozialanalyse. Karl stößt auf

Schwierigkeiten in seinen Geschäften. In Krisenzeiten können sich die Großindustriellen nicht mehr damit begnügen, in stillschweigendem Einvernehmen die Massen auszubeuten; sie müssen sich gegeneinander wenden und untereinander einen Kampf ums Überleben beginnen. Was wäre für Karl, der sich von der Außenwelt bedroht fühlt, natürlicher, als Zuflucht und Trost in seinem Heim zu suchen? Aber dieser Weg ist ihm in der Realität seit langem versperrt. Nie hat er sich seiner Frau so gezeigt, wie er ist. Und als er sich ihr nun eines Tages ganz spontan, fast absichtslos mitteilt, von seiner Vergangenheit erzählt, der schrecklichen Beherrschung durch die Mutter, der Kränkung durch die widerspruchslos hingenommene Ohrfeige, von Jahren ohnmächtiger Wut und harter Arbeit, vom endlich erlangten Reichtum und auch von der tiefen Einsamkeit, weicht Julia entsetzt zurück. Bis jetzt hielt sie Karl für einen Tyrannen, und nun verachtet sie ihn als einen Schwächling. Nichts hindert sie mehr in Zukunft, dem Mann zu folgen, zu dem sie sich schon seit längerem hingezogen fühlte, einem Ausländer, der verstanden hat, „menschlich zu bleiben".

Sie verläßt Karl mit ihren beiden Kindern.

Ein wichtiger Fakt: Diese Frau wächst moralisch in dem Maße, in dem sie sich von ihrem Mann entfernt. Aus dem Luxusgeschöpf, dem jungen und unbedeutenden Mädchen, das sie anfangs war, wird nach und nach eine bewußte und reife Persönlichkeit. Auch hier stehen wir wieder vor einer echten Umkehrung moralischer Werte. Diese Flucht aus der konventionellen Ehe wird nicht als Untreue verdammt, sondern als Befreiung und Vollendung verherrlicht. Jenseits aller Konventionen und Lügen bildet sich das wahre Paar. Döblin trifft sich hier mit D. H. Lawrence oder, um deutsche Literatur zu nennen, mit dem „Ardinghello" von Heinse oder der „Lucinde" von Friedrich Schlegel.

Auch die Mutter entwickelt sich, aber entgegengesetzt. Während sie anfangs im Roman unter den bemitleidenswerten Zügen einer müden und armen Frau auftauchte, wird sie jetzt zu einer schwerfälligen, lächerlichen Bürgerin, die Wohltätigkeitsbasare und die Tee-Stunden des

Pastors aufsucht. „In Indien gibt es Witwen, so sagt man, die ihrem Ehemann auf den Scheiterhaufen gefolgt sind, trotz der neueren Verbote. In Deutschland nehmen wir an einem Schauspiel von anderem Charakter teil, an den Witwenbällen."* Diese Bemerkung Döblins aus dem Jahre 1920 enthält im Keim das vollständige Porträt von Karls Mutter.

Betrogen von seiner Mutter und verlassen von seiner Frau, findet Karl nur innere Ruhe im Beisammensein mit seinem Bruder Erich. (Die Schwester Marie ist sehr jung gestorben.) Döblin, der ein Bewunderer Kretschmers ist, oder es zumindest anfänglich war, hat mit der Beschreibung dieser beiden Charaktere offensichtlich ein „schizoides" Temperament ides" Temperament einem „zykloiden" gegenüberstellen wollen oder, einfacher gesagt, für alle, die dieses wissenschaftliche Vokabular nicht mögen: Erich ist der Pauley dieses Buches, in dem Karl dann der Pitoëff wäre. Schon in seinem Roman über den Dreißigjährigen Krieg hatte es Döblin gefallen, dem fanatischen Wallenstein einen unentschlossenen und friedlichen Kaiser Ferdinand gegenüberzustellen. Karl ist groß, mager, asketisch und konzentriert, geht entschlossen seinen Weg, erträgt stillschweigend seine wachsenden Beschwerden – bis zum letzten tragischen und unwiderruflichen Ausbruch. Erich ist dick, bequem, schwach gegen sich und andere, nur wird er von Zeit zu Zeit von merkwürdig nervösen Krisen heimgesucht; sind sie einmal vorbei, findet er sein Gleichgewicht wieder und strahlt wie zuvor Liebenswürdigkeit aus. In all seiner Schwäche ist Erich in sozialer Hinsicht stärker als Karl. Er konnte sich dem familiären Druck entziehen, ohne sich deshalb von den Seinen zu trennen.

Um seine Psyche eines verwöhnten Kindes zu erklären, geht Döblin noch einmal wie Adler vor.

Auf den Selbstmordversuch seiner Mutter hatte der noch ganz kleine Erich mit einer furchtbaren Nervenkrise reagiert, wilde Schreie ausgestoßen und war schweißbedeckt in Ohnmacht gefallen. Diese spontane Reaktion seines Organismus wird für ihn in Zukunft mehr oder weniger bewußt zu einer unfehlbaren Verteidigung. Sobald eine ernste Schwierigkeit auftaucht, verliert Erich das Bewußt-

sein, und alsbald wird er nicht mehr bedrängt, sich zusammenzunehmen, sondern es wird ihm Hilfe angeboten. Die Flucht in die Krankheit befreit ihn von allen Anstrengungen und bewahrt ihn sogar vor einer konventionellen Ehe – anscheinend in diesem Roman das Hauptkriterium für die Freiheit. Erich lebt von einer Rente seines Bruders, empfängt bei sich Freundinnen und Freunde, die letzteren sind vorwiegend Maler und Schriftsteller, und eines Tages wird sich unter ihnen Paul einfinden, der einzig Überlebende der ehemaligen „kleinen Bande". Aber Erich wird nichts über sie erfahren, wie er nichts über die Konflikte seines Bruders erfahren hat. Obwohl Karl bei seinem Bruder eine innere Ruhe finden kann, stellen die Fluchtwege, mit denen sich dieser mit dem Leben spielende Schwächling begnügt, für ihn keine Lösung dar.
Und so beginnt für Karl die „Suche nach seinem alten Ich" – die ein wenig mit dem plötzlichen Rückzug in sich selbst von Thomas Buddenbrook vergleichbar ist, der kurz vor seinem Tode Schopenhauer entdeckte. Jedoch verfällt Döblin nicht in eine Imitation der Buddenbrooks: Wenn man seine Essays kennt, die die *Stationen der Ich-Suche** behandeln, weiß man, wie sehr ihn dieses Problem immer beschäftigt hat.
Der erste Schritt auf diesem neuen Weg ist für Karl ein ganz spontaner, unbewußter Akt des Aufruhrs: Die Zerstörung der künstlichen sozialen Persönlichkeit und all ihrer Symbole, die die Siege verewigen sollten. Mit einem Hammer schlägt er auf die in seinem Salon aufgestellte Ritterrüstung ein, er schlitzt die Bilder mit den siegreichen Eroberern auf rauchenden Schlachtfeldern auf – die Gestaltungen seines eigenen Aufstiegs. Dann verläßt er seine Villa in der Nacht, streift durch die Viertel und Spelunken, die er, als er arm und jung war, gekannt hat. Aber mit der Prostituierten, die er umarmt, möchte er Julia an sich ziehen, dann verwischt sich das Bild dieser Frau, die er nie verstanden hat, hinter dem alles bedrängenden und drohenden Bild des verratenen Freundes.
Nun folgt eine theatralische Szene: Paul kehrt zurück. Er ist mit den Zügen dieses weltgewandten und gewalttätigen, frivolen und tiefgründigen „Fremden" ausgestattet, an den

wir uns dank des deutschen und skandinavischen Theaters gewöhnt haben, und diese, wie schon bei seinen Vorgängern, natürlich nächtliche Begegnung ist bei Döblin eher verschwommen als überzeugend; unvermittelt fällt man von der Freudschen Psychologie in einen recht naiven „expressionistischen“ Symbolismus.

Endlich, wie im „Götz“, nehmen wir an der Veurteilung des Verräters teil. Paul empfindet Karls Reue als abstoßende Sentimentalität und vor allem als überflüssig. Nichts kann den alten Fehler wiedergutmachen. *„Pardon wird nicht gegeben.“*

Daraufhin entscheidet sich Karl, zu seiner eigenen Rechtfertigung, sich und seinen alten Freunden – entgegen deren Willen – den Beweis seiner Treue zu liefern. Ein kommunistischer Aufruhr ist in einem Berliner Vorort ausgebrochen. Karl will in den Reihen der Aufständischen kämpfen. Um sie zu erreichen (alle Straßen sind abgesperrt), muß er sich unter die gegen sie marschierenden Regimenter mischen. Letzter Widersinn: Er wird von einer kommunistischen Kugel getötet, bevor er sich von der Truppe hätte losmachen können. Die Nachwelt wird in ihm einen Helden sehen, der für die Verteidigung von Ordnung und Vaterland gefallen ist. *„Pardon wird nicht gegeben.“*

Die Mutter kehrt in die Provinz zurück und verschließt sich in einem Altersheim. Der Kreis hat sich geschlossen, in gewissem Sinne sind wir wieder am Ausgangspunkt angelangt. Verschwendete Energie, sinnloser Aufstieg, am Ende Untergang. Erich hingegen vertraut sich der Obhut einer Freundin an, die er dann auch heiratet. „Er hielt sich ganz still.“

Aus der Analyse dieses Werkes geht klar hervor, daß es sich um einen psychologischen Roman handelt, in dem das ganze Interesse auf einige Personen und ihre variierenden Seelenzustände konzentriert ist. Wir sind weit entfernt von dem „kosmischen“ Roman, dem Naturroman, den Döblin einst mit *Berge, Meere und Giganten* schreiben wollte, und vom „Roman der Menge“, die den Autor des *Wang-lun*, des *Wallenstein* und von *Berlin – Alexanderplatz* weltberühmt gemacht haben. Man könnte sagen, daß die Technik der

„Wahlverwandtschaften" an die Stelle der Technik des „Simplicissimus" gerückt ist, eine trockene, in ihrem strengen Aufbau fast wissenschaftliche Studie, ein genau abgesteckter „Fall" – anstatt der Heraufbeschwörung einer vielseitigen und schwirrenden Masse in Bewegung. Zurückhaltend, mit beabsichtigter Verschleierung, werden weder Zeit noch Ort der Handlung eindeutig genannt. Man errät wohl, daß es sich um Berlin handelt – am Beginn des Romans um Berlin in den Jahren 1900 oder 1910, am Ende um Berlin in den Jahren 1928 oder 1930, aber nichts erlaubt, dies uneingeschränkt festzustellen. Mit genauen Zeitangaben wäre Döblin gezwungen gewesen, die Einstellung seiner Personen zum Kriege zu erwähnen: In seinen Augen zweifellos ein wenig sinnvolles Unterfangen – entweder hat er die Katastrophe von 1914 als ein Phänomen eingeschätzt, zu dem es wichtiger ist, die wirtschaftlichen Ursachen zu behandeln, als die direkten Aspekte zu beschreiben, oder er hat bedacht, daß diese Ereignisse dem Roman zu viele neue Elemente hinzugefügt und so die auf die psychologische Problematik begrenzte Analyse gestört hätten.
Aber wollte sich Döblin wirklich nur gewissermaßen von seinen großen sozialen Fresken erholen und hier eine Seele um ihrer selbst willen studieren? Das scheint mir nicht so. Wenn er einstweilen die Massengemälde vernachlässigte, dann nur, weil in das politische Leben Europas ein wesentlicher Faktor eingegriffen hatte: Das Interesse hatte sich hier etwas vom Kollektivismus abgekehrt, um sich auf die zu richten, die behaupten, die unumschränkten Führer zu sein. In *Pardon wird nicht gegeben* wurde die Soziologie nur scheinbar von der Psychologie verdrängt. Mit Karl wollte der Autor nicht nur einen aufstrebenden Bourgeois karikieren, sondern den wichtigsten Typus zeichnen und demaskieren, den die letzten Jahre hervorgebracht haben: den Führertypus*. Karl, dieser unmenschlich erscheinende Industrielle, auch er ist in Wirklichkeit empfindsam gewesen, aber seine Entwicklung wurde verkehrt, verfälscht. Er ist an die Macht gekommen, aber er ist einsam, denn er hat sie nur als Verräter erreicht. Er scheint selbstsicher, in Wirklichkeit ist er ein Schwächling, der sich von seiner Mutter ohrfeigen ließ, der unlebendig geworden ist und

durch seinen Despotismus die jämmerlichen Kompromisse seines schwindelerregenden und illusorischen Aufstiegs ausgleichen will. Genauso erklärte Emil Ludwig in seinem „Wilhelm II.“ die Prahlereien des Kaisers durch dessen Bedürfnis, die Behinderung vergessen zu lassen, an der er litt. Für vergleichbare „Phänomene der Überkompensation“ hat Alfred Adler seit 1912 (in seinem grundlegenden Werk „Der nervöse Charakter“) die psychologischen Gesetze bestimmt. Die heutigen Deutschen erkennen wahrlich in diesen Interpretationen den „immer bereiten jüdischen Geist, den Helden zu schmälern“.
Ich werde nicht im Detail auf diese Streitereien eingehen, sondern, um abzuschließen, einfach den künstlerischen Wert dieses Buches untersuchen. Und hier, glaube ich, ist es unmöglich, nicht einige Einschränkungen geltend zu machen.
Die „Idee“ des Romans ist interessant, seine Entwicklung einfallsreich und logisch nachvollziehbar. Es ist ein sehr gut aufgebauter Mechanismus vorhanden, der in seinem Verlauf ein um so größeres Vergnügen bereitet, als man die psychologischen Gesetze schon kennt. Aber für einen normalen Leser, der vor allem eine Befriedigung auf der künstlerischen Ebene sucht, verändert sich die Sachlage. Man wird ein wenig an die letzten beiden Bände (XI und XII) von Jules Romains „Hommes de bonne volonté“ erinnert: Auch hier scheint die Kraft der romanhaften Umsetzung der intellektuell analytischen Kraft unterlegen.
Der Autor scheint angestrengt nach Umsetzung seiner richtigen Idee im Roman gesucht zu haben. Aber diese will nicht überzeugen und mit den konzeptionellen Gegebenheiten „verschmelzen“, sie hinterläßt im Kopfe des Lesers einige Zweifel. Um ehrlich zu sein, die rein wissenschaftlichen Essays, in denen Döblin als Psychiater den Fall eines Halbwüchsigen aufrollt, der sich eine Kugel in den Kopf geschossen hat, oder den eines fünfzigjährigen Mannes, der sich unter einen Zug warf, vermitteln uns durch die Abgeschlossenheit der Analyse eine größere künstlerische Befriedigung, als sein Versuch in *Pardon wird nicht gegeben*, die psychologische Studie „einzukleiden“ und ihr gleichzeitig eine poetische Intensität und eine symbolische Bedeutung zu verleihen.

Als einziges Beispiel für diese Schwäche führe ich die Ohrfeigenszene an. Eine grundlegende Szene, weil sie das unauslöschliche Trauma des Helden bestimmt. Und an dieser Stelle kann man den Minderwertigkeitskomplex theoretisch noch gut akzeptieren, den Verdrängungsmechanismus, das Kompensationsbedürfnis, die eine solche Entehrung in einem Halbwüchsigen auszulösen vermag. Aber unter den von Döblin erdachten Umständen scheint die Bedeutung dieser Szene für den Helden romantisch und fast lächerlich überzogen. Die Geste der Mutter, die ihren Sohn dabei überrascht, als er sie bestiehlt, ist spontan, natürlich. Es gibt keinen Grund, sie mit einem „Komplex der Unterwerfung unter den Kapitalismus" in Verbindung zu bringen. Erweist sich Françoise Rosay in einem neuen Film als eine Verbündete des Kapitalismus, wenn sie ihrem gleichfalls diebischen Patenkind feierlich die verdiente Ohrfeige gibt?

Dieses „Verbrechen" der Mutter, der Angelpunkt des Buches, ist nur theoretisch verständlich. Und wie die Mutter nicht hinreichend widerwärtig ist, um im Leser eine Abneigung hervorzurufen, so bleibt auch die „kleine Bande", der der Sohn um ihretwillen abschwört, zu sehr im Hintergrund, um die innere Tragödie Karls zu erklären. Paul, der Anführer der Verschwörer, erinnert an die verkannten und herausfordernden Genies aus vielen Romanen über die Jugend. Sein eleganter Dämonismus ist kein schlagender Beweis für seine politische Begabung, die der Autor ihm auf Treu und Glauben unterstellt.

Warum diese Unzulänglichkeiten bei einem Schriftsteller, der sein Können schon unter Beweis stellte? Vielleicht ließen ihn die äußeren Umstände ein Thema wählen, das ohne Zweifel nicht völlig seinen tiefen Beweggründen, seinen grundlegenden Impulsen entspricht.

Pardon wird nicht gegeben ist der Roman eines Zerfalls, einer Zerstörung. Auf diesem Gebiet gibt es Spezialisten, Strindberg, Céline sind mit diesem apokalyptischen Genie bedacht, das irritierend, aber auch bezwingend sein kann. Döblin ist zu gesund, als daß es ihm gelingen könnte, und sogar zu robust, um wie Thomas Mann diesen subtilen Verschleiß der Gewißheiten zu analysieren, diese raffiniertere melan-

cholischere Morbidität der Gefühle, die in „Der Tod in Venedig“ und im „Zauberberg“ die eindrucksvollen Bilder der Dekadenz einer Epoche entstehen lassen. Einige Passagen aus *Berlin – Alexanderplatz* scheinen bis ins Vokabular hinein die „Reise bis ans Ende der Nacht“ anzukündigen, aber wie unterschiedlich ist Döblins Absicht: Er beschreibt den langsamen moralischen Aufstieg von Franz Biberkopf und Céline die fortschreitende Erniedrigung von Ferdinand.
Auch scheint mir, daß sich die intellektuelle Gesundheit Döblins hier noch einmal mit der von Jules Romain vergleichen läßt, obwohl es richtig ist, daß sich die Entwicklung seines Denkens schwieriger gestaltete. Während Jules Romains anscheinend ohne sichtbare Schwierigkeiten seinen literarischen Geschmack mit seiner wissenschaftlichen Neugier vereinbaren konnte, verwarf Döblin in seiner Jugend die gesamte klassische Kultur und begeisterte sich ausschließlich für das „technische Zeitalter“. Jules Romains fand von Anfang an bei Lukrez die Verbindung von Poesie und Wissenschaft, nach der er selbst strebte. Döblin mußte zuerst bei den Chinesen, dann bei den Hindus die Elemente einer mystischen Philosophie suchen, die er immer als unersetzliches Beiwerk zum Materialismus empfand, der ihn geprägt hat. Eine mystische Suche, die er übrigens nie verwechselt wissen wollte mit der von vielen anderen deutschen Nachkriegsschriftstellern: Dem turbulenten Expressionismus von 1918 stellte Döblin sein Streben nach objektiver Klarheit entgegen und dem mystischen Rassismus seinen Sinn für Menschlichkeit. Mit größeren Schwierigkeiten hat Döblin so sein intellektuelles Gleichgewicht erobert als Jules Romains, der es unter ungünstigeren Bedingungen aufrechterhielt.
Dieser Individualist, der schon lange vor dem Kriege die Katastrophe vorausgesehen hat, die über das Kaiserreich hereinbrechen sollte, und der nach dem Krieg den unvermeidbaren Untergang des deutschen Sozialismus ankündigte, sollte er in einem militanten Kommunismus die Synthese seiner Bestrebungen endlich gefunden haben? *Pardon wird nicht gegeben* könnte es vermuten lassen, dieser Roman, der die Grundlagen der bürgerlichen Ideale selbst – Familie, Eigentum, Vaterland – angreift und im Gegenzug

dazu die Vereinigung aller Entrechteten und Proletarier zu fordern scheint. Wenn aber dies die letzte logische Konsequenz, die letzte im Buch scheinbar enthaltene Lektion sein sollte, so ist doch darin nichts von diesem Programm ausdrücklich formuliert, und das hat seinen Grund. Seit 1931 hat Döblin, überzeugter Marxist, der er war, gegen Stalin so heftig Partei ergriffen, wie in unserer Zeit G. Bergery. Bereute er diese Haltung nach dem Aufstieg des Dritten Reiches? Wenn auch der Roman uns in dieser Hinsicht im Zweifel läßt, zwei politische Broschüren, 1933 und 1935 veröffentlicht, klären uns besser über seine wirkliche Einstellung auf und erhellen so den Roman.

Der psychoanalytischen Methode (oder besser Adlers Methode), die Döblin in seinem Roman zur Erforschung der Individuen verwendet hat, bedient er sich hier meisterhaft, um den „Fall“ eines Volkes zu studieren. Es geht um das besiegte, von seinem Territorium verjagte jüdische Volk, das die Demütigung akzeptiert hat, als verachteter und immer bedrohter Gast auf dem Boden ausländischer Nationen zu leben und das (so Döblin) seine „Härte“ durch die Aufgabe seines Stolzes erworben hat, das sich vor seinen europäischen Herren beugt und sie selbst, wenn es sie beherrscht, noch heimlich fürchtet – so sehr hat ein Angst- und Minderwertigkeitsgefühl sein ganzes Sein geprägt. Die Verantwortung, die in dieser langen Deformation egoistische familiäre Gruppierungen tragen, erscheint in Döblins Augen enorm. Anfangs ein letzter Hort nationaler Werte, ist die *Familie* bald zum größten Hindernis für die Wiedergeburt eben dieser Werte geworden. Mit einem monströsen Egoismus haben die reichen jüdischen Familien nur an ihr eigenes Wohlergehen gedacht, ihre Glaubensbrüder mit einer „Mischung aus Fußtritten und Philanthropie“ behandelt, ihren Gott vergessen, ihre Herren nachgeäfft – die ihnen jedoch niemals verzeihen werden. Dieser Aufstieg der großen jüdischen Dynastien zur Macht in Europa ist nach Döblin ebenso künstlich und vergänglich wie Karls Aufstieg in seinem Roman.

Welches Heilmittel gibt es bei dieser Sachlage? Hier erweisen sich die beiden politischen Broschüren als konstruktiv und liefern die genaue, im Roman fehlende Antwort. Und

diese Antwort ist nicht nur dem kommunistischen Programm entliehen – Kampf gegen den anarchischen Liberalismus und seine notwendige Folge, den Kapitalismus –, sondern auch dem nationalistischen Programm: Rückkehr zu rassischen und völkischen* Werten. Volk ohne Raum, dieser Titel, den Hans Grimm seinem berühmten Roman gegeben hat, könnte auch über Döblins Studien zum Unglück des jüdischen Volkes stehen. Für sich stehend, ist *Pardon wird nicht gegeben* das genaue Gegenstück zu Grimms Buch. Döblin – Psychiater, Städter, Intellektueller – scheint die Werte zu bestreiten, die Grimm verteidigt, dieser Soldat, dieser „Wilde". Sicherlich verwischen sich die Kontraste nicht ganz, aber doch teilweise, wenn man alle Schriften Döblins aus den letzten drei oder vier Jahren berücksichtigt. Dann wird deutlich, daß bei ihm wie auch bei Grimm die Familie nicht zugunsten eines Stirnerschen Individualismus angegriffen wird, sondern zugunsten der „wirklichen Gemeinschaft", deren Entfaltung sie sich entgegenstellt. Opfergeist, nationales Verantwortungsgefühl, Mut, Stolz, ethische Strenge und Durchsetzungsvermögen verlangt Döblin von den jungen Juden, wie er auch von ihnen verlangt, zur Erde zurückzukehren, ihre hypertrophische Intellektualität aufzugeben und einen starken und disziplinierten jüdischen Staat zu gründen.
Hanns Johst, heute einer der bekanntesten Schriftsteller im Dritten Reich, bewertete 1919 Döblins Werk als „tiefgründig deutsch" – eine Behauptung, die er sicherlich 1937 nicht aufrechterhalten würde. Ein unvoreingenommener Beobachter ist jedoch erstaunt, wieviel Preußentum in Döblins Neozionismus fortbesteht. Diese Bezeichnung steht im übrigen hier nicht in einem abwertenden Sinn, sondern will nur die Vielschichtigkeit eines immer noch originären und kraftvollen Denkens beschreiben, von dem *Pardon wird nicht gegeben*, ein Werk des Übergangs, nur einen Aspekt widerspiegelt.

Aus dem Französischen von Ulla Biesenkamp

Schein und Sein bei Theodor Fontane

Beim Durchblättern des „Stechlin" – beim Däumeln gewissermaßen – blieb der Blick an einer Stelle haften, die sich in ihrer Unscheinbarkeit bald als erstaunlich sinnbezogen erwies und über die Ökonomie der Fontaneschen Romane manches aussagen dürfte. Hausbesitzer Schickedanz führt ein letztes Gespräch mit seiner Frau.

„Riekchen, sei ruhig. Jeder muß. Ein Testament hab ich nicht gemacht. Es gibt doch bloß immer Zank und Streit. Auf meinem Schreibtisch liegt ein Briefbogen, drauf hab ich alles Nötige geschrieben. Viel wichtiger ist mir das mit dem Haus. Du mußt es behalten, damit die Leute sagen können: Da wohnt Frau Schickedanz. Hausname, Straßenname, das ist überhaupt das beste. Straßenname dauert noch länger als Denkmal."

„Gott, Schickedanz, sprich nicht soviel; es strengt dich an. Ich will es ja alles heilighalten, schon aus Liebe..."

„Das ist recht, Riekchen. Ja, du warst immer eine gute Frau, wenn wir auch keine Nachfolge gehabt haben. Aber darum bitte ich dich, vergiß nie, daß es meine Puppe war. Du darfst bloß vornehme Leute nehmen; reiche Leute, die bloß reich sind, nimm nicht; die quengeln bloß und schlagen große Haken in die Türfüllung und hängen eine Schaukel dran. Überhaupt, wenn es sein kann, keine Kinder. Hartwigen unten mußt du behalten; er ist eigentlich ein Klugschmus, aber die Frau ist gut. Und der kleine Rudolf, mein Patenkind, wenn er ein Jahr alt wird, soll er hundert Taler kriegen. Taler, nicht Mark. Und der Schullehrer in Kaputt soll auch hundert Taler kriegen. Der wird sich wundern. Aber darauf freu ich mich schon. Und auf dem Invalidenkirchhof will ich begraben sein, wenn es irgend geht. Invalide ist doch eigentlich jeder. Und Anno siebzig war ich doch auch mit Liebesgaben bis dicht an den Feind, trotzdem Luchterhand immer sagte: Nicht so nah ran. Sei freundlich gegen die Leute und nicht zu sparsam (du bist ein bißchen zu sparsam), und bewahre mir einen Platz in deinem Herzen. Denn treu warst du, das sagt mir eine innere Stimme." (12. Kapitel.)

In dem märkischen Dorf Kaputt geboren (der schrullige Name trägt ihm später Witzeleien ein, die er durch ruhigen Selbstspott übertrumpft und entkräftet), hat er es in Berlin bis zum Hagelversicherungssekretär gebracht, ist aber erst durch einen zweimaligen Lotteriegewinn über die schmalgehaltene, mit Titeln abgespeiste Beamtenschaft hinaus in das solid fundierte Besitzbürgertum aufgestiegen. Wir stehen in den Gründerjahren; doch weht eine andere Luft als in Stindes „Familie Buchholz" oder in Sudermanns „Ehre". Der Sparschatz von Humanität ist noch nicht aufgezehrt; auch nicht verniedlicht zur betriebsam schwirrenden Sentimentalität Leberecht Hühnchens, dessen einer Fuß immer mehr in Perlin steht als der andere in Berlin. „Jeder muß", das wiederholte schon Zelter seinem Weimarer Freund in den schweren Krisen. Ein Wort von eherner, wenn auch schlichter Prägung; ohne das tiefe Aufseufzen des Beethovenschen „Muß es seyn? – Es muß seyn!" Kantische Töne, das Sichfügen, der angeborene Sinn für Disziplin. Aber der Gegenklang ist unüberhörbar; er lockert fontanisch die Härte: „Invalide ist doch eigentlich jeder." Das Gebot der Haltung wird gemildert durch das Wissen um die Hinfälligkeit der Kreatur. In den Gesangbuchversen des Berliner Diakonus Paul Gerhardt steht es nicht anders.
Gutes und weniger Gutes mischt sich bei Schickedanz. Er hat bescheidene Anlagen zum Heros und eine entschiedenere Neigung, die eigenen Meriten herauszustreichen; aber noch ohne den bierkehligen Stammtischpatriotismus der kommenden Zeiten. Alles mit Maß. Auch die Tugend bleibt maßvoll. Dem Patenkind vermacht er 100 Taler und schärft der etwas knickrigen Frau ein: Taler, nicht Mark. Doch findet Kinderliebe ihre naturgegebene Grenze beim Hausbesitzer: Ehepare mit Kindern werden, „wenn es sein kann", freundlich, aber bestimmt zurückgewiesen. 100 andere Taler vermacht Schickedanz dem alten Lehrer in Kaputt. Der Stolz, Mäzen zu spielen, postum

als großer Mann des Dorfes gefeiert zu werden, wird im voraus genossen, versüßt die bittere Pille des Sterbens. Auf der anderen Seite bleibt zu buchen das Gefühl der Dankbarkeit, der Anhänglichkeit an den Mann, der den Jungen gefördert hatte; dazu der später verlorengegangene Respekt des ökonomischen Typus vor dem Wissen, auch wo es nichts einbringt. Es ist noch die Zeit, die den Schulmeister ehrte und ihm die Siege zwischen 60 und 70 gutschrieb.

Überall geht es um das Gediegene und Beständige, um jenes Solide, Massive, Reelle, das Hegel 50 Jahre zuvor als Kern seiner Philosophie ausbaute eben in der Stadt Franz Krügers und Karl Blechens, Schadows und Schinkels, der Stadt des Brandenburger Tors, des alten Museums, des Schauspielhauses. Der Klassizismus gab sich hier frugaler als im heimatlichen Schwaben; das Denken war ohne die schwerflüssige Hintergründigkeit, die am Neckar auch beim Bauern zu finden ist – während der Beamte leicht eintrocknet in der kategorischen Nüchternheit des Erzberliners Nicolai. Gemeinsam ist ihnen die Absage an alle Windbeutel und Klugschmuse.

Auf den Gegensatz zwischen Schein und Sein laufen die Romane Fontanes hinaus. „Reich ist nicht vornehm", formuliert Schickedanz. (Abschätziger Blick des Alt-Berliners auf die Faxen der Neureichen in Neudeutschland – „Haken in die Türfüllung und eine Schaukel dran." Wird auf solche Weise in die Zukunft geschaukelt, sind die Risse in Haus und Reich bald unheilbar.) Ein anderer Kernspruch hat ja nur noch symbolischen Wert: „Hausname, Straßenname, das ist überhaupt das beste. Straßenname dauert noch länger als Denkmal." Das könnte von Glassbrenner sein, in Kalischs „Hausknecht" oder in Angelis „Dachdecker" stehen, besser noch in Tiecks Berliner Komödien, in denen die Welt romantisch aus den Fugen gerät und doch durch den Kitt der poetischen Einsicht zusammenhält. Aus Andersens ironisch gewürzten, dänischen Märchen klingt es verwandt herüber: „Vergoldung vergeht, Schweinsleder besteht."

Die Schickedanz-Szene mag als Füllsel erscheinen. Aber gerade durch Häufung solcher Episoden schafft Fontane den Eindruck einer zugleich geschlossenen und sehr vollständi-

gen Welt, die prall bis an den Rand mit Wirklichkeit gefüllt ist.
Mit Wirklichkeit? Sagen wir vorerst: mit fontanescher Wirklichkeit. Selbst Schickedanz trägt Züge des Dichters. Sein Werden und Wesen spiegelt schwach, aber unverkennbar dasjenige seines Schöpfers wider. Die Übersiedlung aus der Provinz in die Großstadt; die karge Laufbahn und der Glücksfall des späten Aufstiegs zum Dichterruhm; das Angenehme der Ehrungen mit dem Blick für ihre Nichtigkeit; ein maßvoller Sinn für das Heroische bei stetem Dringen auf das Reelle, Solide; eheliche Verbundenheit, durchgehalten bei allem Wissen um die unüberbrückbar unbequemen Gegensätze; diskrete Zurechtweisung der Frau mit dem engeren Horizont und der etwas aufsässigen Knauserigkeit; zum Schluß gerührtes Lob ihrer Treue, doch nicht ohne die halb-ironische Zwischenbemerkung, eine „innere Stimme" habe ihn von dieser Treue überzeugt (während die Frau kurz zuvor, dem feierlichen Augenblick ganz hingegeben, das stete „Heilighalten" der unbesehen idealisierten Liebe beschworen hat).
Ist eine so durchweg fontanisierte Gestalt noch typisch für den Berliner Kleinbürger, den sie darstellen soll? Kein Geringerer als Alfred Döblin, einer der tiefsten, schärfsten Kenner Berlins seit dem ausgehenden Jahrhundert, läßt sich kritisch vernehmen: „Nichts gegen Fontanes Darstellung; aber sie fließt bei ihm in das Urteil herüber wie guter Käse, saftig und ohne Teilstrich. In seinen Büchern steht wie in wenig andern die Urteilsfärbung voran; er erfüllt die Breite seiner Romane mit dem behaglichen Überlegenheitsgefühl, der Delikatesse, dem Spaß am Berlinischen. Wie er die Großstadt nicht gesehen hat und sie verplaudert, hat er die starken, ja gefährlichen Erscheinungen der märkischen Rasse nicht gesehen und sie verplaudert." (Der deutsche Maskenball von Linke Poot, 1921, S. 94.)
„Berlin Alexanderplatz" hat die schonungslos hämmernde Realität hereingeholt, wo Fontane noch mit Goethe-Humboldt-Abendschimmer übergoldete. Doch keinen Bruch in der Entwicklung bedeutet Döblins Roman und noch weniger eine Schutthalde, eine „satanische Auflehnung", wie es nach 1933 hieß, sondern ein Zurück zu einer tiefer wühlen-

den Tradition, ein Zurück zu Kleist und seinem Einkrallen in das harte Sein und dann dessen visionäre Überhöhung. Vorspruch zu „Berlin Alexanderplatz", der Geschichte des Franz Biberkopf: „Wir sehen am Schluß den Mann wieder am Alexanderplatz stehen, sehr verändert, ramponiert, aber doch zurechtgebogen." Und im letzten Kapitel: „Wach sein, wach sein, es geht was vor in der Welt. Die Welt ist nicht aus Zucker gemacht. Wenn ich marschieren soll, muß ich das nachher mit dem Kopf bezahlen, was andere sich ausgedacht haben. Dem Menschen ist gegeben die Vernunft. Darum rechne ich erst alles nach, und wenn es soweit ist und mir paßt, werde ich mich danach richten." Schickedanz aus dem Jenseits hätte zugestimmt: „Vom Leben soll man nicht mehr verlangen als ein Butterbrot, Franz Biberkopf."
Ist der Weisheit Schluß sehr viel anders im „Kohlhaas", im „Prinz von Homburg"? Maß, Vernunft, Recht stellen die gestörte Ordnung wieder her. Auch bei Gottfried Benn, als er erst einmal die Berliner Lyrik durch den harmlosen „Tunnel" hindurch zu Baudelaire und Rimbaud vorgetrieben, dann durch den Expressionismus und den frühen Nazismus geschleust hatte, bleibt ein Grundakkord: Zucht und Form. Jeder muß. Zum Müssen gehört die Besonnenheit. Die von hektischen Zeiten überschrieene Tugend hilft die Zukunft gestalten. Erneut blüht aus den Ruinen das Recht. Fontanes Figuren treten diskret, aber bestimmt in den Chor der Welterfahrenen. „Hinter dem Berg wohnen noch andere Leute, ganz andere Leute", heißt es im „Stechlin". Und bei aller pläsierlichen Enge hat der Dichter das weite Feld des Hintergründigen nie aus dem Sinn verloren. Der Brief an G. Friedländer vom 5. 4. 97 bleibt die erstaunlichste, klar und dichterisch formulierte Prophetie über den Todeskeim in der Gloria-Viktoria-Epoche, die mit Saus und Braus dahinsegelte. Wäre der Dichter in ihm stark genug gewesen, diese Perspektive ins Werk zu übernehmen, statt sie vertraulich nebenher zu äußern – die Bismarckzeit hätte neben Wagner und Nietzsche ihren Epiker von Weltformat gehabt. Eine Seitenloge darf ihm niemand versagen.

Die rein märkischen Züge Fontanes sind bereichert und vertieft durch Zuströme anderer Art. „Fontane, sehr fein, sehr französisch gesehen, ein Stück märkisches, ein Stück Berliner Leben“, notiert C. J. Burckhardt. In einer Zeit, wo durch J. Klepper die Bezüge des Preußischen zum Christentum, durch H. J. Schoeps gar diejenigen zum Jüdischen herausgestellt werden, scheint es nicht unangebracht, auch die Verbindungen zur französischen Tradition wieder ins Bewußtsein zu heben. Nicht umsonst stammt Fontane aus einer jener Hugenottenfamilien, die im 18. Jahrhundert zeitweise ein Viertel der Bevölkerung Berlins ausmachten und deren Einfluß mit Händen zu greifen ist, auf dem Gebiet der Verwaltung wie der des Kriegswesens, der Industrie, der Kunst, der Literatur. Die Namen von Humboldt, Fouqué, Chamisso, Alexis, Fontane stehen hier für viele andere. Daß die Zugewanderten sich ohne große Mühe in die neue Umwelt fügten und sie mitgestalten konnten, weist auf eine Verwandtschaft der Anlagen hin. Die Züge der Besonnenheit, Tüchtigkeit, Ausdauer, ein gesunder Menschenverstand, der mit Mutterwitz und Toleranz Hand in Hand geht und der selbst einen kleinen Mann wie Schickedanz in höherem Licht erscheinen läßt, bildet auch die Substanz der Klassik bei Montaigne wie bei Molière, Lafontaine, La Bruyère: wiederum ein paar Namen auf hundert andere. Ohne das Pathos der abendländischen Idee zu bemühen, tauchen hier verschüttete oder verschwiegene, aber immer noch wirksame Zusammenhänge auf, die ihre Bewährungsprobe im Leben der Völker abgelegt haben. Fontane in diese Sicht stellen heißt nicht, ihn aktuell umfrisieren, sondern ihm wiedergeben, was schon sein war und was seit langem ins Traggebälk Europas gehört.

Ist der erstaunliche Wiederaufbau Deutschlands – vom verschlungenen Kräftespiel der Großen abgesehen – nicht auch auf die Summierung zahlloser kleiner Schickedanzscher Qualitäten zurückzuführen? Damit hätten wir unsern Helden doch noch auf ein bescheidenes Postament gestellt. „Besser Denkmal als gar kein Haus.“

Wilhelm Hausenstein, Literat

Wenn im Dezember ein scharfer Nordwind durch die Straßen von Paris bläst, ist der Schwarzwald schon bis in seine fernsten Täler hinein von Schnee überzogen, unter dickem Weiß verschwunden sind die langen Strohdächer seiner Bauernhäuser an den Berghängen – eine in sich ruhende, abgeschlossene Welt.

Der Wald mit den Tannen, Granit und sinnierenden Menschen bildet auch die geheime Folie von Wilhelm Hausensteins weitausholendem Werk und hat den kosmopolitischen Wanderer daran gehindert, ein Dandy zu werden, ihm etwas von der naiven Treuherzigkeit des Hebelschen „Kannitverstan" bewahrt. Vom Schriftsteller aus Baden, der zugleich und ebenso spontan ein großer europäischer Humanist war, soll an diesem Abend die Rede sein.

Hoch oben im abgelegenen Städtchen Hornberg 1882 geboren, wurde er nach dem Tod des Vaters schon mit neun Jahren in die Residenz unten verpflanzt. Das Gymnasium von Karlsruhe, eine der berühmten humanistischen Schulen Deutschlands, gab dem Knaben die klassische Bildung und stellte den impressionistisch Sensiblen in die weltoffene Tradition der Rheinebene. So hat er früh und von Grund auf den Doppelaspekt seiner Heimat kennengelernt: das riesige Waldgebirge und die lichtdurchflutete Talsenke zu seinen Füßen, wo der Strom Freiburg mit Karlsruhe und Mannheim verbindet.

Im Zeitalter gegenseitiger nationalistischer Verblendung hat der Durchschnittsfranzose seinerzeit Baden bestenfalls als pittoreskes Anhängsel des eigenen Vaterlandes betrachtet: Frankreich blieb für ihn die legitime Erbin Griechenlands und die älteste Tochter der römischen Kirche. Deutschland hatte sich unter den Hohenzollern die Welt auf ähnlich primitive Weise zurechtgeschnitten. Die Völker am Rhein – Elsässer wie Badener – blieben instinktiv der Wahrheit näher, sahen neben dem Trennenden vor allem das Einende, die innere Verflochtenheit Europas. Sie wahrten den weltbürgerlichen Geist des 18. Jahrhunderts. Sie sind die Vorläufer des Kommenden gewesen. Unter ihnen: Hausenstein.

Paris gehörte für ihn von vorneherein zur Latinität des Badeners. Ebenso selbstverständlich aber fühlte er sich durch die große Straße, die seit uralter Zeit vom Rhein in die Lombardei führt, mit der Welt des Mittelmeeres verbunden. Die Römer haben zahlreiche Spuren im Land hinterlassen: Straßen, Kastelle, Landhäuser, Thermen und selbst oben im Schwarzwald, ganz nah beim Geburtsstädtchen Hausensteins, die großartigen Mosaiken von Rottweil. Die Quelle der Donau ist nebenan und verbindet ihrerseits das Land mit Österreich, dem Balkan, dem Schwarzen Meer. Wir sind nicht an der Peripherie, sondern in einer Herzkammer des Kontinents.

Die Vorfahren Hausensteins waren bäuerliche Gastwirte und Bürgermeister kleiner Städte; der früh verstorbene Vater, ein großherzoglicher Beamter; einer der Großväter aber Flößer auf der Kinzig, von wo die großen Holztransporte über den Rhein bis nach Amsterdam hinunter gesteuert werden. Spiel des Zufalls: Zur selben Zeit übte ein Großvater von Theodor Heuss, dem späteren engen Freund Hausensteins, den gleichen gefahrvollen Beruf aus, nur auf der anderen, württembergischen Seite des Schwarzwaldes, von wo er Tannenstämme die Nagold und den Neckar hinab zu den Niederlanden flößte. Im Herzen Frankreichs aber, in Clamecy, hat Romain Rolland als Kind um 1875 die Flößer des Nivernais die Holzstämme des Morvan von der Yonne der Seine zu hinsteuern sehen. Doch Yonne und Seine waren für ihn so wenig der Nabel der Welt wie Kinzig und Nagold für Hausenstein. Beide blieben zeitlebens ihrer Heimat verbunden, und doch waren beide Europäer, der Welt und den Menschen zugetan wie jener schon erwähnte Handwerksbursche aus J. P. Hebels „Kannitverstan", der unbefangen und staunend als blutjunger Badener die große Stadt und sein eigenes Herz entdeckt.

Die Gabe des Staunens, der Weltoffenheit, der impulsiven Frische, verbunden mit Herzlichkeit und dem Glauben an den Menschen – das sind die Grundzüge von Hausensteins

Wesen und Schreiben. So vielseitig seine Bildung, so weitgespannt der Horizont seiner Kenntnisse und Reisen auch war, unerschüttert blieb als Kern eine in sich ruhende, bei aller Diskretion nicht anzutastende Festigkeit, ein gewisses inneres Leuchten auf dem Hintergrund verhaltener Melancholie. Die Doppelkatastrophe von 1914 und 1933 hat der Mann des Grenzlands intensiver und wissender als viele andere durchlebt, ein exemplarischer Freund im Dunkel der Verzweiflung und Verfolgung, ein Mann des Ausgleichs nach den Zusammenbrüchen, gerecht, genau, sensibel wie sein Stil.

Das *„lento con moto"* ist eines seiner Kennzeichen. Ausführlich, bisweilen umständlich, immer präzis beobachtend und liebevoll die Registrierung. Dann beschleunigt sich der Rhythmus, wird zum *„allegro assai"*, der Stil funkelt und strahlt in allen Farben. Man spürt die Nähe zu René Schickele, dem Freund aus dem Elsaß und einzig großen Schriftsteller deutscher Sprache, den das Land in jener Generation hervorgebracht hat – Hans Arp gehört einer späteren Zeit an, war doppelsprachig und auch als Doppelbegabung eine Ausnahme. Den delirierenden Mord der zwei großen europäischen Völker aneinander und die innere Zersetzung Deutschlands haben Hausenstein und Schikkele mit ganz anderer Schwere empfunden und zu überwinden versucht.

Schickeles polemischer Impetus, der mit lyrischer Hingerissenheit abwechselte, war nicht Hausensteins Sache. Das Licht ist gedämpfter bei ihm, der Ton gelassener. Und doch bleibt er in einem bestimmten Vibrieren des Stils ein Zeitgenosse von Valery Larbaud und Léon-Paul Fargue, Jean Giraudoux und Charles-Louis Philippe, von Debussy und den Malern des Nach-Impressionismus – ein Vuillard, ein Bonnard, deren perlmutterfarbenen Glanz er liebte und für den er liebend zu werben verstand.

Er gehört noch zur glücklichen Generation, die Muße und Mittel hatte, ihre Europa-Reise nicht im Massenbetrieb auf Autostraßen oder im Flugzeug unter dem Kommando uniformierter Führer schwitzend, keuchend und photographierend zu absolvieren, sondern bedachtsam, in Schlafwagen manchmal, dann wieder zu Fuß oder zu Rad in abgele-

genen Winkeln, hellen Sinns und träumerisch, der Musik einer Landschaft nachsinnend und zugleich empfänglich für den heißen Atem der großen Städte, Schreie auf dem Boulevard, grelle Plakate, Brodeln der Masse – wie André Suarès zur selben Zeit in Frankreich, wenn auch mit heroischem Pathos und oft maßloser Vehemenz.
Auch im kosmopolitisch eleganten und versierten Wilhelm Hausenstein, dem Zeitungskorrespondenten von Weltblättern, bleibt das Kind aus dem Schwarzwald lebendig, das sich periodisch nach Haus gezogen fühlt, den Frieden der kleinen Städte braucht. So wie das verschlafene Provinznest Combray als Hintergrund untrennbar ist von den Pariser Salons eines Marcel Proust, und das stille Land des Bourbonnais mit seinen Hecken und weidendem Vieh untrennbar von den Luxushotels eines Valery Larbaud, so der Schwarzwald und die Rheinebene vom Werk Wilhelm Hausensteins.
Sich selbst hat er ergriffen wiedererkannt in einer Stelle aus Wilhelm Hauffs *Kaltem Herzen*, wo es heißt: „Als er von Straßburg herüberfuhr und den dunklen Wald seiner Heimat erblickte, als er zum ersten Mal wieder jene kräftigen Gestalten, jene treuen freundlichen Gesichter der Schwarzwälder sah, als sein Ohr die heimatlichen Klänge stark, tief, aber wohltönend vernahm, da fühlte er schnell an sein Herz, denn er glaubte, er müsse sich freuen und müsse weinen zugleich."
Dem Dritten Reich mußte Hausensteins Weltbürgertum von vorneherein verdächtig erscheinen, obwohl es nur die moderne Abwandlung jenes „Fernwehs" war, das – neben zwingenden ökonomischen oder politischen Gründen – seit altersher so viele Badener zeitweilig oder dauernd auf den Weg und in die Welt getrieben hat. Badische Kunsttischler ließen sich schon im 18. Jahrhundert in Paris nieder; andere zogen mit ihrer Kiepe voll Kuckucksuhren durchs Land. Marcel Bouteron, der große Balzac-Forscher, hatte einen von ihnen zum Großvater, während General de Gaulle bei seinem Deutschlandbesuch auf einen Sergeanten Kolb als einen der eigenen badischen Vorfahren hinwies. Die späte, aber unerwartet herzliche Freundschaft zwischen dem französischen Staatschef und Konrad Adenauer

hätte Hausenstein als Krönung seines diplomatischen Wirkens empfunden.
Es dürfte mehr als ein Zufall sein, daß seine erste Publikation keine literarische, auch keine kunsthistorische Arbeit war, sondern eine Münchener Doktordissertation über die „Wiedervereinigung Regensburgs mit Bayern zur Zeit Napoleons I. (1905)". Theodor von Heigel zeichnete sie mit dem Prädikat „*summa cum laude*" aus. Durch die Vermittlung des hervorragenden Lehrers ließ sich der lang ersehnte Pariser Aufenthalt auf ungewöhnliche Weise verwirklichen: Der junge Hausenstein übernahm die gut bezahlte und wenig anstrengende Funktion eines Vorlesers bei der Exkönigin von Neapel – in eben der Zeit und in eben jenen Salons, die Marcel Prousts großes Romanwerk für immer fixiert hat. Die Situation war kaum weniger paradox als die von Jules Laforgue, der 20 Jahre früher als Vorleser der Kaiserin Augusta an den Preußischen Hof gekommen war und dort seine ironisch-melancholischen, bereis surrealistisch durchblitzten Gedichte schrieb. Hausenstein, ein echter Abkömmling badischer „Achtundvierziger", stand schon in den Münchener Studienjahren dem Sozialismus sehr nahe. 1907 wurde er aktives Mitglied der Partei, blieb es bis 1917 und versperrte sich damit *ipso facto* den Weg zur Universitätslaufbahn in der Kaiserzeit. Im Geist des Sozialismus hat er 1912 Saint-Simons „Neues Christentum" übersetzt, gleichzeitig die Werke J. G. Seumes, eines der wenigen großen Demokraten der deutschen Literatur, herausgegeben, Dokumente über Karl Ludwig Sand veröffentlicht und 1913 Georg Büchners „Gesammelte Werke" im Insel-Verlag ediert, ein Vorläufer auch auf diesem Gebiet. Ebenso originelle Bahnen schlug er als Kunstschriftsteller ein.
Unter dem Einfluß der Pariser Erlebnisse und auf Antrieb der Freunde Julius Meier-Gräfe und Theodor Heuss hatte er bei großen Lehrern in München das neue Fach mit Handwerksernst von Grund auf gelernt. Sachtreue war ihm angeboren so gut wie der Blick des Kenners und die Gabe des Stils. Seine Beiträge sind zahlenmäßig kaum überblickbar. Selbst in verschollenen Tagesartikeln überrascht die Exaktheit des Ausdrucks, verbunden mit einer sponta-

nen Eleganz, wie sie in derselben glücklichen Mischung Louis Gillet besessen hat – nur war Gillet früh in der *Académie française* zu Ehren und Würde gekommen; in Deutschland blieb ein Essayist, ein Kunstschriftsteller als „Schöngeist" von jeher am Rande der Gelehrtenwelt ... Dabei besaß ein Werk wie *Der nackte Mensch in der Kunst aller Zeiten und Völker*, 1913, das 1917 in gestraffter Form und weniger provozierend als *Die Kunst und die Gesellschaft* neu erschien, eine methodologische Bedeutung, die dem Buch sofort eine russische Übersetzung, eine lebhafte Diskussion noch unter Lenin und heute wieder die begeisterte Zustimmung des sozialkritisch determinierten Roger Garaudy in Frankreich eintrug.

Es ist hier nicht der Ort, auf Hausensteins Arbeiten im Detail einzugehen, ob es sich um Monographien handelt oder um große Überblicke wie *Die bildende Kunst der Gegenwart*, 1914, die Sammlung *Atlanten zur Kunst*: *Das Bild*, 1922, sq., die *Allgemeine Kunstgeschichte*, 1928. Nur wenige Einzelheiten seien hervorgehoben.

Zunächst die Studien über französische Malerei und ganz besonders über die Impressionisten. Souverän vereinen sie Leidenschaft und Kenntnis, Einfühlungskraft und abwägendes Urteil. Mit derselben Hingabe aber hat Hausenstein auch den Malern des eigenen Landes durch Schrift und Tat gedient – eine seiner ersten Leistungen als deutscher Geschäftsträger in Paris war das Zustandekommen einer Ausstellung deutscher Kunst. Ob es um berühmte Zeichnungen Dürers, um Grünewalds Altar, um Interieurs des jungen Menzel geht oder um einst Halbvergessene, die inzwischen längst wieder den gebührenden Rang eingenommen haben wie Führich, Blechen, Oldach, Rottmann – immer hat Hausenstein den Weg zu ihnen gebahnt durch die Eindringlichkeit und die glücklich strömende Fülle seiner Darstellung.

Zwei weitere Werke verdienen Beachtung. Zunächst *Vom Geist des Barock*, 1920, dessen revidierte Ausgabe von 1956 den Titel *Vom Genie des Barock* trägt. Gurlitt, Justi, Wölfflin, Brinkmann, andere noch waren in der Neubewertung der lange verachteten Epoche vorangegangen. Auch Maurice Barrès hat auf Hausenstein eingewirkt, der 1913 den leidenschaftlichen *Greco* des Franzosen übersetzte. Die persönliche Note bleibt in seinem eigenen Barockbuch dennoch überall spürbar. Es hat nicht nur wesentlich zum Verständnis des Publikums für die eben erschlossenen Perspektiven beigetragen, sondern zugleich die Linien vom Barock zum Expressionismus ausgezogen, und darin besteht sein anderes großes Verdienst. *Über Expressionismus in der Malerei*, 1919, bleibt eines der aufschlußreichsten Dokumente der Avantgarde jener Zeit. Unmittelbar dazu gehört ein Werk aus dem Jahr 1922: *Barbaren und Klassiker*, mit dem Untertitel: *Ein Buch von der Bildnerei exotischer Völker* – eine der bahnbrechenden Einführungen in die Kunst der Primitiven.

Wie viele Einzeluntersuchungen neben diesen Synthesen! Bald geht es um früh verstorbene Freunde, Opfer des Kriegs von 1914, wie Albert Weisgerber oder René Beeh. Bald um Künstler, die heute schon der Schuljunge kennt, und für die damals nur Vorläufer warben. Hausensteins Buch *Kairnan oder eine Geschichte vom Maler Klee und von der Kunst dieses Zeitalters*, 1921, gehört zu den ersten und feinsten Arbeiten über Paul Klee. Im selben Jahr gab er zusammen mit Lovis Corinth ein *Künstlerbuch von und über L. Corinth* heraus: dies nur ein paar Beispiele. Nach dem zweiten Weltkrieg hat der einstige Avantgardist sich durch seine Distanzierung zur neuesten Malerei scharfen Angriffen ausgesetzt und ebenso entschieden darauf geantwortet. Eine der besten Antworten ist die Neuausgabe seines *Max Beckmann* 1949. Zum Text von 1924 ist der Hinweis auf die späteren Werke des Malers gekommen. An der Grundeinstellung hat sich nichts geändert.

Seit 1917 war Hausenstein Mitarbeiter der *Frankfurter Zeitung*. Er blieb es auch, als nach der sogenannten Machtübernahme ein großer Teil seiner Bücher zurückgezogen werden mußte. Benno Reifenberg, ein enger Freund seit langem, schreibt über jene Tätigkeit, der 1943 ein brutales Ende gesetzt wurde: „Die Auswahl der besprochenen Bücher im Literaturblatt war eine lautlose, nicht zu überhörende Kritik an der offiziellen Produktion. Indem er schreibend und redigierend das unverfälschte Deutsch lebendig erhielt und damit der überall wütend um sich schlagenden

Sprache des Unmenschen widerstand, gelang es Hausenstein, im Besitz der reinsten Quelle deutscher Humanität zu bleiben; waffenlos erhielt er sich stark als ein Unversehrter im geistigen Bereich.“ Klopfzeichen in der Nacht – mehr als einer unter uns kann bezeugen, daß sie auch in Frankreich unter der Naziherrschaft aufatmend verstanden wurden. Der vormalige französische Botschafter in Berlin, André François-Poncet, der damals in Grenoble Zuflucht gefunden hatte, ehe er deportiert wurde, gehört dazu. Mehr als einmal unterhielten wir uns über die neuesten Beiträge in der *Frankfurter*.

Was Hausenstein selber durchgemacht hat, seit er sich mit seiner „nichtarischen“ Frau in einem bayerischen Gebirgsdorf verbergen mußte, kann man in seinem Tagebuch *Licht unter dem Horizont*, 1967, nachlesen. Diese innere Geschichte der dunkelsten Jahre ist zugleich die leuchtende Geschichte einer ungewöhnlichen Ehe, des Einklangs zweier seltener Menschen, der Nachhall ihrer Gespräche, Ängste, Hoffnungen und ihrer vollen Hinwendung zur Religion.

Frau Margot Hausenstein und ihre Tochter, Frau Renée-Marie Parry, die ich verehrungsvoll unter den Gästen begrüße, haben neben anderen Werken W. Hausensteins auch ein paar Bände seiner Reiseschilderungen neu herausgegeben. Ob es sich um europäische Hauptstädte oder um Fahrten in den Schwarzwald und den Taunus, nach Böhmen, nach Venedig, nach Griechenland handelt – überall ist ein Mann mit geübtem Blick und sicherer Feder, mit gewinnender Liebenswürdigkeit und tiefer Kenntnis des Menschen unterwegs – naturempfänglich und zugleich urban. Auch die Provence hat er bereist und zauberhaft geschildert, ohne zu fragen, ob Gott in Frankreich sei oder nicht und ohne später auch nur einen Satz an seinen Eindrücken habe ändern zu müssen.

München darf nicht vergessen werden – die Wahlheimat Hausensteins. Schon als Student hatte er die bayerische Hauptstadt liebgewonnen. Endgültig ließ er sich dort nieder nach der Heirat 1919, bei der Emil Praetorius und Rilke als Trauzeugen fungierten.

Hausenstein und seine belgische Gattin liebten die Stadt mit ihren Museen, Theatern, Konzerten, mit den Palästen und Gärten und dem Blick auf die Alpen, hinter denen der Süden beginnt. Es war das München der Wittelsbacher Mäzene mit ihren Architekten und Bildhauern, aber auch das München der Künstlerbohème, der „Jugend“, des „Simpel“ und nicht zuletzt Karl Valentins, dessen hintergründigen Humor (Kafka mit Alfred Jarry und Surrealismus) Hausenstein in einem ebenso leichten wie ernsten Buch fixiert hat. Sein Gesamtüberblick *Liebe zu München* (4. Aufl. 1964) aber wird als eines der schönsten und lautersten Zeugnisse der Zeit bleiben.

Annette Kolb, die Erzfreundin, Sproß eines bayerischen Gartendirektors und einer Pariser Pianistin, darf in diesem Zusammenhang nicht fehlen.

Spontan und raffiniert, ewig zerstreut und ständig anwesend – war die mehr als Neunzigjährige auch bei einer Pariser Aufführung der *Elektra*, der massiven Oper von Richard Strauß, allem Anschein nach eingenickt. Doch an jener Stelle, die unverkennbar den Stempel des Genies trägt, fuhr sie aus ihrem Dämmerzustand auf und wandte sich an meine Frau mit den Worten: „Das zu hören, war doch wohl der Mühe wert.“

Die alte „*grande Dame*“, die vor einem Jahr, bei uns zu Besuch, energisch um die Rückgabe eines Buches bat, das ich ihr nie entliehen hatte, und unmittelbar darauf, ohne Gedächtnislücke, den entzückten Kindern eine Mozartsonate vorspielte: das ist Annette, die zweite große Annette der deutschen Literatur, die des zwanzigsten Jahrhunderts, deren zwei oder drei Romane, deren Essays bleiben werden. Und es bleibt ihr Beispiel als unerschrockene Kämpferin für den Frieden zwischen den beiden Völkern. Wieviel Energie in einer zerbrechlichen Hülle!

Was Frankreich dieser genialen Vermittlerin, dieser Freundin Wilhelm Hausensteins verdankt, soll in einer anderen Feierstunde gesagt werden.

Fügen wir, was Hausenstein angeht, der langen Liste seiner Bücher den Hinweis auf seine Übersetzungen hinzu. Erinnern wir zunächst an seinen *Baudelaire*, 1946, und das Vorwort von fast 50 Seiten, dessen Sachkenntnis und Tiefe französische Baudelaire-Spezialisten wie Georges Blin bestätigen. Dann die *Anthologie französischer Gedichte* (*Das trunkene Schiff*, 1950), die von André Chénier zu den Romantikern und den Symbolisten führt. Kommt die deutsche Wiedergabe der *Rosen de Saadi* nicht dem Original gleich, übertrifft sie es manchmal nicht sogar?

„Ich dachte Rosen in der Frühe dir zu bringen,
Doch nahm ich allzuviel in meiner Gürtel Schlingen,
Es blieb mir nichts zurück vom drängenden Gebind.
Die Schleifen sprangen auf, die Rosen sind entflogen,
Sie schwimmen mit dem Strom, sie sind davongezogen
Zusammen mit dem Meer, zusammen mit dem Wind.
Die Woge wurde rot, sie glich dem Feuerbrande
Noch haftet mir zur Nacht der Balsam im Gewande
– Eratme sie an mir, die Duft gewesen sind!"

Ein paar Worte zuletzt über den Erzähler Hausenstein. *Lux perpetua*, 1947, ist die Geschichte einer Jugend in Baden, wie wir sie zu Beginn skizzierten: die kleine Stadt zu den Füßen des Waldgebirges, die Residenz und ihr Gymnasium um die Jahrhundertwende, die unverhoffte Begegnung im morgendlichen Park mit dem Großherzog, der den Knaben nach seinen lateinischen Studien fragt mit einem Wohlwollen, einer demokratischen Schlichtheit, die selbst die „Achtundvierziger" dem Fürsten zugestanden.

Andere badische Erzählungen, in mehreren Bänden vereint, prägen sich der Erinnerung ein. Ätzend scharf wie ein Porträt von Toulouse-Lautrec die unheimliche „Geschichte vom Zwerg", dem Kassierer der großherzoglichen Beamtenwitwenkasse.

„... Wir wurden vom Hauswart in das Amtszimmer gewiesen, das wir suchten. Und nun – da war es nicht anders: auf einem Drehbock saß der kleine Herr aus meinem Traum. Er spielte sich im Wirbel bodenwärts nieder, erreichte herabgleitend den gewachsten Linoleumbelag, trug Scheitel und Bart peinlich gepflegt, hatte dunkle, vorstehende Augen, einen bleichen Teint mit großen Poren, stand im Gehrock, gestreifter Hose und gewählten Lackstiefelchen, fuhr mit der einen Hand über den Rücken der anderen; großköpfig, doch zierlich und geraden Wuchses sagte er mit einer etwas theaterhaften oder altmodischen Höflichkeit und tiefer Männerstimme: *Was steht zu Diensten?*"

Traumhaft wie eine Chagall-Vision: „Das Herz"; lichtvoll rein wie ein Giotto-Gemälde: „Von den Eseln". Eine der hinreißendsten Erzählungen: „Herbstlaub", ist die Geschichte vom kleinen Jungen, der in Baden-Baden den Herbst entdeckt: Die meisterhafte französische Übertragung stammt von meinem Lehrer und Freund Maurice Boucher und ist in der zweisprachigen Reihe des Verlags Max Hueber unter dem Gesamttitel *Das Herz* 1967 erschienen.

„Es war im November 1888 und ist eine meiner genauesten Erinnerungen, wahrhaftig der schärfsten eine. Der Herbst bringt Nebel; doch wenn der Brodem vergangen ist, steht der Tag in einer Klarheit still, mit der sich nichts vergleichen läßt; die Welt ist lauter durchscheinende Ersichtlichkeit. Sie ist ein himmelhohes Gefäß aus Kristall, angefüllt mit Blau und Gold, mit Brandrot, Orange, Tabaksbraun und einem fahlen Gelb, das fast so bleich ist wie eine welkende Teerose. Gedanken, die sich selbst nicht kennen, wiegen sich auf weichen Flügeln, die nicht fühlen, ob sie schwer oder leicht sind, ob glücklich oder traurig, ob lebendig oder tot: sie merken bloß, daß sie langsam schwingen, langsam und mild; dennoch ist alles bestimmt wie sonst nie. Die Ohren hören das Elfuhrläuten genauer als sonst; der Gartenkies knirscht unter den Sohlen vernehmlicher und merkwürdiger. Jählings wird die Nase des branstigen Geruchs inne, der aus der Erde steigt und mit dem Laub aus den Ästen sinkt – schwer, träg, doch mit einem Male auch schneidend und stechend ..."

Fasziniert von diesem Schauspiel des herabgefallenen, in Haufen zusammengefegten Laubs, eilt der kleine Junge die Allee entlang; seine Füße stoßen in die Blätterhaufen hinein, er schiebt sie vor sich her, erst unbekümmert, dann mit wachsendem Übermut, eine Art Taumel erfaßt ihn, die Schule ist vergessen, die Zeit abgeschafft, bis auf einmal die Einsamkeit wie Blei auf das Kind herabfällt.

„... Ich war allein in aller Welt. Schreckliche Einsamkeit! Ich glaube, sie hat mich bis zu dieser Stunde noch nicht

ganz verlassen, obwohl seit jenem Augenblick fast ein halbes Jahrhundert dahingegangen ist.
Ohne erst einen Entschluß zu fassen, rannte ich spornstreichs zur Schule hinüber ... Heute würde ich wohl sagen können, ich sei vom Herbst ergriffen gewesen; ich sei gebannt gewesen von dem Gefühl, am Ende der Dinge und allen Lebens angekommen zu sein und diese Situation bloß immer betrachten, darin mit rauschenden Füßen nur immer umhergehen zu müssen; zum erstenmal sei ich gezwungen gewesen, mich in die unheimlichste Anziehung zu begeben, die des Todes, dessen Eindeutigkeit und Unwiderruflichkeit gegen alles andere gleichgültig mache und beinahe auch eine verzichtende Heiterkeit verleihe ...
Damals aber konnte wohl nur geschehen, daß ich nach einer Viertelstunde das in Tränen ausbrechende Kindergesicht auf die verjährte, ein wenig klebrige Pultplatte niederwarf und mich dann erst zu fassen vermochte, als man mir erlaubte, meinen Platz inmitten der Schar wieder einzunehmen. Sie betrachtete mich nicht neugierig und nicht schadenfroh, eher befremdet und teilnehmend, als fühle sie, mir sei etwas Außergewöhnliches, um nicht zu sagen Transzendentes begegnet."
„Meiner Heimatstadt an meinem fünfundsiebzigsten Geburtstag", so lautete die Widmung, die er seinem letzten Manuskript, „Onkel Vere, der Douglas", voranstellte: der Geschichte eines angeheirateten schottischen Onkels, der sich im Schwarzwald niedergelassen hatte und dort seinem *Spleen* lebte.
Die Veröffentlichung des Buches hat Wilhelm Hausenstein nicht mehr erlebt – er starb wenige Tage vor dem Geburtstag.
Seine Erinnerung wird in der Geschichte der Literatur und in der Politik weiterleben. Sie lebt in unseren Herzen.

Betrachtungen zu Wieland und der deutschen Klassik

Als 1934 das Werk „Les apports français dans l'œuvre de Wieland de 1777 à 1789" von Albert Fuchs und vier Jahre später „La formation et l'évolution de son esprit jusqu'en 1772" des verstorbenen Victor Michel erschienen, hatte es den Anschein, daß sich bei uns eine Wiederentdeckung des lange vernachlässigten Dichters ankündigte. Dem war nicht so. Sein Name blieb weiter unberücksichtigt in den Literaturlisten der Agrégation, die in mißbräuchlicher Weise das französische Universitätsstudium bestimmen, das noch immer ein Opfer des napoleonischen Zentralismus ist.

In Deutschland hat Wielands Geringschätzung einen anderen Grund: Die Aufklärung blieb von einer Germanistik unverstanden, die zu lange im Banne der Nietzsche- und Wagnermythen verblieben war. Sie ist bei dem stereotypen Bild der Hainbündler stehengeblieben, die die Bücher dieses Feindes von Vaterland und guten Sitten verbrannt hatten. Die Scheiterhaufen entzündeten sich bald aufs neue und verschlangen dieses Mal Bücher und Dichter zusammen. Voller Ekstase erklärten Fanatiker das Evangelium einer von allen ausländischen Einflüssen gereinigten Literatur.

Die Rückkehr der Freiheit verband sich mit einer Rückkehr zu Wieland. Ein Schwabe, Friedrich Sengle, widmete ihm schon 1949 eine umfassende und ausgefeilte Monographie. Es wäre an der Zeit, dieses ausgezeichnete Werk für ein breites Publikum wieder aufzulegen, vielleicht in einer gedrängteren und lebendigeren Fassung. Seitdem sind noch weitere gute Arbeiten von anderen Exegeten erschienen, und dem Leser steht heute auch die bemerkenswerte Auswahl seiner hauptsächlichen Texte zur Verfügung, die im Münchener Hanser-Verlag von Fritz Martini und H. W. Seifert herausgegeben worden ist.

Eine Analyse von Wielands Werk läßt es sinnvoll erscheinen, einige Überlegungen zu Entstehung und Struktur der deutschen Klassik voranzustellen. Ein Vergleich mit der englischen Literatur wird sich hier als fruchtbar erweisen. Der lutheranischen Orthodoxie und auch dem calvinistischen Puritanismus war es fast zwei Jahrhunderte lang gelungen, das Postulat von Bossuet und den Jansenisten in die Praxis umzusetzen: den Gleichschritt von Literatur und Theologie. Symptome des Erwachens erscheinen in beiden Ländern um 1730. Die Eigenständigkeit wird in der zweiten Hälfte des Jahrhunderts voll wiedererlangt. Zahlen aus dem „Jahreskatalog der Leipziger Buchmesse" beweisen die Umkehrung der Tendenz für Deutschland. Im Jahre 1730 sind in ihm die theologischen Werke zu achtzig und die weltlichen zu zwanzig Prozent vertreten, davon entfallen aber nur sechs Prozent auf die Literatur, die restlichen Bücher betreffen den Alltag und die Naturwissenschaften. Im Jahre 1760 halten sich religiöse und weltliche Bücher fast die Waage, und 1790 erreichen die letzteren schon fast achtundsiebzig Prozent gegenüber zweiundzwanzig Prozent an religiösen Titeln. Die eigentlich literarische Produktion ist übrigens mit nicht mehr als achtzehn Prozent vertreten.

Wenn sich die neue anglo-germanische Ästhetik in der zweiten Hälfte des 18. Jahrhunderts durchgesetzt hat, so weil sie eine Rückkehr zu den vom klassischen Frankreich vernachlässigten Quellen bedeutete. Die Bartholomäusnacht und der Niedergang des Protestantismus hatte den Rückgang der griechischen Sprachstudien nach sich gezogen, die während der Renaissance Frankreich und Italien zur Ehre gereichten.[1] Dagegen schloß in den protestantischen Ländern das freie Bibelstudium nicht nur die genaue Kenntnis der griechischen, sondern auch der orientalischen Fassungen mit ein. Diese Studien und die Befreiung von den Dogmen haben im 18. Jahrhundert die Entwicklung einer kritischen, durch Textauslegung begründeten Historiographie gefördert wie auch die Entstehung einer eigenständigen Poesie, die Vergil durch Homer ersetzte und das orientalische Säuseln der Psalmen durch das römische Versmaß eines Horaz. In beiden Ländern entstand diese neue Literatur in einem kulturellen und sozialen Rahmen, für den es in Frankreich keine Entsprechung gibt: im protestantischen Pfarrhaus. Als Söhne, Enkel und Neffen von Landpfarrern, oft selbst auch Pfarrer, haben diese Erneuerer eine enge, tiefe und unmittelbare Bindung zu Natur und Volk, zu einer Zeit, als unsere Poeten der direkten Kontrolle von aristokratischen Salons und Geldbürgertum unterworfen und von den affektiven und volkstümlichen Quellen der Inspiration abgeschnitten waren. Aus dieser Sicht erklären sich ebensogut die Gedichte eines Ossian wie die eines Klopstock. André Monglond[2] hat die Kurzlebigkeit dieser durch Rousseaus Einfluß angedeuteten Erneuerung für Frankreich gezeigt und auch, wie Napoleon die ossianische und wertherianische Vergangenheit Bonapartes geleugnet hat und aus staatstragenden Gründen einen Neoklassizismus gebot, den er unter die Autorität von Boileau und Aristoteles stellte. Es bedurfte der Unternehmungen der ebenfalls aus Genf stammenden Madame de Staël und der von Chateaubriand, eines Freundes der englischen Literatur, um einer vielseitigeren und weltoffeneren Ästhetik zum Triumph zu verhelfen, die sich über ausländische Einflüsse wieder mit der authentischen französischen Vergangenheit verbunden hat und ihrerseits durch das Werk eines Victor Hugo, eines Balzac und eines Baudelaire für ganz Europa Früchte trug.

Wieland, der schon mit weniger als zwanzig Jahren durch religiöse Epen berühmt gewordene Pastorensohn und Theologiestudent, nimmt in der deutschen Klassik eine Sonderstellung ein. Dieser ehemalige Schüler Klopstocks – hat er nicht sehr schnell mit den von der Messiade inspirierten Gesängen gebrochen? Seitdem hat sich das Vorurteil gegen diesen „französisierten" Dichter durchgesetzt. Aber dem von Wieland geöffneten Weg werden alle deutschen klassischen Dichter folgen. Wenn sich die eigentlich poetische Selbstfindung ohne und selbst gegen das französische 17. und 18. Jahrhundert vollzogen hat, so bleibt die literarische und kulturelle Emanzipation in ihrer Gesamtheit eng mit der unseres Landes verknüpft. Der Sturm und Drang mit seinem revolutionären Elan ist nicht vorstellbar ohne Rousseau, Montesquieu, Voltaire und Diderot – und Weimar, ohne daß es eine Kopie von Versailles wäre, bleibt ein Hof, an dem sich die höfische Dichtung entwickelt hat.

Corneille und Racine wurden hier ebenso sehr verehrt wie Ariost und Tasso.
Italien spielt von Anfang an eine bedeutende Rolle in der neuen Literatur. Zu der Zeit, als sich Klopstock trunken durch den nordischen Nebel fortbewegt, berauscht sich in Rom Winckelmann – der andere große Lehrer Wielands – an griechischen Marmorstatuen. Sein römischer Aufenthalt nimmt den Heinses und Goethes vorweg und stellt den genauen Gegensatz zu dem Luthers von vor zweieinhalb Jahrhunderten dar. Winckelmann führte die heidnischen Götter wieder in die deutsche Kultur ein, die von den Reformatoren aus ihr verbannt worden waren, und kehrte gleichzeitig in den Schoß der Kirche zurück. Er, der einem düsteren Schusterladen im brandenburgischen Stendal entstammte, zieht sich nicht in sich selbst zurück wie Böhme, der mystische Schuster aus Schlesien, sondern findet zu dem Licht des Mittelmeeres und pflegt mit dem Eifer eines Neophaten und Päderasten den Apollon-Kult. Gelehrter und Träumer in einem, schlendert er mit Begeisterung durch die gerade ausgegrabenen Ruinen von Pompeji und Herculaneum. Ohne daß er je einen Fuß nach Griechenland oder Sizilien gesetzt hätte, erschüttert er Europa durch sein neues Evangelium und bestimmt maßgebend die Orientierung des künftigen deutschen Klassizismus. Luthers Anathema ist aufgehoben, das Fleisch rehabilitiert. Die Dichter werden dem „ganzen Menschen“ huldigen. Wielands Weg findet sich vorgezeichnet.
Seit frühester Jugend mit der Antike vertraut, hatte er während eines langen Aufenthaltes in der Schweiz (1752–1759) seinen Horizont erweitert und eine solide Kenntnis der zeitgenössischen Literatur erworben. Es ist wichtig zu erwähnen, welche Rolle die Städte außerhalb Deutschlands für das literarische deutsche Erwachen besaßen: Kopenhagen, das Klopstock aufnahm und anregte; Straßburg, die künftige Begegnungsstätte von Goethe, Herder und Lenz; Zürich und Bern, die Wieland formten. Obwohl sie sich in ihrer sozialen, politischen und wirtschaftlichen Struktur von den Ländern des Heiligen Römischen Reiches unterschieden, blieben die Schweizer Kantone durch die Sprache deutsch. Zwingli hatte entscheidend Kirche und Dogma be-

stimmt, aber in der Lutherschen Fassung las man die Bibel und sang die Psalmen. Ein Verbot lastete auf der schöngeistigen Literatur wie in Deutschland; die gleiche Umkehr vollzog sich zur gleichen Zeit. Haller aus Bern führt in einer der großen epischen Dichtungen der ersten Hälfte des 18. Jahrhunderts die Alpen in die Literatur ein. Und Zürich rivalisiert seit 1720 als Zentrum der literarischen Avantgarde mit Leipzig, Frankfurt und Hamburg. Die Polemiken Bodmers und Breitingers, zweier zu den schönen Künsten konvertierter Theologen, füllen die Gazetten. Sie lassen Klopstock in die Schweiz kommen; nach seiner überstürzten Abreise rufen sie Wieland. Der verläßt schon bald seine zu doktrinären und zu moralischen Förderer und schließt sich den Zürichern seiner eigenen Generation an, Gessner, später Füßli und Lavater, in Bern Zimmermann, durch den er die französische Literatur entdeckt, die in Zürich nur mäßig geschätzt wurde, und – auch in Bern – Julie Bondely; Rousseaus künftige Vertraute wird zuerst Wielands Freundin gewesen sein.

Nach sieben Jahren der Abwesenheit wird durch Wielands Rückkehr nach Deutschland eine endgültige Orientierung entschieden, weil sich ihm eine Gesellschaftsschicht öffnet, in die er bis jetzt nicht eingeführt wurde, die Welt der Aristokratie. Mit achtundzwanzig Jahren nimmt er den Posten des „Kanzleileiters der freien Reichsstadt Biberach" an, seiner Heimatstadt, einem großen Marktflecken an der Oberdonau, der sich in ganz besonderer Weise verwaltete: Die Anzahl der Protestanten entsprach ungefähr der der Katholiken, und deshalb wurde die strikteste Parität selbst bei der Verteilung der kleinsten Posten und Funktionen befolgt, von den Gemeinderäten bis hin zu Hebamme und Schaustellern. Durch seine berufliche Berührung mit dem deutschen Alltag ist Wieland die kulturelle Verspätung seines Vaterlandes im Vergleich zu anderen Nationen voll bewußt geworden: Unmöglich, auf dieser Grundlage eine Literatur zu schaffen, eine große Literatur, die diesen Namen auch verdiente. Seine Erfahrung deutet schon auf die Goethes und Schillers hin, die auch sie im Alter von dreißig Jahren machen werden. Das Heil dieser Söhne eines amorphen, wenig entwickelten, wenig kohärenten Bürgertums, das ebenso zersplittert war, wie das in unzählige kleine Fürstentümer zergliederte Land, lag in der Vereinigung der aufgeklärtesten Persönlichkeiten des dritten Standes mit dem vorurteilslosen Adel. Warthausen, die Residenz von einem dieser aufgeklärten Aristokraten, kündigt Weimar an. Wieland wurde ins Schloß eingeführt durch seine frühere Verlobte Sophie Gutermann, eine junge Patrizierin aus Augsburg, die die Ehefrau des Hofrats La Roche geworden war, der, ein unehelicher Sohn des Grafen Stadion, sich vom erzbischöflichen Hof in Mainz auf seine oberschwäbischen Güter in der Nähe von Biberach zurückgezogen hatte.

In ihrer soziologischen Ignoranz hat die Literaturwissenschaft nicht erkannt, daß bei den verschiedenen Repräsentanten der deutschen Klassik zu Beginn immer der gleiche Frauentypus steht, der einer höheren sozialen Schicht entstammt und den jungen Verehrer erzieht und protegiert. Der Aufstieg in die höheren Sphären wird um den Preis einer gekonnten Stilisierung erreicht. Die Erhebung in den Adelsstand bestätigt den sozialen Aufstieg von Goethe, Schiller, Herder und anderen. Sophie von La Roche hat ihren Cousin Wieland erzogen, Charlotte von Stein den jungen Goethe, Charlotte von Kalb den jungen Schiller und Susette Gontard den jungen Hölderlin. Die, die Hölderlin Diotoma nannte, war kaum griechischer als die jungen Frauen der französischen Gesellschaft dieser Zeit. Die von Hölderlin in diesen Kreisen verspürte Verzauberung hatte nicht nur geistige und moralische Gründe, sondern auch eine wirtschaftliche Grundlage. Susette Gontard, die aus einer sehr vornehmen Hamburger Hugenottenfamilie stammte und mit einem reichen Frankfurter Bankier verheiratet war, bewegte sich mit der Gewandtheit der Reichen in einer Szenerie voller Luxus, Ruhe und Schönheit, die beträchtliche Einkünfte voraussetzte. Extrem war der Unterschied zu dem kärglichen Leben der Frauen, die Hölderlin aufgezogen hatten, seiner Mutter, Großmutter und Schwester – fromme Frauen, ängstlich, ohne Kunstverstand und an den häuslichen Herd gebunden. Michelet ließ sich durch das schöne Bild des lutheranischen Pfarrhauses rühren, aber die Wirklichkeit war härter. Außerhalb des

Heims kein Heil, auf eine Männergesellschaft ist der Katechismus zugeschnitten. Das Luthertum ist streng patriarchalisch.

Die deutschen Klassiker haben durch die Einführung einer urbanen Vorstellungswelt in die Literatur an der Emanzipation der Frau mitgewirkt. Sophie von La Roche hat durch Wielands Betreiben zur Feder gegriffen. Ihre Romane sind vergessen, aber der Anlauf war getan. Ihre Tochter Maximiliane ist eine der beiden Frauen gewesen, die Goethe zu seinem Werther inspiriert haben. Ihre Enkeltochter Bettina Brentano verkörpert die romantische Dichterin schlechthin, und Bettinas Schwester Sophie, die im Alter von vierundzwanzig Jahren starb, war die letzte Liebe des siebzigjährigen Wieland. Im ersten großen Prosawerk aus seiner Feder, das seine Zeitgenossen begeisterte, in der Geschichte des Agathon von 1766, kündigen sich die Veränderung der Sitten und die Umwandlung des Lebensstils an. Anhand der Geschichte eines jungen Griechen der alexandrinischen Epoche zeichnet der Roman den Entwicklungsweg seines Verfassers nach. Die Kühnheit des Dichters kann man nur ermessen, wenn man berücksichtigt, daß der Pfarrerssohn Wieland seine Geschichte ihren Höhepunkt finden läßt in der Begegnung des Helden mit einer Kurtisane, die nach den unterschiedlichsten Erfahrungen ihren Seelenstolz behalten und zu einer bis dahin nur den Eremiten vorbehaltenen souveränen Gelassenheit gelangt. Schon hier findet sich die „ästhetische Erziehung", von der Goethe ausführlicher in seinem Wilhelm Meister handeln und deren Doktrin Schiller in seinen philosophischen Schriften formulieren wird.

Und es war auch eine Frau, Anna Amalia aus dem Hause Braunschweig, in sehr jungen Jahren mit dem Herzog von Sachsen-Weimar vermählt und schon wenige Zeit später Witwe, die den erstaunlichen Aufstieg Weimars begründete, dieses Marktfleckens mit sechstausend Einwohnern, irgendwo im Schlamm und Dreck des Thüringer Waldes. Die Regentin wagte 1772 im Alter von dreiunddreißig Jahren, Wieland herbeizurufen, der seit dem Tode des Grafen

Stadion (1769) Professor an der Universität Erfurt war, um einen Erzieher für den Erbprinzen zu haben. Dieser hatte gehofft, als die Verfolgung der Rechtdenkenden ihren Höhepunkt erreicht hatte, nach Wien berufen zu werden, hatte er doch gerade dem Kaiser einen Roman im Zeitgeist der Aufklärung gewidmet, „Der goldene Spiegel". Aber Joseph II. waren durch den Wiener Klerus die Hände gebunden, und außerdem sorgte er sich ebenso wenig um Wieland, wie sich Friedrich II. um Klopstock, Lessing oder Goethe gesorgt hat. Die kleinen Fürsten und nicht die großen protegierten die aufkeimende Literatur. Aus diesem Blickwinkel ist auch das politische Credo zu verstehen, das die Weimarer Dichter später der Französischen Revolution entgegensetzen: Die Herrschaft einer aufgeklärten Elite und nicht die allgemeine bedingungslose Gleichberechtigung des Staatsbürgers.

Der Pädagoge Wieland hatte mit dem jungen Prinzen nur wenig Erfolg, er war gleichermaßen zu duldsam und zu launisch, und er konnte den ungestümen Carl-August nicht bändigen. Aber seine Qualitäten zeigten sich zu einer anderen Gelegenheit, als der kaum volljährige Prinz den Mann als Freund und Berater an seine Seite rief, der zuvor Wieland so grausam und ungerecht verspottet hatte: Goethe. Klopstock, an Wielands Stelle, hätte die Tür hinter sich zugeschlagen. Wieland ist geblieben. Er war sensibel genug, um das große Genie des Neuankömmlings zu spüren, er hatte die Größe, um sich vor ihm zu verneigen, und er besaß soviel Feingefühl, daß er dabei sein Gesicht nicht verlor. Das war die entscheidende Geste gewesen. Der Ton war gefunden. Die kleine Residenz konnte zu einem Ort des Austauschs und der Begegnung werden.

Wielands Weltgewandtheit fand sich nicht nur in seinen Büchern. Als erster empfing er in Weimar mit offenen Armen den der Demagogie verdächtigten Schiller. Als einziger hat er das Genie von Kleist gespürt und mit Sicherheit dessen Selbstmord hinausgezögert. Der in deutschen Dichterkreisen seltene umgängliche Geist bestimmte auch den „Deutschen Merkur", die dem „Mercure de France" nachempfundene Zeitschrift, die er dreißig Jahre lang herausgegeben und die den Geschmack und die Urteile der Epoche

geprägt hat. In ihr erscheint Wieland als ein Ezyklopädist ersten Ranges, der Goethe im naturwissenschaftlichen Bereich unterlegen, im historischen aber überlegen ist.[3] Napoleon ehrte den Dichter durch zwei lange Gespräche: Hatte der Merkur nicht schon 1796 mit erstaunlicher Klarsicht den Aufstieg Bonapartes vorausgesagt? In seiner Geschichte der französischen Revolution räumt Jaurès den politischen und sozialen Ideen Wielands einen großen Platz ein. Als liberaler Reformer war er Antirevolutionär, seine Urteile aber waren oft nuancierter als die Goethes zur gleichen Zeit. In seiner Geisteshaltung ist er ein Skeptiker, einem Voltaire, einem Anatole France verwandt. Mit ihnen teilte er die Sorge um einen gepflegten Stil. Sein Verdienst ist es, durch eine geschmeidige, raffinierte und melodische Sprache kultivierte Leser gewonnen zu haben, die bisher der deutschen Sprache nur widerstrebend gegenübergestanden und sich vor allem der ausländischen Literatur zugewandt hatten. Es ist ihm zu verdanken, daß sich das durch wohlgesetzte Worte leicht verführbare Österreich den deutschen Dichtern öffnete. Seine Verserzählungen sind das Meißner Porzellan der deutschen Literatur. Seit langem werden sie im östlichen Teil Deutschlands wieder aufgelegt. Muß er nicht durch seinen aufsässigen Geist zu einem Ahnen der fortschrittlichen Gesinnung werden?
Andererseits bieten seine großen Romane – von der „Geschichte der Abderiten“ (1774) über „Peregrinus Proteus“ (1791) zu „Aristipp“ (1800) – ein erstaunlich tiefgehendes und reiches Bild des alten Griechenlands, dessen orientalischen und afrikanischen Städte eingeschlossen. Seine theologische Ausbildung stellt er durch sein Interesse an der religiösen Problematik unter Beweis, die sich so unterschiedlich kundtat in jener Epoche des Überganges, in der christlicher Geist und heidnische Tradition, orientalischer Mystizismus und philosophisches Denken aufeinanderprallten und sich zu mitunter eigenartigen Systemen vermischten. Die Wirkungskraft und Treffsicherheit seiner psychologischen Analysen gleichen den für heutigen Geschmack vielleicht zu didaktischen Charakter der Romane aus.
Wielands Oberon (1780), sein poetisches Hauptwerk, ist ein abwechselnd elegisches und verspieltes, ernstes und

gefälliges Versepos. Der feine Romantismus der Feenmärchen eines Ariost und eines Shakespeare in seinem „Sturm" (dessen erster Übersetzer in Deutschland Wieland war) vermischt sich hier mit Sternes impressionistischem Stil, Rousseaus Träumereien und mit den humanistischen Bestrebungen der besten Köpfe des 18. Jahrhunderts in einer mehr denn je schillernden, geschmeidigen und wunderbar ausgeglichenen Sprache. Es ist bezeichnend, daß ein so glorreiches, von Goethe in den Himmel gehobenes Werk, in Westdeutschland fast in Vergessenheit geraten ist. Die Gymnasiasten werden mit Rilke und Hölderlin vollgestopft, während Wieland ob seiner Leichtigkeit suspekt bleibt.

Diese Vernachlässigung ist wahrlich nicht nur auf ihn beschränkt. Ein gemeinsamer Maßstab für die Beliebtheit der Klassiker in Frankreich und Deutschland existiert nicht. Dafür gibt es viele Gründe. Als erster ist der kleine Kreis und die kurze Dauer in Betracht zu ziehen, für die die „Klassik" steht, die angemessen als „klassisches Zwischenspiel" zu bezeichnen wäre. Wilhelm von Humboldt, der Erneuerer des Unterrichtswesens und ein Freund der Weimarer, hat wohl ihr Bild im 19. Jahrhundert über die Schulbücher durchsetzen können. Dieses Bild hat immer etwas Akademisches und Steifes behalten. Zum großen Teil ist die deutsche Klassik eine didaktische Unternehmung gewesen und von der Hauptsorge bestimmt, den Menschen zu verändern. Als Reaktion auf die Kirche und ihre Dogmen wird sie selbst vom Luthertum bestimmt. Der strenge Purismus triumphiert. In der Nachfolge von Winckelmann, der von den Statuen der jungen griechischen Athleten begeistert und über die Fleischfarben eines Rubens entsetzt war, wurde die große Barockkunst, Deutschlands Ruhm im 18. Jahrhundert, vergessen oder verachtet. Für Schiller liegt die ästhetische Erziehung im Wort – und das in der Region Schwaben, wo die katholische Kirche dieser Zeit mit der gleichen Absicht versucht, durch ihre großartige barocke, mit überwältigenden Fresken und einer Fülle von Bildhauereien ausgestatteten Architektur die Herzen zu rühren und die Seele durch das Schauspiel des Schönen zu erheben und durch die Predigt zu verführen.

Noch fataler ist in Deutschland der Verzicht auf die Musik. Wieland ist Mozart begegnet und hat Gluck bewundert. Weber hat sich durch den Oberon inspirieren lassen – und ist Wielands Oberon nicht schon eine Form der Zauberflöte? Aber all das bleiben Randerscheinungen, wie auch Wielands Versuche, ein deutsches Singspiel zu schreiben. In Wien hatte er leben wollen, und dort hätte er in Musik schwelgen können – welch eine Herausforderung, welch eine Perspektive wäre das für einen so offenen Geist, eine so geschmeidige Seele und eine so leicht zu entflammende Phantasie gewesen! Die deutsche Romantik war in dieser Hinsicht überlegen, sie hat die Musik wieder in ihr Denken und ihre Werke eingeschlossen und sich mit dieser elementaren Kraft verbunden, die Weimar ignorieren wollte. Schiller und Goethe, die das griechische Theater zu ergründen suchten, erörterten die Mittel, mit denen der griechische Chor wieder in die modernen Stücke eingefügt werden konnte. Sie haben nicht gewußt, daß Bach (der vorher in Weimar selbst Organist gewesen war) ganz in ihrer Nähe mit seinen Passionen das bestechendste Äquivalent zu dem gefunden hatte, was die griechische Tragödie einst gewesen war: Ritus und Schauspiel in einem, Vereinigung der Schauspieler und des Publikums in einem künstlerischen Gefühl und religiösen Glauben.[4]
Für uns ist das Jahrhundert von Winckelmann zu dem Jahrhundert von Bach geworden. Sicher, eine Veränderung des Geschmacks. Vergessen wir aber nicht die technischen Träger: Neue Reproduktionsmittel haben der Menge Bild- und Kunstwerke zugänglich gemacht, die früher selbst die Elite nur zufällig und immer fragmentarisch kennen konnte.

Mit diesen Beweisstücken in der Hand, muß der Literaturwissenschaftler nun zeigen, wie tief und förderlich Wielands Wirken gewesen ist. Vermutlich ist es chimärisch, eine Wieland-Renaissance zu erhoffen, die ein breites Publikum erreicht. Wieland wird kaum mehr das sein können, was er einmal war und was ein Haydn immer noch ist. Man muß nur den Namen dieses Komponisten nennen, damit die Franzosen besser verstehen, was sein Zeitgenosse

Wieland gesucht und gewollt hat, der in der Literatur ziemlich genau Haydns „Doppel“ darstellt.
Jedoch kann und sollte Wieland zu einem „lebendigen“ Klassiker für eine Elite werden. Arno Schmidt hat den schlagenden Beweis dafür geliefert, was ein Avantgarde-Schriftsteller aus dieser behenden und schillernden, mit einem Wort modernen Prosa lernen kann. Mögen sich die Lesebücher Wieland öffnen, anstatt sich bei Wiechert, Binding, Wilhelm Schäfer und Agnes Miegel aufzuhalten! Was ist frischer und subtiler als die Verse des „Wintermärchens“! Dieses verschmitzte und sanfte Märchen ist kaum unzugänglicher als unsere Fabeln von Fontaine. Warum singt man nicht in das Gedächtnis der Kinder diese Strophen des Wintermärchens ein, dieses immer noch jungen Werks, das einst zur Erheiterung der Weimarer Gesellschaft beigetragen hat. Wurde nicht der Refrain einer Episode – die der verzauberten Fische – zu einem Losungswort in diesem Kreis? „Da reckten die Fische die Köpfe empor / und sangen alle in hellem Chor ... Die Fische, da sie dies gesungen, / Senkten die Köpfe und blieben stumm. / Die Dame stieß die Pfanne um, / Und durch die Wand, wo sie hervorgesprungen, / Verschwand sie wiederum ...“ Wieland ist neu zu entdecken. Eine schöne Aufgabe für die Pädagogen wie für die Literaturkritiker!

Aus dem Französischen von Ulla Biesenkamp

1 H. Schoeffler: Protestantismus und Literatur. Neue Wege zur englischen Literatur des 18. Jhdts. 1958.

2 André Monglond: La France révolutionnaire et impériale, Vol. VIII, Préface, Paris 1958

3 Sengle: Wieland 1949. H. Wolffheim: Wielands Begriff der Humanität. 1949

4 Richard Benz: Deutsches Barock. 1949

Geist und Macht oder Einiges über die Familie Brentano

Die Betrachtungen über die Familie Brentano führen uns bis ins Jahr 1971 – an den Beginn aber stellen wir die Ahnfrau: Sophie la Roche, 1771.

Die Fünfzigjährige war damals mit einem Schlag durch ihren ersten Roman *Fräulein von Sternheim* zu einer führenden Schriftstellerin Deutschlands geworden. Diese Rolle hielt sie bis zum Tod 1807 auch im Ausland durch, wurde in den Salons von Paris empfangen, zur Audienz bei der Königin von England bestellt, in Amsterdam und mehr noch in der Schweiz gefeiert, wo sie zusätzlich als erste Frau einen Abhang des Montblanc bestiegen hatte: der Drang nach oben auch auf diesem Gebiet.

Ihr Ruhm ist längst erloschen, vergessen ihre Romane, vergessen ihre Zeitschriften, darunter „Pamona", deren Ziel die Heranbildung anmutiger, sittlich einwandfreier Mädchen war – Katharina die Große abonnierte daraufhin gleich 500 Stück. Uns beschäftigt hier etwas anderes: die Nachkommen der Sophie la Roche, genauer gesagt, jenes Geschlecht, das aus der Ehe ihrer Tochter, der schönen Maxe, mit dem reichen Peter Anton hervorgegangen ist: das Geschlecht der Brentanos. Dreierlei erlaubt dem Historiker den globalen Rückblick.

Trotz ihrer verwirrenden Verästelung haben die Brentanos nie das Bewußtsein der Besonderheit und Kontinuität ihres Geschlechts verloren; nie auch das Bewußtsein der Rolle, die den Frauen dabei zugekommen ist; die Dokumente schließlich, über die wir verfügen, sind keineswegs rein interner Art – Privatkorrespondenzen, unveröffentlichte Tagebücher – sie gehören zum Besitz der Nation, sei es in den genialen dichterischen Produktionen von Clemens Brentano und seiner Schwester Bettina, sei es in einem ganzen Gefächer von höchst talentierten, manchmal wegweisenden Schriften zu Philosophie, Kunst, Religion, Politik, Staatsrecht und nicht zuletzt von Memoiren, worin die

Kette von einer Generation zu den andern immer wieder neu geschlungen wird.
Schon das Publikum des ausgehenden 18. Jahrhunderts wußte durch die Selbstdarstellungen der Sophie la Roche wie sie – 1731 als Tochter eines kultivierten und ehrgeizigen Augsburger Arztes geboren – in letzter Stunde die Verlobung mit dem feingebildeten, heißgeliebten Bianconi, dem italienischen Kollegen ihres Vaters und Leibarzt des Fürstbischofs, aus konfessionellen Gründen lösen mußte. An seine Stelle trat Sophiens Vetter Wieland aus Biberach, der schon berühmte, junge, flatterhafte und zugleich so instinktsichere Schriftsteller, dessen Herz bald anderswo hinflatterte, – es war gut für beide: die Liebe ging, die Freundschaft blieb, und wie folgenreich sie für die deutsche Literatur geworden ist, wird sich gleich zeigen.
1753 heiratet Sophie Gutermann mit zweiundzwanzig Jahren den dreiunddreißigjährigen Georg Michael Frank von la Roche, einen kurmainzischen Rat und unehelichen Sohn des dortigen Staatsministers Graf Stadion: dies wog mehr als jenes, aber als Chronistin verschwieg Sophie weislich die reelle, doch illegale Beziehung.
Dafür glich sie die problematische mütterliche Familiengeschichte des Gatten der eigenen väterlichen an, umgab beide mit heroischem Glanz. Wie Rilkes Cornet war tatsächlich ein junger Fähnrich Gutermann 1664 den Türken in die Säbel gelaufen, die Fahne aber, die Fahne war gerettet – eine Heldentat, für die Sophiens Vater rund achtzig Jahre später den Adelstitel Gutermann von Gutershofen einzukassieren verstand: der Weg führt aufwärts. Das Adelsprädikat des Gatten ist erst durch Joseph II. legitimiert worden in Anerkennung von la Roches diplomatischen Fähigkeiten, seines liebenswürdigen Aufklärertums und nicht zuletzt seiner sehr engen Verbundenheit mit dem Grafen Stadion, der ihn mit den eigenen Söhnen aufgezogen hatte fern von der abgestoßenen französischen Mutter, durch die immerhin der romanische Erbanteil der Brentano-Kinder verstärkt werden sollte.
Sophiens sozialer Aufstieg ist eklatant. Aus der bürgerlichen Welt tritt sie in die höfische – in die Barockpracht der kurmainzischen Residenz zunächst, sieben Jahre später

in den stilleren, aber exklusiven Kreis auf Schloß Warthausen an der oberen Donau, dem Alterssitz Stadions, wohin Sohn und Schwiegertochter ihm gefolgt waren, und wo sein liebster Gesellschafter Sophiens Ex-Bräutigam Wieland werden sollte, der eben als Kanzleidirektor im nahen Biberach mit seinen kleinstädtischen Quengeleien versauerte, im Dichten und Übersetzen Zuflucht suchte oder sich in tollkomische Liebesabenteuer stürzte, aus denen der verständige La Roche ihm nun heraushalf. Wieland ist in diesem Zirkel nicht verbildet, verniedlicht, auf Rokokoformat gebracht worden – er hat atmen gelernt in der freieren Welt, die er selbst mit Recht eine aristokratische nennt und die mit Shakespeares höfischen Gestalten mehr zu tun hat als mit den gut-deutschen Spießern drunten. Der Weg war bereitet für Weimar, wohin Anna-Amalia ihn 1772 berief – genau zur selben Zeit, als La Roche nach dem Tod Stadions Kanzler in Kurtrier wurde und Sophie als Verfasserin des *Fräulein von Sternheim* einen der ersten deutschen literarischen Salons eröffnete auf dem prächtigen Landsitz Ehrenbreitstein bei Koblenz – ein kleines Gegenstück zu Weimar, wie sie selbst ja ein bescheidenes Talent gewesen ist, gemessen am heute noch jugendlich leuchtenden Genius Wieland.

Von nun an ist fester Boden oben gewonnen. Für Sophiens Nachkommen versteht es sich von selbst, den führenden Kreisen anzugehören; prekäre Situationen werden durch eheliche Verbindungen aufgewertet; von Süddeutschland spinnen sich die Fäden bis in höchste preußische Adelsfamilien hinein. Schwiegersöhne sitzen durch die Zeiten an leitender Stelle im Staat – von Savigny und Blittersdorf bis zu Graf Hertling und Richard von Kühlmann; Großindustrielle wie Stumm treten neben die Feudalherren – gegen beide bricht aber auch periodisch die Fronde durch, ein anderer Wesenszug der Brentanos, dessen besonders schlagfertige Vertreter Frauen gewesen sind, von Bettina bis Margherita.

Wer waren nun diese Brentanos und wie kam es 1774 zur Heirat des fast vierzigjährigen Pietro Antonio mit der achtzehnjährigen Maximiliane, der kleinen, zierlich proportionierten, ausgesprochen romanisch wirkenden La Roche-Tochter, in deren schwarze Augen, schwarze Locken und inniges dolcissimo-Wesen der junge Goethe, eben von Charlotte Kestner abgewiesen, sich stürmisch verliebt hatte? Von Wielands früherer Zumutung an Sophie, ihm die bezaubernde zwölfjährige Tochter als Gattin zu reservieren, hatte die einstige Braut des Dichters nur schnippisch, aber vielleicht nicht erstaunt, Notiz genommen. Der Italiener, um den sie selbst gekommen war, Maximiliane sollte ihn haben und hieß er auch Brentano statt Bianconi: eine romanhafte Schwärmerei auf dem immerhin beruhigenden Hintergrund eines stattlichen Vermögens; aber Sentimentalität hat sich von jeher bei der La Roche mit jener Nüchternheit gepaart, die heute ihr dichterisches Werk zumindest als Kulturdokument lesenswert macht.

Großkaufmann war Peter Anton Brentano, aus lombardischem Adel, Nachfahr im zwölften Glied eines Johannes de Brentanis, dem die Staufer schon um 1280 das Wappen verliehen; zur Winzerbütte darin durften die Enkel als erprobte Parteigänger der Viscontis Löwe und Schlange hinzufügen; im Schildeshaupt aber thronte der Reichsadler, das Ehrenzeichen der Ghibellinen und treuen Diener der deutschen Kaiser des Heiligen Römischen Reiches. Bei der Kinderfülle waren viele unter den brentanischen Gutsbesitzern zu Handelsherren geworden, worunter wiederum ein Teil von Genua über Mailand bis Amsterdam für Spezereien sorgte. „Am Rheine schweb' ich her und hin" – bevor der Dichter Clemens Brentano das sang, hatten die Vorfahren es ins Werk umgesetzt und 1698 unter Don Domenico Brentano di Tremezzo eine Handelscompagnie in Frankfurt als Umschlagplatz gegründet. Und da die Frankfurter auf die Dauer nicht zusehen wollten, wie so viel gutes Geld aus ihrem Land zurückfloß in die Güter und Paläste am heimischen Comer See, erwarb Domenicos Enkel, Pietro Antonio, 1735 noch in Tremezzo geboren, als Peter Anton Brentano 1762 das Bürgerrecht zu Frankfurt. „Goldene Schale" hieß er selbstbewußt sein neues Haus; aus der „Coppa d'oro" machte der Volksmund den „Goldenen Kopf", worin es allerdings nach Heringen und aufgestapeltem Käse roch, spottet die alte Frau Rat Geothe, aber im eigenen Haus dieser sprudelnd lebendigen, urwüchsigen, hypomanisch hemmungslosen Briefschreiberin bürgerlicher Herkunft ist nie ein Kardinal oder General gestorben wie die Familie Brentano seit Jahrhunderten sie der Reihe nach gestellt hat – darunter Anton Joseph Freiherr von Brentano, der Türkenbezwinger, der nun 1792 auch die Franzosen unter Custine vor Trier bezwungen hatte und schwerverletzt zum Vetter Peter Anton gebracht worden war.

Die Szene könnte aus dem Rosenkavalier stammen oder besser noch von Puccini in ihrem streichersüßen, trommeluntermalten Pathos. Maximiliane Brentano spielt Schach am Bett des Kranken. „Matt", sagt er plötzlich und sinkt in die Kissen zurück. „Mein General", fragt angstvoll die zarte, von zwölf Geburten aufgezehrte und selbst schon vom Tod Gezeichnete. „Meine Königin", haucht er lächelnd und stirbt. Bettina hat als achtjährige Tochter der Szene beigewohnt oder sie später überliefert – stilisiert gewiß, wie einst die Großmutter die Heldentode der Vorfahren stilisiert hat. Aber wo Sophie La Roche über verschwärmte Ansätze nicht hinauskam, wird beim Brentano-Kind die Sprache Musik – eine neue Generation ist auf den Plan getreten, die romantische, und mit ihr zwei Genies: Bettina und der noch größere Clemens Brentano.

Im Gegensatz zu so viel andern Dichtern sind sie von ihren Geschwistern kaum zu trennen. Zwanzig Kinder hat der potente Peter Anton aus drei Ehen gehabt, dreizehn davon haben ihn überlebt, viele bis in ein hohes Alter hinein und alle eng miteinander verbunden, Erben von einer Million Gulden, die der Vater hinterlassen und die die zwei älteren Söhne treulich verwalteten, geschickt vermehrten.

Der Kunstsinn frappiert schon bei den Kindern aus der ersten Ehe mit der Kusine Walburga Brentano-Gnosso. So bei Franz, der das väterliche Geschäft weiterführte als regsamer Handelsherr mit italienischem Feuer und hoher Kultur. In Winkel bei Rüdesheim hat er ein neues prächtiges Gut eingerichtet an Stelle des längst aufgegebenen Ehrenbreitstein der Sophie la Roche, die vom Schwiegersohn nach Offenbach bei Frankfurt geholt worden war. Goethe hat 1814 – kurz bevor er zu den Willemers aufbrach – unvergessene Wochen in Winkel verbracht, die Verbindung von Geist und Macht in vollen Zügen genossen. „Herbsttage im Rheingau", das sind die Tage bei den „verehrten Freunden" Franz Brentano und seiner Gattin Antonie, der Beethoven Briefe geschrieben und Werke gewidmet hat als der kunstbegabt lieblichen Tochter seines Freundes und Mäzens Melchior von Birkenstock, des österreichischen Staatsministers rheinischer Herkunft, dessen berühmte Gemälde- und Kupferstichsammlung später zum Teil nach Winkel und Frankfurt kam und an Glanz nur von der Galerie der Brentanos in Amsterdam übertroffen wurde. Den Zugang zu Beethoven, dessen Wesen sie so leidenschaftlich tief erfassen sollte, hat Bettina durch diesen Halbbruder Franz und die Schwägerin gefunden: die Stühle für die Brentano-Kinder waren oben gerichtet. Ein Brentano-Gnosso – Dominico Martin – entartete freilich zum notorischen Trunkenbold und Hurenfreund, aber er blieb es auf der Stufe eines kurmainzischen Hofgerichtsrats, und die freundlich tüchtige Schwester Paula Maria Walburga heiratete sich hinauf zur Schloßherrin von Wasmer auf Hassenberg zu Pfaffendorf.

Lassen wir diese und andere Nebenfiguren des Geschlechts, kommen wir zu Georg als ältestem Sohn aus der Ehe von Peter Anton Brentano mit Maximiliane la Roche. „Schön wie ein Herzog von Mailand", pries ihn die Mutter Goethes; als Lebenskünstler aber hat er vielleicht noch mehr vom alten Grafen Stadion.

Der heutige Brentano-Park in Rödelheim bei Frankfurt war sein Land- und Herrensitz, wo er als Hauptteilhaber des Handelsgeschäfts und als Mann feinster Sitten Feste gab, wie wenige Frankfurter sie sich leisten konnten oder wollten.

Ganz anders das Naturell und Temperament von Clemens. Er verblüffte die Zeitgenossen schon „durch sein dunkelglühendes Auge mit dem stechenden Blick, seinem tiefsüdlichen Teint und dem schwarzen Mohrenkrauskopf". Klein und stets in Bewegung, impulsiv, fahrig, unberechenbar, war er bezaubernd und aufdringlich in seinem Bedürfnis nach Mitteilung und Hingabe, das ebenso rasch in düster wühlenden Despotismus über die Seele des andern ausartete und Reuegefühle von einer Intensität nach sich zog, die an den Rand der Selbstzerstörung führten, bis der Bann sich löste in der Musik eines unberührt aus der Tiefe aufsteigenden Liedes oder aber in Kapriolen und Persiflagen, deren sich überschlagende Wildheit gleich wieder in den Teufelskreis hineinriß.

Ist diese Unrast, dieser Riß durch die Persönlichkeit aus einer besonderen, romanisch-deutschen Blutsmischung ableitbar – oder hat erst die besondere Familienkonstellation ein labiles Temperament von der Wurzel her angenagt? Ist seinerseits Peter Anton Brentano nur der im 18. Jahrhundert gängige Typ des autoritären Vaters gewesen oder die italienische Variante davon als stark sippenverbundener, aber auch herrschsüchtiger, ernster, kalter *pater familias,* eitel unter leicht aufgetragenem kulturellen Firnis (er dichtete gelegentlich italienisch), aufbrausend beim geringsten Widerstand gegen seinen hochentwickelten, scharfsinnigen Geschäftsgeist? Es bleibt bei Hypothesen. Tatsache ist, daß der allzu turbulente Clemens schon mit sechs Jahren aus dem von Kindern wimmelnden Haus zu einer affektiv verklemmten, sadistisch strengen Tante in Koblenz kam, später in dubiose rheinische Internate, und daß der Sechzehnjährige bei einem Besuch im Vaterhaus die schöne, heißgeliebte, stets vermißte Mutter mit sechsunddreißig Jahren an einem Herzschlag sterben sah. Die Muttersuche wird damit definitiv Grundthema seines Werkes wie später bei Poe, bei Nerval, bei Baudelaire, bei Proust – in anderer Form jeweils; immer aber ist die schöpferische Leistung erkauft durch ein abnormes Verhalten im Leben.

„Liebe zur Mutter, Anhänglichkeit an die Geschwister, unaustilgbarer Haß auf den Vater, – eine ganze Galerie der Ahnen und am Ende steht er selbst in voller Größe da", so kennzeichnete Dorothea Veit-Schlegel Brentanos Erstlingswerk *Godwi,* den verwilderten romantischen Roman von 1801/02, dessen größeres Gegenstück die *Wahlverwandtschaften* von 1809 bilden. Beide Werke sind aus den gleichen geistig-sozialen Voraussetzungen erwachsen: der seelisch-sinnlichen Emanzipation, den romantischen Liebes- und Ehewirren, wie Brentano sie als Zwanzigjähriger im

Kreis von Jena miterlebt und wie Goethe sie eben dort beobachtet hat – aus der Distanz des Älteren, aber nicht ohne sehnsüchtig heimliche, bewußt disziplinierte Teilhabe. Landschaftliche Folie bei Brentano ist das Gut des Schwagers Savigny in Trages bei Gelnhausen und ganz allgemein die Rhein-Main-Gegend: nirgendwo in deutscher Sprache hat das Gebiet um Ehrenbreitstein und Winkel eine melodiös innigere Transposition erfahren als in den lyrischen Einlagen des *Godwi.* Der Rheingau wird beim Deutsch-Italiener zu Farbe und Ton mit derselben Glut wie der Comer See bei Stendhal, jenseits von Touristen-Romantik, wie auch Brentanos Lore Lay der elitäre Typ der zerrissenen und büßenden Sünderin ist. Die genießerische *fin de siècle*-Stimmung der geistlichen Kurfürstentümer am Rhein lebt in diesem Roman noch einmal auf; die Vornamen Clemens Wenzeslaus verdankte ja der Dichter selbst seinem Taufpaten, dem letzten Kurfürsten von Trier – so ehrsüchtig war der Vater gewesen, der eben ernannte kurfürstliche Resident in Frankfurt, und so eng verbunden mit dem hohen Herrn der Großvater la Roche. Zugleich wird Leben und Werk Brentanos überschattet von der Französischen Revolution, die den Adel entmachtet, enthauptet oder über den Rhein nach Mainz und Koblenz und Frankfurt getrieben hatte, wo Peter Anton geschmeichelt große Summen fürstlichen Emigranten höchsten Ranges zur Verfügung stellte und nie wieder sah. Sein Sohn Clemens aber verliebte sich in jene Aristokratin angeblich bourbonischen Geblüts, Madame de Gachet, die Goethe in seiner *Natürlichen Tochter* zur sanften Gobelinschönheit hinaufstilisiert hat und die in Brentanos *Godwi* als Amazone erscheint, als lebensgierige Rheingräfin, die zuletzt dem Liebhaber die eigene Tochter Violetta in die Arme spielt: erschrocken zurückgewiesen, wird das Mädchen aus Leid und Lust zur Dirne und stirbt zuletzt wahnsinnig in Godwis Armen.

Damit ist eine Grundfigur von Brentanos ganzem dichterischen Werk gegeben: die Perdita, aus der die Celesta sich wieder herauslösen soll durch den Liebenden, den Dichter, der ihren wandelbaren Erscheinungen immer noch neue nachzieht und dabei selber zum *schiffbrüchigen, liebeshöri-*

gen Galeerensklaven auf dem Toten Meer wird (so der Titel eines Romanentwurfs) – bis in bretanisch jähem Umschwung die Verführerin, Verderberin aufwächst zum rettenden Bild der Mutter. So in der strengen und zuletzt doch verzeihenden Mutter Lureley der *Rheinmärchen*, die zauberhaft von Wehmut durchschlichen und von italienischem Witz durchfunkelt sind. So in der altdeutsch-einfachen, rührenden und starrsinnigen Großmutter des *Braven Kasperl und der schönen Annerl.* So in der Maria der *Romanzen vom Rosenkranz*, wo durch Vermittlung des Gebets der Geschlechterfluch gelöst wird, den ein Maler heraufbeschwor, als er eine Nonne entführt und drei Töchter mit ihr gezeugt hatte, die ihrerseits der Blutschande verfallen waren. Romanisch in der kunstvoll verschlungenen terzerime-Form, romanisch in Figuren und Lokalkolorit ist dieser größte dichterische Wurf Brentanos – er spielt in Bologna zur Zeit der Kämpfe zwischen Welfen und Ghibelinnen. Instinktiv, ohne genaueres historisches Studium, ist der dreizehnte Nachfahre des Johannes de Brentanis zu den Quellen zurückgekehrt. Italien hat er selber nie gekannt und trotz seiner finanziellen Unabhängigkeit nie zu kennen versucht – einer letzter Nachklang des Vaterhasses. Unvollendet wie fast alles von ihm ist auch dieses Werk geblieben, um so mehr als Brentano 1817 mit der Rückkehr zur Kirche Ernst gemacht und seit der Generalbeichte vom 27. Februar bewußt die Poesie zugunsten der Religion in den Hintergrund gedrängt oder wenigstens zu drängen versucht hatte, indem er sich zunächst einer Celesta zuwandte – der westfälischen Nonne bäurischer Herkunft Anna Katharina Emmerich.
Erinnern wir uns daran, wie der aufgeklärte protestantische Arzt Gutermann den italienischen Freier seiner Tochter Sophie abgewiesen hatte: er wollte keine katholischen Enkel. Nun hatte er einen Urenkel, dessen religiöse Exaltiertheit selbst der Kirche nicht geheuer war und dessen messerspitz treffende Boshaftigkeit jeden kirchlichen Einmischungsversuch zurückwies, gierig genießend die jesuverzückten Blutungen der Stigmatisierten aus Dülmen. Fast fünf Jahre hat er so an ihrem Bett verbracht – ein reuiger Christ und geduldiger Aufzeichner ihrer Gesichte, aber

auch ein Voyeur der Seherin, der sie bis zur Erschöpfung auslauerte, ja mitunter durch sie jenes Mädchen belauern ließ, das er mit vollen Sinnen liebte und das einem anderen zugetan war: Luise Hensel, die Verfasserin des noch immer gesungenen Liedes: „Müde bin ich, geh zur Ruh".
Aus welch eigener neurotischer Ermattung und aus welcher Ängstlichkeit der Erben seines Dülmener Nachlasses vieles von den 16000 Manuskriptseiten unveröffentlicht geblieben, anderes abgeschwächt worden ist, wird noch zur Sprache kommen.
Der einzige Band, den er selbst zusammengestellt hat: *Das bittere Leiden unseres Herrn Jesu Christi, nach den Betrachtungen der gottseligen Nonne Anna Katharina Emmerich*, 1833, führt ein seltsames literarisches Doppelleben. Die Germanisten kennen es kaum; zahllose Katholiken aus dem Volk aber erbauen sich seit Generationen an dem immer wieder neu aufgelegten, in acht Sprachen übersetzten Buch, doch wissen sie nichts von Brentano als Dichter.
Eine andere Auswirkung seiner Konversion muß betont werden: der Ernst, die Geduld, die Hingabe, die Clemens in den folgenden zwanzig Jahren seines Lebens dem Ausbau der Armen- und Krankenpflege gewidmet hat – im Rahmen katholischer Frauenklöster allerdings, die er manchmal inquisitorisch inspizierte, darunter die deutsche Filiale jener „Sœurs de charité de Saint-Charles" aus Nancy, deren Niederlassung er auch in Bayern durchgesetzt hat – unsere verehrte Annette Kolb betonte es mit Feuereifer. Unter dem Ansporn seines halbitalienischen Freundes Joseph Görres wirkte er so für eine Art Opus Dei, und nicht ohne tiefere Bedeutung ist der Titel einer religiösen Schrift, die ihm 1824 das Ritterkreuz des bayerischen Maximilian-Ordens, 1828 die große goldene Medaille des Königs von Preußen eintrug: *Von der Macht und Gewalt des Glaubens.*
Daß der Gealterte, eigenbrötlerisch und beinahe verkommen in München Dahinlebende, sich in letzte Liebeswirren zur jungen Malerin Emilie Linder verstrickte, gehört auf die andere Seite seines Lebens, schaffte ihm neue Gewissenskonflikte, trieb eine letzte Blüte seiner Lyrik hervor. Zur Veröffentlichung gab er aus asketischer Selbstka-

steiung kaum noch etwas frei, es sei denn zu wohltätigen Zwecken – seine stattliche Jahresrente erlaubte die Geste.

Zum Innigsten darunter gehört das *Märchen von Gockel, Hinkel und Gackeleia*, 1838, eine letzte Huldigung an Marianne Willemer, die er in der Jugend so innig geliebt, die ihm der sehr undurchsichtige Frankfurter Bankier Willemer aus dem Ballett ins Bett entführt, und die Goethe, Willemers Gast 1814/1815, als Suleika besungen, besessen und selber zum Singen gebracht hat – in liebender Korrespondenz mit ihr bis zum Tod.

Goethes Abschiedsverse an Marianne, März 1831, fließen unmittelbar in die Verse hinüber, die Brentano ihr 1838 ins Stammbuch schrieb. Die Suleika des *West-östlichen Diwan* ist auch die Biondetta der *Romanzen vom Rosenkranz* und stellt Clemens in jenen magischen Kreis, der Goethes Leben mit dem der Brentano-Familie unlösbar verquickt.

Es rundet den Zirkel ab, wenn Marianne kurz vor ihrem Tod das streng gehütete Suleika-Geheimnis gerade Herman Grimm gegenüber lüftet – dem Sohn Wilhelm Grimms, Vertrauten Bettinas und künftigem Gatten ihrer Tochter Gisela. Derselbe Herman Grimm schreibt um 1880 im Rückblick auf drei oder vier Generationen der „Dynastie Brentano“, wie er sie nennt und wie er sie aus eigenster Erfahrung gekannt hat: „Es war ein Volk für sich, durch Schönheit, Grazie, Gesundheit, unabnutzbare Lebensfrische, die bis ins hohe Alter vorhielt, und unverwüstliche Anhänglichkeit unter sich verbunden. Durch dieses Beruhen auf dem eigenen Geist hoben sie sich von den übrigen Bewohnern der fröhlichen Stadt Frankfurt ab. Nicht nur die äußere Erscheinung dieser Brüder und Schwestern, jede von der Natur mit gütiger Hand abgestempelt, sondern auch die an Reichtum grenzende Wohlhabenheit verlieh in dem auf Reichtumsabstufungen sich erhebenden Frankfurter republikanischem Aufbau den Brentanos hohen Glanz. Und nun denken wir uns diese unruhigen Geschwister durch den Tod des Vaters jung plötzlich sich selbst überlassen. Erfüllt vom Triebe, in die Weite auszufliegen, und durch innere Gemeinschaft der Naturanlage stets in den

alten Taubenschlag zurückgelockt. Wenn die Brüder sich verheiraten, reißen die Frauen sie nicht auseinander, sondern werden zu Verbündeten, und auch die Männer der Schwestern schließen sich der mächtigen Familie an."
Nur bei wenigen von ihnen konnten und können wir im heutigen Rahmen etwa länger verweilen. So bei Clemens, so jetzt bei seiner Schwester Bettina. Dann nimmt das Erzähltempo eine raschere Gangart an, der im presto-Reigen die Nachfahren folgen werden – nicht aus Mangel an Stoff, sondern um die Fülle der Gesichte wenigstens annähernd in den Blick zu bekommen.

Goethes Briefwechsel mit einem Kinde – damit schien lange alles über Bettina gesagt zu sein. Noch 1960 figuriert sie in einer westdeutschen Frauen-Anthologie unter dem Titel „Sternen- und Götterkind". Eine Anthologie der DDR rubriziert sie 1970 als „Frau im revolutionären Umbruch": west-östliche, d. h. derzeitige deutsche Germanistik, – aber schon sind vor Bettina viele Mauern gefallen, arbeiten seit Jahren das Freie Deutsche Hochstift in Frankfurt und Ostberliner Kollektive auf das neue, umfassendere Bild von ihr hin. Die Monographie von Ingeborg Drewitz kann als einer der ersten Versuche des Zusammenblicks gelten.
„Italienisches Blut", sagte Goethe von Bettina – glutäugig, schwarzlockig, die Kleinheit des Wuchses kompensierend durch quecksilbrige Agilität, Tische hinunter, Schränke hinauf, und immer wieder hingekauert zu den Füßen eines geliebten Mannes, in heftig sich aufdrängendem Hingabebedürfnis, Teppich unter seinen Füßen. Pathologische Züge auch hier, aber die Morbidität tritt nicht so kraß zutage – es sei denn später, in der peinlich affichierten Liebe zu zwei unreifen Studenten und zum überreifen, höhnisch-abweisenden Fürsten Pückler-Muskau. Die helleren Züge überwiegen. Das Vaterbild hat sie in Goethe gefunden und den Gatten fast zur selben Zeit in Achim von Arnim. Die Erziehung durch die Großmutter Sophie la Roche, zwischen dreizehn und zwanzig Jahren, nach einem Intermezzo bei Klosterfrauen, hat mäßigend auf sie gewirkt und auch die später so aktiv durchbrechende Leidenschaft für freiheitliche Politik geweckt: hingerissen deklamierten die

beiden Frauen die großen Reden Mirabeaus, des Verkünders und Opfers der Revolution von 1789.
Zunächst freilich dominierten bei Bettina Poesie und poetisches Leben wie der Bruder Clemens als jüngstes Mitglied und *enfant terrible* der Jenaer Romantik es zelebrierte und vorlebte und wie es die ältere Freundin Caroline von Günderode bei Winkel in den Rhein trieb – zum Freitod aus verschmähter Liebe. Die Brentanos waren da aus zäherem Stoff. Das deprimierte, exaltierte Mädchen fand instinktiv Halt an der selbstbewußt in sich ruhenden Mutter Goethes, die freilich des berühmten Sohnes frustriert war (er wollte sie um keinen Preis in Weimar haben, fürchtete ihr loses Mundwerk, ihre Unbildung). Alle aufgestapelten Erinnerungen an ihn ergoß nun die Alte unermüdlich ins unersättliche Ohr der Jungen; in einem Schreibtisch bei der Großmutter aber fand Bettina die überströmenden Liebesbriefe des Vierundzwanzigjährigen an ihre eigene Mutter, und als sie im April 1807 und wieder in der ersten Novemberwoche des gleichen Jahres in Weimar vor dem Halbgott steht, ist er für sie „mein Vater, mein Geliebter"; vor der wiedererstandenen Maximiliane aber verwirren sich die Sinne des alt-jungen Faust, und mit unterdrückter, bitterer Leidenschaft wird sie später bekennen – oder behaupten: „Und er hat's getan! Gerade das hat er getan!" Wie weit er freilich ihre Leidenschaft ausgenützt hat, steht dahin. Willy Hellpach bemerkt einmal mit Recht, daß Goethe sich den Mignon-Typ, den sie repräsentierte, eigentlich immer vom Leib gehalten habe, und so blieb das Verhältnis zu Bettina bis zuletzt: ambivalent – vom offenen Bruch 1811 bis zum distanzierten Entgegenkommen 1825, als sie ihm den Entwurf ihres Goethe – Kolossaldenkmals vorlegte, worauf sie selbst in Gestalt einer geflügelten Psyche sich an die Füße des thronenden Jupiters schmiegt.
Inzwischen hatte sich durch ihre Ehe mit Achim von Arnim 1811 die katholisch-süddeutsche Linie der Brentano – la Roche hineingefruchtet in den preußisch-lutherischen Landadel: 7 Kinder sind allein aus dem Schoß der Bettina erwachsen, zahllose Kindeskinder dazugekommen. Arnim war als Halbwaise von einer prachtvollen Groß-

mutter bürgerlicher Herkunft erzogen worden. Er selbst besaß einen oft derben Sinn für das Volksmäßige, öfter aber noch tastete er sich weltverloren hinein in geheime Schächte des Lebens, hörte das Rieseln im Gebälk, sah staunend die Wasser unten. So wars zum Freundschaftsbund mit Clemens gekommen, zur gemeinsamen Herausgabe des *Wunderhorns* in Heidelberg, zur frühen Bekanntschaft mit Bettina.

Seltsam war Bettinas Ehe mit Arnim, aber wohl nicht eben gerade unglücklich, sagen fast alle Zeugen. Ihr extravertiertes Gehabe verstärkte seine Introversion. Gute Briefe gingen hin und her zwischen dem abgelegenen märkischen Familiengut Wiepersdorf, das er aus den enormen Verschuldungen der napoleonischen Zeit herauszuarbeiten versuchte, und Berlin, wo Bettina lebte, einen Salon hielt, die Kinder erzog. Unerwartet stirbt mit fünfzig Jahren der schöne Mann in seiner milden Kraft, und nun trägt mit staunenswerter Energie die Witwe die ganze Last des Haushalts und übernimmt dazu, in eigenem Verlag, die Ausgabe von Arnims Werk in zweiundzwanzig Bänden, treu unterstützt von Wilhelm Grimm, dessen *Märchen* Bettinens erstem Sohn gewidmet sind.

Fünfzig Jahre ist Bettina alt, als sie wie die Großmutter Sophie la Roche über Nacht mit ihrem ersten Werk einen durchschlagenden Erfolg erzielt, jenen halb authentischen, halb fiktivem *Briefwechsel Goethes mit einem Kinde* 1835, – einem großen Buch bei allen Irrtümern im einzelnen. Groß in der Anlage bei allem Chimärischem ist auch ihre erste politische Schrift: *Dies Buch gehört dem König*, 1843.

Der König war Friedrich Wilhelm IV., den das Brentano-Kind als Schriftstellerin freiweg duzte. Die Chimäre bestand darin, aus dem romantisch angehauchten, leicht ironischen und zugleich stocksteif preußischen Feudalherren einen Volksrepräsentanten formen zu wollen, im Sinn der neuen demokratischen Freunde, die Bettina nach dem Tod Arnims um sich gesammelt: Bruno Bauer, Arnold Ruge, die Jungdeutschen, polnische und russische Emigranten, wenn nicht gar Karl Marx, mit dem sie immerhin 1842 ein paar Tage in Kreuznach verbracht hat. Wie brentanisch sie marxistische Grundgedanken transponiert, belege – schon vom Stil her – ein einziges Zitat: „Die Gründe, warum ich den Proletarier am höchsten stelle, ist, weil er der Gemeinheit enthoben ist, als Wucherer den Weltverhältnissen etwas abzugewinnen, da er alles gibt und nichts mehr dafür wieder verzehrt, als er eben bedarf, um neue Kräfte zum Gewinn anderer zu sammeln".

Der Text schließt mit einem virulenten Protestbrief an den Berliner Magistrat, 1847. Die Revolution von 1848 schien Erfüllung zu bringen und brachte Resignation – wie in Frankreich drüben für George Sand, mit der Bettina in einen polizeilich rasch unterbundenen Briefwechsel getreten war. Vergebens hatte Goethes Kind und geistige Tochter sich zur Sibylle eines Königs hinaufsteigern wollen, träumend den großen Traum der Vermählung von Geist und Macht. Sie verströmt ihre Klage in einem hölderlinisch intonierten Gedicht auf den gescheiterten ungarischen Freiheitshelden Petöfy und im Buch *Gespräche mit dem Dämon,* das nicht mehr dem Preußenkönig gewidmet ist, sondern „dem Geist des Islams, vertreten durch den großmütigen Abdul Meschid Khan, Kaiser der Osmanen". Eine neue Chimäre, in einem wielandischen Orient diesmal und zugleich mit visionären Zügen des alten Victor Hugo.

Nicht chimärisch ist ihr unentwegtes Eintreten für die Verfolgten und die Ausgebeuteten, die Pflege der Cholera-Kranken in Berlin und der Blick für die Misere des Großstadtproletariats, die Welt des *Franz Biberkopf* von Alfred Döblin, dem Mitbegründer unserer Akademie. Nicht chimärisch ihr Aufruf vom 14. Mai 1844 in allen deutschen Zeitungen, worin genaue Erhebungen über das Armenwesen gefordert werden. Die Unterlagen strömten ihr zu – darunter ein langer Bericht über den menschenschinderischen Fabrikanten Zwanziger, der 50 Jahre später unter dem Namen Dreißiger in Hauptmanns *Weber* übergegangen ist. Das Stück wurde unter Wilhelm II. zunächst verboten und verhindert unter seinem Vorgänger Friedrich Wilhelm IV. wurde das Erscheinen von Bettinens *Armenbuch,* von dem jetzt erst durch Werner Vordtriede größere Teile bekannt werden, die in ihrer bilderwuchernden Darstellungsart schon stilistisch die Verwandtschaft zu Clemens zeigen.

Ein Graf Arnim, damals preußischer Innenminister und künftiger Schwiegervater von Bettinas Neffen Carl von Savigny, hat der „roten Freifrau" die moralische Schuld am Ausbruch des schlesischen Weberaufstandes vom Juni 1844 zugeschrieben. Ihr eigener Sohn Siegmund von Arnim aber, ein Jugendfreund Bismarcks, sequestrierte später ihren Nachlaß in Wiepersdorf. Bettinens Bild ist durch diesen Familieneingriff politischer Natur jahrzehntelang ebenso verfälscht worden wie das Bild von Clemens durch eine Familienzensur klerikaler Observanz.

Die Verbindung der beiden Geschwister war fast zwanzig Jahre lang abgerissen wegen seiner religiösen und ihrer politischen Aktivität. Die Liebe blieb stärker. Gleich nach dem Tod des Bruders wand Bettina ihm jenen unvergänglichen *Frühlingskranz,* der die Jugendbriefe beider in eins verflicht. Clemens hatte seinerseits die stets verschuldete Schwester mit einer Summe im Testament bedacht. Und wie nahe bleiben sie sich gerade in der Vermischung von narzißtisch bedingten Hirngespinsten und einem authentischen Sinn für das Leiden der Welt, die Rechte der Entrechteten!

Andere Familienmitglieder haben nach außen hin eine viel größere Machtfülle besessen. Was wir über sie wissen, wissen wir aber oft nur auf dem Umweg über Clemens und Bettina. Literarhistorie hat hier wie in einem Brennspiegel zahllose Einzelzüge gesammelt, die sonst zerstreut und damit als Ganzes verloren wären. Werkgeschichte umschließt immer auch Seelengeschichte im Rahmen eines kulturellen Ganzen.

Das Schreiben verstand sich von selbst im Umkreis Bettinens, wo die Kinder ganz jung schon zur Ausgabe der Werke Arnims herangezogen wurden. Reizvolle Jugenderinnerungen hat Maxe, die Gattin des Husarenobersten Graf Oriola, hinterlassen. An den Märchen und Dramenspielen der verwöhnten, etwas exzentrischen Gisela, der späteren Gattin Herman Grimms, hat Bettina selbst mitgearbeitet, ohne sie dadurch vor dem Vergessen bewahren zu können. Fast geisterhaft als Nachhall der mütterlichen Ideen und Impulse wirken die zahlreichen, immer etwas wirren

Schriften des Sohnes Freimund – die Aufzählung der Titel mag genügen: *Vom Recht jedes Menschen, Was ist Eigentum?, Revolutionsjahre, Die Lehre von der Liebe, 100 Märchen.*

Und nun kehren wir von den preußischen Nachkommen und Ausläufern nochmals zurück zu den Original-Brentanos, zur Geschwisterreihe aus der Ehe von Peter Anton mit Maximiliane la Roche, zu denen auch Clemens und Bettina gehören.
Sophie, die älteste der Töchter, zart, schön und vielumworben trotz des früh verlorenen einen Auges, starb schon mit 24 Jahren – aber in welchen Armen, den Armen des alten Wielands, den sie erst 1800 für kurze Zeit in Weimar kennengelernt, dem sie in langen Briefen dann ihre Herzenswirren anvertraut hatte, und in dessen Haus sie kurz nach der Rückkehr im Herbst 1800 plötzlich verschied. Wieland ordnete an, daß er später unter einer (immer noch bestehenden) dreiseitigen Pyramide bestattet werden sollte – zwischen seiner Gattin und der jungen Sophie Brentano, der Enkelin der la Roche und Tochter der Maximiliane: eine generationenüberdauernde Schicksalsverbundenheit, die Goethe aufs höchste frappierte, wie sein Briefwechsel mit Franz und Antonie Brentano-Birkenstock es bezeugt. Sophiens literarisches Denkmal aber bleibt Wielands Roman *Aristippes,* die reife Frucht seines Alters, wo die Macht der Liebe ein letztes Mal die Zunge zu wehmütig lächelnden Einsichten gelöst hat.
Die drei anderen Schwestern Bettinens treten hier nur als Gattinnen hervor, die die Macht der Familie befestigt haben. Gunda, strebsam, sehr auf Formalitäten bedacht, wehleidig, wenn es galt, ihren Willen durchzusetzen und zuletzt fromm katholisch, hat eine glückliche Ehe mit dem stillen, scharfsinnigen Juristen Carl Friedrich von Savigny geführt, einem Hugenottensprößling aus Frankfurt und Hauptvertreter der anti-revolutionären historischen Rechtslehre. Seinem genialen Jugendwerk mit dem aufschlußreichen Titel *Das Recht auf Besitz,* 1803, folgten weitere Arbeiten von Gewicht und der Aufstieg zu höchsten Ämtern in Preußen, darunter ein Ministersessel für Justizwesen. Savigny war der Typ des zuverlässigen, vornehmen,

etwas trockenen Staatsdieners und ein treuer Familienberater – auch für die unbequeme Bettina, die ihm in einem berühmten Brief seine Beamtenhaftigkeit, seinen Mangel an Zivilcourage vorgeworfen hat.

Die Schwester Meline war so schön, daß die stets begeisterungsfrohe Frau Rat Goethe ihr Bild zur Zier in Rathaus von Frankfurt wünschte. Zumindest kam das des Gatten hinein, des ersten katholischen Bürgermeisters von Frankfurt, Georg Friedrich von Guaita, dessen Familie wie die der Brentanos aus Italien eingewandert war und dessen Enkel Georg von Hertling wir als bayerischem Grafen, Premierminister und zuletzt als Kanzler Wilhelms II. wiederbegegnen werden.

Ludowika – die weitherzige, großzügige, kokette Lulu – hatte es als Gattin eines Frankfurter Bankiers und Finanzberaters des Königs Jérôme von Westfalen gleich bis an den Hof von Kassel gebracht und nach 1815 einen brillanten Salon in Paris eröffnet. Wie andere Brentanos ließ Ludowika sich später scheiden, wie andere wurde sie fromm, hinterließ *Geistliche Lieder* im Stil von Clemens, wenngleich ohne sein Genie. Auch sie war heimgekehrt ins Nest. Ihr Schloß – Schloß mußte es sein, Wasserlos hieß es – lag auf halbem Weg zwischen dem Landgut Trages der Schwester Gunda von Savigny und dem Haus des Bruders Christian an den Hängen des Mains in Aschaffenburg, wohin er 1842 den todkranken Clemens aus München geholt hatte. Vom preußisch gewordenen Rheinland wollten beide nichts mehr wissen; sie waren im gut katholischen Bayern heimisch geworden.

Sprunghaft wie Clemens, hatte Christian wechselweise Philosophie, Mathematik, Chirurgie studiert, ein böhmisches Familiengut in Grund und Boden gewirtschaftet, zwischendurch schlecht und recht gedichtet, sich in Rom vergebens um die Priesterweihe bemüht und schließlich Halt gefunden an einer ebenso frommen wie höchst energischen Gattin, die nach seinem Tod auch die *Gesammelten Schriften* des Schwagers Clemens kirchlich zurechtstutzte und aus dem Weg schaffte, was nicht in ihren geistigen Haushalt passen wollte. Dieselbe Kastrierung nahmen Brentanos erste Biographen, zwei Jesuitenpater, vor und als Dritter

im Bund der Herausgeber seiner Dülmener Schriften, Pater Schmöger: er glättete, was abrupt ist, baute Brücken, wo Abgründe sind.
Daß die authentischen, zum größeren Teil unveröffentlichten Dülmener Schriften in die Nähe von William Blake und Paul Claudel gehören wie die Spätlyrik Brentanos in die Nähe von Baudelaire – das zu erkennen, blieb der Forschung des letzten Vierteljahrhunderts vorbehalten, und noch ist der Weg nicht zu Ende beschritten.

Der Frondegeist der Familie lebte um so machtvoller in den Söhnen Christians wieder auf: dem Nationalökonomen Lujo Brentano, dem Philosophen Franz Brentano. Hervorragende Spezialbegabung paarte sich bei ihnen mit universellen Interessen, hoher literarischer Bildung und einem weltmännischen Auftreten voll italienischer Lebhaftigkeit.
Ludwig Curtius hat es für Lujo Brentano, den viel befehdeten und weitblickenden „Kathedersozialisten", bezeugt; Husserl und andere für Franz Brentano, einen Vorläufer der Phänomenologie und Anreger Heideggers durch seine Doktordissertation von 1862: *Über die verschiedenen Arten des Seienden nach Aristoteles.* Zwanzig Jahre lang – von 1874 bis 1895 – hat Franz Brentano in Wien Hörer aller Fakultäten fasziniert oder provoziert durch sein höchst apartes, immer strikt deduziertes und mit besonderem Melos vorgetragenes Gedankensystem. Daß der hagere Mann mit dem mächtigen, lockenumwallten Haupt – so Husserl – nach der Unfehlbarkeitserklärung des Papstes trotz der schon empfangenen Priesterweihe die Kirche verlassen und später als „konfessionslos" die Tochter des steinreichen österreichischen Bankiers von Lieben geheiratet hatte, verlieh ihm die Aura des Häretikers, der er bei allem brentanischen Selbstbewußtsein nicht gewesen ist: ein mildes Feuer voll nobler Güte kennzeichnete sein Wesen.
Als einziger des Frankfurter Zweigs hat er nach dem Tod seiner Frau Italien als Heimat für die letzten zwanzig Lebensjahre gewählt – ein guter deutscher Patriot 1914, aber auch ein weltoffener Geist, den der Krieg innerlich um so mehr zerriß, als seine Schwester Lulu – wieder eine Lulu –

Engländerin geworden war durch die Ehe mit dem großen Archäologen Renouf, seine Schwester Sophie aber – eine neue Sophie – Stammutter der französischen Seitenlinie durch die Ehe mit Theophil Funck, der in Paris – wie später sein Sohn Frantz – zu hohen Ämtern in Universität und Akademien aufgestiegen ist. Dem Vaternamen hatten sie den ruhmreichen der mütterlichen Linie hinzugefügt und leben als Funck-Brentano in der französischen Geistesgeschichte immer noch weiter.
Zur selben Zeit als sie mit Begeisterung das gute Recht der neuen Heimat vertraten, war Graf Hertling Reichskanzler geworden (November 1917). Der streng katholische bayerische Ministerpräsident sollte die wankende preußisch-deutsche Monarchie stützen. Hertling – Professor für mittelalterliche Philosophie in München seit 1882 – hatte seine Doktorarbeit über Aristoteles im Anschluß an die des Vetters Franz Brentano begonnen und war sein glühender Verehrer geblieben, bis die beiden 1873 auf dem Sofa in Würzburg sitzen und der Jüngere „mit Schaudern bis ins Mark hinein" den Kirchenaustritt des Älteren erfahren muß. „Tief erschüttert verließ ich ihn, um ihn nie wieder zu sehen", heißt es in seinen Memoiren, 1919. Bettina figuriert darin als „widerwärtig in ihrer Freigeisterei", und bejammert wird auch die „innere Unwahrheit des unglücklichen Mannes Clemens Brentano". Bis zuletzt aber summte durchs Hirn des Großneffen das Lied des Müllers aus dem *Rheinmärchen,* wie die Großmutter Meline von Guaita es ihn in der Kindheit gelehrt hatte nach der Originalmelodie des gitarrespielenden Dichteroheims. Und gespenstisch zu sehen ist, wie das Brentanische im uralten Mann weiterdichtet, wenn auch aufs äußerste verdünnt, und er zwei Wochen vor dem Abschied als Kanzler, im dramatischen Herbst 1918, über sich als Mächtig-Ohnmächtigen die Verse zusammenreimt: „Du solltest raten, entscheiden, / der erste im Rate der Könige sein, / das Schicksal der Völker zu leiten. / Nun bist du müde, die Bürde war schwer. / Wirf ab, die dich drücken, die Lasten, / wirf ab der Sorgen quälendes Heer, / bei uns sollst du ruhen und rasten." Bei uns, – das waren die geliebten Bücher, zu denen er wieder heimkehren durfte.

Die schlechten Verse sind zweifellos ein echter Stoßseufzer und zugleich ein erschreckender Beweis für die Wahrheit dessen, was Hertling selbst in einer wachen Stunde zu seinem Staatssekretär Richard von Kühlmann geäußert hatte: „Sagen Sie, Kühlmann, ist es nicht Wahnsinn, in einer solchen Zeit einen verbrauchten alten Philosophieprofessor an die Spitze des Staates gestellt zu haben?"

Mit Kühlmann als Staatssekretär des Äußeren war Hertling vom Amt her verbunden und obendrein weitläufig verwandt mit ihm als dem Gatten der schönen, dunkeläugigen, schwermütigen, frühverstorbenen Margarete oder Marguerite von Stumm, einer Urenkelin von Franz und Antonie Birkenstock. Der intelligente, wendige, manchmal weitblickende, nötigenfalls durchaus zynische und zutiefst indifferente Diplomat Kühlmann hat später als Schriftsteller geendet: der Unterzeichner des harten Diktats von Brest-Litowsk ist auch der Verfasser des Romans *Immaculata*, 1936.

Ein direkter Nachkomme der gleichen Linie, Brentano – Birkenstock, der nicht unbegabte, wenn auch sehr zwielichtige Komponist Max von Schillings hat sich unter dem Naziregime als Präsident der preußischen Akademie der Künste zu ihrer Reinigung von Juden und Volksschädlingen hergegeben – im höheren Interesse des Staates natürlich, wie einst sein Vorfahre Freiherr von Blittersdorf.

Auf dem Scheiterhaufen kamen damals auch die Bücher des Vetters Bernard von Brentano, der früh vor dem Nationalsozialismus gewarnt hatte, als Kommunist galt, nach der Rückkehr aus dem Schweizer Exil und den Erfahrungen der Stalinschen Despotie aber ganz vom Marxismus abgerückt war. Seinen bekanntesten Roman *Theodor Chindler*, 1936, stellte er unbefangen auf eine Stufe mit den *Buddenbrooks*. Das Buch bleibt wichtig als Beitrag zur Chronik der Brentano-Sippe und ihren Zerwürfnissen während des Ersten Weltkriegs.

Der Vater des Schriftstellers, der hessische Justizminister und eifrige Parteigänger der Kirche Otto von Brentano, hatte 1884 den Adelstitel wieder aufgenommen, den die italienische wie die preußische Regierung bestätigt. Zwei seiner Söhne sind ihrerseits in die Politik gegangen: Clemens von Brentano als Botschaftsrat am Heiligen Stuhl, später als Botschafter in Italien; Heinrich von Brentano als Außenminister Adenauers und Befürworter des kalten Krieges. Sein einzig bekanntgewordener Beitrag zur Literatur besteht in der Gleichsetzung von Bert Brecht mit Horst Wessel.

Schließen wir die Familienchronik mit dem rühmlicheren Blick auf drei Frauen des Geschlechts.

Die beiden ersten entstammen der Ehe der Armgart von Arnim, einer Tochter Bettinas, mit dem Grafen Flemming. Die älteste darunter, Elisabeth von Heyking, erzielte 1903 einen Welterfolg mit dem Roman *Briefe, die ihn nicht erreichten,* der als Bild europäischen Diplomatenlebens im Fernen Osten um 1900 atmosphärischen Reiz besitzt. Ungleich sensibler die Romane und Novellen ihrer Schwester Irene Forbes-Mosse, – *fin de siècle* und *fin de race*-Stimmung wie bei dem bedeutenderen Eduard von Keyserling. Ihren humanen Sinn rühmt Romain Rolland, dem sie für seinen großen Bettina-Essay viel unbekanntes Material aus Familienbesitz zur Verfügung gestellt hat.

Eine völlig gewandelte Generation kommt zu Wort mit Margherita von Brentano, einer Tochter des schon genannten Botschafters Clemens von Brentano. Wie die Vorfahren Franz Brentano und Graf Hertling, hat auch sie mit strengen Arbeiten über Aristoteles begonnen, ehe sie als virulente Soziologin den Kampf gegen die Wohlstandsgesellschaft aufnahm. Ihre Manifeste und Wahlplakate unterzeichnete die Vizepräsidentin der Freien Universität Berlin nicht wie üblich, mit dem Namen des Gatten – des Religionssoziologen Taubes – sondern mit dem gloriosen Namen Brentano. Zur Rede gestellt, wies sie eine Spezialerlaubnis des Polizeipräsidenten von Berlin dafür auf.

„Der Name Brentano genügt sich selbst“, hieß es lapidar schon 50 Jahre früher bei Lujo Brentano, als er den Adelstitel ausschlug, der mit der Verleihung des Maximiliansordens verbunden war. Am 3. April 1839 aber hatte Bettina an Clemens geschrieben: „Der tief gewurzelte Adelsstamm meiner echten Rasse macht, daß ich mit plebejischer Genialität Nahrung sauge aus dem reinen Willen zur Menschheit und die aristokratische Aufgeblasenheit unter meinem Fußtritt platzt.“

Wir sind am Ende und fassen zusammen.
Chromosome besonderer Art waren ohne Zweifel ins Spiel gekommen, als Peter Anton Brentano und Maximiliane la Roche zusammentrafen. Der biologische Weg läßt sich im einzelnen nicht mehr verfolgen; bei jeder Ehe ist neues Blut mit eingeströmt. Feststellbar bleibt über alles rein Physiologische hinaus die gemeinsame psychische Einstellung: der Sinn für die Besonderheit, ja Auserwähltheit der Familie.
Die Schlußfolgerung dürfte vielleicht so lauten: gezeugt von einem Mann, der aus einem üppigen blühenden Land mit alter Kultur jenseits der Alpen gekommen war; getragen von geistig aktiven, dichtenden oder dichterisch umworbenen Frauen, haben die einen des Stammes ihre Rolle im Bewahren der erreichten, hohen sozialen Stufe und ihrer traditionellen Werte gesehen; die anderen aber aus Distanz zur üblichen, monolithisch deutschen Familie sich Freiheit des Urteils und der Lebenshaltung geholt. Beide fühlten und fühlen sich in ihrem gegensätzlichen Anspruch bestätigt durch das, was schon vor hundert Jahren Herman Grimm, der Eingeheiratete, mit dem Ausdruck umschrieben hat: „das Beruhen auf dem eigenen, dem *brentanischen* Geist."

Unverfroren, avantgardistisch

Unverfroren, das war er schon. – Lose Zunge, leichte Achsel, und Goethe fuhr er über den Mund: „Woran arbeiten Sie zur Zeit, Herr Heine?" – „An einem Faust, Exzellenz." Trocken ins Tagebuch notiert der Alte: „Heine aus Göttingen". Hat das mit seiner Schnoddrigkeit / Der freche Judenbengel getan? Und kann Grillparzer als Gegenbeispiel dienen – ehrfürchtig, den Tränen nahe im Angesicht des Zeus, und väterlich von ihm zu Tisch geleitet? Aber der pointierte Verlauf des Heine-Gesprächs ist längst als nachträgliche Stilisierung enthüllt: einem Korrespondenten gegenüber hat der Dichter sich selbst in Szene gesetzt. Lust an der Pose muß man bei ihm in Kauf nehmen wie beim andern das Hofratszeremoniell – devot, submissest hohen Herrschaften gegenüber. „Ein Fürstenknecht!" eiferte Börne, und was er darüber in seinen „Briefen aus Paris" schrieb, ist immer noch lesenswert. Generationen von Schul- und Literaturbeamten priesen hingegen das obrigkeitsfromme Vorbild und unterschlugen die zahllosen ironischen Zwischentöne bei ihm, den kosmopolitischen Hintergrund. Heine sah tiefer als diese Zeloten, tiefer auch als Börne, und zwar von Anfang an.
Ungelesen, unerkannt verstaubte jahrzehntelang bei Cotta Goethes kühner Alterswurf, der „Diwan". Heine hat ihn erkannt, hat schon im „Buch der Lieder" seinen Sinn fürs Parlando daran geschärft. Rahmabschöpfer „nach der Juden Art?" Dann sind fast alle deutschen Lyriker des 19. und zum Teil 20. Jahrhunderts Juden, denn wer unter ihnen hat nicht bei Heine geschöpft? Nur ist der Rahm meist dünn geworden und das Geheimnis der funkelnden Mixtur verlorengegangen: Geigenstrich und Fanfare, mondäne Glätte und furchtloses Standhalten den Schrecknissen des Lebens gegenüber, Florettgefecht und Hiobsklage des Gezeichneten.
Keiner der Avantgardisten und wenige unter den Zeitgenossen haben schärfer als er die eigentümliche Größe

Goethes erfaßt, ihn – auch den Franzosen gegenüber – als Zentralsonne in seine Epoche gerückt, die „Kunstperiode", die freilich am Ende sei – womit Heine wiederum recht hatte. Der Puls der Zeit schlug nicht mehr in Weimar, dem ins Dunkel zurücksinkenden Landstädtchen, sondern im Paris der Bankiers, Fabrikanten, Spekulanten und gärenden Arbeitermassen, der Sozialreformer, Naturwissenschaftler, Künstler, Schriftsteller jeglicher Spielart: kurz im europäischen „melt pot" des eben heranrollenden Industriezeitalters. Balzac ist sein genialster Gestalter geworden, und mit untrüglicher Witterung hat Heine sich gleich an Balzac angeschlossen, der ihm die Erzählung „Un prince de la Bohème" widmete. In Herz und Sinnen aber brachte er deutsch-romantische Empfänglichkeit für Traum, Mystik, Philosophie mit. Und bestärkte, befeuerte so den spontan wieder aufgebrochenen visionären Zug seiner Freunde aus der nachnapoleonischen Generation – von Balzac bis Nerval, dem engsten Vertrauten. Von Baudelaire, Mallarmé, den Parnassiens und den Symbolisten, von Verlaine und Apollinaire, zu dessen „Rhénanes" und „Alcools" (1902/12) auch Heine Pate gestanden und durch sie bis auf die Surrealisten gewirkt hat, soll hier nur ganz am Rand die Rede sein. Emigranten sind immer wieder Deutschlands beste, weil klügste Anwälte gewesen, von Heine bis heute. Bestechlich? Weil er seit 1836 bis zum Sturz des Bürgerkönigtums 4800 Franken als Jahrespension von Louis-Philippe bezog? Die Zuwendungen, die Goethe von seinem Arbeitgeber Karl August erhielt, waren unvergleichbar größer und legten ganz andere Verpflichtungen und Kompromisse auf: Hätte Goethe deswegen sich als Advokat in Frankfurt durchschlagen sollen? Wäre Heine vorstellbar als besoldeter Universitätslehrer in München, als Hofdichter gar oder auch nur als freier Journalist im Deutschland der Metternichzeit?

„Frankreich betrachtet mich großmütig als seinen Gast, ich darf hier glücklich und frei leben ... Ich sage sogar von Zeit zu Zeit dem König allerhand Wahrheiten, ohne daß er mir / darüber böse ist. Er kennt meine Gedichte, er weiß, was ich von ihm denke." Er wußte: Heine hat keine bedingungslose Passion für die Republik – schwärmt von ihr, fürchtet wie Feuer die puritanischen Republikaner. Wo in seinem Werk wird dieser Widerspruch je verschwiegen? Hegelsche Dialektik hat das Leben mit ihm durchexerziert bis auf die wundgescheuerten Knochen des Dandys von einst. Schärfe des Blicks, Mut zur Herausforderung, fataler Hang zur Anrempelei, Unverfrorenheit sind ihm geblieben bis zuletzt. Bei aller Streit- und Spielfreudigkeit aber ist Aufrichtigkeit gegenüber sich selbst die Grundsubstanz seines Wesens. Ihr Korrelat: Mitleid mit dem gequälten Menschentier.

*

Lust und Fluch des Goldes durchziehen das ganze Werk. Dreifacher Anruf in der berühmtesten seiner Romanzen: *Ihr goldnes Geschmeide blitzet, / Sie kämmt ihr goldenes Haar, / Sie kämmt es mit goldenem Kamme* ... Wagners Rheingoldmotiv ist vorweggenommen und ebenso das Thema des Goldes in Zolas Romanzyklus: der Nerv der neuen Zeit. Goldpracht schon bei Delacroix und den großen Historienmalern, die der Verfasser der „Pariser Salons" so bewunderte. 1831 über ein Gemälde von Delaroche, das den todkranken Richelieu auf seiner letzten Rhonefahrt darstellt: „Der Farbenglanz ist prächtig, ja blendend, und die Gestalten verschwimmen ganz im strahlenden Abendgold. Wie buntgeschmückt aber die Kähne auch sind, so schiffen sie doch hinab ins Schattenreich des Todes."

So auch Heines Fischer im Kahn, so sein Belsazar und der Napoleon der Grenadiere, so die Götter Griechenlands und erst recht die Figuren des „Romanzero" und der Gedichte aus dem Nachlaß: spanische Konquistadoren und Mexikos Gott Vitzliputzli, König Harold und Karl I., Firdusi, Don Juan, Ponce de Leon und nicht zuletzt der Pariser Lazarus selber im jahrelang verdunkelten Raum und neben ihm die „Mouche", Camilla Selden, die bis zum Tod bei ihm ausharrte wie Clemens Brentano bei der Seherin von Dülmen, ehe sie sich mit Taine liierte – einem großen Geisteswissenschaftler und prüden Bourgeois, der beizeiten für die Vernichtung aller Dokumente gesorgt hat. Als Deutschlehrerin an einer Mädchenschule in Rouen –

wie Mörike kurz zuvor in Stuttgart – trippelt zuletzt die alte Dame mit violettem Hütchen durch die Straßen der Flaubert-Stadt, im Kopf summen die Erinnerungen, Flaubert war nun auch tot – was wußte die Schuljugend schon von „Enri Ène", was wußte noch von ihm die kultivierte Sekretärin einer deutschen literarischen Gesellschaft, die 1964 unter Diktat sein letztes Gedichtbuch als Heines Roman *Zéro* orthographierte?
Ein Roman war es schon gewesen vom Habenichts und Tunichtgut, vom verschmähten Bewerber seiner Hamburger Kusinen, thronend auf dem Goldsack des Onkels Salomon. Eine schmale Rente war ihm zuteil geworden und von den Erben 1843 wieder strittig gemacht, bis er in der Matratzengruft, der königlichen Pension verlustig, um des leidigen Geldes und ganz einfach um der nackten Existenz willen, sei es auch nur die eines lebenden Leichnams, sich die Zunge herausreißen läßt, indem er seine Memoiren der famillionären Zensur unterwarf und sie damit preisgab. An die Stelle von Delacroix ist Daumier getreten, der die Raubvogelgesichter süffisant moralisierender Besitzbürger mit realistischem Griffel fixiert und sie zugleich phantastisch überhöht, wie Heine.

*

Als Schmachtlocke, Klumpfuß und Schmerbauch 1933 ihn von Staats wegen gedrosselt hatten, wanderte unter ihrem Räuberreich seine Stimme weiter, sammelte die Ausgestoßenen im Katakombenraum des schrillen und biegsamen, prophetischen Wortes: *Keine Messe wird man sagen, / Keinen Kadosch wird man singen, / Nichts gesagt und nichts gesungen / Wird an meinen Sterbetagen.* Den Vertriebenen am Seinestrand und an der Themse flüsterte in der Nacht die Stimme bittersüß zu: *Wo wird einst des Wandermüden / Letzte Ruhestätte sein?*, und auch in Rußland war sie mit auf dem Weg, als wiederum zu Hunderttausenden Grenadiere ins Elend wateten: *Es wehet der Wind, es fliehen die Wolken, / Es blinken die Sterne gleichgültig und kalt, / Und ein Narr wartet auf Antwort.*
Oben jedoch trieb unverhüllt, wenn auch umfrisiert, die Jungfrau auf dem Felsen ihr Wesen weiter, frech und frei

wie das durchzuckende Pikkoloflötenmotiv bei Richard Strauss, wenn Eulenspiegel den Töpfermarkt zu Scherben reitet.
Das ist Heines Spannweite. Kann man von ihm die strömende Fülle Goethes verlangen? Grelles und Fahles drängt sich immer wieder vor, die Welt ist aus den Fugen geraten, aber es *ist* Welt. Wo Hölderlin, Brentano, Mörike den Menschen in den Kosmos betten; macht Heine – buntscheckig, ungleich und dann doch wieder energisch raffend – jenen Riß in der Gesellschaft, mehr noch: in der Schöpfung sichtbar, dem zu gleicher Zeit im Straßburger und Züricher Exil Büchner mit bohrender Konzentration Gestalt gab. Zehn Jahre später pilgert Hebbel, dessen Weizen auch nicht in Deutschland gedieh, zum Bewunderer seiner Gedichte, seiner Judith: „Wir wechselten die geheimen Zeichen, an denen Ordensbrüder sich einander zu erkennen geben, aus und vertieften uns in die Mysterien der Kunst. Mit Heine kann man das Tiefste besprechen." Wagner, damals Emigrant, verdankt Heine nicht nur die stoffliche Anregung zum Holländer, Lohengrin, Tannhäuser, sondern auch die seelisch differenzierte Modulation des Themas: *Frau Venus, meine schöne Frau, / Von süßem Wein und Küssen / Ist meine Seele worden krank; / Ich schmachte nach Bitternissen*. Hans Mayer hat die kongeniale musikalische Transposition dieser zwiegesichtigen Stimmung in Wagners „Venusberg" vorbildlich analysiert, und Walter Höllerer mit ebensoviel Recht von Tristanvorklängen bei Heine gesprochen.
Zwei andere Musiker, nahe Freunde Heines, ein Pole, ein Ungar: Chopin und Liszt, gehören hierher. Der Hinweis auf sie ist so wenig Willkür wie der auf die großen Maler der Zeit und kennzeichnet die Sensibilität wie die Signatur einer ganzen Generation. Heines Lieder und Balladen nur am deutschen Volkslied und seiner Entwicklung bei Goethe und den Romantikern zu messen, verengt von vornherein die Perspektiven, statt die Pariser Salons und Barrikaden ins Blickfeld treten zu lassen: Bellini- und Donizetti-Arien, gesungen vor Balzac-Gestalten, und am Himmel die Wetterzeichen des Aufruhrs.
Daß die Warschauer Revolution auf Chopins Polonaisen und Balladen hinübergezündet hat und in traditionsspren-

gender Dynamik Klang geworden ist, weiß jeder Musikhistoriker. Er weiß auch, daß seine Mazurkas, vom polnischen Volkstanz ausgehend, „auf die geschminkten Visagen und falschen Nasen der gängigen Folklore“ (so Chopin) verzichten und durch gesteigertes Kunstbewußtsein und einen Formwillen, der an Bach geschult war, Neuland erobert haben. Im selben Licht wären die Kunstmittel Heines zu untersuchen: chromatische Durchgänge, alterierte Akkorde, Verschleierung der Tonalität – schon das Studium der Trochäen und ihrer Abstufungen im „Atta Troll“ lieferte Belege, von den ausgewogenen Kadenzen scheinbar liedhaft-einfacher Gebilde und ihrer raffiniert zyklischen Anordnung ganz zu schweigen.

Was die heute so gern verketzerten Feuilletons angeht, deren welthistorischen Blick noch Thomas Mann gefeiert hat, stehen sie schon vom Stoff her in gesellschaftbedingtem Gegensatz zu Goethes Stilverfahren. Statt mit der Natur und dem Einzelmenschen, war Heine mit einer bisher in Deutschland unbekannten Realität konfrontiert: der Großstadt und den Massen in Bewegung. Ein junger Interpret von Rang, Albrecht Betz, hat überzeugend nachgewiesen, wie er dieser komplizierten Empirie als Künstler begegnet, bei dem das Engagement in die Strukturierung und Komposition des Materials selber eingeht. Freilich teilt Heine gerade in der Prosa mit Liszt den Hang zur rhetorischen Geste, die Al-fresco-Manier, die donnernden Leerläufe der Oktavengänge, die reißerischen Tremolos. Soziologisch hängen diese Auswucherungen eng zusammen mit dem Aufkommen der publikumsverpflichteten Konzertvirtuosen und Weltstadtjournalisten. Karl Kraus hat darüber mit Hinsicht auf Heine gesagt, was einmal gesagt werden mußte, ist aber als neuer Börne und hartnäckiger Moralist dauernd übers Ziel hinausgeschossen. Im Abstand von 70 Jahren wird das noch deutlicher. Kraus bleibt ein Ereignis im deutschsprachigen Bereich; Heine wirkt weiter auf die Welt.

Daß politisch engagierte Dichter sich auf ihn berufen, liegt auf der Hand – von Tucholsky, Walter Mehring und wieviel anderen bis zu Brecht und den Jüngeren, darunter Hilde Domin in ihrer federnden Präzision und dem maskenabreißenden Willen zum Lied für eine bessere Welt. Aber auch die puren Artisten des Wortes, die sich auf die andere Seite der Barrikade verschlagen ließen, wie Ezra Pound, rühmen Heine als genial ursprünglichen Dichter und souveränen Könner. Gottfried Benn schrieb 1926: „Dieser heute noch und heut gerade so überwältigend aktuelle Jahrhundertkerl, dieser politische Visionär höchsten Ranges." 1933 waren Benns Visionen nicht von dieser Art, vergessen war der prophetische Schluß des „Wintermärchens", wo Hammonia den Deckel abhebt vom stinkenden Unrat der deutschen Zukunft. Heinesche Schärfe und Prägnanz finden sich aber schon in den Briefen der nächsten Jahre und erst recht in den ätzenden Schilderungen des Dritten Reichs – ein Turnreck im Garten und auf der Höhe Johannisfeuer, das ist der Vollgermane. Im zerbombten, abgeschnürten Berlin der Nachkriegszeit geht die Identifikation so weit, daß Benn von seinem schäbigen Zimmer als von seiner „Matratzengruft" aus schreibt und gewollt wie ungewollt seine neu einsetzende Dichtung der Thematik des „Romanzero" oft so nahebringt: weltgeschichtliche Aspekte abrupt komprimiert, fahle Pracht oben, Geisterzug über den Nachthimmel und das Solo des Verlöschenden – Vase, Urne und Krug. Literarische Beeinflussung? Etwas anderes kommt immer hinzu: die – berechtigte oder vermeintliche – Analogie der menschlichen Erfahrung. Selbst das linguistische Detail ist nicht nur von der Linguistik her erfaßbar. Mag sie stolz zu Roß gegen die Psychologie ansprengen: die seelischen Komponenten bleiben im Spiel.

Über den Vers „Die schwefelgelbe, die heiße süße Rose Diane vécue" schreibt Benn 1956 an Holthusen: „Das ist für mich eine zentrale Stelle (des Phänotyps), ich war damals, 1944, erschüttert als ich sie schrieb, als sie zu schreiben mir gelungen war, u. auch heute finde ich sie sublim". Schlagen wir Heines „Für die Mouche" auf: *Zu Häupten aber meiner Ruhestätte / Stand eine Blume, rätselhaft gestaltet, / Die Blätter schwefelgelb und violett, / Doch wilder Liebreiz in der Blume waltet.* Diana aber reitet im berühmten Notturno des „Atta Troll" unvergeßlich und von Benn ebenso unvergessen einher, starr wie Marmos ihre strengen edlen Züge. *Doch in ihrem schwarzen Auge, / Loderte ein grauenhaftes/Und unheimlich süßes Feuer, / seelenblendend und verzehrend.*

Heine im Organismus der Literatur als Keimzelle, um die neue Gebilde zusammenschießen.

Aus ganz anderen Sphären ein letztes Beispiel der Wirkungsweise, das nach Paris zurückführt. 1966 greift de Gaulle auf ein germanistisches Gutachten hin ohne weiteres in die Geheimschatulle, um die Heine-Handschriften-Sammlung von Schocken der französischen Nationalbibliothek zu sichern. Tambourmajor Legrand, alle Achtung, lockt nach 150 Jahren dem General im Handumdrehen eine Million aus der Tasche – grand poète rhénan, hôte dè la France, kein Pinscher.

Auf der Gegenseite: Lenins Bruder trägt bis zum bitteren Ende ein Exemplar seiner Gedichte bei sich; die DDR inthronisiert Heine als Staatsklassiker; die Linke der ganzen Welt feiert den Verfasser des „Weberliedes", des „Atta Troll", des „Wintermärchens", auch wo diese nicht immer koscher sind. Erzvater Marx war ja vorangegangen und zu Heine hinauf; nichts dröhnte unter weltgeschichtlichem Tritt: Ein Geächteter stieg zum Geächteten die harten Treppen der Emigration empor, um stundenlang mit ihm an einem Gedicht zu feilen und über Feinheiten des Versmaßes zu diskutieren, wie einst Schiller mit Goethe über Versmaße des klassischen Dramas. Zwei deutsche Juden in Paris – mitgeprägt von eben dieser Klassik und ganz allgemein bis in feinste Äderchen der Empfindungsweise und Denkart verpflichtet dem deutschen Geistesleben in seiner gewaltigen Mutation zwischen 1770 und 1830, ohne daß sie diese je außerhalb des europäischen Konnexes betrachtet hätten: Das Exil schärfte noch den Blick dafür und erlaubte ihnen andererseits, wesentliche Züge des deutschen Originalbeitrags andern Völkern überhaupt erst sichtbar zu machen, sie in den Gesamtkreislauf zu bringen, wie nach ihnen der Emigrant Nietzsche, ein glühender Bewunderer Heines. Und Marx berichtet seiner Tochter: „Er liebte den Dichter ebensosehr wie seine Werke und urteilte aufs nachsichtigste über seine politischen Schwächen. Dichter, erklärte er, seien sonderbare Käuze, die man ihre Wege wandeln lassen müsse. Man dürfe sie nicht mit dem Maßstabe gewöhnlicher oder selbst ungewöhnlicher Menschen messen."

Ein kühnes Wort, heute noch. Ein Wort im Geist Heines, für den die „Marmorgöttinnen Kunst, Eros, Freiheit" auf immer zusammengehörten. Ein Luftgebilde – illusionslos gab der Rückenmarksdarrende es zu und sog doch aus ihm die Kraft, die Lust weiterzuschreiben, wie Proust, bis ans Ende. Im Halbdunkel des stickigen Raums schrieb („durchsichtig zart", „abgemagert, elfenbeinern") die weiße Hand des Paralytikers, die weiße Hand des Asthmatikers, geführt von Kräften aus Märchenland, weiter an *ihres Liedes Riesenteppich / Alles blühend und lebendig, / Farbenglänzend, blühend, brennend, / Und wie himmlisch angestrahlt / Von dem heil'gen Lichte Irans, / Von dem göttlich reinen Urlicht, / Dessen letzter Feuertempel, / Trotz dem Koran und dem Mufti, / In des Dichters Herzen flammet*: – Scheherezade, im Angesicht des Todes, erzählt und überlebt im Erzählen.

Ludwig Tieck, ein Porträt

Tieck war von aufgeschlossener, lebhafter Wesensart, anmutig und voller Zweifel an sich, aufrichtig bei aller Wandelbarkeit, sehr kultiviert, wenn auch mehr in die Breite als in die Tiefe dringend, scharfsinnig und verschwärmt, seinen Stimmungen unterworfen und luzid. Bald litt er unter diesen Widersprüchen, bald spielte er sie gegeneinander aus; als Mann von Welt zu Umgang und Geselligkeit neigend, war er in anderen Stunden ein Melancholiker, ein Träumer, ein Einzelgänger. Seine vielschichtige Psychologie nimmt Aspekte der modernen Zerrissenheit vorweg, zugleich aber sucht Tieck dauernd das bedrohte Gleichgewicht wiederherzustellen. Sein dreißigbändiges Werk enthält unvergeßliche Partien; das weniger Vollkommene gewinnt Bedeutung dadurch, daß produktive Anreize von ihm auf die deutsche, ja die europäische Literatur ausgegangen sind.

1773 in Berlin geboren und 1853 dort gestorben, hat er nach 1802 viele Jahre auf dem Schloß seines adligen Freundes in Ziebingen verbracht; seit 1819 übte er die ehrenvolle und wenig verpflichtende Funktion eines Dramaturgen des Hoftheaters in Dresden aus. 1841 holte ihn Friedrich Wilhelm der IV. an den preußischen Hof zusammen mit Schelling, Rückert und anderen Größen einer verflossenen Zeit.

Die romantischen Salons waren der gegebene Ort für Tieck gewesen: In Berlin zunächst, wo gegen Ende des 18. Jahrhunderts ein paar junge protestantische Literaten und geistvolle, nicht eben hübsche Jüdinnen die Welt neu aufbauten, während Napoleon zur Eroberung Europas aufbrach; in Dresden, wo in der ruhigeren Epoche des Biedermeiers das Angenehme des Lebens noch nicht abhanden gekommen war und wo der kunstfreundliche Prinz Johann von Sachsen, ein glänzender Dante-Übersetzer, Dichter und Gelehrte um sich scharte.

Tieck liebte die Natur, aber er kannte sie wenig. Seine Schilderungen besitzen einen intensiven atmosphärischen

Zauber, vermitteln aber kein organisches Bild des Werdens. Als Student hatte der junge Städter hingerissen mit Wackenroder Harz und Fichtelgebirge entdeckt, und auch die reiche fränkische Kulturlandschaft war den beiden Berlinern eine Quelle von Offenbarungen gworden. Schon mit 30 Jahren aber wird Tieck durch einen schweren chronischen Gelenkrheumatismus an Zimmer und Lehnstuhl gefesselt; reisen kann er nur noch äußerst selten; seine Besuche gelten dann vorwiegend Theater und Bibliotheken.
Literatur war für ihn ein zweites Leben geworden. Er hatte eine herrliche Bibliothek zusammengetragen, deren Katalog heute noch Bewunderung erregt. In jähem Stimmungsumschlag, aus Überdruß, aber auch aus Geldsorgen bot er sie eines Tages zum Verkauf an, und da er leichten Sinnes war, verkaufte er sie gleich zweimal: an einen Grafen, mit dem er einen subtilen und ironischen Schriftwechsel über Spiritismus führte, und an einen Verleger, den er periodisch um Zusendung von Spargeln, Lerchen und Rheinwein bat.
Während eines halben Jahrhunderts war seine einzige physische Leistung das Vorlesen, das die Abende in seinem Dresdener Haus zum Sammelpunkt einer Elite machte und ihm später in Berlin, wo er manchmal als königlicher Vorleser fungierte, Ärger mit einem zerstreuten, ungeduldigen Hofpublikum eintrug: Er stellte große Anforderungen an die Zuhörer, die zwei bis drei Stunden fast ohne Pause ausharren mußten. „Nur Victor Hugo verfügt über ein ähnlich energisches Organ", bezeugt der Bildhauer David d'Angers. Die Auswahl der Stücke erfolgte ihrerseits nach einem strengen Qualitätsprinzip und umfaßte Werke von Calderon und Shakespeare wie von Kleist und Lenz; weniger oft waren die Klassiker der Antike vertreten. Eigene Stücke las Tieck kaum vor; eitel ist er nie gewesen.
Schauspielerei im schlechten Sinne fehlte den Lesungen dieses „größten Schauspielers, der je die Bühne nicht betreten", wie Brentano ihn nannte. Eine Mischung von Diskretion und souveräner Einsicht korrigierte jede Hingabe an das Pathos und verlieh seiner Diktion eine Natürlichkeit, innere Wahrheit, dichterische Frische, die ihm später her-

vorragende Essays über den mustergültigen Schauspieler eingab: Enthusiasmus verbindet sich bei ihm mit Ironie.
In einer Zeit, die vom Theater pompöse Effekte und komplizierte Maschinerien verlangte, stellte Tieck das Ideal einer kleinen Bühne abseits vom Getriebe auf. Ihre Devise sollte innige Durchdringung des Textes und intellektuelles Zusammenwirken der Schauspieler sein; keine Diva, keine Glanznummern, kein Opernspektakel; dafür eine von Musik und Farbe leicht durchwehte, einheitliche Atmosphäre: kein Max Reinhardt, ein Gaston Baty oder Jacques Copeau.
Für diesen Romantiker ergibt sich so ein Leitbild von Einfachheit, von anmutiger und ausgewogener Kunst, das auch seine Geschmacksrichtung kennzeichnet und dem reizempfänglichen, von Zersplitterung gefährdeten Naturell eine feste Skala der Werte bot.
Zusammen mit Wackenroder hat er Dürer und die altdeutschen Meister wieder entdeckt und ans Licht gehoben, ohne deswegen Raffael seinen Rang streitig zu machen: Nicht zufällig ist den „Herzensergießungen" ein Porträt des Italieners vorangestellt, neben dem nur Corregio eine fast ähnliche Vollkommenheit zugesprochen wird. In der Musik hielt Tieck sich an Pergolese und einige Meister des 18. Jahrhunderts; manches bei Mozart schien ihm schon zu gewagt, und fremd sind ihm sowohl Weber wie Mendelssohn und Wagner geblieben, die er alle drei persönlich gekannt hat. Beethoven war er 1807 in Wien begegnet: Er bewunderte seine ungestüme Schaffenskraft, fürchtete aber auch ihre Folgen für die Musik. Shakespeare galt ihm als der Größte unter den Dichtern, zu seinen Lieblingsstücken aber gehörten „Was ihr wollt", das „Wintermärchen", der „Sturm", wo die „milden, einfachen, menschlichen Züge des Dichters zutage treten", seine „gentleness", die in unseren Tagen René Berthelot dem „vergilischen Ideal der Renaissance" zurechnet. Für die Wiederanerkennung des „Nibelungenlieds", der Minnesänger und der alten deutschen Volksbücher hat Tieck sich mit poetischer Einfühlungskraft und weittragendem Erfolg eingesetzt, wollte aber auf keinen Fall das „Befreite Jerusalem" von Tasso und die „Lusiaden" von Camoëns dahinter zurücktreten lassen wie

auch neben dem plötzlich zu neuem Ruhm gelangten Calderon die „scharfsinnige und humane Kunst“ eines Cervantes nicht in den Hintergrund gedrängt werden durfte.
Das gleiche Bedürfnis nach Maß und Harmonie bekundet sich auch im persönlichen Leben Tiecks. Seine engsten Freunde, die ihn leidenschaftlich verehrten, weisen beinahe feminine Züge in ihrer Reinheit und ihrem Zartsinn auf: Wackenroder, Novalis, Solger und der unglückliche, ganz jung gestorbene Toll. Sanft, scheu und in ihrer Diskretion fast unscheinbar sind die Frauen, die Tieck geliebt hat: Amalie Reichard, Franziska Wiebeking, Henriette von Finckenstein. Zu den Sibyllen und Prophetinnen der Romantik hielt er Distanz, von Caroline und Dorothea Schlegel bis zu Bettina und Madame de Staël; ihr „vorlauter Intellektualismus“ reizte ihn zum Spott.
Tiecks Helden zeichnen sich oft durch ihre Sanftmut, eine gewisse poetische Gestimmtheit aus, die eine naive Schläue und Durchtriebenheit keineswegs ausschließt; andere bewahren selbst bei ihrem Absinken in Schuld und Verbrechen einen Grundzug von Pietät und Sehnsucht nach dem verlorenen Paradies. Die meisten verlassen das enge Heim, um in wunderbaren Abenteuern Liebe und Ruhm zu erstreiten, ohne deswegen das Vaterhaus zu vergessen, in das sie einmal als dankbare Söhne zurückkehren werden.
So finden sich bei Tieck die Elemente einer bukolischen Romantik, einer Welt, wo Dichtung durch ihre Notwendigkeit beruhigt, durch ihre Phantasie beschwichtigt und wo die harte Wirklichkeit durch ein Prisma anmutiger Farben hindurchschimmert: Ein mozartisches Universum, das man nicht ohne weiteres als klassisch oder romantisch bezeichnen kann, weil die Sorge um Ausgewogenheit mit der Lust am Spiel und an den Arabesken verbunden ist.
Dieses Element der Ausgeglichenheit wird aber dauernd in Frage gestellt durch ein anderes, nicht weniger starkes: launisches Ungenügen, panische Angst, Verzweiflung, die bis an den Rand des Nihilismus führen kann. In meiner französischen Monographie „Un poète romantique allemand: L. Tieck“ (Paris 1936, 516 Seiten) ist dieser Riß in seiner Persönlichkeit eingehend auf seine psycho-physischen Voraussetzungen untersucht worden und Tieck in

Anschluß an die Typenlehre von Ernst Kretschmer wie an die von C. G. Jung und Erich Jaensch charakterisiert worden. Als „Eidetiker“ besonders anfällig für widersprüchliche Eindrücke von draußen, besitzt er einen ausgesprochenen Sinn für Analogie und Synaesthesie, eine unersättliche Gier nach Neuem und eine Freude am Wechsel, die paradox mit traumhafter Passivität und Mangel an Willenskraft gekoppelt sind. Hier tritt die Psychoanalyse in ihre Rechte. Hemmungen, Zerrissenheit, Komplexe sind gefördert worden durch die Umgebung, in der Tieck aufwuchs und wo die verschüchterte Mutter ganz hinter dem resoluten, nicht ungebildeten Vater zurücktrat, einem Seilermeister, der auf seiner Stufe ein Repräsentant der Berliner Aufklärung in ihrer Zielstrebigkeit mit beschränktem Horizont war. Die straffe Erziehung in Haus und Schule hat bei dem aufgeweckten, erstaunlich frühreifen Knaben Phantasie und Gefühlsleben weitgehend verdrängt: ausschweifende wahllose Lektüre und Theaterbesuch boten einen gefährlichen Ersatz, schufen eine rauschhaft erlebte Scheinwelt, die periodisch in sich zusammenbrach, in Öde und Jammer endete. Gerade da wo die Aufklärer sich empfindsam gaben, war unbewußt der Verstand mit im Spiel und fälschte das Gefühl. Auch für Deutschland gelten die tiefdringenden Analysen, die André Monglond über den „Préromantisme français“ (Paris 1930) vorgelegt hat. Die seelische Erneuerung, die um 1750/60 einsetzt und allmählich alle Kreise erfaßt, war dreißig Jahre später artifiziell geworden; Gefühl wird zur Sentimentalität, zur unechten Rolle ausgetrockneter Herzen, zur Affektation von Räsonneuren.

Statt in offene Revolte gegen diese Lebensform zu treten, war es dem ambivalenten, willensschwachen Wesen Tiecks gemäß, sich ihr zunächst anzupassen. Er vermochte es dank seiner Wendigkeit und mimischen Gabe; die Mystifikation machte ihm obendrein Spaß, denn er liebte Maske und Spiel; anderseits war er sich selbst gegenüber ehrlich genug, keiner Selbsttäuschung zu verfallen; über so viel Anpassungs- und Wandlungsvermögen ergriff ihn existentielle Furcht, sein innerstes Selbst zu verlieren. Im Dienst von Nicolai war er als Aufklärer, im Dienst von Rambach als empfindsamer Schwärmer aufgetreten: der Vielschreiber

will zurück zu einfachem, unverstelltem Gefühl, zu unmittelbarem Anschluß an die Natur. Der Weg dazu ist einem so verstädterten Geist wie Tieck versagt; die Lebens- und Empfindungsweise eines Goethe kann nicht die seinige werden und noch weniger die eines Mörike oder Stifter. Er fühlt sich dem Chaos ausgeliefert. Zahlreiche Werke spiegeln diese Zerrüttung wieder; in der Jugend führte sie ihn zu halluzinatorischen Entfremdungszuständen und bis ins hohe Alter hinein löst sie immer wieder schwere Depressionen bei ihm aus, wahre Seelenlähmungen.
Stets aufs neue jedoch meistert er die Krisen, und dieser weitere Zug bei ihm verdient entschiedene Beachtung; durch einen spontanen Akt findet er nach dem Verlieren an Wesensfremdes und nach einer langen Durststrecke wieder den Zugang zu seiner wahren Persönlichkeit. Ein Grundgefühl des Dichters bleibt: „In der Jugend schon überkam mich oft eine große Angst über die Doppelnatur unserer Zustände, die Zweideutigkeit aller gegenwärtigen Verhältnisse." Diese Doppeldeutigkeit beschreiben zwei andere, in ihrer Widersprüchlichkeit komplementäre Selbstaussagen. Tieck fühlt sich gefährdet durch seine „schnelle Fühlbarkeit, sich in alle fremde Gedanken und Zustände nur zu leicht hineinzudenken, so daß mir oft auf Augenblicke und Stunden wie mein Selbst verdämmerte." Anderseits aber „kann es mich oft wahrhaft ängstigen, daß meine alten und ältesten Pläne im Fortgange meines Lebens so wenige Revolutionen erleiden, wie ich doch bei allen Dichtern sehe. Dies ist meine Individualität, die mich nur scheinbar in gewissen Jahren auf kurze Zeit verließ." F. Schlegel wie Solger gegenüber gesteht er, Gedanken, die ihm ganz neu seien, nur mit scheuem Mißtrauen aufzunehmen, alles müsse erst tiefe Wurzel fassen, alles „soll mir tiefe Vorurteile bestätigen, d. h. doch nur mit andern Worten, den Glauben und die unauslöschliche Liebe". Und zu Köpke äußert er am Schluß eines langen Lebens: „Man konnte mich in vielen Punkten für gefällig, nachgiebig, ja lenksam halten. Doch ging das nur bis zu einer gewissen Grenze; denn von jeher hat sich meine ganze Seele dagegen empört, wenn ich bemerkte, daß man darauf ausgehe, mich innerlich zu bestimmen und mein eigenstes Wesen zu be-

herrschen; das habe ich niemals gelitten." Der Koppelung von ungewöhnlicher Reizbereitschaft und hartnäckigem Beharren auf ein paar Grundgefühlen entsprechen in Tiecks Werk zwei Pole, die sich als „Partizipation" und „Mystifikation" definieren lassen: mit jener ist echte, volle Hingabe an ein Erlebnis gemeint; mit dieser eine limitierte Teilnahme, die der Lust an Nachahmung und der Gabe mimischer Brillanz entspringt. Übersieht man diesen fundamentalen Unterschied zwischen peripheren Äußerungen und solchen, die dem Wesenszentrum entstammen, erscheinen Tiecks Leben und Werk in einem schiefen Licht. Ein allumfassender Goethe ist er nicht gewesen und hat sich auch nie dafür gehalten; er war aber auch kein Nachahmer und Mitläufer wie Rudolf Haym ihn 1870 darstellt. Er ist sogar mehr als nur ein Formkünstler wie etwa Théophile Gautier im nachromantischen Frankreich dank der größeren Spannweite seines Gefühlslebens und der Unruhe seines Geistes, den religiöse und sittliche Fragen tief bewegten, auch wenn es nicht immer diesen Anschein hat. An Lamartine erinnert sein Sinn für Harmonie, sein Bedürfnis nach Abgeklärtheit, welche die heftig erregten Affekte besänftigt, aufwühlendem Pathos und nihilistischen Anwandlungen ein Ende setzt. Schon in seiner Jugend, wo diese jähen Ausbrüche sich gehäuft hatten, kritisierte Tieck die Anhänger Rousseaus und ihre Hingabe an die Leidenschaft wie er später die Anhänger Byrons in die Schranken wies. Er, der Romantiker, liebte Manzoni und nicht Alfieri, Mérimée und nicht Chateaubriand oder Victor Hugo, Ulrich Hegner und nicht Grabbe.

Der Literaturgeschichte ist seit mehr als 100 Jahren seine Romantik fragwürdig erschienen. Der Verfasser des „Sternbald" wurde zum brillanten Imitator abgestempelt, der sein Gefühl bei Wackenroder, seinen Geist bei den Schlegels ausgeliehen habe. Nach dem Tod des einen und der Entzweiung mit dem andern fiel die Maske: Der Rationalist trat hervor. Tieck hingegen behauptet, die Schlegels seien für ihn eher verwirrend als förderlich gewesen, und Goethe wie Schiller teilten diese Meinung. Die übliche Frage: In welchem Maß hat Tieck die Romantik verraten – zieht eine andere nach sich: In welchem Maß ist die Romantik seinem Wesen konform gewesen?

Als er 1797 mit den Brüdern Schlegel zusammentraf, kam er nicht mit leeren Händen. Diesen großen Theoretikern, die eben erst der klassischen Schulung entwachsen waren, offenbarte er literarische Werke, die sie und die ganze Epoche wenig oder gar nicht kannten: das altenglische und das spanische Theater, Cervantes, Jacob Böhme, das deutsche Mittelalter. Vor allem aber lieferte er ihnen Theaterstücke, Gedichte, einen Roman und Märchen, in denen die zarten blassen Träume von Wackenroders „Klosterbruder" Gestalt und leuchtende Farben annahmen. Gewiß erscheint er oft allzu wendig, wo sein Freund in scheuer, unberührter Kindlichkeit vor sich hin sinnt. Im Vergleich zu diesem gehemmten Dichter und verunglückten Musiker aber schöpft er mit kühnem Griff aus dem vollen. Die Sehnsucht nach dem verlorenen Paradies brannte auch ihm auf dem Herzen: Er hat ihr Form gegeben, hat sich mit kindlichem Empfinden an die Welt herangetastet oder mit ihr gespielt, wo die Aufklärer sie mit dem Verstand der Erwachsenen beurteilten und die Stürmer und Dränger sie mit der Leidenschaft der Jugend umwarben.

Abermals wäre die Typenlehre von Jaensch heranzuziehen, wo frappante Analogien in der Geisteshaltung der Primitiven, der Kinder und der eidetischen Naturen registriert sind. An die Stelle einer geschlossenen rationalen Weltanschauung treten Ahnungen und Visionen und die Gabe, sich mit den Dingen zu identifizieren, die ihrerseits nicht getrennt sind, sondern ineinanderfließen, dem Wunder untertan und nicht den mechanischen Gesetzen der Kausalität.

In den Märchen und in den Komödien ist Tieck bis heute ein Wegbereiter geblieben, ob er nun musikdurchklungene Traumlandschaften hinzaubert, sich in das Erschrecken vor elementaren Mächten hineinwühlt oder aber in unbefangener Heiterkeit die Welt auf den Kopf stellt. Der „Blonde Eckbert" und der „Tannenhäuser", „Der Pokal" und „Der Liebeszauber" weisen unmittelbar auf die Spukgestalten von Arnim und E. T. A. Hoffmann hin, aber auch auf Nodier und die französischen Romantiker, auf Thomas Lovell Beddoes, ja auf E. A. Poe, der Tieck sehr schätzte, auf den europäischen Symbolismus um die Jahrhundertwende und nicht zuletzt auf die Surrealisten, die bei Freud in die Schule gegangen sind. Der schalkhafte „Abraham Tonelli“ nimmt die feine Ironie der Märchen von Perrault und Musäus wieder auf und entzückte Andersen wie später noch Edmont Jaloux. Die gleiche witzige Laune, ein trokkener und graziöser Humor kommt zu reinstem Ausdruck in den Komödien. Der „Gestiefelte Kater“, „Prinz Zerbino“, „Die verkehrte Welt“ haben Brentano so gut wie Büchner und Platen beeinflußt und auf Pirandello wie auf Jules Supervielle vorbereitet.

Die anarchistische Umwertung der Werte im „Gestiefelten Kater“ und die fatalistische Resignation im „Blonden Eckbert“ sind ein Echo jenes Nihilismus, der dem ersten großen Werk Tiecks, seinem Roman „William Lovell“, die pathetischen, ja pathologischen Akzente verliehen und Aufklärung wie Schwärmerei des ausgehenden Jahrhunderts verurteilt hatte. Den Weg ins Freie wies das Märchen, wo gegenüber dem robusten Fortschrittsglauben und der schalen Empfindsamkeit Archetypen im Sinn C. G. Jungs wiederentdeckt wurden. Aber auch hier ist das Streben nach Maß am Werk: Die chthonischen Elemente sollten durch Rückkehr zu frommer Gläubigkeit geläutert werden. Als katholisierende Legende löste so „Genoveva“ den freisinnigen „Nathan“ ab; auf das dialektische Denkspiel folgte ein lyrisch-musikalisches Drama. „Sternbald“, ein Roman aus der Zeit Albrecht Dürers, ist seinerseits von Sehnsucht nach den patriarchalischen Lebensformen der alten Zeit erfüllt. Die Verherrlichung eines korporativ gegliederten und religionstreuen Mittelalters findet ihren Ausklang im „Kaiser Octavianus“, der sich mit allzu viel Ehrgeiz als Universaldrama anbietet. Die große romantische Schaffensperiode – 1796 bis 1804 – war zu Ende. Während Freunde und Zeitgenossen des Dichters seine Anregungen verarbeiteten, war Tieck auf Jahre hinaus in eine schwere körperliche und seelische Krise geraten. Sein dichterisches Ingenium schien versiegt; die schöpferische Kraft äußerte sich in der Herausgabe und Kommentierung spanischer, elisabethanischer, altdeutscher Texte, die von erstaunlicher Belesenheit, Einfühlungsvermögen und Spürsinn zeugen.

Gegen 1820 setzt eine neue Schaffensperiode ein. Sie grenzt sich von der romantischen ähnlich ab wie die Weimarer Kunstperiode Goethes von seiner Sturm-und-Drang-Zeit. Allerdings hatte die Romantik von Berlin und Jena im Gegensatz zum Sturm und Drang nicht das Vorrecht von Gefühl und Instinkt postuliert, sondern die Einheit von Enthusiasmus und Ironie – eine Synthese, die letzten Endes bis zu Nietzsche hin führt. Wie sich aber dessen vielschichtige Philosophie für das Publikum alsbald auf den Willen zur Macht und den Übermenschen reduzierte, so schon vorher die Romantik auf Traum und Phantasie, Hingabe an die Nachtseiten des Lebens, Rückkehr zum Mittelalter. Romantik hatte aufgehört, das Ideal eines erlesenen Zirkels von Intellektuellen zu sein, die – wie Dorothea Schlegel 1799 schrieb – sich nicht immer selbst verstanden und erst recht nicht gegenseitig. Romantik war eine breite Bettelsuppe für die Masse geworden, deren Patriotismus Napoleon entflammt und deren politischen Willen Metternich geknebelt hatte. Die Ritterromane Fouqués, die Gespenstergeschichten von Contessa und Weisflog, die grellen Dramen von Zacharias Werner und Müllner, die Klingverse zahlloser Epigonen überschwemmten den Markt, erfüllten die Almanache und sprachen in ihrer bunten Plakatierung auch den Philister an, der sich jetzt kleine romantische Exkurse als Seelenhygiene erlaubte wie einst die Aufklärer eine Prise Empfindsamkeit.
Wäre Tieck nur ein „Virtuose" gewesen, hätte er mit Leichtigkeit die Führung dieser Gruppe übernehmen und einen weiteren „Sternbald", eine „Genoveva", einen „Octavianus" anbrinen können. Sein Hauptbestreben zielte in die entgegengesetzte Richtung: es hieß Demaskierung des pseudo-poetischen Aufputzes. Dies um so mehr als er selbst am Mißverständnis nicht ganz unschuldig gewesen war. Hatte er sich nicht bisweilen von der Partizipation zur Mystifikation verleiten lassen, hatte er den authentischen Eckbert-Ton in seiner Reinheit immer beibehalten, hatte er ihn nicht vielmehr in peripheren Werken verdünnt und entstellt? Seine Selbstdisziplin stimmt mit derjenigen der Klassiker überein, die nach ihrer stürmischen Jugend sich wie Goethe enger an die Natur und die Antike anschlossen

oder wie Schiller an die Geschichte und die Philosophie. Der Mittelsmann für Tieck wurde Solger, bei dem sein philosophisches Suchen einen Halt fand. Das System dieses zeremoniellen, arglosen, tiefsinnigen, disziplinierten und beunruhigten Denkers hat der französische Germanist Maurice Boucher 1934 eingehend untersucht. Solgers Philosophie läuft auf die Konfrontation zweier widersprüchlicher Grundempfindungen hinaus, die er mit der gleichen Intensität verspürte: die Realität des Nichts, die generelle Relativität aller Dinge und die diffuse, aber authentische Präsenz eines unnennbaren Göttlichen, das die wahre Realität darstellt. Die spekulativen Systeme eines Kant, Fichte, Schelling, Schleiermacher waren Tieck fremd geblieben; in der Mystik eines Jacob Böhme drohte er sich zu verlieren und ließ von ihr ab. Bei Solger fand er ein weitausschwingendes und doch auf *einen* Ton abgestimmtes Denken, das immer aufs neue ein Problem umkreist, mit dem Tieck aufs engste vertraut war: die Existenz eines Überwirklichen, das sich aber nur in seltenen Stunden offenbart und dessen Erleben einer fortschreitenden Abnutzung, einem Verschleiß im Alltag anheimfällt. Die Thematik der „Partizipation“ und „Mystifikation“ wird in diesem Hin und Her gedanklich unterbaut. Die Aufklärer hatten die Mystik aus der Literatur verbannt; Wackenroder hatte Kunst und Mystik zusammenfließen lassen, ohne feinere Unterschiede zu machen: Solger legt eine reichgegliederte Philosophie der Koexistenz vor.

Auf die neue Lehre gestützt, hat Tieck jetzt die Gewißheit, im Gegensatz zur übersteigerten Romantik F. Schlegels oder Brentanos ein Wortführer der wahren universellen Romantik zu sein, die Shakespeare und Calderon so gut wie Gottfried von Straßburg, Ariost und Cervantes einbegreift. Der neudeutschen Malerei der Nazarener, die sich auf seinen „Sternbald“ berief, stand er hingegen ebenso kritisch gegenüber wie den zahlreichen Konvertiten, die sich auf seine „Genoveva“ bezogen. Der ehemalige Wiederentdecker des Mittelalters, dessen Porträt noch 1934 in einem Sammelband „Walhalla“ figurierte, schreibt resigniert an Solger (1. 9. 1815): „Irgend etwas ist immer in Deutschland an der Tagesordnung, das leere Form, geistlose Mode und übertriebene Einseitigkeit wird ... Bei meiner Lust am Neuen, Seltsamen, Tiefsinnigen, Mystischen und allem Wunderlichen lag auch stets in meiner Seele eine Lust am Zweifel und der kühlen Gewöhnlichkeit und ein Ekel meines Herzens mich freiwillig berauschen zu lassen, der mich immer von allen diesen Fieberkrankheiten zurückgehalten hat."

Durch diesen ausgesprochenen Liberalismus unterscheidet sich Tieck von den meisten Romantikern, die ihn ihrerseits des Abfalls bezichtigten. Schien nicht das doktrinäre Programm Friedrich Schlegels, der aus einem Libertin ein Apologet Roms und aus einem Kosmopoliten ein Patriot geworden war, gerade durch seine Vehemenz und Paradoxie dem Begriff „Romantik" besser zu entsprechen? Man muß zugeben, daß Tieck die düstere Entschlossenheit fehlte, die dem Verfasser der „Lucinde" und der „Philosophie des Lebens" oft blitzartig tiefe Eindrücke in sehr komplexe kulturphilosophische Zusammenhänge gab. Sein beweglicher Geist stellte weniger schroffe Ansprüche, aber seine Ansichten sind darum nicht weniger berechtigt und klug, seine Denk- und Lebensart verzichtet auf die imperiale Haltung, welche bei Schlegel mit bohrenden Meditationen einhergeht. Durch eine graziöse Geste, gezielten Spott oder simplen Menschenverstand traf Tieck oft genug die wunden Stellen in der Heilslehre des einstigen Freundes.

Dem Ethos F. Schlegels entsprach es, daß er mit der gleichen Inbrunst von einem Extrem ins andere geriet und sich daran hielt. Tiecks innerer Rhythmus war anderer Art und neigte zur Verschmelzung der Gegensätze. Als einer der ersten in Deutschland hat er die Größe Kleists erkannt, aber auch Immermann gefördert; er hat Lenz vor dem Vergessen gerettet, aber auch die Anfänge Gustav Freytags begrüßt. In seinen rund 40 Novellen hat er zwischen 1820 und 1840 Modelle einer Kunstform geschaffen, worin weder die Wirklichkeit noch das Wunder geopfert werden: beide durchdringen einander. Dem Zyklus geht zwar der funkelnde Zauber der romantischen Periode ab, dafür sind aber die Probleme tiefer erfaßt. „Der Aufruhr in den Cevennen", „Der Hexensabbat", „Der Schutzgeist" wirken farbloser als die „Genoveva", bezeugen aber eine ganz andere

Kenntnis des menschlichen Herzens in seiner Auseinandersetzung mit der Religion. Dasselbe gilt vom „Dichterleben" und vom „Tod des Dichters" im Verhältnis zum „Sternbald" und den Problemen des künstlerischen Schaffens. Im letzten großen Werk, „Vittoria Accorombona", vollzieht sich der Einbruch des erhebenden Wunders und des vernichtenden Grauens in den Alltag mit derselben Meisterschaft wie im „Blaubart" oder im „Runenberg", wenn auch diesmal im Rahmen eines historischen Romans. Die fast gleichzeitig entstandene, reizende Erzählung „Des Lebens Überfluß" übernimmt auf neuer Stufe den Humor der romantischen Komödien. Wie immer bei Tieck gleitet in gewissen Novellen die Partizipation unversehens in Mystifikation ab, wird billige Satire in der „Vogelscheuche" und der „Waldeinsamkeit" oder Trivialromantik in der „Klausenburg" und im „Pietro von Abano".
Aufs Ganze gesehen, sind von den Dresdener Novellen zahlreiche produktive Anregungen ausgegangen. Gottfried Keller und Stifter, Heyse und Storm, C. F. Meyer und Fontane bleiben ihnen in unterschiedlichem Grad verpflichtet so wie Heine und Richard Wagner es den Werken der romantischen Periode sind.
Tieck zählt nicht zu den elementaren Schöpfernaturen. Er gehört unter die Geister zweiten Ranges, die Neuland entdeckten, ohne den Zusammenhang mit der Tradition zu verlieren, und deren Funktion gerade in Deutschland hoch einzuschätzen ist, insofern sie Romantik und Humanismus verbinden. Immer noch leuchtet in Tiecks Märchen die Romantik mit betörendem Glanz und schon lebt in den Novellen der wache, sensibel moderne, auf Ausgleich bedachte Geist von Thomas Mann.

Leitbilder der deutschen Kultur

Robert Minder: Ich wurde zu einer Zeit geboren, im Jahre 1902, als sich das Elsaß im Mittelpunkt einer Katastrophenzone befand. Zu Millionen töteten sich seit 1870 die beiden Völker gegenseitig, die doch dazu geschaffen sind, sich zu ergänzen, sich gegenseitig zu unterstützen; und in zwei aufeinanderfolgenden Kriegen, 1914 und dann 1933, ist es ihnen schließlich gelungen, den Fall Europas zu beschleunigen. Für die Franzosen veranschaulichte sich das 1870 verlorene Elsaß in einem ebenso berühmten wie seichten Genrebild: Rouget de Lisle, wie er im Schatten der Kathedrale die Marseillaise mit ihren bombastischen und bluttriefenden Worten singt. Ein einziges Lied nur war diesem schwachen Musikerhirn entsprungen, in einem fiebrigen und phantastischen Sommernachtstraum. Appell, Widerhall, musikalische Reminiszenzen gingen ineinander über und verschmolzen plötzlich zur Bronzestatue einer erwachenden Epoche, die die Welt erschütterte – der Epoche der Französischen Revolution.

Für die Deutschen war das Elsaß etwas anderes und ist es vielleicht für einige von denen auch geblieben, deren Autos es täglich in dichtem Strom überfluten. In ihrer Sicht steht die Kathedrale noch im Mittelpunkt, die vom jungen Goethe hochgepriesene, der hier entdeckte, was weder Voltaire und nicht einmal Rousseau während ihres Aufenthaltes in diesem Land zu sehen vermochten: nämlich die Gotik, die gotische Kunst, die in diesem Moment, und nur in diesem, von Goethe als eine urdeutsche betrachtet wurde, die aber, wie heute jeder weiß, eine in der Ile de France entstandene Kunst ist. Ich habe mich bereits darüber entrüstet, den im Geiste des 18. Jahrhunderts kosmopolitisch geprägten Goethe mit seiner Ehrfurcht vor der Antike, diesen Goethe, der zu keinem Zeitpunkt seines Lebens die Rückkehr des Elsaß zu seinem Land gefordert hat, wie manch andere es schon 1813 getan haben, zu einem Garanten des neuen militärischen Kaiserreiches gemacht zu sehen. Und wir lachen nur, wenn wir erleben, wie die Umarmungen des wankelmütigen Studenten mit Friederike Brion nachträglich und symbolisch zum Verlobungskuß von Germanien mit einem Elsaß gemacht werden, das errötend und verzaubert in den Armen eines erlösenden Märchenprinzen erwacht. Ein prekäres Symbol, das Goethe selbst stören würde, der sich seiner Schuld gegenüber Friederike Brion wohl bewußt war, und eine Bewertung, die die alte Frau von Sesenheim erstaunt hätte, die um 1820 einem Befrager antwortete: „Aber ja, ich habe diesen jungen Deutschen gekannt. Er hat der Tochter des Pastors den Hof gemacht, und eines schönen Tages ist er verschwunden, und seither hat niemand mehr von ihm gehört." Man kann sich vorstellen, wie diese vollkommen falsche Vorstellung von einem Goethe, der sich im Elsaß seines Deutschtums wieder bewußt wurde, den Geist der deutschen Intellektuellen unter der Herrschaft der Hohenzollern getrübt hat.

Lionel Richard: Könnten Sie uns hierzu genaue Beispiele nennen?

Robert Minder: Nun, ich sage Ihnen: In Frankreich verhielt es sich ähnlich. Auch das Bild, das sich die Franzosen nach 1870 vom Elsaß gemacht hatten, war mit Affekten belastet. Hier handelt es sich nicht um eine den Händen ihrer Entführer entrissene und ihrem alten Lehnsherrn wieder zugeführte Verlobte, sondern um ein unter despotisches Joch gebeugtes Mädchen, das dem Vaterland hilfeflehend die Arme entgegenreckt – ein Motiv, das in unzähligen Gestaltungen Verbreitung fand, in Farblithografien, Bronzen oder Gipsfiguren auf Konsolen, auf Kaminen. Mit dem Denkmal auf der Place de la Concorde wurde es durch die Züge einer weinenden Frau verherrlicht und grub sich damit als unauslöschliches Bild in Herz und Gedächtnis. Und mittels solcher heroischen Opernposituren hat man auf beiden Seiten versucht, das gegenseitige Gemetzel von 1914–18, die Gräber, die sich auf den Höhen der Vogesen erstrecken, moralisch umzudeuten und zu rechtfertigen.

Lionel Richard: All das hatte also einen Einfluß auf das deutsche wie auch auf das französische historische Bewußtsein?

Robert Minder: Ja, in beiden Fällen, und in beiden Fällen kann man nicht sagen, daß die Geschichtslehrer die größte Verantwortung getragen hätten. Überhaupt nicht. Lange bevor der Lehrer das Wort ergriff, hatte das Kind schon ein gewisses Geschichtsbild, sicherlich war dies ein sehr diffuses, aber in den Tiefen seines Geistes und seiner Seele fest verankertes Bild, und dies seit seiner frühesten Bildung, vermittels der familiären und der lokalen Traditionen, die es für das ganze Leben durch Wertsymbole prägten. Nie wird man die wahrhaft anstoßgebende Funktion von Objekten des täglichen Lebens genug unterstreichen können, aus denen das Kind seine Gefühlskräfte herleitet und die der erwachsene, durch die Zeit geläuterte Mensch in sich wiederfindet. Man kennt das Zitat von Hölderlin: „Was bleibet aber, stiften die Dichter." Ja, aber es beginnt auf der untersten Stufe, mit den Lieferanten von dekorativen Krimskrams, mit den Reklamespezialisten, die das Publikum mit Postkarten, Briefmarken, Medaillen versorgen, mit Plakaten der Eisenbahn und kommerziellen Prospekten. Um zu illustrieren, wie das gleiche Objekt einen unterschiedlichen emotionalen Wert erhalten kann, je nachdem, welche Nation es in Betracht zieht, führte ich schon das Beispiel des Straßburger Münsters an.

Lionel Richard: Kehren wir zu Ihrer eigenen Erfahrung zurück. Sie war doch recht paradox, denn Sie hatten das ganze französische Erbe hinter sich – und verbrachten Ihre Kindheit doch in einem Milieu, das Ihnen als deutsches vorgegeben war.

Robert Minder: Ja, diese Koexistenz gab es. Es gab auch eine gewisse Kluft, einmal war sie tiefer, ein anderes Mal weniger tief, und in meiner Generation wurde sie natürlich etwas tiefer als zuvor. Die Deutschen haben manchmal behauptet, hätte man das Elsaß an das Großherzogtum Baden oder an das Königreich Bayern oder an das Königreich Württemberg angeschlossen, wäre die Assimilation leichter gewesen. Aber es ist erlaubt, sehr stark daran zu zweifeln. Viele, viele Fürsten stritten sich um das neu eroberte Land, und schließlich entschied der König von Preußen, der zum Kaiser eines durch Bismarck endlich vereinigten Reiches geworden war, und steckte es ein. Zunächst grollte man den Verwaltungen, dann mußte man sich doch etwas anpassen. Aber immer mit Distanz.

Die Bibliothek von Straßburg und ihre Schätze hatten während der Bombardierung der Deutschen im September 1870 gebrannt. Aber sofort, schon einige Jahre später, flossen aus ganz Deutschland beträchtliche öffentliche und auch private Spenden. Die Universität ihrerseits war eine der glänzendsten Deutschlands und Europas. Aber ein Elsässer konnte keinen Anspruch erheben, dort Professor zu werden, bevor er nicht jahrelang an einer Universität innerhalb Deutschlands unterrichtet hatte. Das Elsässer Bürgertum, das sich nicht sehr für das Geistige interessierte, hielt sich abseits. Hingegen besuchte es die Konzerte, das Theater, die Oper, die alle ein bemerkenswertes Niveau hatten. 1921 bestand ich die Auswahlprüfung für die Aufnahme in die Ecole Normale Supérieure. Aber davon werde ich später erzählen. Zuerst werde ich Ihnen mit einigen Worten etwas über meine Beziehungen zu den deutschen Schulkameraden in jener Zeit sagen, als das Elsaß sich unter der Herrschaft von Wilhelm II. befand. Nach diesen wurde ich 1912 von einem ehemaligen oppositionellen Abgeordneten, Monsieur Preiss aus Colmar, gefragt. „Wie, du redest mit ihnen und schämst dich nicht?" war seine entrüstete Antwort. Sicher, ich sprach mit ihnen, aber ich lud sie nicht nach Hause ein. Vielleicht hatte das auch mit den knappen Lebensmitteln der Jahre 1914–18 zu tun, ich weiß es nicht, aber jedenfalls ist keiner von ihnen zu uns ins Haus gekommen. Was die Lehrer betrifft, so erinnere ich mich an die Gefühlsaufwallung, ja Bestürzung, die durch meine Antwort auf eine von der „Union pour la Verité" gestellten Frage hervorgerufen wurde. Diese Frage betraf die deutschen Lehrer, und ich antwortete: „Barbaren waren es nicht."

Seit wir uns 1909 in Straßburg niedergelassen hatten, besuchte ich das berühmte humanistische Gymnasium dieser Stadt, eine protestantische Schule. Das Niveau der Studienräte hatte sicherlich durch den Krieg gelitten. Die Lehrer im besten Alter befanden sich im allgemeinen an der Front. Aber von den fünfzehn oder achtzehn Lehrern, die ich kennengelernt habe, waren nur zwei verabscheuungswürdig, und einer der beiden war ein Elsässer, der Zeichenlehrer. Die Geradheit der meisten anderen, ihre Kompetenz, ihr Gerechtigkeitssinn, beeindruckten mich. Dem Deutschlehrer der vorletzten Klasse spielte ich ganz schön mit: Es war ein jovialer Hitzkopf, zu sehr dem Pathos zugeneigt: Er litt darunter, daß er auf Grund seines Asthmas für dienstuntauglich erklärt worden war und erging sich in einem um so rasenderem Patriotismus, wenn er die Aufsatzthemen stellte, zum Beispiel: „In einem Dorfgasthaus wird der Kriegsbericht gelesen", oder „Wilhelm II. hält eine Ansprache im Schützengraben". Die Schulkameraden zitterten vor Angst, den Kaiser sprechen lassen zu müssen, aber ich dachte wie der Großvater, das ist ein Hampelmann, und schrieb ihm ausgefallene Reden zu, und je weiter ich ging, um so mehr Erfolg hatte ich. Das war die Rache des Soldaten Schwejk.

Lionel Richard: Mit der Darstellung der Macht im Innern der deutschen Kultur haben Sie sich beharrlich auseinandergesetzt. Und Sie haben vor allem die Rolle des Protestantismus für den Gehorsam gegenüber der Obrigkeit untersucht. Eine Ihrer Studien behandelt gezielt die Bedeutung des lutherischen Pfarrhauses in der deutschen Kultur.

Robert Minder: Michelet hat schon mit Nachdruck und Bewunderung darauf hingewiesen. Das lag an der ganz besonderen Situation in Deutschland, wo der Pastor das Bindeglied zwischen Fürst und Volk darstellte. Der Fürst war zugleich Bischof. Wilhelm II. zum Beispiel konnte während seiner Kreuzfahrten in der Nordsee predigen, oder als er nach Korfu fuhr, hielt er Predigten ab. Stellen Sie sich Félix Faure predigend vor! Aber in Deutschland hatten die Fürsten, auch die kleinen, den geistlichen Rang von Bischöfen. Genau das war Luthers großer Irrtum. Er war nur der Mönch, der seine Lehre bewahren will und sich gegen die Bauern stellt, die sich zu Recht aufgelehnt hatten. Er verfluchte sie und sagte: Man muß der Obrigkeit gehorchen. Aber die Obrigkeit war der Fürst; weil der Papst es nicht mehr war, brauchte man eben den Fürsten. Da Deutschland keinen Kaiser hatte, denn Barbarossa schlief, sind die Landesfürsten zu geistlichen Gebietern geworden. Und als

Bindeglied zwischen Volk und Fürst, hatte der Pastor in gewisser Weise eine Sonderstellung.
Lionel Richard: Schon Band 1 von „Allemagnes et Allemands“ läßt eine gewisse Einstellung zu Deutschland und der deutschen Kultur erkennen. Ich hätte es gern, wenn Sie Ihren Standpunkt dazu entwickelten. Welches Ziel hatten Sie, als Sie dieses Werk schrieben? Man hat es Ihnen ein wenig vorgeworfen, den Titel so formuliert zu haben, als ob Sie davon ausgingen, daß es mehrere Deutschlands gäbe.
Robert Minder: Es gibt immer noch mehrere Deutschlands. Der Zentralismus à la française hat in Deutschland nie existiert: Bayern ist Bayern geblieben, Sie sehen es gut an F. J. Strauß, wie sehr er Bayern verherrlicht, und außerdem haben die Länder eine unendlich größere Freiheit, eine Entscheidungsfreiheit, die in Frankreich unbekannt ist und von Bretonen, Auvergnaten, Provenzalen und Elsässern gefordert wird, in Deutschland aber vollkommen selbstverständlich ist. Das ist eine ganz unterschiedliche Entwicklung zu Frankreich, welches seit Louis XIV. ein sehr homogenes und zentralisiertes Land ist und besonders seit Napoleon I.
Lionel Richard: Wurde Ihre Erfahrung mit der deutschen Kultur nicht zunächst durch das geprägt, was aus dem Bismarck-Reich kam?
Robert Minder: Bismarck verstand genaugenommen nichts von Kunst und Musik, im Gegensatz übrigens zu Napoleon III., der in dieser Hinsicht viel empfänglicher war und der Wagner bevollmächtigte, „Tannhäuser“ aufzuführen. Die Franzosen haben Wagner sehr gut verstanden. Baudelaire zum Beispiel ist der erste, der einen sehr tiefsinnigen Artikel über diesen Musiker geschrieben hat. Die ganze französische Poesie des Symbolismus ist von Wagner durchdrungen. Doch der Schmied, der Schmied des Reiches, war Bismarck, der sich wirtschaftlich auf Kohle und Eisen stützte. Das ist kongruent mit der Idee des Schmieds bei Wagner. Aber durch die Umformung dieses Bildes in ein allgemeines Leitmotiv (das die Nationalsozialisten auf ganz Europa anwenden wollten) hat sich der Inhalt erschöpft, das Bild ist in sich zusammengefallen. Heute sehen Sie Pierre Boulez und Patrice Chereau ein

anderes Moment Wagners wieder beleben, das Moment Bakunin: Wagner wurde zur Zeit der Revolution von 1848 durch ihn beeinflußt, und jetzt entdeckt man das. Sie sehen, die Meisterwerke haben etwas Universelles, ein Aspekt verflüchtigt sich oder gerät manchmal vollkommen in Vergessenheit und taucht dann plötzlich in anderer Form wieder auf.
Lionel Richard: Diese Leitmotive haben Sie zum Teil in einem heute vergessenen Aufsatz behandelt, in „Mythen und Aggressionskomplexe in Deutschland", einem Aufsatz, den Sie in der Zeit von „Allemagnes et Allemands" (1948) in der Zeitschrift „Psyché" veröffentlichten. Sie untersuchten einige dieser Leitbilder, indem Sie die Mythen betrachteten, die im deutschen Bewußtsein fortbestehen, namentlich den Mythos von Siegfried und im Zusammenhang damit den Germanen-Mythos; Sie sprechen auch von Friedrich Barbarossa, dieser Legende ...
Robert Minder: Barbarossa war zu Goethes und Schillers Zeiten vollkommen unbekannt. Die Klassiker wußten nicht, wer Barbarossa war, Goethe kannte kaum das Nibelungenlied, das in der Zwischenzeit zum Nationalepos *par excellence* der Deutschen wurde. Wilhelm I., Kaiser des endlich vereinigten, zumindest formal vereinigten Deutschlands, wurde mit Barbarossa verglichen, der nach der Legende nicht während eines Kreuzzugs nach Palästina ertrunken ist, sondern in einem deutschen Berg schläft, sein Bart wächst, umwuchert den Tisch, und die Raben müssen ihm eines Tages ankündigen, daß das Dritte Reich gekommen ist. Sie sehen, mit welchem Bild Hitler gespielt hat, indem er schon existierende alte Mythen wieder aufwertete. Und an diese Mythen konnte angeknüpft werden, weil 1871 wirklich ein neues Reich entstanden war, und Hitler hat dieses Thema aufgenommen und in seiner Weise weiterentwickelt.
Lionel Richard: Sie erklären mit Recht, daß diese Mythen als Phänomene der Überkompensation nach einer Niederlage neu belebt werden.
Wenn ich auf diesen Aufsatz zurückkomme, ist es wegen Ihrer bemerkenswerten Verbindung zur Psychoanalyse. Sie sind einer der ersten gewesen, der versuchte, die deut-

schen kulturellen Phänomene mit Hilfe psychoanalytischer Erklärungen zu analysieren.
Robert Minder: Unter gleichzeitiger Beachtung von ökonomischen Gegebenheiten und psychoanalytischen Befunden, da die Bilder, von denen ich hier spreche und die die Sensibilität eines Volkes berühren, eine antreibende Rolle spielen. Beides greift ineinander, eine gegebene wirtschaftliche oder politische Situation und die Rolle, die die Bilder spielen, von denen die Masse geleitet wird.
Lionel Richard: Und Sie sprechen mit Recht von diesem aggressiven Instinkt, der sich bei den Deutschen entwikkeln konnte.
Robert Minder: ... der sich zu jener Zeit entwickeln konnte und der sich seit 1945 umwandelte in den Willen, wieder eine Wirtschaftsmacht zu werden. Die Deutschen haben sehr wohl gesehen, daß heute ein europäischer Krieg zu nichts führen würde: Man kann sich nicht recht vorstellen, daß heute Deutschland Frankreich den Krieg erklärt oder umgekehrt, da gibt es einen vollkommenen Bruch im Gleichgewicht der Welt, heute sind die entscheidenden Einflüsse ganz andere.
Lionel Richard: Eine der literarischen Erinnerungen, die die tiefsten Spuren bei Ihnen hinterlassen hat, ist Ihr Studium von Goethes Iphigenie im Jahre 1917/18.
Robert Minder: Es ist ein Problem, das mich sehr beschäftigte, denn es betrifft unmittelbar das menschliche Opfer. Diese Iphigenie sollte ursprünglich „Iphigenie in Aulis“ werden, als ihr Bruder Orest ankommt und alles nicht mit dem Opfer, sondern mit der Versöhnung endet; sehen Sie, diese Idee der Versöhnung ging mir nicht aus dem Sinn.
Lionel Richard: Sie übertrugen Ihre eigenen Probleme ...
Robert Minder: Ich übertrug die Probleme der Zeit, das heißt eines vollkommen absurden Konflikts zwischen Deutschland und Frankreich.

Aus dem Französischen von Ulla Biesenkamp

Nachwort

Robert Minder, lange Jahre der Erste unter Frankreichs Germanisten und ein deutschsprachiger Schriftsteller von seltener Luzidität, wäre in diesem Jahr neunzig geworden. Grund genug, mit einer Sammlung von Essays seiner zu gedenken. Sie hätte ihn wohl erfreut. Doch wichtig, so dürfen wir annehmen, wäre ihm vor allem gewesen, mit einer Reihe seiner Arbeiten in einer Situation präsent zu sein, in der inmitten einer dramatischen Veränderung der Welt viele Gewißheiten verlorengehen und im Sog eines um sich greifenden Zweifels auch Erkenntnisse und Leistungen verworfen werden, an denen festzuhalten ihm gelegen war. Minder wußte nur zu gut, daß die Geschichte der europäischen Aufklärung nicht eine ununterbrochene Folge glanzvoller Höhepunkte in Philosophie und Literatur, in Kunst und Naturwissenschaften gewesen ist, daß diese große emanzipatorische Anstrengung gerade in unserem Jahrhundert schreckliche Rückschläge erlitt und daß die begangenen Verbrechen an der Menschheit und an der Natur durchaus Zweifel nähren, es stehe nicht gut um das in drei Jahrhunderten Erreichte. Aber gerade weil seine Erfahrungen mit deutscher und französischer Aufklärung die gegenläufigen Tendenzen einschlossen und sie explizit tiefgründiger Analyse unterwarfen, lesen sich seine Essays als Verteidigungen aufklärerischer Positionen, die heute nur zu oft als Ursache aller Fehlentwicklungen erscheinen. Während in den Feuilletons allerorten über das Ende der Aufklärung frohlockt wird, leuchtet ihr Licht in Robert Minders Arbeiten fort.

Da die Literatur neben der Philosophie das wichtigste Organ der Aufklärung ist und ein wichtiges auch bleibt, nachdem Soziologie und Naturwissenschaften, Psychologie und Sprachwissenschaft der Emanzipation des Individuums und der Gesellschaft in jüngerer Zeit kräftige Antriebe verliehen, mußte die Absage an die Aufklärung ein absprechendes Urteil über die Literatur als Organon einschließen.

Ihr wird vorgeworfen, zu allen Zeiten ein geschöntes Bild von der Wirklichkeit gegeben zu haben und durch ihre utopischen Energien mitschuldig geworden zu sein an der Fehlleitung gesellschaftlicher Anstrengungen. Solchen Vorwürfen widerspricht ganz entschieden, was als die originäre Leistung Minders anzusehen ist: der an einem reichen Material geführte Nachweis, daß die Literatur, und zwar keineswegs nur die Werke des Meisters, vielmehr oft gerade die drittrangiger Autoren, eine durch kein anderes Medium zu ersetzende Quelle unserer Kenntnis von der Entstehung und Tradierung mentaler Verhaltensweisen des einzelnen und mehr noch großer gesellschaftlicher Gruppen ist. Als Gefäß menschlicher Erinnerung und Erfahrung gibt Literatur in Minders Verständnis Auskunft über die Befindlichkeit des Menschen in dieser Welt und über seine projektiven Träume, besitzt sie einen unschätzbaren Erlebniswert und vermittelt sie einen hohen Lustgewinn; Literatur kann aber auch das Gefäß abgeben für eine Talmi-Wirklichkeit, kann ein Transportmittel verlogener Bilder und falscher Sinnstiftung sein. Minders Essays zielen auf das eine wie das andere und sind im ganzen eine Zurückweisung des Vorwurfs, der der Literatur und Kunst gemacht wird, die sich in der humanen Verantwortung weiß.

Wer zu diesem Zeitpunkt an die Arbeiten des bedeutenden Pariser Germanisten erinnert, hat dabei mit gutem Grund zuerst seine Forschungen über die deutsche und die französische Kulturgesellschaft im Auge: seine Untersuchungen über die grundlegenden Unterschiede im Bildungswesen oder seine Auslassungen darüber, wie Deutsche und Franzosen zu konfrontativen Geschichtsbildern gelangten, welche Funktion die Lesebücher in beiden Ländern für die Ausrichtung junger Menschen auf ein nationales Feindbild erfüllen. Diese und andere Studien Minders zu kennen, die sich mit dem schwierigen Verhältnis zwischen Deutschen und Franzosen in der Geschichte, besonders in ihrer jüngeren, auf sehr souveräne Art beschäftigen, könnte für den Aufbau einer multikulturellen europäischen Gesellschaft von großem Nutzen sein. Sein Gelingen wird nicht zuletzt davon beeinflußt werden, wie sich Frankreich und Deutschland dieser Herausforderung stellen. In einem

geschichtlichen Augenblick, in dem Chancen und Gefahren des Scheiterns noch so nah beieinanderliegen, nationale Egoismen überwunden werden und alte Animositäten neue Nahrung erhalten, sollten Beispiele fruchtbarer Begegnungen in Literatur und Kunst der Nachbarvölker gekannt werden. Robert Minder hat in Vorträgen und Reden, in öffentlichen Ämtern und in seinen Essays solche Beispiele gegeben.
Dem gebürtigen Elsässer standen die konfliktgeladenen Beziehungen zwischen Deutschen und Franzosen schon früh vor Augen. Die 1871 erfolgte Eingliederung der Region in das wilhelminische Deutschland war gegen den Willen vieler Elsässer geschehen. 1902 als Sohn einer solchen Familie in Wasselone geboren, wo schon Generationen seiner Vorfahren ansässig gewesen waren, verbrachte Robert Minder seine Kindheit in einem weitgehend deutschen Umfeld. Zu Hause wurde nur Dialekt gesprochen. Doch während die Eltern sich noch fließend ihrer französischen Muttersprache bedienen konnten, war der mit der Familie nach Straßburg übergesiedelte Schüler des deutschen protestantischen Gymnasiums, wie er später bekannte, kaum noch imstande, einige Seiten französischen Text ohne Wörterbuch zu lesen. Er befriedigte sein starkes Leseinteresse an deutschen Büchern und stieß dabei auch auf viele Werke zweifelhafter Abkunft.
Das wichtigste biographische Ereignis der Straßburger Jahre war ohne Zweifel das Bekanntwerden des Siebzehnjährigen mit Albert Schweitzer, der sein Lambarene-Projekt durch den Krieg erst einmal hatte aufgeben müssen und, von den Franzosen beargwöhnt, Vikar zu Saint Nikolaus in Straßburg geworden war. Er nahm Robert Minder als einzigen Klavierschüler an, erteilte ihm zudem noch Philosophieunterricht und behandelte ihn bei einer Erkrankung gar noch als Arzt. Bald vertraut mit den vielseitigen Anforderungen von Schweitzers strengem und langem Arbeitstag, konnte sich der junge Mann im Hause seines Lehrers hilfreich erweisen. Es entstand eine lebenslange Freundschaft, der sich Minder noch nach dem Tod des väterlichen Freundes 1965 verpflichtet fühlte, als er die Leitung des Günsbacher Archivs übernahm. Von Günsbach

trat er dann, achtundsiebzigjährig, auch seine letzte Reise an, die ihn in das Ferienhaus bei Cannes führen sollte und auf der ihn unterwegs der Tod überraschte.
Albert Schweitzer prägte nicht nur in hohem Grade Minders musikalische Bildung – die praktische wie die ästhetische – und seine philosophischen Auffassungen; er war prägend für den Jüngeren auch durch die Lebensprinzipien, an denen er treu festhielt: das Wichtignehmen von Kleinem, die solidarische Hilfe für sozial Schwache, die Entwicklung von Tatkraft bei der Verwirklichung von einmal als richtig Erkanntem, das Einstehen für Gerechtigkeit. Durch Schweitzer lernte er dann auch 1922 Romain Rolland kennen, der ihm, wie jener, zeitlebens ein Vorbild war. In beiden Männern sah er auf verschiedene Art das Gewissen der Welt lebendig.
Nach einem Jahr Germanistikstudium in Straßburg gehörte Minder 1921 zu den ersten Elsässern, die wieder an der berühmten Ecole Normale Supérieure in der Rue d'Ulm aufgenommen wurden. Damit eröffneten sich ihm geistige Entwicklungsmöglichkeiten, wie sie besser nirgendwo in Frankreich geboten wurden. Aus der Rue d'Ulm kamen und kommen bis heute Wegbereiter und Repräsentanten des geistigen Frankreichs, Minister und Kardinäle, Gelehrte und Diplomaten – zu seinen Kommilitonen an der ENS gehörten u. a. Jean-Paul Sartre, der Großneffe Albert Schweitzers, Georges Pompidou, sein Landsmann Kastler, der spätere Nobelpreisträger für Physik. Minder, der zugleich an der Sorbonne Germanistik studierte, gründete mit Sartre und anderen Normaliens 1923 eine Gruppe, die europäische Intellektuelle und besonders deutsche Schriftsteller einlud, aber auch Lebensmittel und Geld an Arbeiterkinder im Ruhrgebiet sandte und sich für die internationale Verständigung engagierte. Auf diesem Wege lernte er Hofmannsthal und Tucholsky, Heinrich und Thomas Mann, Walter Mehring oder Meyerhold kennen. Eine Einladung von Paul Desjardins, der seit seinem Engagement in der Dreyfus-Affäre und der Gründung der „Union pour la Verité" zu einer geistig-moralischen Instanz in Frankreich geworden war, auf Schloß Pontigny machte Minder und zwei seiner Kommilitonen mit den nur vom Krieg unter-

brochenen berühmten Sommerdekaden bekannt, die zwischen 1910 und 1939 eine auserwählte Schar französischer und europäischer Intellektueller zur Diskussion literarischer, politischer und sozialer Themen zusammenführten. Auch André Gide, der nach Desjardins, Charles Du Bos, Jean Schlumberger und Bernhard Grœthuyssen zum engsten Kreis von Pontigny gehörte, hat in seinem Tagebuch den Besuch der Normaliens vermerkt.
Schweitzer hatte Minder in seinen Pariser Freundeskreis eingeführt und ihn dem großen Germanisten Henri Lichtenberger, auch er Elsässer, besonders ans Herz gelegt. An der ENS waren es vorzüglich Lucien Herr und Charles Andler, die seine Entwicklung nachhaltig beeinflußten: Lucien Herr, der Bibliothekar, der den Studenten neue Horizonte philosophischen Denkens öffnete, ein Mann von großer geistig-politischer Ausstrahlungskraft, etwa auf Jean Jaurès und Leon Blum, Sozialisten und Pazifisten wie er; und Charles Andler, der Germanist und gebürtige Straßburger, der die Enge der Disziplin sprengte, den Erkenntnishorizont des Germanisten von der Sprache und Literatur Deutschlands auf seine politische und soziale Geschichte, auf Philosophie, Kunst und Psychologie hin ausweitete, der, um die Spannweite anzudeuten, das „Kommunistische Manifest“ neu herausgab und zugleich die Schönheit von George-Gedichten beurteilen konnte und – wie Lichtenberger und Vermeil – musikalisch überaus gebildet war.
Seit 1926 Agrégé d'allemand, führte die akademische Karriere Robert Minder vom Gymnasialprofessor in Grenoble über eine Lektorstelle an der heimatlichen Universität Straßburg zum Privatdozenten und 1938 zum ordentlichen Professor an der Universität Nancy. Im Sommer zuvor hatte er die folgenreiche Bekanntschaft mit dem im Pariser Exil lebenden Alfred Döblin gemacht, dessen bedeutendes episches Werk bis dahin in Frankreich nahezu unbekannt geblieben war. Er setzte sich dafür ein, daß der Roman „Berlin Alexanderplatz“ in das Programm des germanistischen Staatsexamens aufgenommen wurde und stellte Kontakte zu namhaften französischen Schriftstellern her. Minder wurde bald zu einem hervorragenden Kenner und

scharfsinnigen Interpreten von Döblins Werk, und er wurde, was beiden nicht weniger wert war, sein engster Freund. Minders Beziehung zu Döblin läßt die dichte Verschränkung von Biographie und literaturwissenschaftlicher Darstellung erkennen, die sich allerorts bei ihm finden läßt und die ihn am Ende seines Lebens in eine tragische Verstrikkung brachte, als es ihm verboten wurde, davon Kenntnis zu geben, was Alfred Döblin über einen sein Leben und Schreiben begleitenden Konflikt nur ihm anvertraut hatte.
Bei Kriegsausbruch im September 1940 wurde Robert Minder zusammen mit anderen französischen Germanisten wie Ernest Tonnelat, Edmond Vermeil, Albert Fuchs, Pierre Bertaux einer deutschen Sektion des Informationsministeriums zugeordnet, das unter der Leitung von Jean Giraudoux stand, auch er ein Normaliens. Die im Hotel Continental gegenüber den Tuilerien untergebrachte Gruppe, zu der durch Minders Vermittlung auch Döblin stieß, sollte Pamphlete und Aufrufe für die Gegenpropaganda entwerfen; sie tat sich mit dieser Aufgabe schwer und mußte vor den herannahenden Truppen Hitler-Deutschlands flüchten, ehe sie spürbar hatte wirksam werden können. Minder gelang es, die Besetzungsjahre in Grenoble und auf dem Lande zu überstehen und nach der Befreiung Frankreichs wieder auf seinen Posten an der Universität Nancy zurückzukehren. Der seit 1951 wahrgenommenen Professur an der Sorbonne folgte 1957 die ehrenvolle Berufung an das Collège de France, die von Franz I. 1530 gegründete wissenschaftsgeschichtlich einmalige Institution, die es Frankreichs hervorragendsten Köpfen erlaubt, ungestört und frei ihren Forschungen nachzugehen und der interessierten Öffentlichkeit darüber zu berichten. Das Collège ist, nach Minder, so etwas wie die Kaiser-Wilhelm-Gesellschaft in Deutschland: „Dort sind nur solche, die an bestimmten Dingen arbeiten.“
In der Straßburger Zeit hatte Minder an seiner Habilitationsschrift zu arbeiten begonnen. Sie beschäftigte ihn zehn Jahre und gab erstmals eine umfassende Darstellung der obwaltenden Zusammenhänge zwischen der Persönlichkeit und dem Werk Ludwig Tiecks, einer Zentralgestalt der deutschen Romantik. Unorthodox in der Wahl des Autors,

im Aufbau und vor allem in der Methode, versucht die Monographie, die Psychoanalyse für die Literaturwissenschaft produktiv zu machen. Minder war sich bewußt, damit die Zunft herauszufordern. Er besaß eine gründliche Kenntnis der Materie und hatte zu diesem Zeitpunkt persönlich schon drei Analysen hinter sich: die von einem Adler-Schüler, eine zweite von einem Freudianer und die dritte von einem Anhänger Jungs. Was ihn aber an Tieck und an der deutschen Romantik interessierte, war die Herleitung solcher Motive, die er im Denken und Fühlen der Intellektuellen im modernen Deutschland lebendig fand.
Das französisch geschriebene und 1936 in Paris erschienene Tieck-Buch erhielt ein wichtiges Seitenstück in der deutsch verfaßten und im gleichen Jahr in Berlin veröffentlichten Ergänzungsthese Minders, die die religiöse Entwicklung von Karl Philipp Moritz zum Gegenstand hat. Er entdeckte in Moritz nicht nur einen sehr zu Unrecht vergessenen psychologischen Schriftsteller in der Vorläuferschaft von Marcel Proust und Sigmund Freud; er fand auch in der Verquickung von Pietismus und Rationalismus Wurzeln einer Welt- und Lebenshaltung, die ihm als deutsche Innerlichkeit in großen Werken der Literatur und Musik begegnet und auf deren Gefährlichkeit, sobald sie politisches Verhalten begründet, jeder aufmerksam werden muß, der sich mit deutscher Geschichte beschäftigt.
Es war der Krieg und der gewaltsame Ausbruch des deutschen Nationalismus und Rassismus, der Minders Blick für das kollektive Unterbewußtsein des Durchschnittsdeutschen schärfte und ihn dazu bewog, den Spuren nachzugehen, die zu den Ursprüngen und Wandlungen des nationalen Wertebewußtseins führen, wie es sich in Mythen, Bildern und Symbolen, in Liedern, Denkmälern und Zeugnissen der Alltagskultur ausdrückt. Als er sich im Herbst 1943 in Grenoble dem Zugriff der Gestapo entziehen mußte, suchte Minder in Cérilly Unterschlupf und begann mit den Vorarbeiten zu seiner Geschichte des Gefühlslebens der Deutschen, die 1948 unter dem Titel „Allemagnes et allemands“ (Deutschlande und Deutsche) bei Éditions du Seuil in Paris erschien. Was sich im Untertitel als kulturhistorischer Essay ankündigt und einen Umfang von bald fünf-

hundert Seiten erreicht, ist im Hauptteil des Buches eine profunde Darstellung des in der deutschen Romantik aufgekommenen Nationalismus und der Wandlungen, die die Vorstellungswelt der Deutschen in Wechselbeziehung mit der politischen und wirtschaftlichen Entwicklung bis 1933 erfuhr. Das Untersuchungsfeld ist die Kulturgeschichte des Rheinlandes mit dem Kernstück der Literaturgeschichte vom Nibelungenlied bis zu Hans Grimm und mit weiten Auslegern in Architektur- und Religionsgeschichte, in Gesellschaftstheorie und Ideologiegeschichte, grundiert durch eine Sozialpsychologie der Landschaften und ihrer Bewohner. Die Methodologie dieses Buches überschreitet noch entschiedener die Grenzen der Germanistik und deutet auf die jüngeren Forschungen zur Mentalitätsgeschichte hin. Nur wenige Jahre vor der „Zerstörung der Vernunft" von Georg Lukács geschrieben und anderen methodologischen Prämissen und anderen politischen Intentionen folgend, zeigt Minders Buch in dieselbe Richtung – gegen den im deutschen Kollektivbewußtsein geschichtlich verankerten Irrationalismus. Sein Essay über Mythen und Aggressionskomplexe im modernen Deutschland gibt eine komprimierte Fassung der Einsichten, zu denen der Autor in seinem Deutschlandbuch gelangt. Es sollte drei Bände umfassen, und Minder nährte noch bei seiner Berufung ans Collège de France die Hoffnung, dem ersten Band über die Kulturgeschichte der Rheinlande in Bälde einen zweiten mit einer Gegenüberstellung der Kulturländer Baden-Württemberg und Niedersachsen folgen zu lassen, um im abschließenden Band dann die Kulturentwicklung Bayerns mit der der preußischen Länder zu konfrontieren. Die Entwicklung des Ost-West-Konfliktes, die Bildung zweier deutscher Staaten, die Neugestaltung der Beziehungen zwischen Frankreich und seinem östlichen Nachbarn hat dem Vorhaben seine Brisanz genommen und Minder dazu veranlaßt, seine umfangreichen Vorarbeiten für andere Projekte zu nutzen.

Er selbst sprach in der Rückschau mit Blick auf die späten fünfziger Jahre vom Beginn einer zweiten Karriere. Damit war die nun einsetzende Schaffensperiode gemeint, in der die großen Essays, die bedeutenden Reden, die glänzenden

Porträts, dazu Kritiken, Rezensionen, Vorworte und Werkstattberichte entstanden. Sie hatten ihren wichtigsten Antrieb darin, daß sich Minder jetzt in der Bundesrepublik durch seine Mitgliedschaft in der Mainzer und der Darmstädter Akademie, beim Empfang hoher Auszeichnungen und Ehrungen und bei gesellschaftlichen Anlässen Möglichkeiten öffentlichen Wirkens boten, die er als akademischer Lehrer so nicht besessen hatte. Die Einladungen, die ihn nun immer häufiger erreichten, forderten ihn dazu heraus, seine methodologische Überlegenheit gegenüber einer Literaturbetrachtung fruchtbar zu machen, die damals noch an der Interpretation des bloßen Textes ihr Genüge fand. In der Verbindung zu deutschen Kollegen – für Minder ganz selbstverständlich immer auch des Ostens –, zu Schriftstellern und Studenten sah er die Chance, das literarhistorische Gewissen seiner Leser und Zuhörer zu schärfen für Entwicklungen, die die Beziehungen der Deutschen und Franzosen belastet haben und die kritisch zu reflektieren er auf beiden Seiten für geboten hielt.
Die methodische Sicherheit, die er darin gewonnen hatte, die Einbindung des Schriftstellers und seines Werks in die übergreifenden Zusammenhänge von Geschichte und Gesellschaft zu zeigen, indem er sich die Erkenntnisse von Philosophie und Psychoanalyse, von Marxismus und Ethnologie zunutze machte, verleiht den besten Arbeiten Minders aus den folgenden zwei Jahrzehnten so etwas wie Modellcharakter. Sie werden genannt, wenn nach dem Bleibenden seines wissenschaftlichen Werks gefragt wird: gewiß zu Recht, weil sie den neuartigen Zugriff auf literaturgeschichtlich relevante Erscheinungen spezifisch deutscher resp. regionaler Gesellschaftsentwicklung in Deutschland exemplarisch vorführen; sicher zu Unrecht, weil sie den Blick dafür verstellen, welch eine Fundgrube das Gesamtwerk für den Kenner und mehr noch für den kulturgeschichtlich interessierten Leser darstellt. Es sind voran die beiden Essays über das Bild des Pfarrhauses und über die Kadettenanstalt in der deutschen Literatur. Der erstere, der literarhistorisch zurückgreift, fragt nach dem unerhörten Einfluß, den Pastorensöhne unter den deutschen Schriftstellern auf das Literatur- und Geistesleben

genommen haben, und also danach, welche Rolle das Pfarrhaus als eine besonders junge Menschen prägende Kraft in der deutschen Kultur einnimmt, wie es durch den Protestantismus und Luther selbst institutionelle Bedeutung für die Entwicklung moralischer, ästhetischer, sozialer und nicht zuletzt politischer Haltung erhielt. Der zweite Essay verzichtet auf eine geschichtliche Herleitung, für die die Literatur des 18. und 19. Jahrhunderts durchaus Beispiele bereithält, und zielt ganz auf die Verheerungen, die die in den Kadettenhäusern befolgten Erziehungsprinzipien in den jungen Seelen anrichten und sie reif machen für die Grausamkeiten, deren Zeuge Europa in den Jahren 1933 bis 1945 wurde.

Vorangegangen waren diesen Essays bereits Minders wiederholte Einlassungen auf die deutschen Schullesebücher – ein Gegenstand, an dem er festhielt und der ihn auch in seinen Untersuchungen über die Unterschiede im Unterrichtswesen Frankreichs und Deutschlands beschäftigte. Was aus den Lesebüchern und Schulen sich in kollektive Affekte umsetzt und Generationen darin beeinflußt, ihre potentielle Aggressivität auf einen „Feind" zu richten, hat ihn, der sechsundvierzig Jahre Schülern und Studenten ein Lehrer war, nicht losgelassen. Instanzen der Erziehung von unverwechselbarer prägender Kraft fand der intime Kenner der württembergischen Geistesgeschichte auch in den Schwabenvätern, denen und deren später berühmten Söhnen er höchst lesenswerte Studien widmete.

Die großen Themen und Gegenstände seines forschenden Interesses hatten immer auch Bezug zur eigenen Biographie und zu dem Verständnis, das Minder von seiner Mission als französischer Germanist und als Vertreter der französischen Gelehrtenpolitik besaß. Sein Nachdenken über die Stellung des Schriftstellers in der deutschen und französischen Gesellschaft, über Literatur und Öffentlichkeit hier und dort, über Metropole und Provinz und über die Rolle regionaler Literaturlandschaften bei der Herausbildung einer nationalen Literatur galt in erster Linie den Unterschieden der Entwicklung in der Kultur und Gesellschaft Frankreichs und Deutschlands; die Aufrisse, die der Polyhistor von den reichen links- und rechtsrheinischen Kulturlandschaften gab und die neben Literatur, Religion und Philosophie stets auch Musik, Architektur, Plastik und Malerei einbezogen, faßten die fruchtbaren Berührungspunkte der Kulturen beider Länder ins Auge – immer darauf bedacht, die originären Leistungen beider Seiten gebührend ins Licht zu rücken. Minder besaß innere Affinitäten aber nicht nur zu geistigen Landschaften und bestimmten Perioden der Literaturgeschichte. Er hatte sie vor allem auch zu einzelnen Schriftstellern und Denkern. Es entsprach seinem Gerechtigkeitssinn, Johann Peter Hebel vom Ruch eines badischen Heimatdichters zu befreien und ihn als einen aufklärerischen Geist und einen Dichter von seltener und starker Begabung auf einen Platz zu stellen, der ihm gebührt. Und wenn ihn die Ehrenrettung für den Autor des „Bergwerks von Falun“ den Anstoß zu einem seiner geschliffensten Essays gegeben hat, zu „Heidegger und Hebel oder die Sprache von Meßkirch“, so gerät ihm die Polemik zur radikalen Abrechnung mit einer Sprache und einer Denkhaltung, die nicht aus der Aufklärung kommt und sie nicht befördert.

Neben Hebel hat sich Minder in besonderer Weise Jean Pauls angenommen. Er ist nicht müde geworden, auf das phantasiereiche, in seiner Erzählstruktur vertrackte und in vielem sehr moderne Romanwerk des heute kaum noch gelesenen Autors hinzuweisen. Und ganz fraglos fließt in die Darstellung, die er von der Existenz dieses prononciert antiklassischen Dichters gibt, mehr Persönliches, als auf den ersten Blick erkennbar ist. Das gilt in anderer Weise auch für die faszinierenden Porträts, die er von Diderot und Heine, von Madame de Staël, Nerval oder von der Familie Brentano entwarf und die, wie eine Reihe seiner besten Essays, Arbeiten eines Schriftstellers sind. Minder, der von allen Gattungen der Literatur der erzählenden den Vorzug gab, war vorzüglich in diesen Porträts selbst ein Geschichtenerzähler von Format. In ihnen verbindet sich seine Liebe zum Detail mit seiner Freude an der eine Konstellation aufdeckenden Anekdote und mit der Neugier des Psychologen für die unterschwelligen Motive individuellen Verhaltens. Minder schreibt eine suggestive, durch ihre Klarheit bestechende Prosa. Er tat recht daran, die von

Kritikern und Kollegen bewunderte Leichtigkeit und Eleganz seines Darstellungsstils nicht allein seiner seltenen Begabung gutschreiben zu lassen. Es hat ihm, wie er anmerkt, große Anstrengungen gekostet, in beiden Sprachen gleich gut zu schreiben, und der Leichtigkeit, die viele seiner Texte so vorzüglich lesbar macht, sei schwere Arbeit vorausgegangen.

Als Literaturhistoriker hat Robert Minder immer erneut über seine Aufgabe, über das von ihm vertretene Fach und über die Methodologie der Geisteswissenschaften nachgedacht und in Reden dazu Stellung bezogen. Es hat ihm gefallen, sich in der Ausübung seiner Profession und in unübersehbarer Polemik gegen die methodologische Grabenkämpfe führende Zunft dem Landarzt zu vergleichen, der das Ganze in den Griff zu bekommen sucht. Daß ihm das gelungen ist, gibt seinen Essays ihr eigentümliches Format, macht deren Lektüre zu einem Vergnügen. Zu einem Vergnügen auch daran, wie ein Bescheidwisser über eine so unglaubliche Faktenfülle darüber eben dieses Ganze nie aus dem Auge verliert.

Der französische Germanist und deutschsprachige Schriftsteller Robert Minder hat in Frankreich und Deutschland sowie über beide Länder hinaus außerordentliche Hochschätzung genossen. Auswahlsammlungen seiner Essays, Reden und Aufsätze sowie sein Karl-Philipp-Moritz-Buch sind in den sechziger und frühen siebziger Jahren bei Insel/suhrkamp erschienen. Sie haben in einer geistigen und politischen Umbruchsituation an den Universitäten und im kulturellen Leben der Gesellschaft hohes Interesse gefunden. Es bedarf sichtlich eines Anstoßes, den keineswegs vergessenen, aber heute nicht mehr direkt am Streit um das Schicksal der Aufklärung teilnehmenden Autor einen vakanten Posten einzuräumen. Das versucht der vorliegende Band, indem er einen frischen Zugang zu Minders Werk ermöglicht. Er bietet Texte an, die hier erstmals in deutscher Übersetzung erscheinen, wie die Vorlesung, mit der sich Minder sechzehn Jahre nach seiner Berufung vom Collège de France verabschiedete und die zu einer Sternstunde des Pariser Geisteslebens des Jahres 1973 wurde; oder den glücklichen Fund jenes Manuskripts, mit dem er sich im

Collège vorstellt und in dem er über seine bisherigen Arbeiten und über seine Pläne Auskunft gibt. Erstmalig in Deutsch werden hier auch die Essays über Mythen im modernen Deutschland, über Hegel und über Wieland veröffentlicht. Der Text, der den Band eröffnet und von einem legendären Ort europäischer Verständigung Bericht gibt, gehört zu den frühesten publizistischen Zeugnissen des Autors überhaupt; der den Band abschließende Text – ein kurzer Auszug aus einem langen Interview mit Lionel Richard – ist Robert Minders letzte öffentliche Äußerung. Sie ist noch einmal dem großen Thema der kollektiven Leitbilder gewidmet. Kräftige Farben erhält die Sammlung durch die Porträts, reife schriftstellerische Arbeiten der siebziger Jahre.
Um das Taschenbuch handlich und den Studenten zugänglich zu halten und weil danach verfahren werden sollte, bis heute deutsch nicht zugänglichen, unveröffentlichten, an entlegener Stelle erschienenen und in die gegenwärtige Diskussion eingreifenden Texten den Vorrang zu geben, mußten Lücken in Kauf genommen werden. Daß Albert Schweitzer in dieser Auswahl fehlt, ist die schmerzlichste.

Jena, im Februar 1992 *Manfred Beyer*

Die Aufgeschlossenheit und das Entgegenkommen von Irène Minder haben dieses Buch ermöglicht. An ihm zu arbeiten, wurde dem Herausgeber erlaubt durch die großmütige Förderung, die ihm die Commission Meillet des Collège de France und das Deutsche Literaturarchiv Marbach a. N. gewährten. Ihnen allen gebührt Dank. Er gilt auch Lionel Richard und Jean-Marc Borzeit, dem Leiter von France-Culturelle, für die Erlaubnis, Auszüge aus dem Interview zu veröffentlichen.

M. B.

Verzeichnis der Quellen und Rechtsinhaber

Johann Peter Hebel, der erasmische Geist oder Nützliche Anleitung zu seiner Lektüre (Vorrede zu seinen Werken). Insel Verlag, Frankfurt am Main 1968
Warum Dichterakademien? In: R. M., Dichter in der Gesellschaft. Erfahrungen mit deutscher und französischer Literatur.
©Insel Verlag, Frankfurt am Main 1966

Wie wird man Literaturhistoriker und wozu? Rede beim Empfang des Hansischen Goethepreises 1968. In: R. M., Wozu Literatur? Reden und Essays.
©Suhrkamp Verlag, Frankfurt am Main 1971

Titan der Frühe. Die ungehobenen Schätze des Jean Paul Friedrich Richter. Regiemanuskript des Hessischen Rundfunks, Sendung Kulturelles Wort am 31. Mai 1966. Der Text ist ein Zusammenschnitt von „Jean Paul oder die Verlassenheit des Genius" (1966) und „Jean Paul in Frankreich" (1966, erste Fassung 1959), beide Essays in: R. M., Dichter in der Gesellschaft, a. a. O.

Leitbilder der deutschen Kultur. Auszüge aus einem Interview von Lionel Richard mit R. M., das France-Culture in fünf Sendungen vom 21. Januar bis 1. Februar 1980 übertrug. Die Rechte an den bisher unveröffentlichten Gesprächen gehören Radio-France, Paris.

Skizzen zum französischen Unterrichtswesen und Geschichtsbild im 19. und 20. Jahrhundert. In: Über Literatur und Geschichte. Hrsg. von Bernd Hüppauf / Dolf Sternberger. Athenäum Verlag, Frankfurt am Main 1973

Die Rechte für die folgenden Texte liegen bei Irène Minder, Paris:

Tage auf Schloß Pontigny. Veröffentlicht unter dem Pseudonym Max Gilmore. In: Elsässisches Literatur-Blatt, 2. Februar 1930

Mythen und Aggressionskomplexe im modernen Deutschland. In: Psyché. Revue internationale des sciences de l'homme et de psychoanalyse, Nr. 21–22, 1948

„Herrlichkeit“ bei Hegel oder Die Welt der Schwäbischen Väter. In: Etudes germaniques, Nr. 3–4, 1951

Alemannisches, in europäischem Rahmen gesehen. Gedanken über das Werden des Geschichtsbewußtseins. In: Deutschland – Frankreich. Ludwigsburger Beiträge zum Problem der deutsch-französischen Beziehungen. Deutsche Verlagsanstalt, Stuttgart 1954

Lesebuch als Explosionsstoff. In: Süddeutsche Zeitung, Nr. 143/144, Juni 1967. Der Text hat die Essays „Soziologie der deutschen und der französischen Lesebücher“ (in: Minotaurus. Hrsg. von Alfred Döblin, Wiesbaden 1953) und „Nochmals die Lesebücher oder Wozu Literatur?“ (in: R. M., Wozu Literatur?, a. a. O., erste Fassung 1968) zur Grundlage.

Gerard de Nerval. Ein Dichter zwischen den Nationen. Rede beim Empfang des Inter Nationes Preis 1971. In: Inter Nationes, Bonn–Bad Godesberg 1972

Die Vorstellungswelt der Deutschen. (Vorstellung am Collège de France 1957.) Das Manuskript wird in der Bibliothek des Collège de France unter dem Titel „Titres et travaux“ aufbewahrt.

Überlegungen zu einer Methode. Abschiedsvorlesung am Collège de France, 19. Mai 1973

Marxismus und Psychoanalyse bei Alfred Döblin. In: Revue de l’enseignement des langues vivantes, Paris 1937

Schein und Sein bei Theodor Fontane. In: Erziehung zur Menschlichkeit. Die Bildung im Umbruch der Zeit. Festschrift für Eduard Spranger. Max Niemeyer Verlag, Tübingen 1957

Wilhelm Hausenstein, Literat. In: Allemagne d’aujourd’hui, Nr. VI, 1957

Betrachtungen zu Wieland und der deutschen Klassik. In: Un dialogue des nations. Mélanges Albert Fuchs. Max Hueber Verlag, München und Klincksiek, Paris 1967

Geist und Macht oder Einiges über die Familie Brentano. In: Abhandlungen der Klasse der Literatur, Jg. 1971/72, Nr. 3. Verlag der Akademie der Wissenschaften und der Literatur, Mainz 1972

Unverfroren, avantgardistisch. In: Süddeutsche Zeitung, 9./10. Dezember 1972

Ludwig Tieck, ein Porträt. In: L. T., Wege der Forschung, Bd. CCCLXXXVI, hrsg. von W. Segebrecht. Wissenschaftliche Buchgesellschaft, Darmstadt 1976

INHALT

RECLAM Bibliothek KUNSTWISSENSCHAFTEN

DER FALL REMARQUE

Im Westen nichts Neues. Eine Dokumentation

Herausgegeben von Bärbel Schrader
415 Seiten. RBL 1433. 16,– DM
ISBN 3-379-01433-8

Erich Maria Remarques Roman „Im Westen nichts Neues" war das erfolgreichste und umstrittenste Buch in der Weimarer Republik. Ehe der Roman 1933, vier Jahre nach seinem Erscheinen, in Deutschland verboten und auf dem Scheiterhaufen verbrannt wurde, war er in Amerika bereits verfilmt, überstieg die Zahl der verkauften Exemplare die Millionengrenze. Die Berliner Literaturwissenschaftlerin Bärbel Schrader (geb. 1942) dokumentiert die kontrovers geführte Diskussion um Buch und Film, in die sich namhafte Autoren einmischten. Neben bereits legendären Wortmeldungen von Ernst Toller, Carl Zuckmayer, Bernhard Kellermann und Siegfried Kracauer steht eine Fülle bislang unveröffentlichten Materials, zusammengetragen aus Zeitungen und Archiven. Erstmals wird eine deutsche Übersetzung des Filmdrehbuchs von 1930 vorgelegt.

RECLAM
Bibliothek

PHILOSOPHIE · GESCHICHTE
KULTURGESCHICHTE

ARNOLD ZWEIG
Bilanz der deutschen Judenheit

Ein Versuch

Herausgegeben und mit einem Nachwort von
Kurt Pätzold.
301 Seiten. RBL 1391. 12,– DM
ISBN 3-379-00680-7

Eine Fülle von Namen taucht auf, von Moses Mendelssohn bis zu Sigmund Freud und Albert Einstein – Ärzte und Philosophen; Naturwissenschaftler und Erfinder; Bankiers und Unternehmer; Musiker und Schauspieler; Juristen, Schriftsteller und Journalisten – viele von ihnen Pioniere, Wegbereiter, Anreger des Neuen. Mehr noch: Die deutschen Juden waren, nach Zweig, auch „Vorposten und Vertreter Westeuropas im deutschen Geiste" – und die vermeintliche „nationale Erneuerung" des Jahres 1933, die all dies verwarf und ausstieß, eine einzige nationale Verstümmelung!
Nun endlich, nach dem Ende der DDR, liegt zum erstenmal eine „gesamtdeutsche Ausgabe" eines Buches vor, das zu den letzten eindrucksvollen Selbstzeugnissen des deutschen Judentums zählt und noch einmal an die so fruchtbare wie konfliktreiche „deutsch-jüdische Symbiose" erinnert.

Achim von Borries in: Radio Bremen

RECLAM
Bibliothek

KUNSTWISSENSCHAFTEN

LUDWIG BÖRNE UND HEINRICH HEINE, EIN DEUTSCHES ZERWÜRFNIS.

Bearbeitet von Hans Magnus Enzensberger
395 Seiten. Band 1396. 14,– DM
ISBN 3-379-00691-2

„Der vor allem leidende Kämpfer Börne, ins Aktuelle verstrickt wie Laokoon in die Schlangen, konnte sich noch nicht so weit über sich und Heine und die politische Not erheben, daß er hätte sehen können, in welchem Verhältnis Heine zu den Rollen stand, die er spielte. Börne hielt sich für den politischen Kopf und Heine für den weichmütigen, unfesten, unzuverlässigen, sybaritischen, charakterschwachen, wenn nicht charakterlosen Ästheten. Darum überzeuge Heine auch nicht, wenn er die Wahrheit spreche, da er ja an der Wahrheit nur das Schöne liebe. ‚Darum rührt er auch nicht, wenn er weint; denn man weiß, daß er mit den Thränen nur seine Nelkenbeete begießt.' Als Börnes Hauptwerk war geplant die demokratische Revolution in Deutschland. Wenn man liest, wie ihn ein paar Politik-pour-Politik-Auftritte von Studenten in Göttingen und Frankfurt hoffen machten, wie er das Fackelzug-Vivat des Hambacher Festes 1832, das er selber mitmachte, überschätzte, dann muß man sagen: Heine war der Realist." (Martin Walser)